商务办公系列《即学即用》丛书

U0864767

Excel 2013 公司与财务管理

案例精讲

田 峰 主编

電子工業出版社
Publishing House of Electronics Industry
北京·BEIJING

内 容 简 介

本书以案例描述的方式，由浅入深地讲解了Excel的相关知识。以初学Excel在办公领域中的应用开始，一步步讲解了Excel表格的基本编辑、Excel公式与函数的应用、Excel数据管理和Excel图表的应用等知识。本书实例丰富，包含了Excel应用的方方面面，主要内容包括：公司员工人事管理、员工考勤管理、员工绩效与工资管理、公司采购与库存管理、公司营销管理、客户管理、制作财务报表、账务管理、企业资产管理、常见财会分析图表等。

本书案例丰富、实用且简单明了，可作为广大初、中级用户自学Excel的参考用书。同时，本书知识全面、安排合理，也可作为大中专院校相关专业教材及职场人员的参考手册。

图书在版编目（CIP）数据

Excel 2013公司与财务管理案例精讲 / 田峰主编. —北京：电子工业出版社，2016.1
（即学即用）
ISBN 978-7-121-27721-4

Ⅰ. ①E… Ⅱ. ①田… Ⅲ. ①表处理软件－应用－财务管理 Ⅳ. ①F275-39

中国版本图书馆CIP数据核字（2015）第288437号

策划编辑：祁玉芹
责任编辑：鄂卫华
印　　刷：中国电影出版社印刷厂
装　　订：中国电影出版社印刷厂
出版发行：电子工业出版社
　　　　　北京市海淀区万寿路173信箱　邮编　100036
开　　本：787×1092　1/16　印张：16.5　字数：395千字
版　　次：2016年1月第1版
印　　次：2016年1月第1次印刷
定　　价：45.00元（含光盘1张）

凡所购买电子工业出版社图书有缺损问题，请向购买书店调换。若书店售缺，请与本社发行部联系，联系及邮购电话：（010）88254888。

质量投诉请发邮件至zlts@phei.com.cn，盗版侵权举报请发邮件至dbqq@phei.com.cn。

服务热线：（010）88258888。

前言
PREFACE

学习 Microsoft Office 办公软件的难点并不在“学”，而在“用”。许多初学者在学习完一大堆理论知识后，在实际工作中仍然一筹莫展、望屏兴叹。要想熟练使用 Office 办公软件，仅仅学习理论知识是不够的，必须要有实战经验的积累，而在实战中完成理论知识的学习，也会有事半功倍的效果。

首先，通过具体案例来学习理论知识可以使学习过程不再枯燥无味；其次，案例的制作可以增强用户的动手能力，并且加深学习印象；第三，所学案例可以快速运用到实际工作中。基于以上优点，我们精心编写了这套《即学即用》丛书，其目的就在于使初学者通过具体案例的学习快速掌握 Office 办公软件的使用方法和技巧，并将所学到的知识立即运用到实际工作中。

丛书书目

本丛书主要针对希望快速提升 Office 办公软件操作技能的读者，包括公务员、公司职员、财务人员、行政文秘人员、管理人员和销售人员等，丛书包含以下书目。

- 《Office 2013 高效办公案例精讲》

本书主要内容包括：制作常用办公文档、人员招聘、编制公司制度、公司宣传与活动策划、公司员工人事管理、公司员工考勤管理、公司员工绩效与工资管理、公司采购与库存管理、企业与产品宣传、市场营销分析、工作总结与报告以及文化展示等。

- 《Word/Excel 2013 文秘与行政管理案例精讲》

本书主要内容包括：制作常用行政办公文档、人员招聘、市场调查与标书制作、编制公司制度、制作企业文档模板、公司简介与海报制作、公司员工人事管理、排序考评与工资管理、公司员工考勤管理、公司采购管理、销售数据分析与汇总及客户信息管理等。

- 《Excel 2013 公司与财务管理案例精讲》

本书主要内容包括：公司员工人事管理、员工考勤管理、员工绩效与工资管理、公司采购与库存管理、公司营销管理、客户管理、制作财务报表、账务管理、企业资产管理、常见财会分析图表等。

- 《PowerPoint 2013 现代商务办公案例精讲》

本书主要内容包括：企业对外宣传、产品宣传、新进员工培训、教学课件制作、工作报告与总结、求职与竞聘、可行性分析与策划、工作规划与分配、工作分析与报告以及文化展示等。

丛书特点

本丛书具备以下特点。

1. 精选案例、热门实用

书中所涉及案例均为精心挑选，以实用为目的，包含了日常办公的大多数领域，如公文信函、工作报告、工资管理、企业宣传、人事管理、市场分析、市场营销、财务报表等。只要是工作中可能遇到的案例，书中几乎都包含了，并且在讲解时尽可能以一种比较简便、易行的方式进行，以提高实际工作时文件的制作速度。

2. 讲解细致、轻松完成

本书虽然没有从零开始对软件进行系统性的功能介绍，而是直接进行案例制作讲解，但是每一步操作都会讲解到位，且一步一图，从而使初学者也能够轻松地完成所有案例的制作。在案例的安排上也尽量做到由浅入深，使读者轻松上手。

3. 实战中完成知识点学习

虽然本书以实例为主导，但并未因此而忽略知识讲解，读者可以在学习案例的过程中完成知识点的学习，尽可能注意知识点的系统性及全面性，并以“知识加油站”的形式在实例中对必要的知识点进行补充讲解，使读者知其然并知其所以然。

4. 配套光盘、赠送视频

本书还附带了一张光盘，其中包含了本书所有实例的素材文件及效果文件，以便读者上机练习。此外，还将赠送 Office 各组件的教学视频，供初学者学习和参考，可谓物超所值。

本书作者

本书由多年从事办公软件研究及培训的专业人员编写，他们拥有非常丰富的实践及教育经验，并已编写和出版过多本相关书籍。参与本书编写的作者有朱敬、田峰、丁丹、王晓娜、杜新欣、贾晶晶、罗亮、孙晓南、谭有彬、贾婷婷、刘霞、黄波、朱维、李彤、宋建军等，书中如有疏漏和不足之处，恳请广大读者和专家不吝赐教，我们将认真听取您的宝贵意见。

目录
CONTENTS

第 01 章 公司员工人事管理

公司员工人事管理，主要包含员工招聘和员工档案管理两个方面。员工档案是记述和反映个人经历、德才的文件材料，也是公司内部的重要资料。而为了及时补充人才资源，弥补企业的岗位空缺，一般需要定期举行招聘活动，制定合适的招聘管理表格，可以有效提高工作效率。

【本章案例】

- 创建员工档案表
- 创建人事变更管理表
- 创建员工招聘录用流程图

1.1 创建员工档案表

为了更方便、快捷地查看员工的基本档案信息，可以制作一份简单的员工档案表，将员工的基本信息录入其中。下面将介绍员工档案表的具体制作方法。

涉及知识点：

★新建文档　　★输入文本内容　　★合并单元格

★调整行高和列宽　　★设置字体、字号　　★设置对齐方式

最终效果：

	A	B	C	D	E	F	G	H	I
1	员工档案表								
2	序号	姓名	性别	籍贯	身份证号	学历	入职时间	职位	联系电话
3	CQ01001	高强	男	湖南 株洲	360700********3598	本科	2011/5/10	出纳	1389****576
4	CQ01002	陈敏	女	四川 广汉	510151********4759	本科	2011/5/10	会计师	1359****587
5	CQ01003	陈保	男	山东 烟台	510151********8738	本科	2010/9/8	销售主管	1358****457
6	CQ01004	李明	男	山东 临沂	430202********3579	大专	2011/5/14	行政助理	1385****457
7	CQ01005	刘远	男	山东 临沂	511023********4875	大专	2009/4/5	销售主管	1359****478
8	CQ01006	陈昊	男	吉林 长春	511027********8975	大专	2010/5/10	销售代表	1359****247
9	CQ01007	刘艳	女	山东 泰安	330327********5897	大专	2010/6/18	销售代表	1379****012
10	CQ01008	翟亮	女	黑龙江 哈尔滨	142430********5748	硕士	2010/7/18	销售代表	1367****048

1.1.1 新建员工档案表文件

本节将新建一个空白工作簿，然后将其保存，设置文件名为“员工档案表”，具体操作方法如下。

Step 01 启动 Excel 程序，单击“空白工作簿”按钮，新建空白工作簿。

知识加油站

【新建工作簿的多种方法】

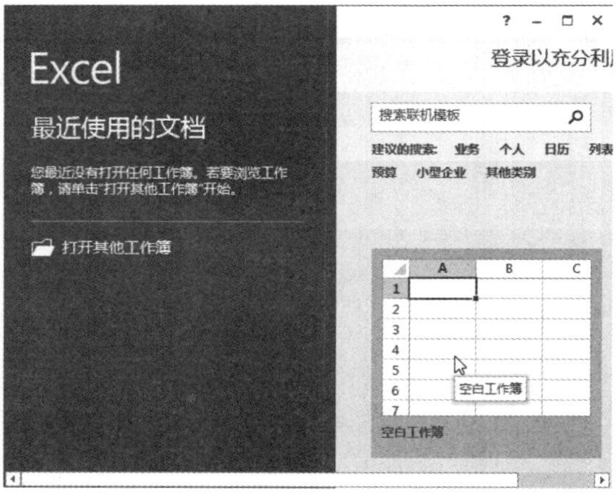

Step 02　Excel 将新建一个空白的名为“工作簿 1”的工作簿，在快速访问工具栏中单击“保存”按钮。

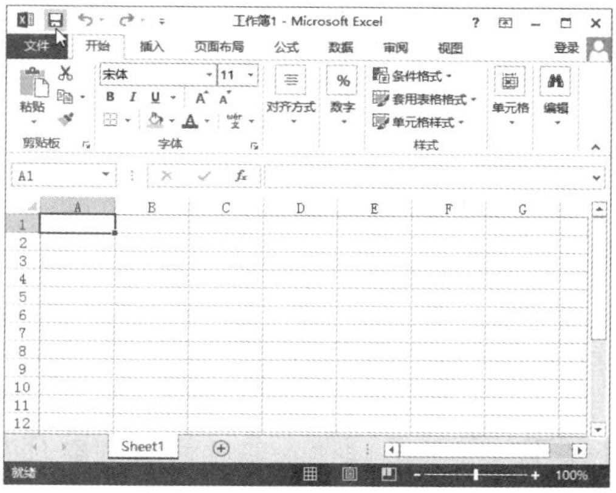

Step 03　由于新工作簿未保存过，此时将自动切换到“文件”选项卡的“另存为”选项界面中，在右侧双击“计算机”选项。

Step 04　弹出“另存为”对话框，设置文件保存路径，设置文件名称和文件保存类型。

Step 05　完成后单击“保存”按钮即可。

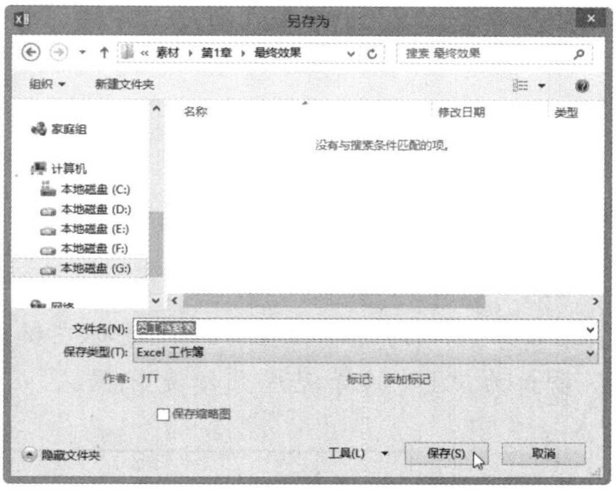

1.1.2　录入员工基本信息

按照上述操作新建空白工作簿并保存之后，用户可以手动输入和填充相应的内容，具体操作方法如下。

Step 01 选中 A1 单元格，将光标定位到编辑栏中，输入“员工档案表”。

Step 02 按下“Enter”键确认输入。

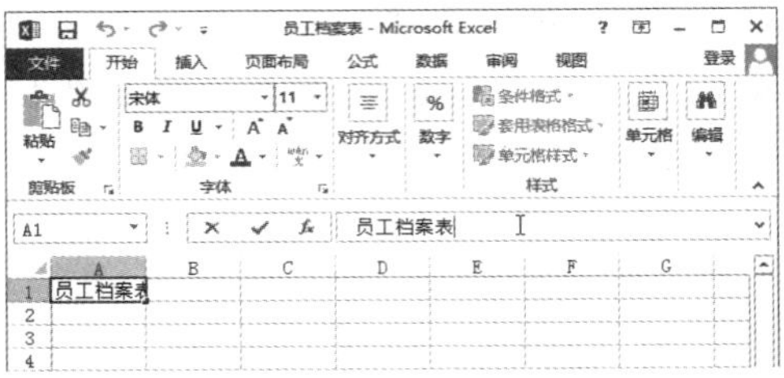

Step 03 在 A2:I2 单元格区域内，依次输入“序号”、“姓名”、“性别”、“籍贯”、“身份证号”、“学历”、“入职时间”、“职位”、“联系电话”。

Step 04 根据需要，输入除序号之外的表格内容。

提示：输入日期需要在年、月、日之间用“/”或者“-”隔开，例如在单元格中输入“14/1/10”，按下“Enter”键后将自动显示为日期格式“2014/1/10”。

Step 05 在 A3 单元格中输入“CQ01001”作为起始数据。

Step 06 选中 A3 单元格，将光标指向 A3 单元格右下角，当光标呈十字形状时，按住鼠标左键不放，向下拖动。

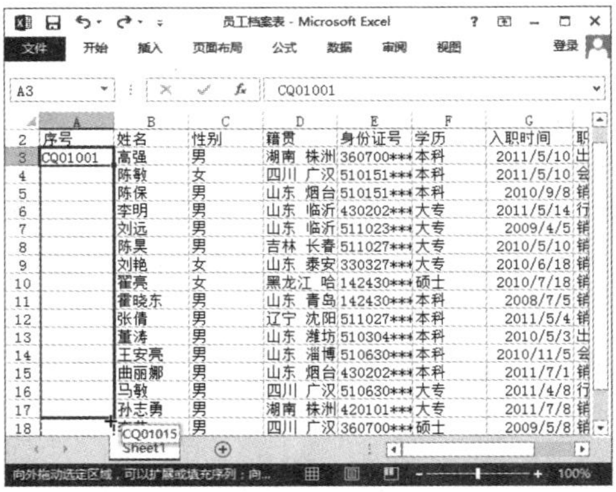

Step 07 拖动到适当位置，释放鼠标左键，以步长为“1”的等差序列填充数据。

知识加油站

【使用填充柄快速输入数据】

1.1.3　编辑单元格和单元格区域

输入表格内容后，可以根据需要合并单元格、调整行高和列宽等，具体操作方法如下。

Step 01　选中 A1:I1 单元格区域。

Step 02　在“开始”选项卡的“对齐方式”组中单击“合并后居中”按钮，合并单元格区域为一个单元格。

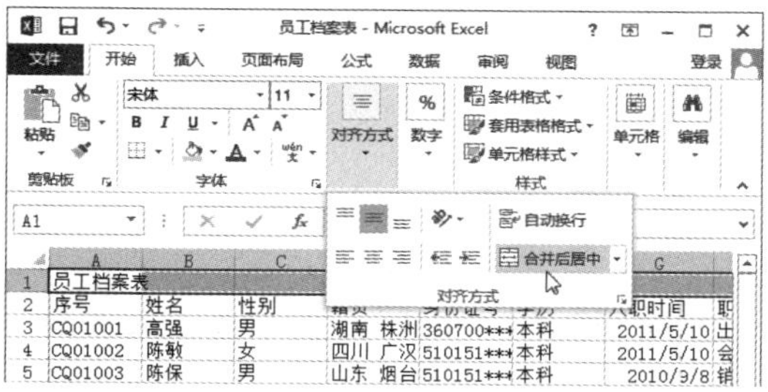

Step 03　将光标移动到 1 行和 2 行之间，当光标呈双箭头形状时，按住鼠标左键不放，拖动调整标题行的行高。

Step 04　拖动到适当位置释放鼠标左键即可。

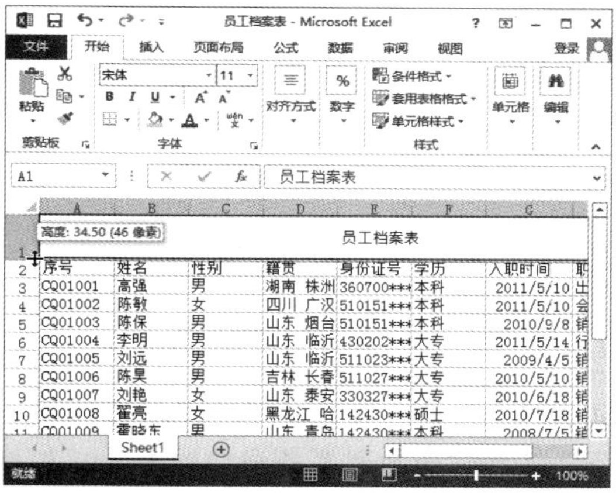

Step 05　选中 A2:I20 单元格区域，在“开始”选项卡的“单元格”组中单击“格式”下拉按钮。

Step 06　在打开的下拉菜单中单击“自动调整列宽”命令，根据单元格中输入的内容，自动调整列宽。

Step 07　选中 A2:I20 单元格区域，在“开始”选项卡的“单元格”组中执行“格式”下拉按钮。

Step 08　在打开的下拉菜单中单击“行高”命令，精确设置行高。

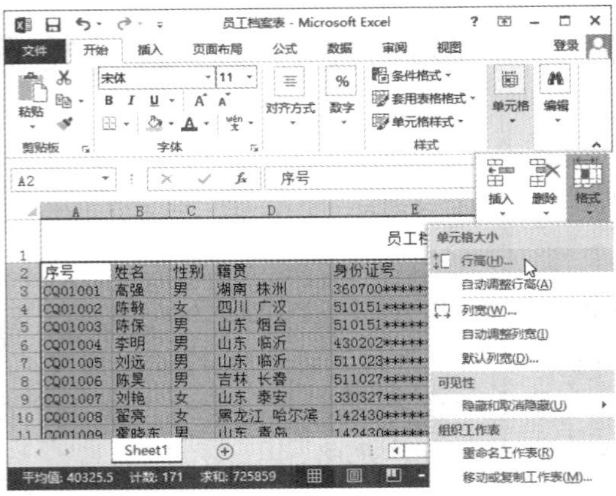

Step 09　弹出“行高”对话框，设置行高为“16”。

Step 10　完成后单击“确定”按钮即可。

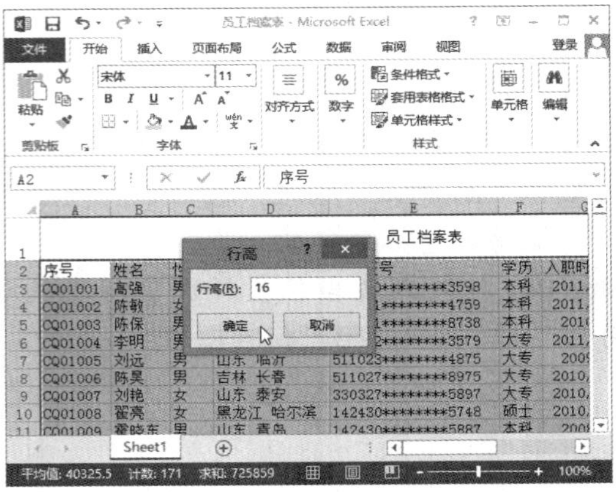

Step 11　返回工作表，即可看到合并单元格、设置行高和列宽之后的效果。

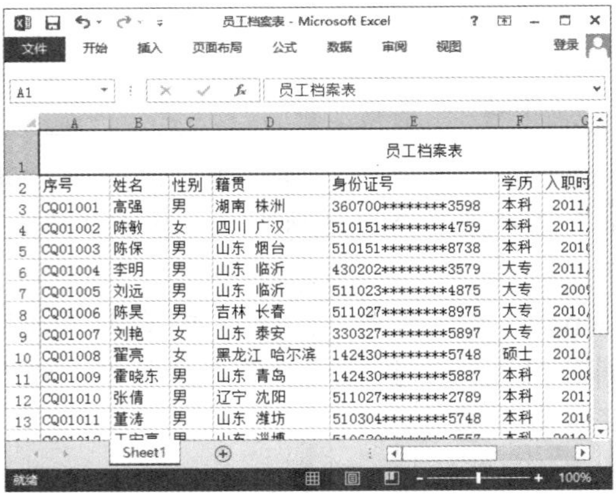

1.1.4　设置字体、字号和对齐方式

为了使表格更美观、易读，可以对字体、字号和对齐方式等进行设置，具体操作方法如下。

Step 01　选中 A1 单元格，在“开始”选项卡的“字体”组中单击“字体”下拉按钮。

Step 02　打开下拉菜单，根据需要设置字体，如单击“黑体”选项。

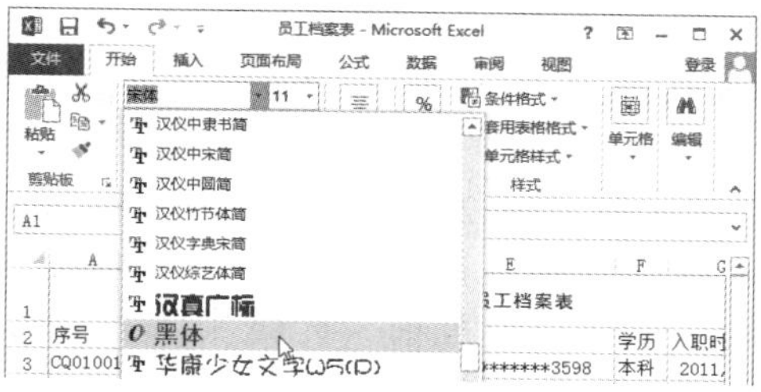

Step 03　选中 A1 单元格，在“开始”选项卡的“字体”组中单击“字号”下拉按钮。

Step 04　打开下拉菜单，根据需要设置字号，如单击“20”选项。

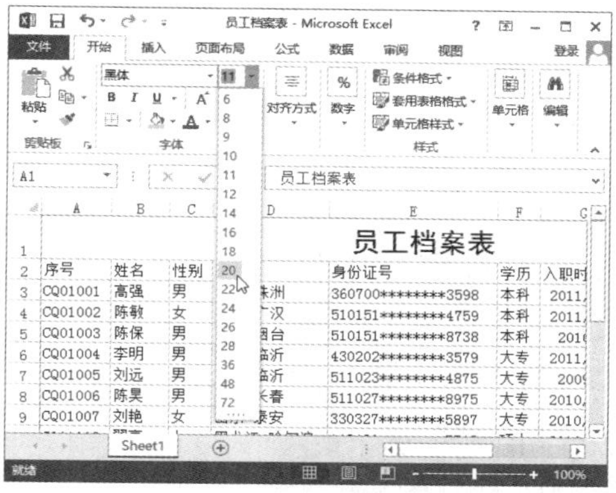

Step 05　选中 A2:I2 单元格区域。

Step 06　在“开始”选项卡的“对齐方式”组中单击“居中”按钮☰。

Step 07　返回工作表，即可看到设置字体、字号、对齐方式之后的效果。

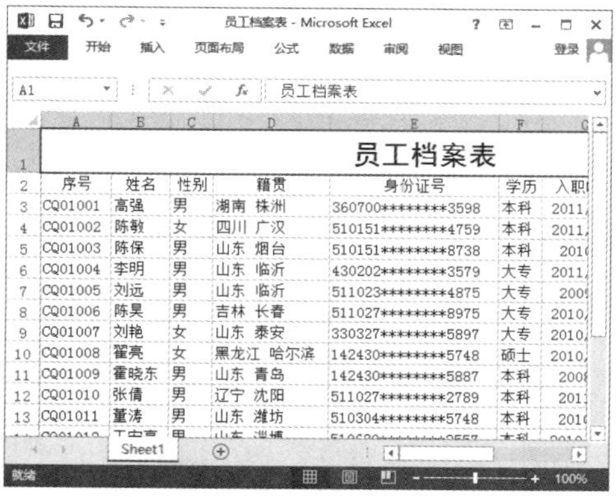

知识加油站——新建工作簿的多种方法

启动 Excel 2013 时，程序为用户提供了多项选择，可以通过“最近使用的文档”选项快速打开最近使用过的工作簿，可以通过“打开其他工作簿”命令浏览本地计算机或云共享中的其他工作簿，还可以根据需要新建工作簿。

下面介绍一下新建工作簿的几种主要方法。

- 启动 Excel 2013，在打开的程序窗口中单击右侧的“空白工作簿”选项，即可新建空白工作簿。
- 在已打开的工作簿中，切换到“文件”选项卡，单击“新建”命令，在对应的子选项卡中单击“空白工作簿”选项，即可新建空白工作簿。

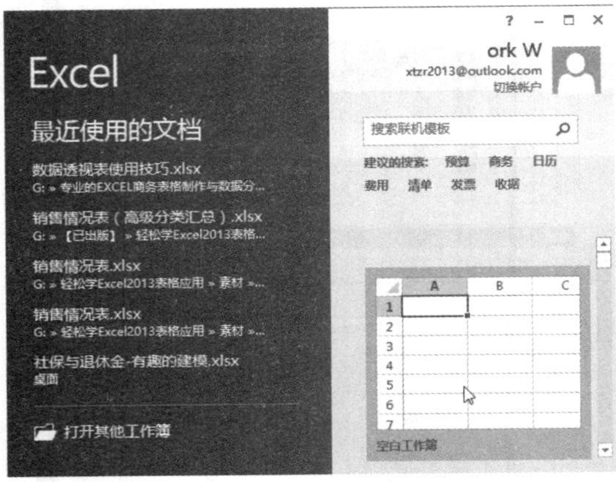

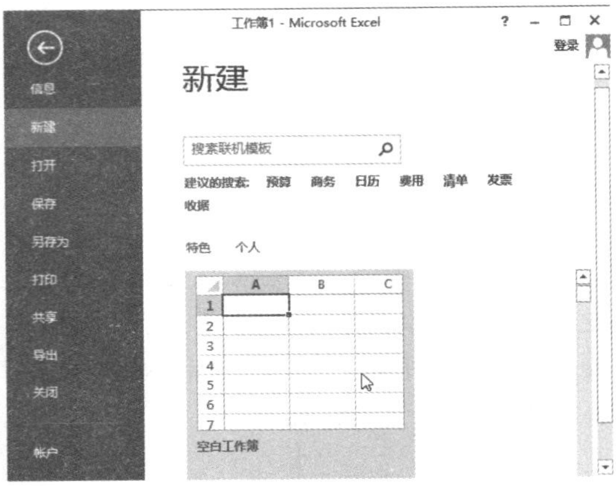

- 在桌面或“计算机”窗口等位置的空白区域单击鼠标右键，在弹出的快捷菜单中单击“新建”命令，在打开的子菜单中单击“Microsoft Excel 工作表”命令，即可新建空白工作簿。
- 在已打开的工作簿中，切换到“文件”选项卡，在左侧窗格中单击“新建”命令，在对应的子选项卡中根据需要选择模板，单击该模板，弹出相应的模板对话框，在对话框中介绍了该模板的相关信息，单击“创建”按钮，即可根据该模板创建新工作簿。

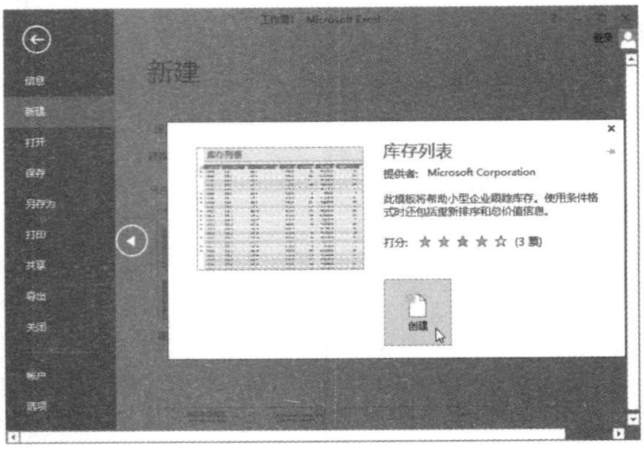

知识加油站——使用填充柄快速输入数据

在选择单元格或单元格区域后，所选对象四周会出现一个黑色边框的选区，该选区的右下角会出现一个填充柄，光标移至其上时会变为+形状，此时用鼠标左键拖动填充柄即可在拖动经过的单元格区域中快速填充相应的数据。

拖动填充柄填充数据时，填充区域右下角会出现一个“自动填充选项”按钮，该按钮向用户提供了“复制单元格”、“填充序列”、“仅填充格式”、“不需格式填充”等选择，以便用户根据需要选择填充数据的方式。

1.2　创建人事变更管理表

为了方便对公司员工的变更状况做深入分析，可以制作一份简单的人事动态管理表，将员工的变更信息录入其中。下面将介绍人事变更管理表的具体制作方法。

涉及知识点：

★新建文档　★导入文本数据　★设置字体

★设置数字格式　★设置单元格格式　★剪切与粘贴数据

★设置表格边框与底纹

最终效果：

人事变更管理表

日期：						第1页
序号	人员编号	姓名	变动说明	资料变更	变更日期	备注
1	FJ1001	王明	升职	由销售代表升为销售主管	2015年4月25日	
2	FJ1093	高强	调职	由前台调至公关部	2015年4月27日	
3	FJ1524	陈敏	升职	由销售主管转主销售经理	2015年5月20日	
4	FJ1365	陈保	升职	由技术员升为技术主管	2015年7月16日	
5	FJ1204	李明	试用期满	由试用转为正式	2015年8月5日	
6	FJ2031	刘远	升职	由销售代表升为销售主管	2015年8月15日	
7	FJ1025	陈昊	调职	由行政助理调至后勤主管	2015年8月16日	
8	FJ3023	刘艳	调职	由后勤部调至技术部	2015年8月20日	
9	FJ1032	黄欣	试用期满	由试用转为正式	2015年9月4日	
10	FJ1420	刘浩	开除	开除	2015年9月4日	
11	FJ2015	陈涛	薪金调整	由2500元调至3000元	2015年9月15日	
12	FJ0210	刘波	调职	由技术部调至后勤部	2015年10月15日	
13	FJ2102	李强	薪资调整	由2200元调至2600元	2015年11月15日	

1.2.1　导入文本数据

本节将新建一个名为“人事变更管理表”的空白工作簿，然后将文本文件中的数据导入其中，具体操作方法如下。

Step 01 新建一个名为“人事变更管理表”的空白工作簿。

Step 02 切换到“数据”选项卡，在“获取外部数据”组中单击“自文本”按钮。

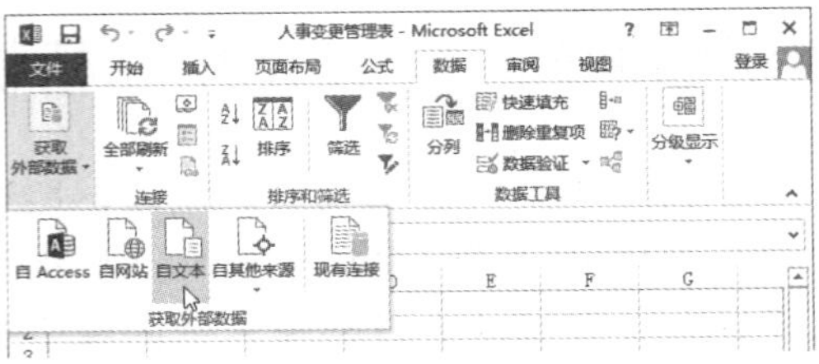

Step 03 弹出“导入文本文件”对话框，选中要导入的文本文件。

Step 04 单击“导入”按钮。

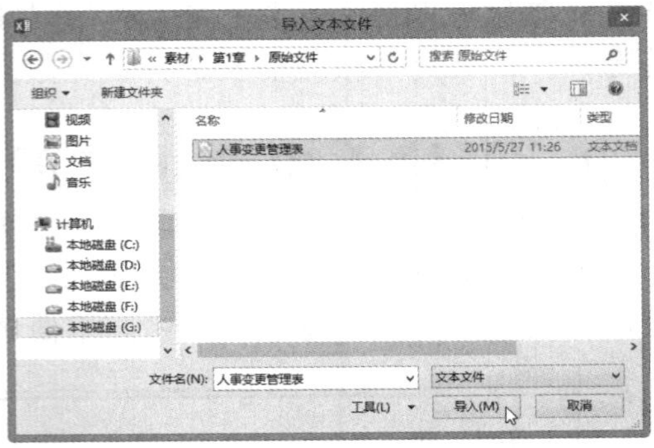

Step 05 弹出“文本导入导向-第 1 步，共 3 步”对话框，在“请选择最合适的文件类型”栏中选择“分隔符号”单选项。

Step 06 单击“下一步”按钮。

提示：选择“固定宽度”单选项，可以根据数据的列宽来分隔数据。

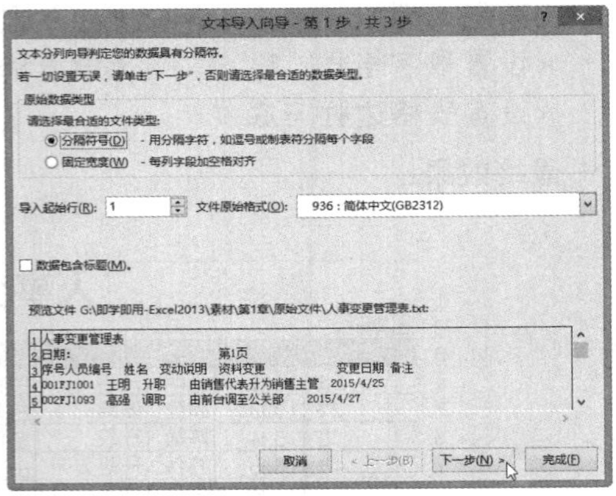

Step 07 弹出“文本导入导向-第 2 步，共 3 步”对话框，在“分隔符号”栏中勾选“Tab 键”和“空格”复选框。

Step 08 单击“下一步”按钮。

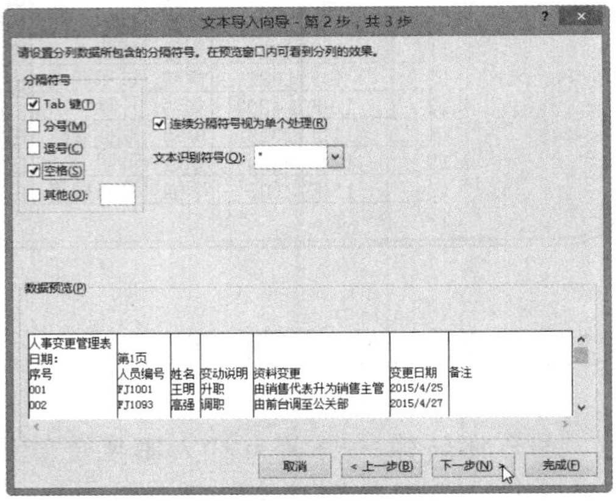

Step 09　弹出“文本导入导向-第 3 步，共 3 步”对话框，在“列数据格式”栏中选择“常规”单选项。

Step 10　单击“完成”按钮即可。

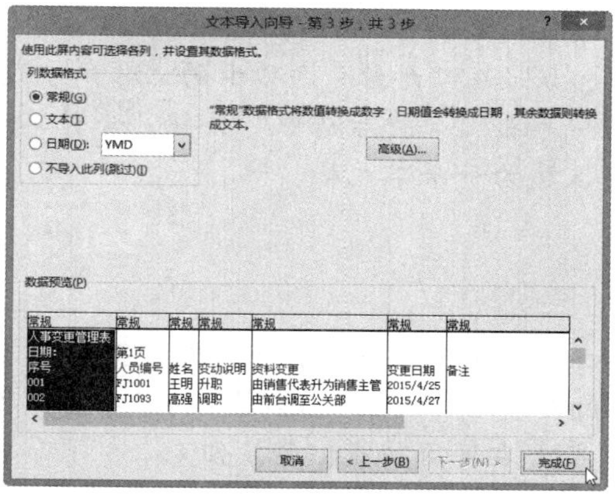

Step 11　弹出“导入数据”对话框，选择“现有工作表”单选项，在相应的文本框中设置导入数据的放置位置。

Step 12　单击“确定”按钮即可。

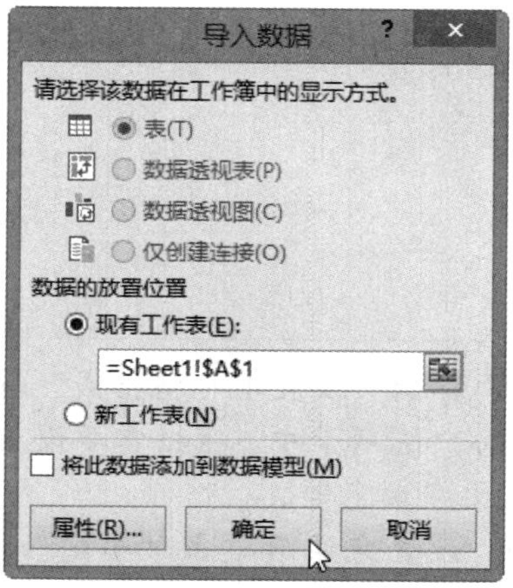

Step 13　返回工作表，可以看到系统将文本文件中的数据以空格分隔导入到工作表中。

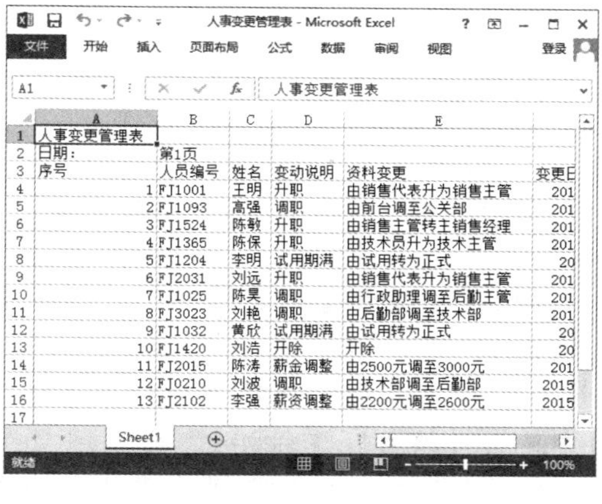

	A	B	C	D	E	F
1	人事变更管理表					
2	日期:	第1页				
3	序号	人员编号	姓名	变动说明	资料变更	变更E
4	1	FJ1001	王明	升职	由销售代表升为销售主管	201
5	2	FJ1093	高强	调职	由前台调至公关部	201
6	3	FJ1524	陈敏	升职	由销售主管转主销售经理	201
7	4	FJ1365	陈保	升职	由技术员升为技术主管	201
8	5	FJ1204	李明	试用期满	由试用转为正式	20
9	6	FJ2031	刘远	升职	由销售代表升为销售主管	201
10	7	FJ1025	陈昊	调职	由行政助理调至后勤主管	201
11	8	FJ3023	刘艳	调职	由后勤部调至技术部	201
12	9	FJ1032	黄欣	试用期满	由试用转为正式	20
13	10	FJ1420	刘浩	开除	开除	20
14	11	FJ2015	陈涛	薪金调整	由2500元调至3000元	201
15	12	FJ0210	刘波	调职	由技术部调至后勤部	2015
16	13	FJ2102	李强	薪资调整	由2200元调至2600元	2015
17						

1.2.2　设置单元格格式

导入文本文件中的数据内容之后，可以根据需要对单元格格式、字体、对齐方式、数字格式等进行设置，具体操作方法如下。

Step 01　选中 A1:G1 单元格区域。

Step 02　在“开始”选项卡的“对齐方式”组中单击“合并后居中”按钮，合并单元格区域为一个单元格。

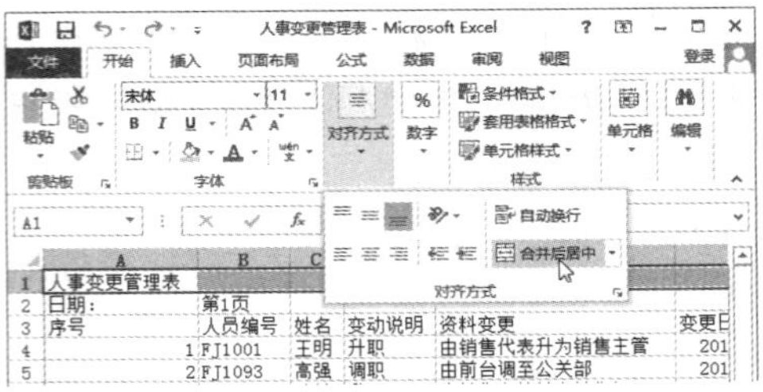

Step 03　选中合并后的 A1 单元格。

Step 04　在“开始”选项卡的“字体”组中单击右下角功能扩展按钮。

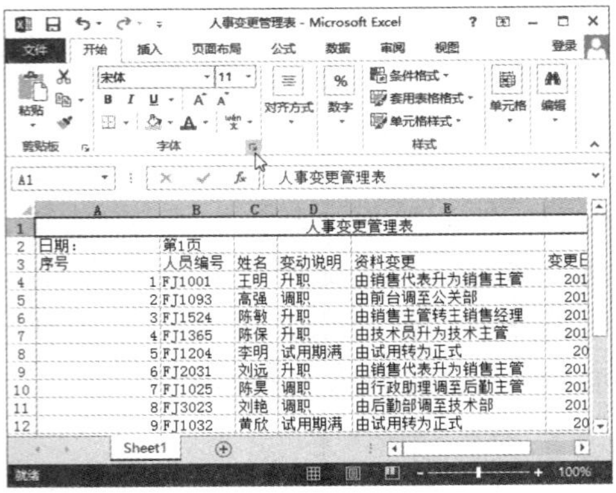

Step 05　弹出“设置单元格格式”对话框，在“字体”选项卡中，根据需要设置字体、字号、文字颜色等。

Step 06　设置完成后单击“确定”按钮即可。

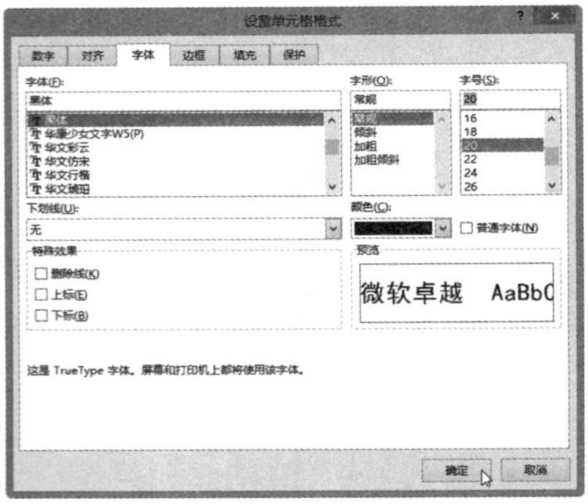

Step 07　选中要调整列宽的 A2:G2 单元格区域。

Step 08　在“开始”选项卡的“单元格”组中单击“格式”下拉按钮。

Step 09　在打开的下拉菜单中单击“自动调整列宽”命令，根据单元格数据内容调整列宽。

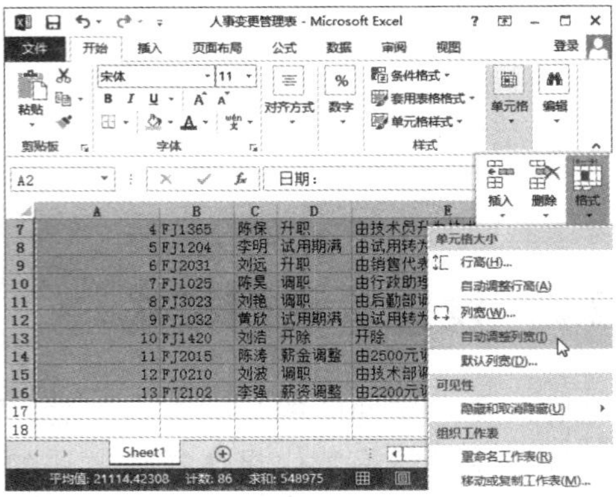

Step 10　选中整个工作表。

Step 11　在“开始”选项卡的“对齐方式”组中单击“垂直居中”按钮☰，设置对齐方式。

> 知识加油站
> 【选择单元格的多种方法】

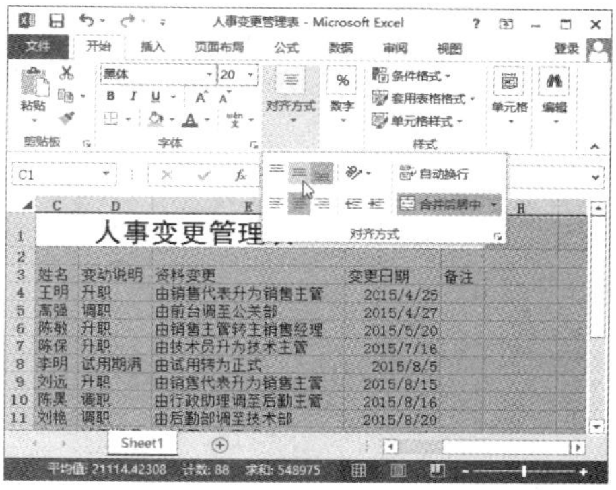

Step 12　选中 A3:G3 单元格区域。

Step 13　在“开始”选项卡的“对齐方式”组中单击“居中”按钮☰，设置对齐方式。

Step 14　选中 F4:F16 单元格区域。

Step 15　在“开始”选项卡的“数字”组中单击右下角功能扩展按钮⌟。

提示：选中要设置的单元格区域，在“开始”选项卡的“数字”组中单击“数字格式”下拉按钮，在打开的下拉菜单中可以单击需要的数字格式，快速设置。

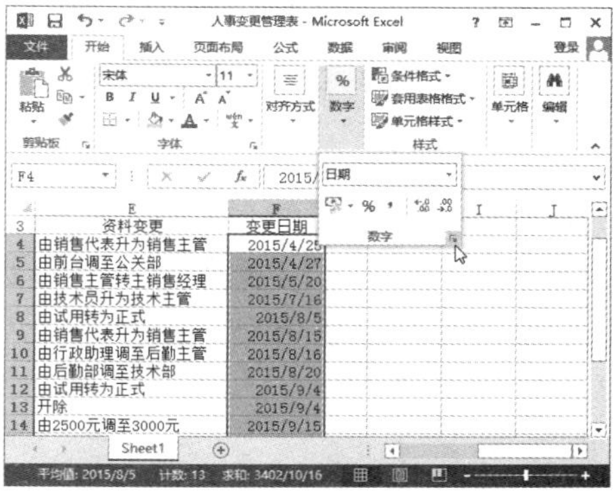

Step 16　弹出“设置单元格格式”对话框，在“数字”选项卡的“分类”列表框中选择“日期”选项。

Step 17　在右侧对应的界面中选择需要的日期数据类型。

Step 18　设置完成后，单击“确定”按钮。

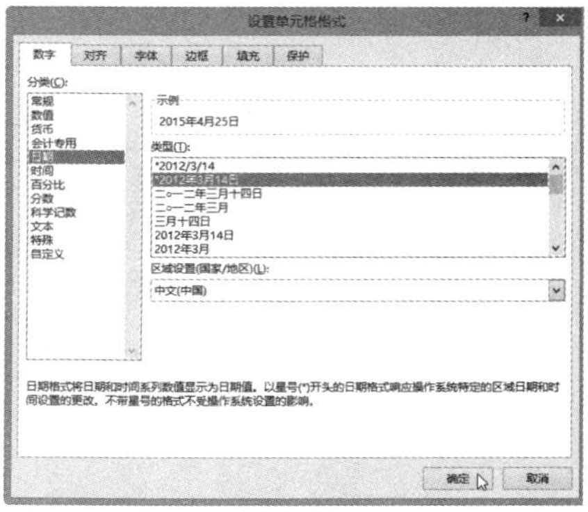

Step 19　返回工作表，即可看到设置单元格格式、字体、对齐方式、数字格式等之后的效果。

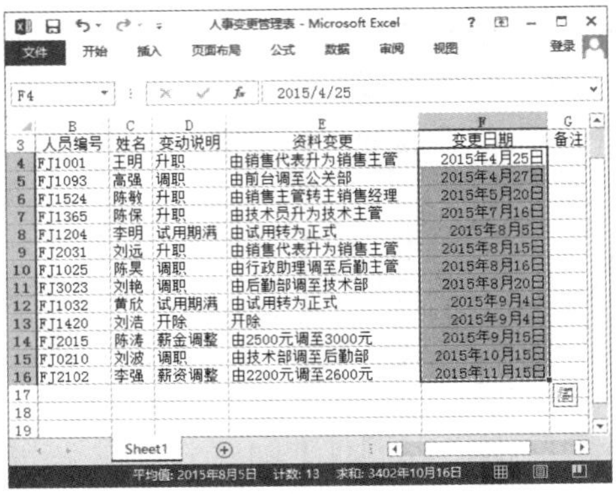

1.2.3　移动单元格中的数据内容

在编辑数据的过程中，有时需要移动单元格中的数据内容，这可以通过剪切和粘贴来实现，具体操作方法如下。

Step 01　选中要移动的数据所在单元格。

Step 02　在“开始”选项卡的“剪贴板”组中单击“剪切”按钮✂。

提示：选中数据后，单击“复制”按钮，然后粘贴到目标单元格，即可复制数据。

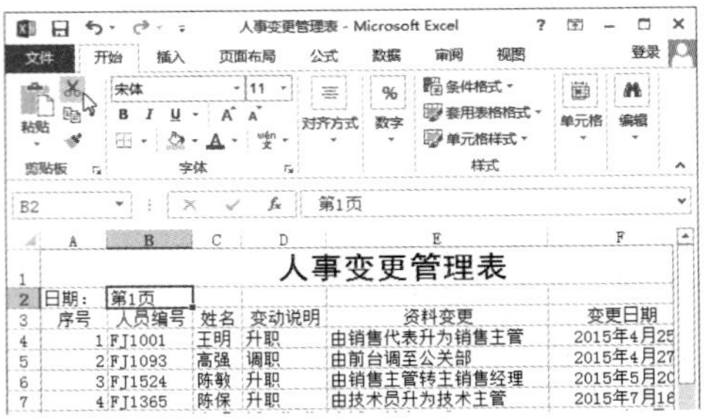

Step 03　选中移动数据的目标单元格。

Step 04　在“开始”选项卡的“剪贴板”组中单击“粘贴”按钮。

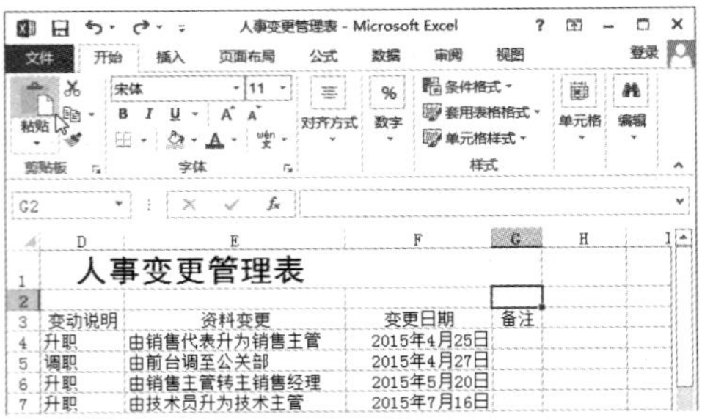

Step 05　返回工作表，即可看到移动单元格中的数据内容之后的效果。

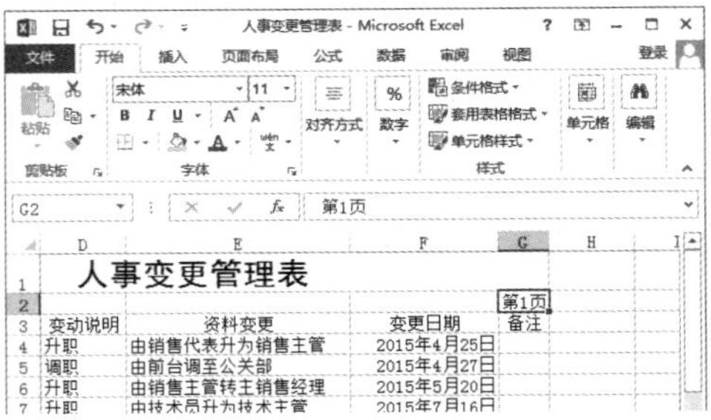

1.2.4　快速设置表格边框和底纹

为了使创建的表格更美观、易读，可以为其添加表格边框和底纹，具体操作方法如下。

Step 01　选中要设置表格边框的单元格区域，本例为 A3:G16 单元格区域。

Step 02　在“开始”选项卡的“字体”组中单击“边框”下拉按钮。

Step 03　在打开的下拉菜单中单击“所有框线”选项，为表格快速添加边框。

知识加油站

【添加表格边框的多种方法】

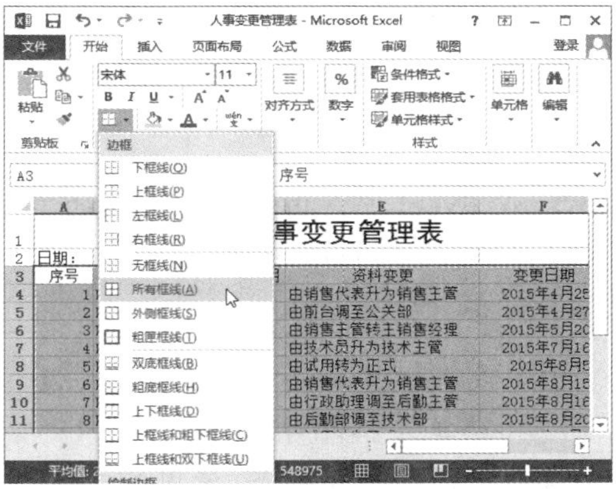

Step 04　选中要添加底纹的单元格区域，本例为 A3:G3 单元格区域。

Step 05　在“开始”选项卡的“字体”组中单击“填充颜色”下拉按钮。

Step 06　在打开的下拉菜单中根据需要选择要填充的单元格背景色，单击即可。

知识加油站

【设置单元格背景色的多种方法】

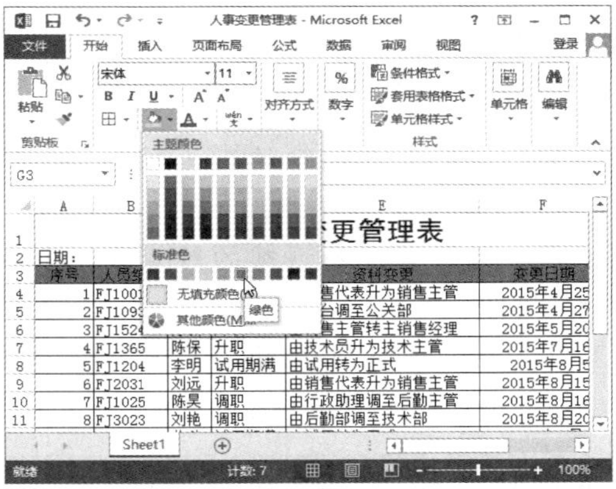

Step 07　返回工作表，即可看到快速设置表格边框和底纹之后的效果。

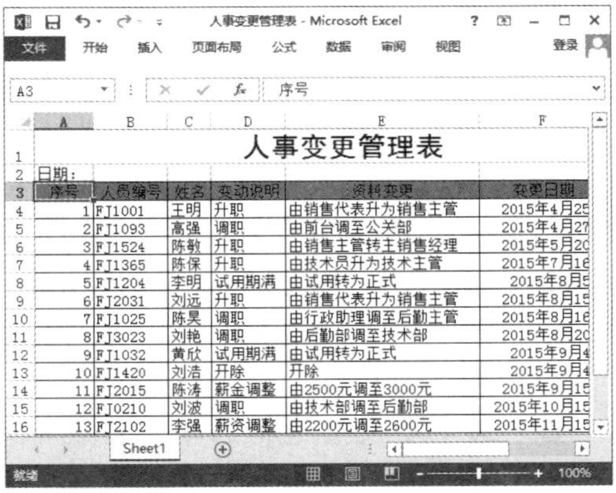

知识加油站——选择单元格的多种方法

在对单元格进行编辑之前首先要将其选中。选择单元格的方法有很多种，下面就分别进行介绍。

- 选中单个单元格：将鼠标指向该单元格，单击即可。
- 选择连续的多个单元格：选中需要选择的单元格区域左上角的单元格，然后按下鼠标左键不放，拖动到需要选择的单元格区域右下角的单元格后松开鼠标左键即可。

提示： 在Excel中，由若干个连续的单元格构成的矩形区域称为单元格区域。单元格区域用其对角线的两个单元格来标识。例如从A1到E9单元格组成的单元格区域用A1:E9标识。

- 选择不连续的多个单元格：按下"Ctrl"键，然后使用鼠标分别单击需要选择的单元格即可。
- 选择整行（列）：使用鼠标单击需要选择的行（列）序号即可。

提示： 选中需要选择的单元格区域左上角的单元格，然后在按下"Shift"键的同时单击需要选择的单元格区域右下角的单元格，可以选定连续的多个单元格。

- 选择多个连续的行（列）：按住鼠标左键，在行（列）序号上拖动，选择完后松开鼠标即可。
- 选择多个不连续的行（列）：在按住"Ctrl"键的同时，用鼠标分别单击行（列）序号即可。
- 选中所有单元格：单击工作表左上角的行标题和列标题的交叉处，可以快速地选中整个工作表中的所有单元格。

提示： 按下"Ctrl+A"组合键，也可以快速选择整个工作表中所有的单元格。

知识加油站——添加表格边框的多种方法

默认情况下，Excel的灰色网格线无法打印出来，为了使工作表更加美观，在制作表格时，我们通常需要为其添加边框，方法有以下几种。

- 选中要设置边框的单元格或单元格区域，在"开始"菜单选项卡的"字体"组中展开"边框"下拉菜单，在"边框"栏中根据需要进行选择，快速设置表格边框。
- 选中要设置边框的单元格或单元格区域，在"开始"菜单选项卡的"字体"组中展开"边框"下拉菜单，在"绘制边框"栏中根据需要进行选择，手动绘制表格边框。

➲ 选中要设置边框的单元格或单元格区域，打开“设置单元格格式”对话框，切换到“边框”选项卡，根据需要详细设置边框线条颜色、样式、位置等，完成后单击“确定”按钮即可。

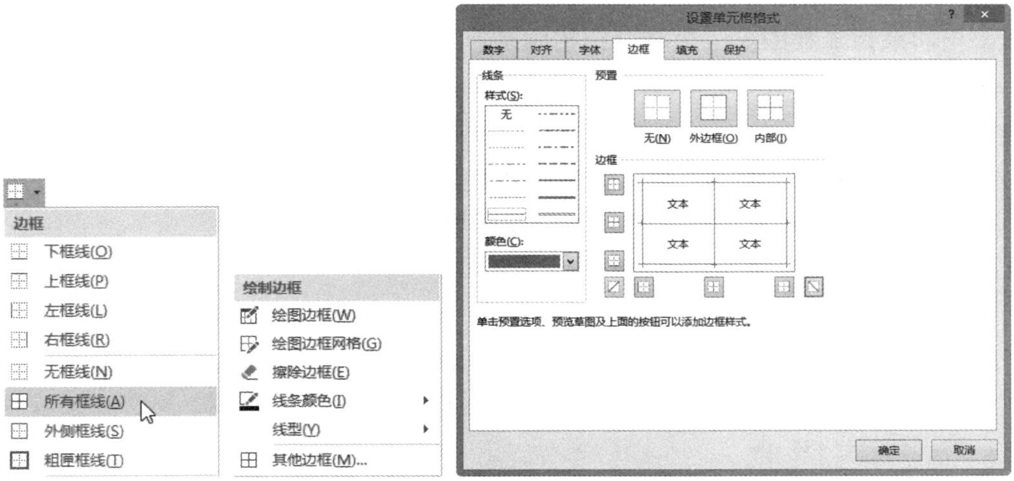

知识加油站——设置单元格背景色的多种方法

在默认情况下，Excel 工作表中的单元格为白色，而为了美化表格或者突出单元格中的内容，我们可以为单元格设置背景色，方法有两种。

➲ 选中要设置背景色的单元格区域，在“开始”选项卡的“字体”组中单击“填充颜色”下拉按钮，在打开的颜色面板中根据需要进行选择。

➲ 选中要设置背景色的单元格区域，使用鼠标右键单击，在弹出的快捷菜单中执行“设置单元格格式”命令，此时弹出“设置单元格格式”对话框，在“填充”选项卡的“背景色”色板中选择一种颜色，然后单击“确定”按钮即可。

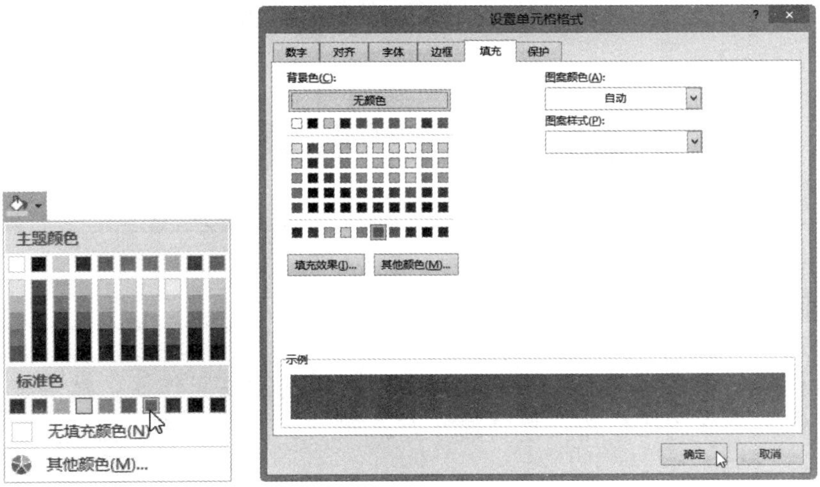

1.3 创建员工招聘录用流程图

为了明确员工的招聘和录用流程，可以在工作表中插入与编辑自选图形，制作一份员工招聘录用流程图。下面将介绍招聘录用流程图的具体制作方法。

涉及知识点：

★插入与编辑艺术字　★插入与编辑文本框　★插入自选图形
★编辑自选图形　★设置自选图形样式

最终效果：

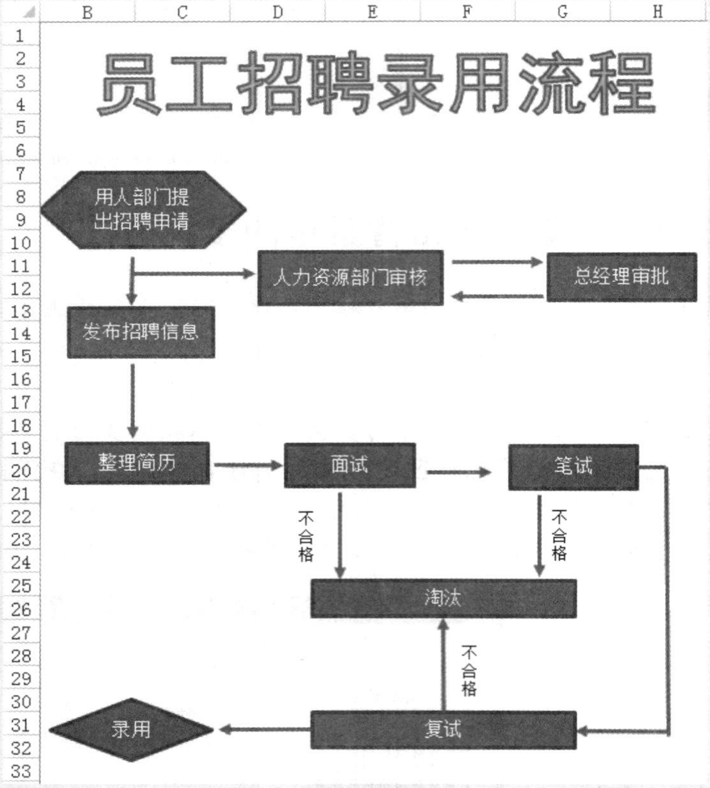

1.3.1 插入与编辑艺术字

本节将新建一个名为“员工招聘录用流程图”的空白工作簿，然后在其中插入与编辑艺术字作为流程图的标题，具体操作方法如下。

Step 01　新建一个名为“员工招聘录用流程图”的空白工作簿。

Step 02　切换到“插入”选项卡，在“文本”组中单击“艺术字”下拉按钮。

Step 03　在打开的下拉菜单中，选择需要的艺术字样式，单击即可。

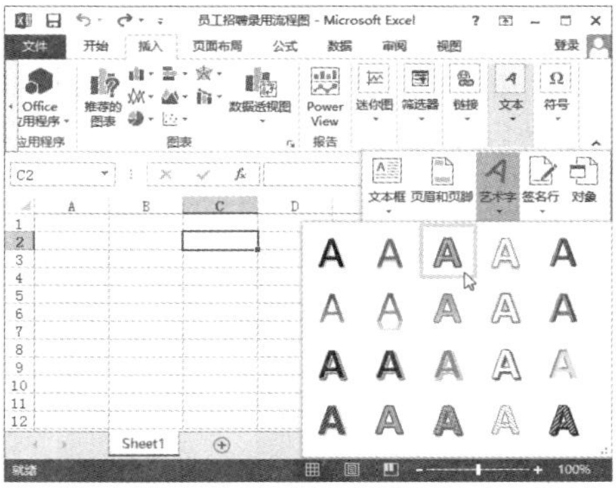

Step 04　此时，在工作表中将添加一个“请在此放置您的文字”艺术字文本框。

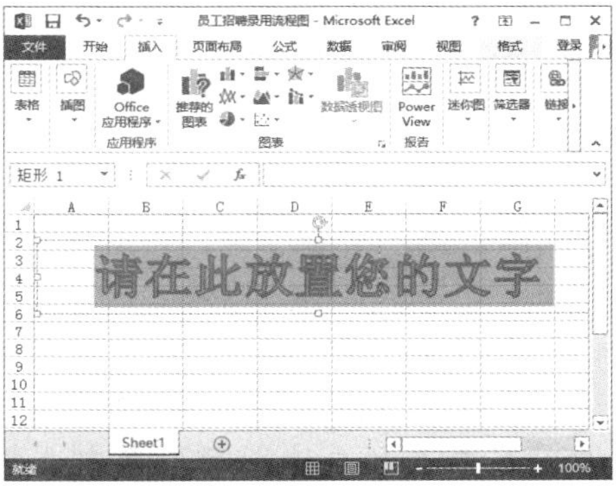

Step 05　将光标定位到艺术字文本框中，根据需要输入文本内容即可。

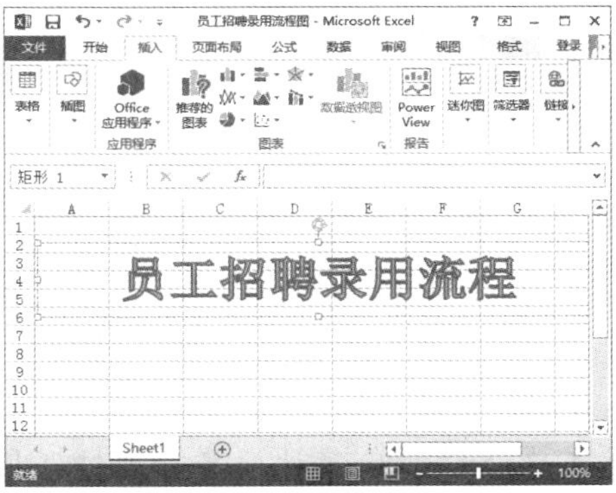

Step 06　输入完成后，选中输入的艺术字。

Step 07　切换到“开始”选项卡，在“字体”组中，可以根据需要设置艺术字的字体、字号等，方法与设置普通文字相同。

知识加油站
【编辑艺术字】

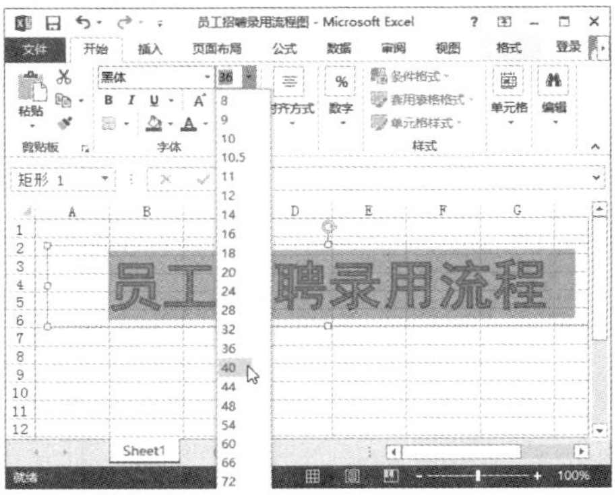

Step 08 选中艺术字文本框，将光标指向文本框边框，当光标呈形状时，按住鼠标左键不放，拖动到适当位置释放鼠标左键，即可调整艺术字位置。

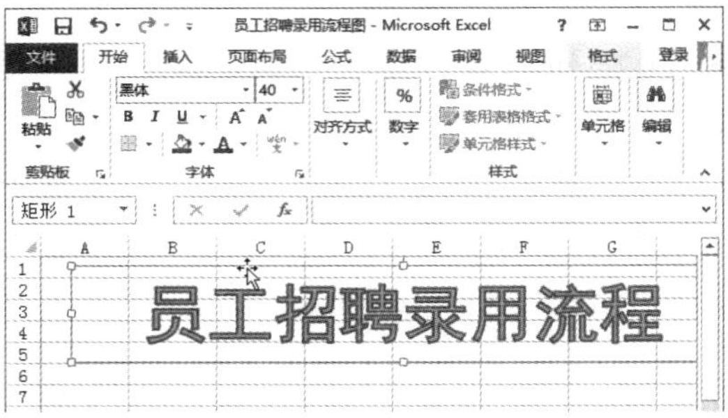

1.3.2 创建流程图

在 Excel 中，要制作“员工招聘录用流程图”，可以通过插入与编辑自选图形和文本框的方法来实现，具体操作方法如下。

Step 01 切换到“插入”选项卡，在“插图”组中单击“形状”下拉按钮。

Step 02 在打开的自选图形菜单中选择需要的形状，这里单击“流程图：准备”选项。

Step 03 此时鼠标指针变成十字形状，在工作表中合适的位置按住鼠标左键并拖动至合适的位置释放，即可绘制出自选图形。

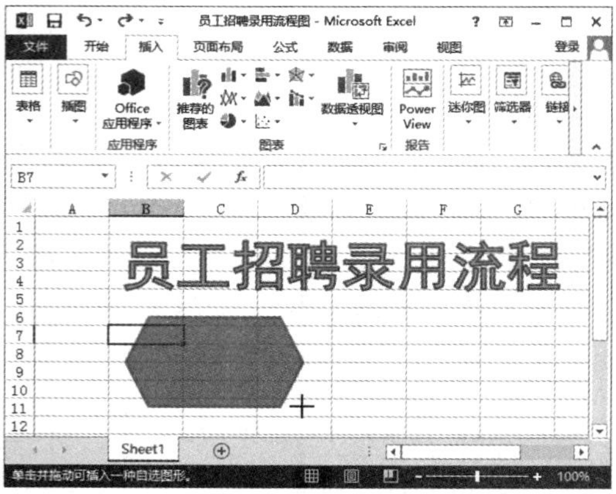

Step 04　在绘制的图形上单击鼠标右键。

Step 05　在弹出的快捷菜单中单击“编辑文字”命令。

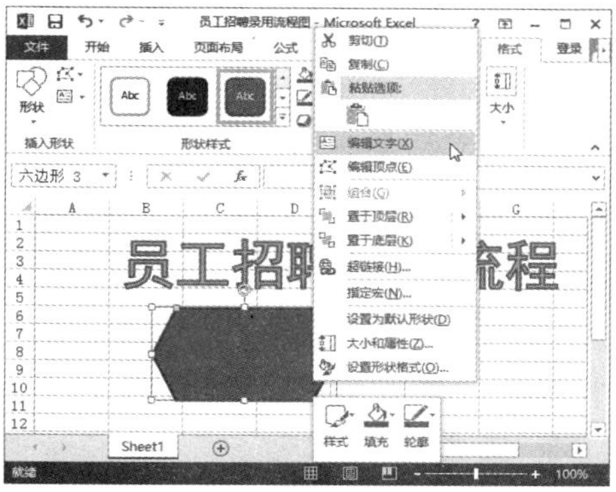

Step 06　此时文字插入点将自动定位到该图形中，可以根据需要，在图形中输入文本内容，本例输入“用人部门提出招聘申请”。

Step 07　选中插入的图形，在“开始”选项卡的“字体”组中，设置图形中文字的字体、字号。

Step 08　在“对齐方式”组中，设置文字在图形中的对齐方式。

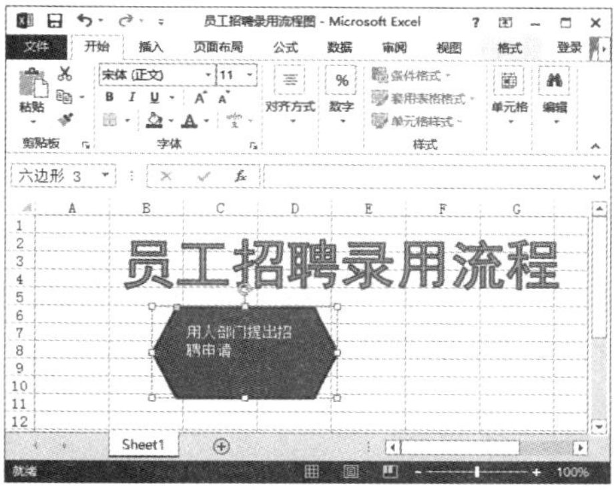

Step 09　将光标指向图形四周的控制点，当光标呈双向箭头↘形状时，按住鼠标左键拖动，到适当位置释放鼠标左键，即可调整图形大小。

Step 10　选中自选图形，切换到出现的“绘图工具/格式”选项卡，在“插入形状”组中单击“形状”下拉按钮。

Step 11　在打开的自选图形菜单中单击“箭头”选项。

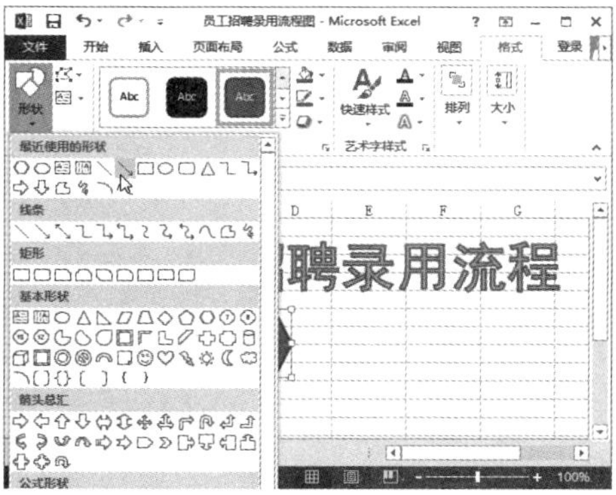

Step 12　在绘制的“流程图：准备”图形下方绘制一个“箭头”。

Step 13　适当调整“箭头”大小。

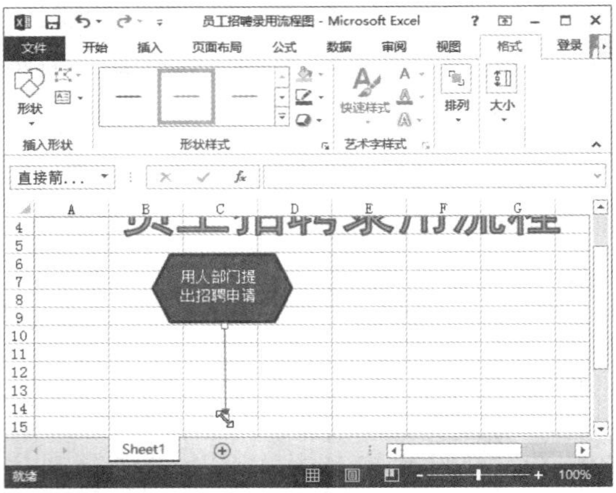

Step 14　按照上述方法，在工作表中绘制多个过程图形，并在其中输入相应的文本内容。

Step 15　在各个过程图形之间绘制相应的“箭头”图形，将图形连起来。

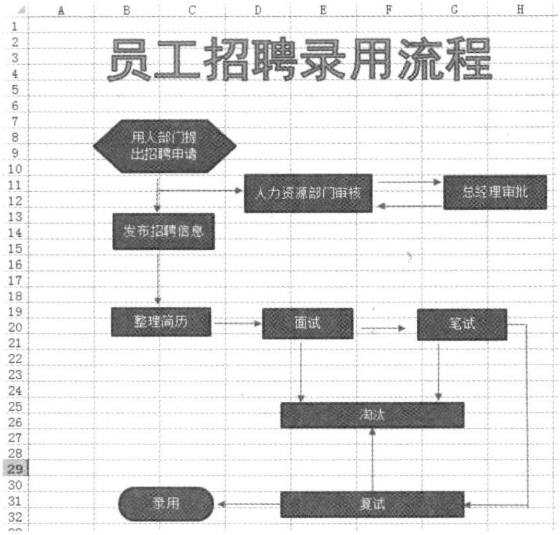

Step 16　切换到“插入”选项卡，在“文本”组中单击“文本框”下拉按钮。

Step 17　在打开的下拉菜单中单击“垂直文本框”命令。

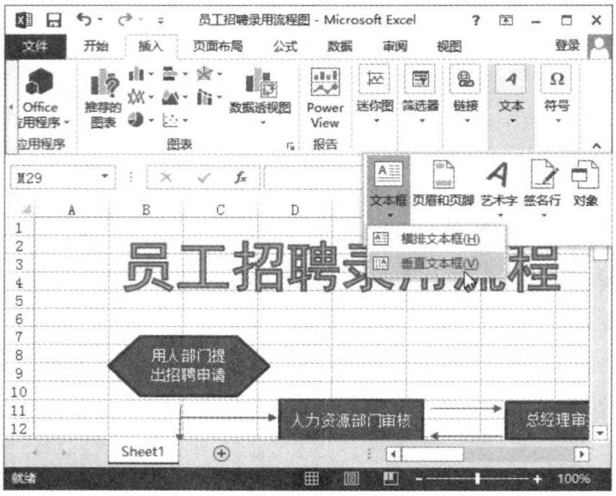

Step 18　此时光标呈↓形状，在面试过程下方的“箭头”形状左侧，按住鼠标左键不放，拖动至适当位置释放鼠标左键，即可绘制一个垂直文本框。

Step 19　在文本框中输入“不合格”。

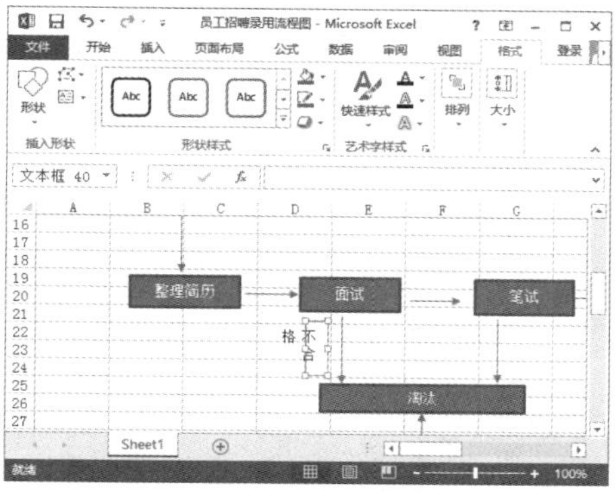

Step 20　选中插入的文本框，切换到“开始”选项卡，在“字体”组中设置文本框中文字的字体和字号。

Step 21　在“对齐方式”组中设置文本在文本框中的对齐方式。

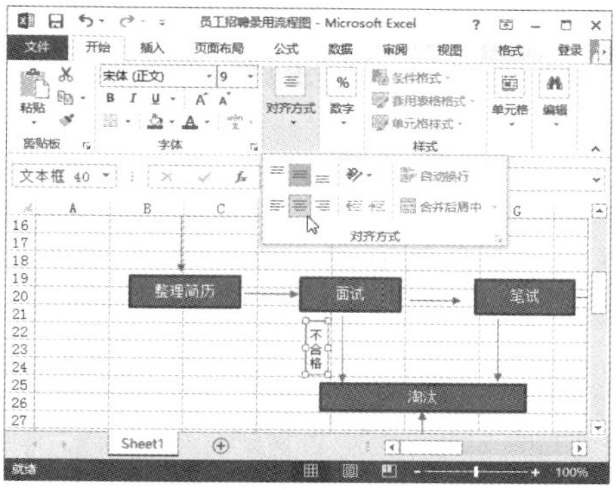

Step 22　设置完成后，在该文本框上单击鼠标右键。

Step 23　在弹出的快捷菜单中单击“设置形状格式”命令。

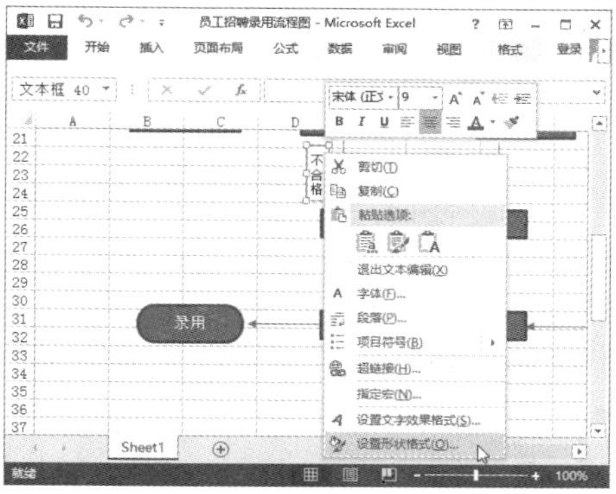

Step 24　打开“设置形状格式”窗格，在“填充线条”选项卡的“填充”栏中选择“无填充”单选项，在“线条”栏中选择“无线条”单选项。

Step 25　设置完成后单击“关闭”按钮 ✕，关闭窗格即可。

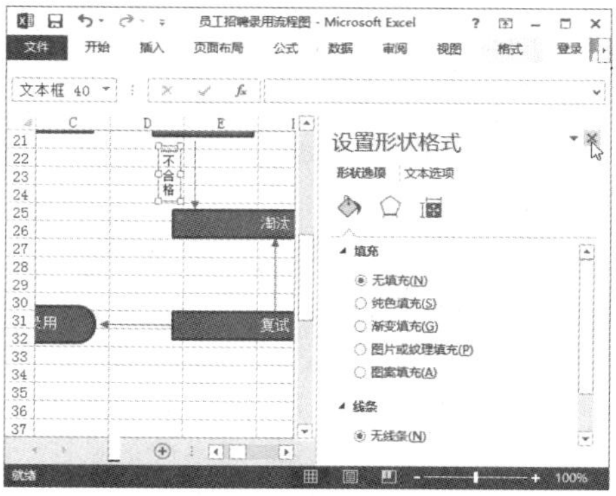

Step 26 返回工作表，按照上述方法，在流程图中的适当位置插入更多垂直文本框，并设置其格式，效果如图。

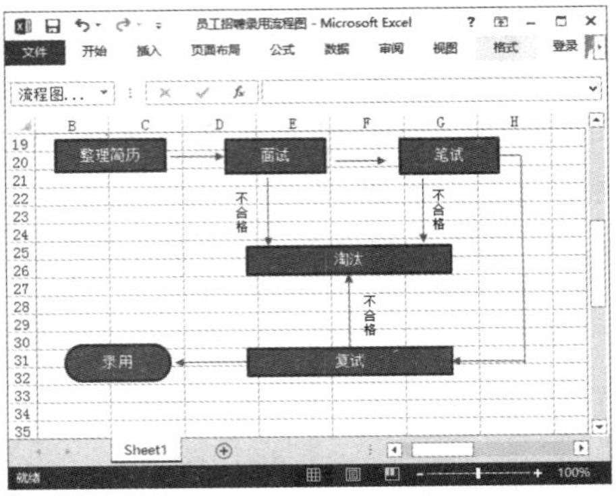

1.3.3 美化流程图

创建流程图之后，为了使其更美观、易读，可以对其进行美化，具体操作方法如下。

Step 01 选中流程图的最后一个图形“录用”。

Step 02 切换到“绘图工具/格式”选项卡，在“插入形状”组中单击“编辑形状”下拉按钮。

Step 03 在打开的下拉菜单中，展开“更改形状”子菜单，在其中单击“流程图：决策”选项。

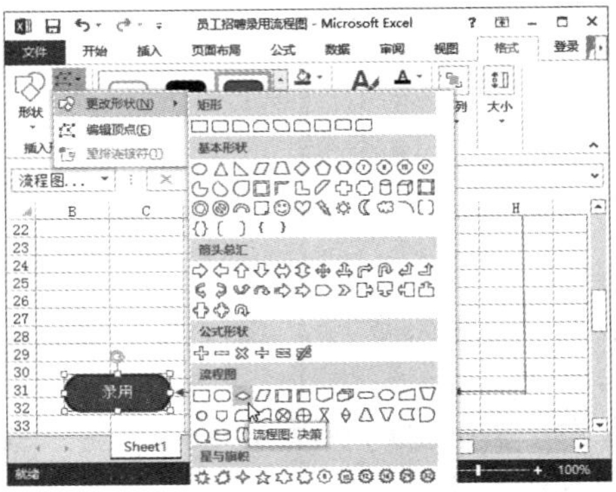

Step 04 此时即可将所选自选图形自动更改为“流程图：决策”图形。

Step 05 根据需要适当调整其大小和位置即可。

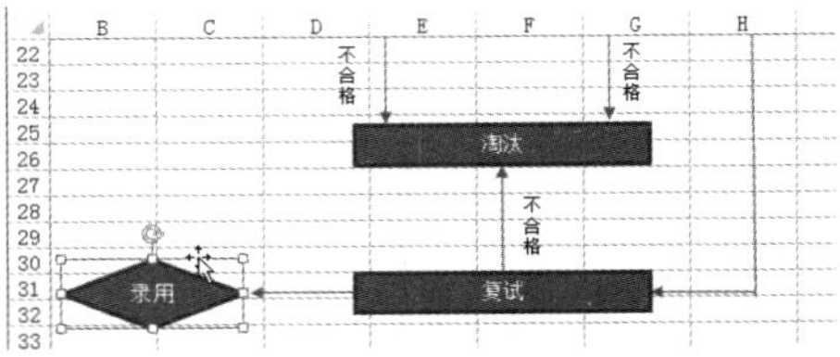

Step 06 在“开始”选项卡的“编辑”组中单击“查找和选择”下拉按钮。

Step 07 在打开的下拉菜单中单击“选择对象”命令。

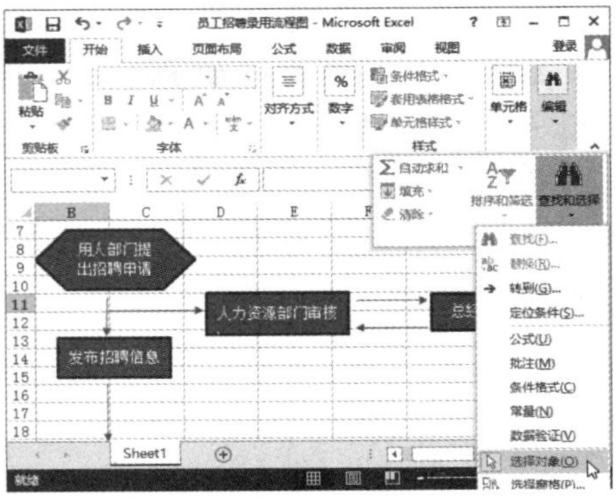

Step 08 此时光标呈形状，在按住“Ctrl”键的同时单击流程图中的“箭头”，将全部“箭头”选中。

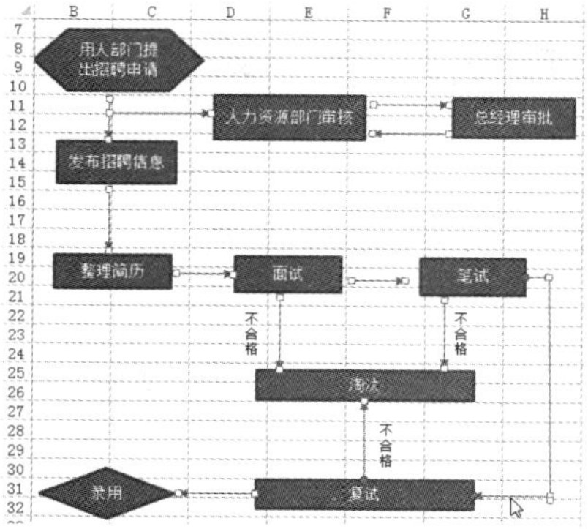

Step 09 切换到“绘图工具/格式”选项卡，在“形状样式”组中单击“形状轮廓”下拉按钮。

Step 10 在打开的下拉菜单中，展开“粗细”子菜单，根据需要选择相应选项，加粗“箭头”即可。

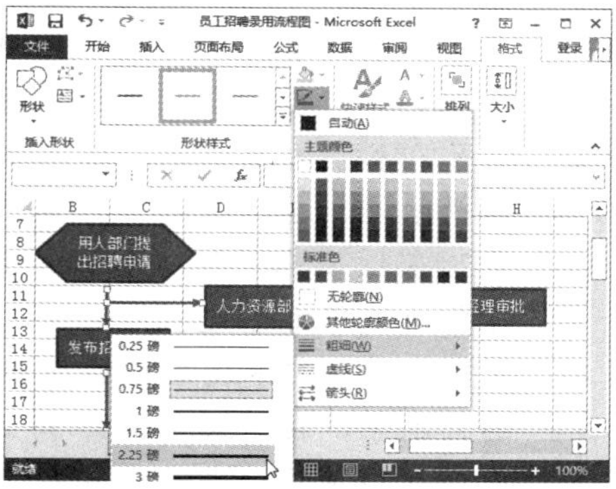

Step 11 选中流程图的第一个图形和最后一个图形。

Step 12 切换到“绘图工具/格式”选项卡，在“形状样式”组中单击“其他”下拉按钮。

Step 13 在打开的快速样式下拉菜单中，根据需要选择一种样式，单击即可应用该形状样式。

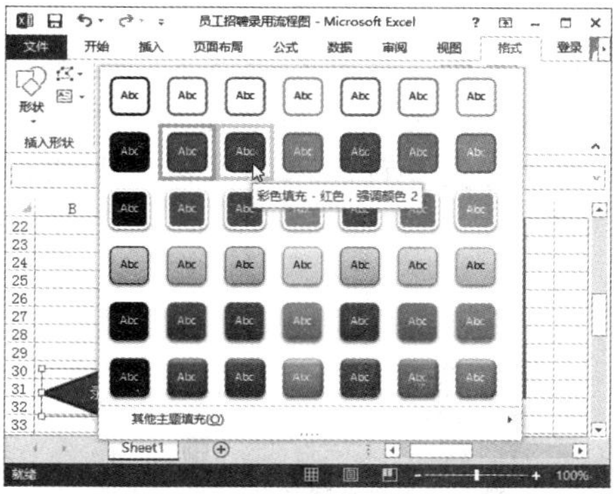

Step 14 返回工作表，即可看到设置形状样式后的效果。

Step 15 切换到“视图”选项卡，在“显示”组中取消勾选“网格线”复选框，取消显示工作表中的网格线即可。

知识加油站——编辑艺术字

在工作表中插入艺术字后，通过出现的“绘图工具/格式”选项卡中的相应命令按钮可以对艺术字进行编辑，包括更改艺术字样式、设置艺术字阴影效果和三维效果等。

- 套用艺术字样式：将光标定位到艺术字所在文本框中，选中要更改样式的艺术字，在“绘图工具/格式”选项卡的“艺术字样式”组中展开“快速样式”下拉菜单，在其中选择一种内置样式即可。
- 设置艺术字文本填充：将光标定位到艺术字所在文本框中，选中要设置样式的艺术字，在“绘图工具/格式”选项卡的“艺术字样式”组中展开“文本填充”下拉菜单，即可在其中设置艺术字文本填充样式，如使用图片、纹理或纯色填充艺术字文本内部。
- 设置艺术字文本轮廓：将光标定位到艺术字所在文本框中，选中要设置样式的艺术字，在“绘图工具/格式”选项卡的“艺术字样式”组中展开“文本轮廓”下拉菜单，即可在其中设置艺术字文本轮廓样式，如设置艺术字文本轮廓的线条样式、颜色、粗细等。
- 设置艺术字文字效果：将光标定位到艺术字所在文本框中，在“绘图工具/格式”选项卡的“艺术字样式”组中展开“文字效果”下拉菜单，即可在其中设置各种艺术字效果，如阴影、映像、发光、棱台、三维旋转和路径转换等。

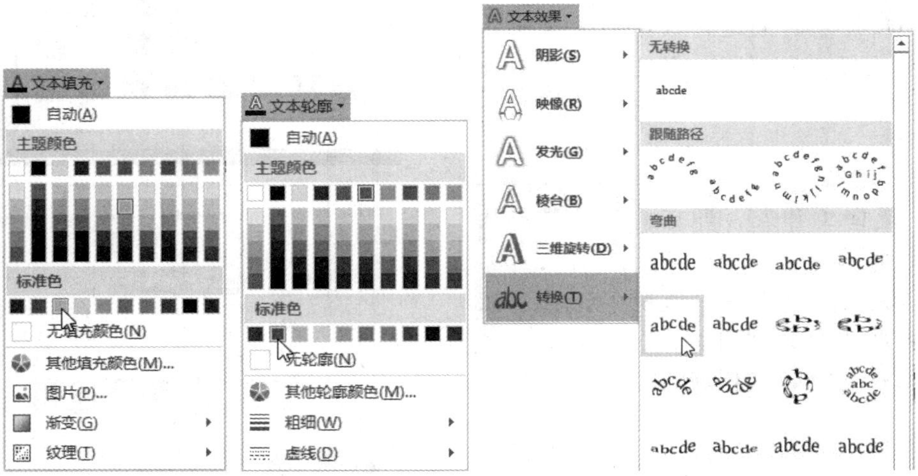

第02章 员工考勤管理

为了便于规范公司的劳动考勤管理，公司一般会根据自身的要求制定一份员工考勤制度，以此作为对员工考核的标准。通过制作合适的员工考勤管理表格，可以进一步规范考勤管理。

【本章案例】

- 制作员工月考勤表
- 制作长假值班安排表

2.1 制作员工月考勤表

员工的出勤与员工的薪资有一定关系，大多数企业都会在月末对员工出勤情况进行统计，以此计算出员工的出勤情况，以得出具体的缺勤扣款。下面将介绍员工月考勤表的具体制作方法。

涉及知识点：

★输入特殊符号　　★设置数据有效性

★使用公式和函数　　★制作多栏表头

最终效果：

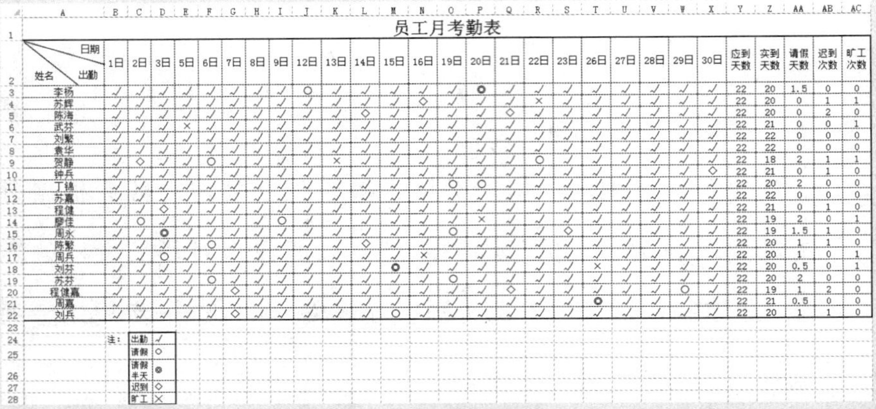

员工月考勤表

姓名＼日期/出勤	1日	2日	3日	5日	6日	7日	8日	9日	12日	13日	14日	15日	16日	19日	20日	21日	22日	23日	26日	27日	28日	29日	30日	应到天数	实到天数	请假天数	迟到次数	旷工次数
李杨	√	√	√	√	√	√	√	√	○	√	√	√	√	√	◎	√	√	√	√	√	√	√	√	22	20	1.5	0	0
苏辉	√	√	√	√	√	√	√	√	√	√	√	√	◇	√	√	√	×	√	√	√	√	√	√	22	20	0	1	1
陈海	√	√	√	√	√	√	√	√	√	√	◇	√	√	√	√	◇	√	√	√	√	√	√	√	22	20	0	2	0
武芬	√	√	√	×	√	√	√	√	√	√	√	√	√	√	√	√	√	√	√	√	√	√	√	22	21	0	0	1
刘繁	√	√	√	√	√	√	√	√	√	√	√	√	√	√	√	√	√	√	√	√	√	√	√	22	22	0	0	0
袁华	√	√	√	√	√	√	√	√	√	√	√	√	√	√	√	√	√	√	√	√	√	√	√	22	22	0	0	0
贺静	√	◇	√	√	○	√	√	√	√	×	√	√	√	√	√	√	○	√	√	√	√	√	√	22	18	2	1	1
钟兵	√	√	√	√	√	√	√	√	√	√	√	√	√	√	√	√	√	√	√	√	√	√	◇	22	21	0	1	0
丁锦	√	√	√	√	√	√	√	√	√	√	√	√	√	○	○	√	√	√	√	√	√	√	√	22	20	2	0	0
苏嘉	√	√	√	√	√	√	√	√	√	√	√	√	√	√	√	√	√	√	√	√	√	√	√	22	22	0	0	0
程健	√	√	◇	√	√	√	√	√	√	√	√	√	√	√	√	√	√	√	√	√	√	√	√	22	21	0	1	0
廖佳	√	○	√	√	√	√	√	○	√	√	√	√	√	√	×	√	√	√	√	√	√	√	√	22	19	2	0	1
周永	√	√	◎	√	√	√	√	√	√	√	√	√	√	○	√	√	√	◇	√	√	√	√	√	22	19	1.5	1	0
陈繁	√	√	√	√	○	√	√	√	√	√	◇	√	√	√	√	√	√	√	√	√	√	√	√	22	20	1	1	0
周兵	√	√	○	√	√	√	√	√	√	√	√	√	×	√	√	√	√	√	√	√	√	√	√	22	20	1	0	1
刘芬	√	√	√	√	√	√	√	√	√	√	√	◎	√	√	√	√	√	√	×	√	√	√	√	22	20	0.5	0	1
苏芬	√	√	√	√	○	√	√	√	√	√	√	√	√	○	√	√	√	√	√	√	√	√	√	22	20	2	0	0
程健嘉	√	√	√	√	√	◇	√	√	√	√	√	√	√	√	√	◇	√	√	√	√	√	○	√	22	19	1	2	0
周嘉	√	√	√	√	√	√	√	√	√	√	√	√	√	√	√	√	√	√	◎	√	√	√	√	22	21	0.5	0	0
刘兵	√	√	√	√	√	◇	√	√	√	√	√	○	√	√	√	√	√	√	√	√	√	√	√	22	20	1	1	0

注：

出勤	√
请假	○
请假半天	◎
迟到	◇
旷工	×

2.1.1 输入特殊符号

通过输入基本内容、合并单元格、调整行高列宽等操作，即可制作出“员工月考勤表”的基本框架，接下来就可以在其中输入特殊符号，规范考勤制度。具体操作方法如下。

Step 01 打开制作好基本框架的“员工月考勤表”工作簿。

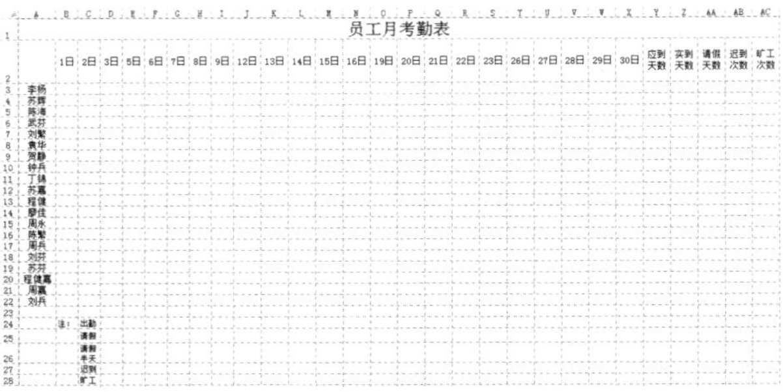

Step 02　选中要输入特殊符号的单元格，如 D24 单元格。

Step 03　切换到“插入”选项卡，在“符号”组中单击“符号”按钮。

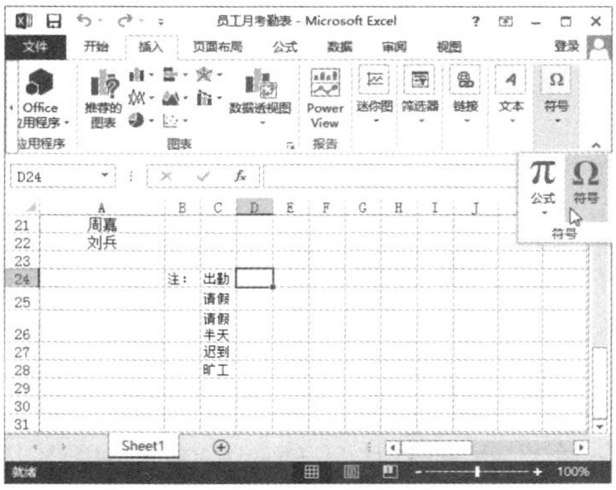

Step 04　弹出“符号”对话框，在“符号”选项卡的“字体”下拉列表中选择“普通文本”选项。

Step 05　在对应的列表框中根据需要选择要插入的特殊符号。

Step 06　单击“插入”按钮即可。

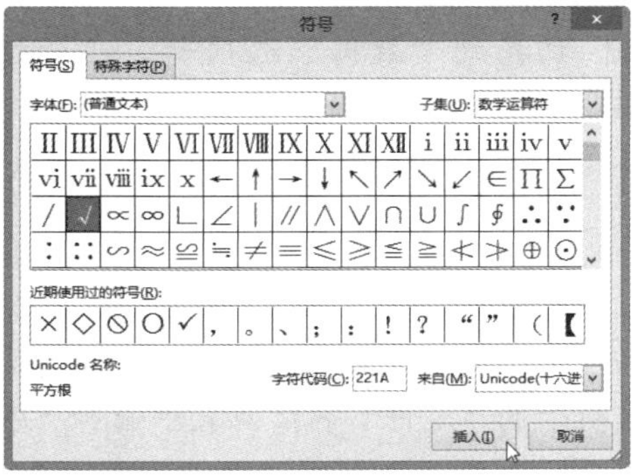

Step 07　插入完成后，单击“关闭”按钮关闭对话框。

Step 08　返回工作表，即可看到插入特殊符号后的效果。

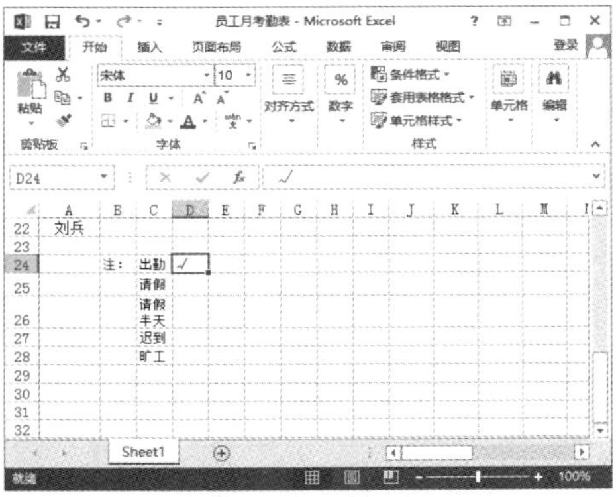

Step 09　按照上述方法，在 D25:D28 单元格区域中输入特殊符号即可。

提示：在“符号”对话框中双击要插入的特殊符号，也可以将其插入到工作表中。

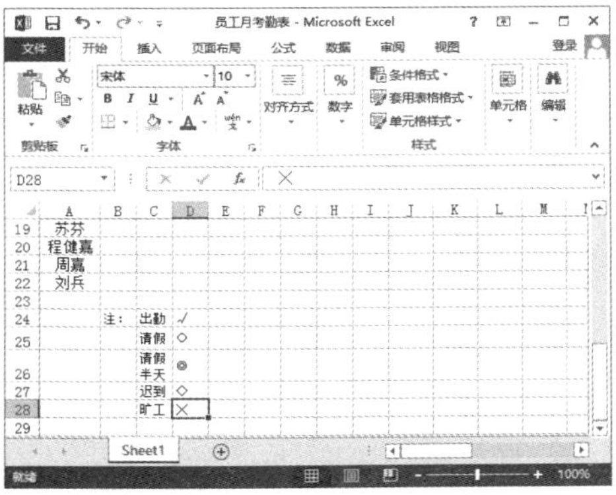

2.1.2 设置数据有效性

在完成“员工月考勤表”的基本框架并设置好考勤制度对照区域后，就可以输入员工的具体考勤情况了。由于要在表格中输入大量特殊符号，为了减少输入错误，提高工作效率，可以在表格中设置数据有效性，具体操作方法如下。

Step 01 在工作表中，选中要输入员工具体考勤情况的单元格区域，本例为 B3:X22 单元格区域。

Step 02 切换到“数据”选项卡，在“数据工具”组中单击“数据验证”按钮。

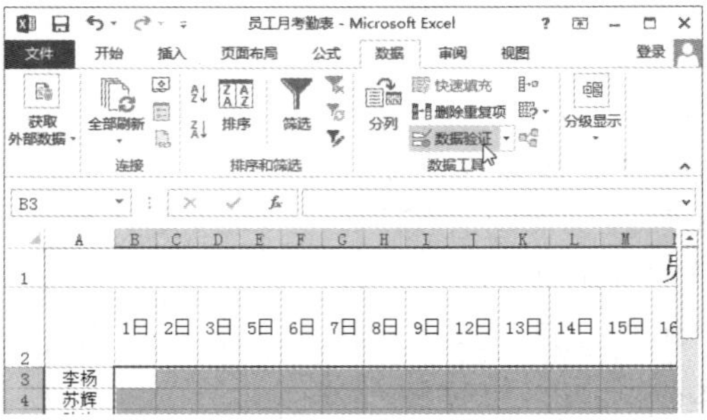

Step 03 弹出“数据验证”对话框，在“设置”选项卡的“允许”下拉列表中选择“序列”选项。

Step 04 单击“来源”文本框右侧的折叠按钮。

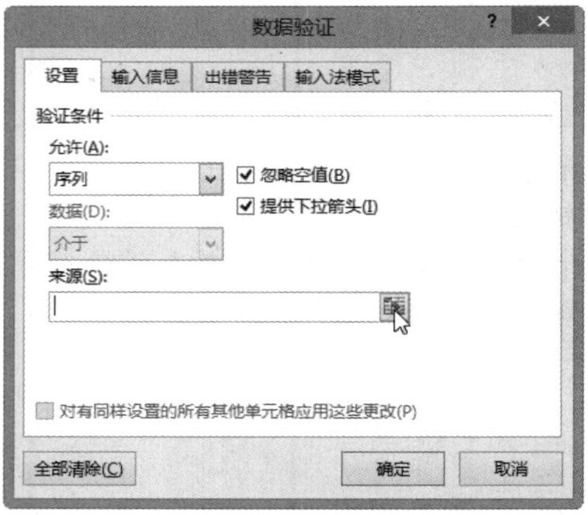

Step 05 此时对话框将折叠起来，返回工作表中，选中 D24:D28 单元格区域。

Step 06 完成后在“数据验证”对话框中单击展开按钮。

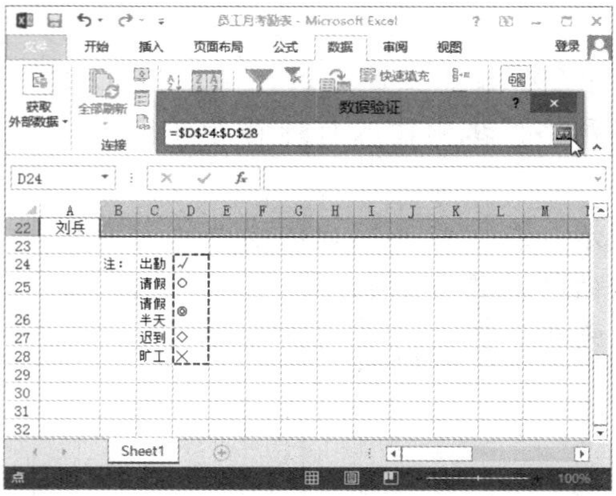

Step 07　展开“数据验证”对话框，切换到“输入信息”选项卡。

Step 08　在输入信息文本框中输入“出勤✓、请假○、请假半天◎、迟到◇、旷工×”。

Step 09　单击“确定”按钮。

知识加油站
【设置出错警告的方法】

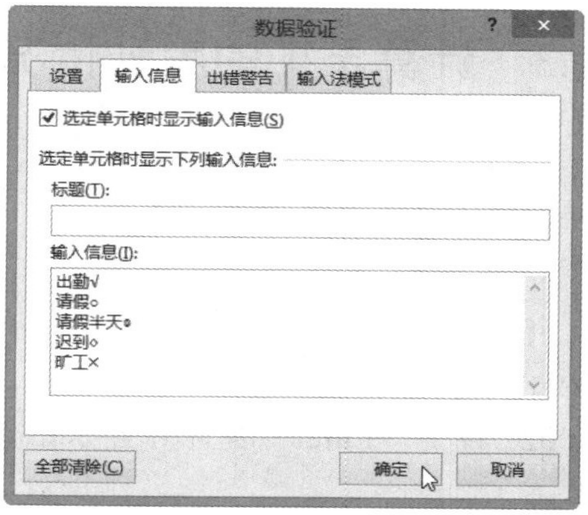

Step 10　返回工作表，此时 B3:X22 单元格区域中将显示数据有效性相关设置，例如选中单元格 B3，可以看到工作表中出现了输入提示信息。

Step 11　单击单元格右侧出现的下拉按钮 。

Step 12　在打开的下拉列表中根据需要进行选择，即可输入指定的特殊符号。

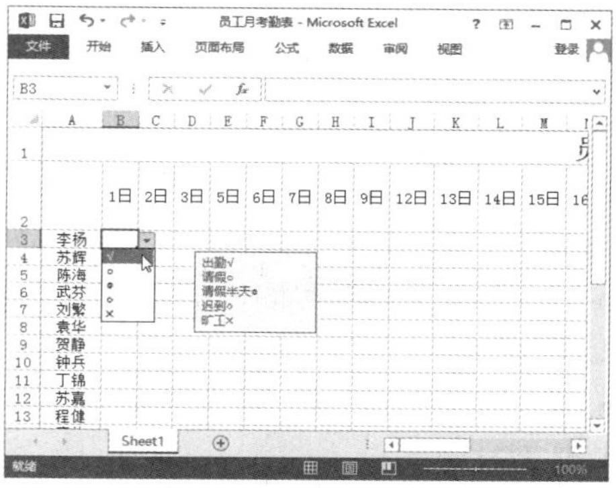

Step 13　如果在设置了数据有效性的单元格中输入错误的数据，将弹出提示对话框，提醒输入错误，此时单击“取消”按钮，即可取消错误输入。

Step 14　重新输入正确数据即可。

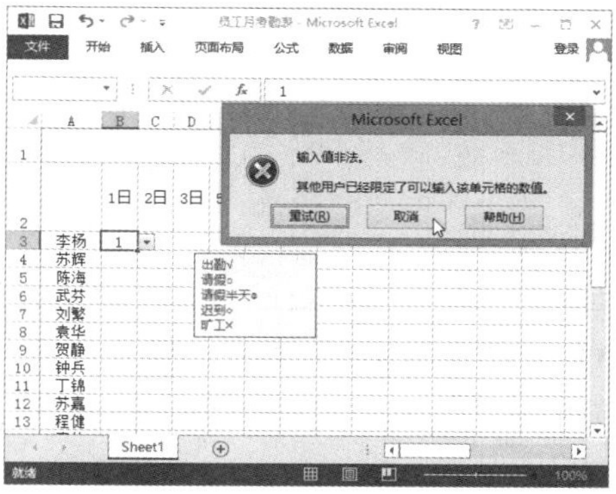

Step 15　根据需要，利用数据有效性设置，在工作表中输入员工的具体考勤情况即可。

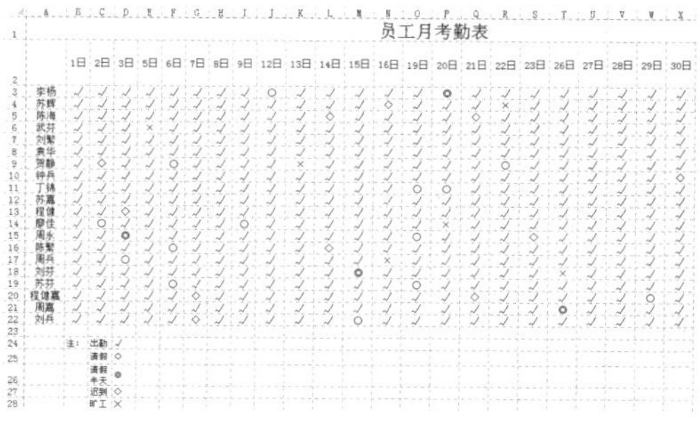

2.1.3 计算员工的考勤情况

在输入员工的具体考勤情况之后，可以利用 Excel 函数，快速计算出员工的考勤数据，具体操作方法如下。

Step 01 选中 Y3 单元格，输入公式“=COUNTA(C3:X3)”。

Step 02 按下“Enter”键即可显示出计算结果。

知识加油站

【输入函数的多种方法】

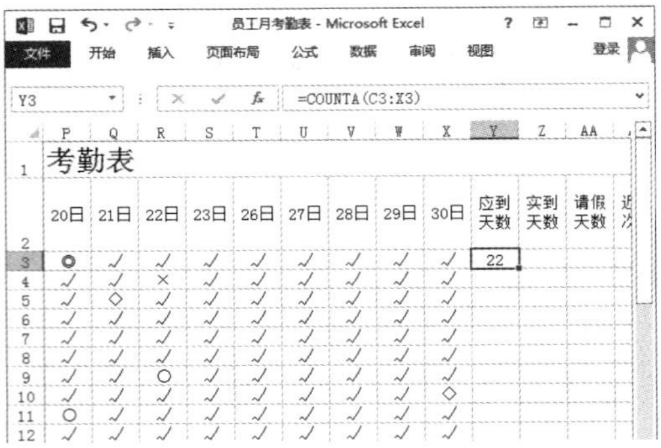

Step 03 选中 Z3 单元格，输入公式“=COUNTIF(C3:X3,"✓")”。

Step 04 按下“Enter”键即可计算出员工的实到天数。

Step 05 选中 AA3 单元格，输入公式“=COUNTIF(C3:X3," ○ ")+COUNTIF(C3:X3," ◎ ")/2”。

Step 06 按下“Enter”键即可计算出员工请假的天数。

Step 07　选中 AB3 单元格，输入公式“=COUNTIF(C3:X3,"◇")”。

Step 08　按下“Enter”键即可计算出员工的迟到次数。

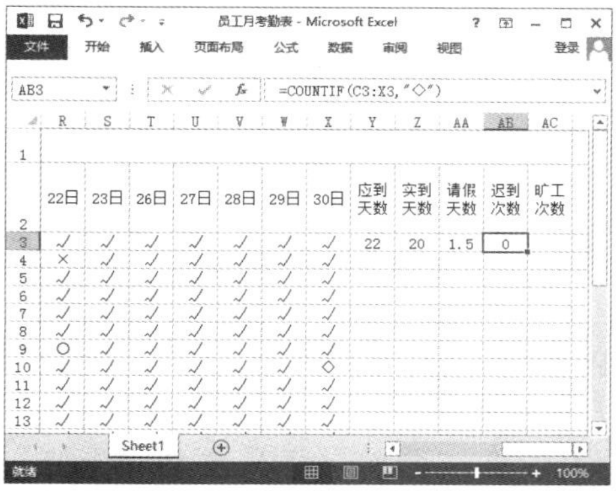

Step 09　选中 AC3 单元格，输入公式“=COUNTIF(C3:X3,"×")”。

Step 10　按下“Enter”键即可计算出员工的旷工次数。

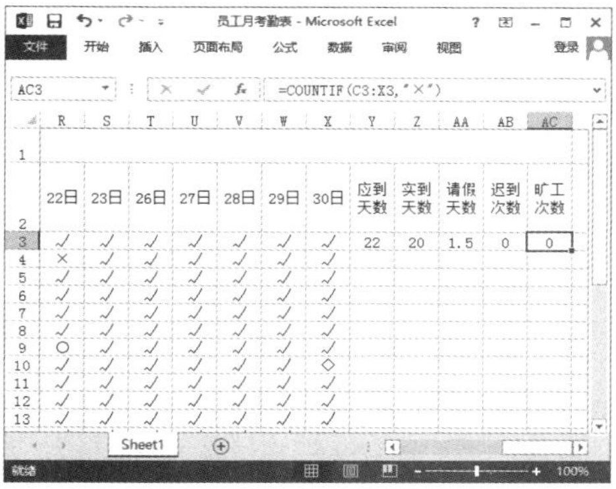

Step 11　选中 Y3:AC3 单元格区域。

Step 12　将光标指向 AC3 单元格右下角，当光标呈十字形状时，按住鼠标左键向下拖动，利用填充柄功能复制 Y3:AC3 单元格区域中的公式。

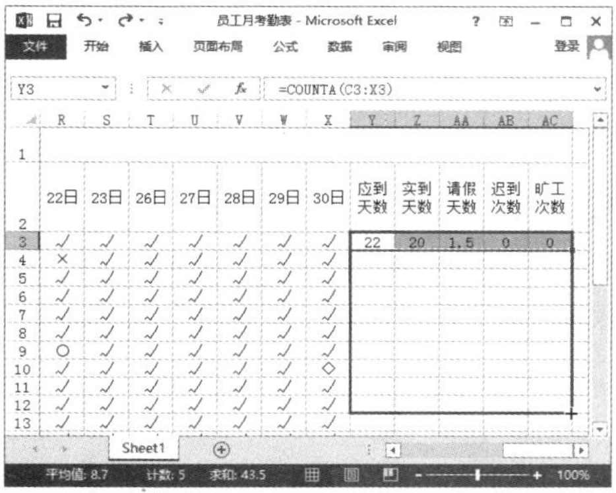

Step 13　拖放到适当位置释放鼠标左键，将公式填充到 Y4:AC22 单元格区域中即可。

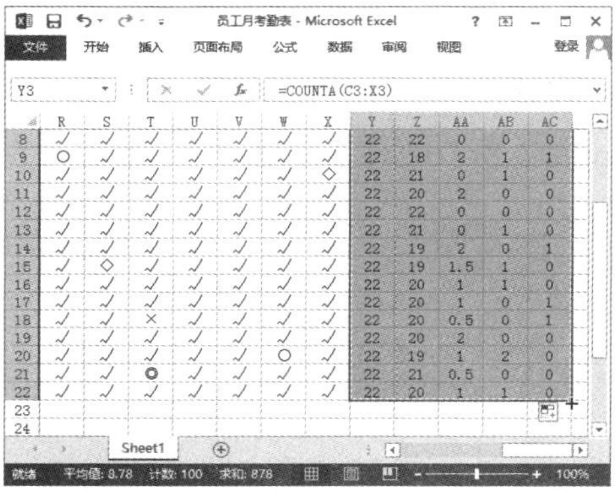

2.1.4 制作多栏表头

在完成表格内容输入和数据计算之后，需要对表格样式进行设置，本例遇到了需要制作多栏表头的情况，具体操作方法如下。

Step 01 同时选中 A2:AC22 和 C24:D28 两个单元格区域。

Step 02 在“开始”选项卡的“字体”组中单击“边框”下拉按钮。

Step 03 在打开的下拉菜单中单击“其他边框”命令。

Step 04 弹出“设置单元格格式”对话框，在“边框”选项卡的“颜色”下拉列表中设置线条颜色，在“样式”列表框中选择线条样式。

Step 05 在“预置”栏中，单击相应的按钮，可以选择将设置好颜色和样式的线条应用到表格内部或外边框处。

Step 06 设置后可以在“边框”栏预览设置效果，完成后单击“确定”按钮即可。

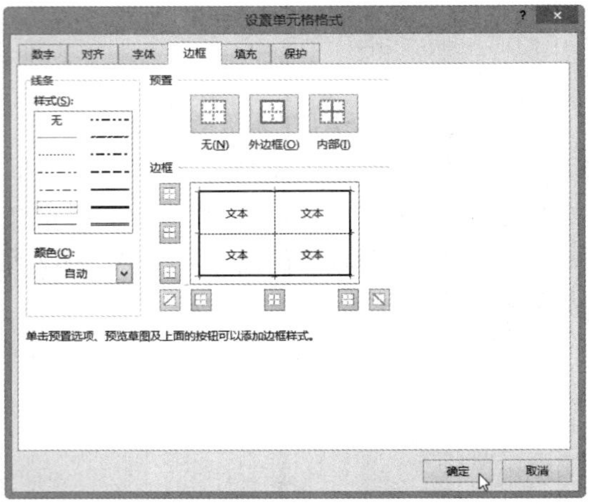

Step 07 返回工作表，即可看到设置边框后的效果。

Step 08 为了制作多栏表头，适当调整 A 列列宽。

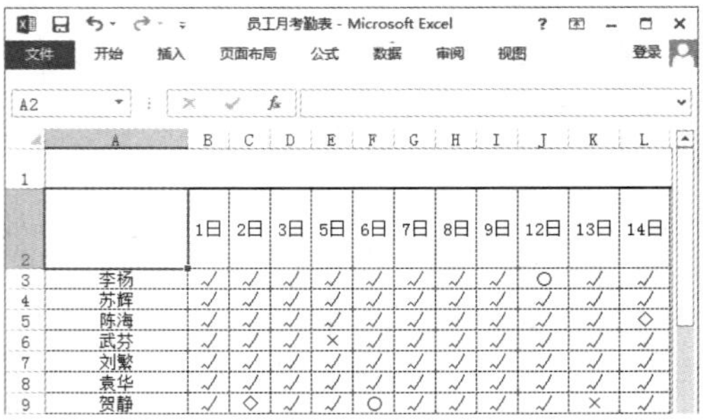

Step 09　切换到“插入”选项卡，在“插图”组中单击“形状”下拉按钮。

Step 10　在打开的下拉菜单中单击“直线”选项。

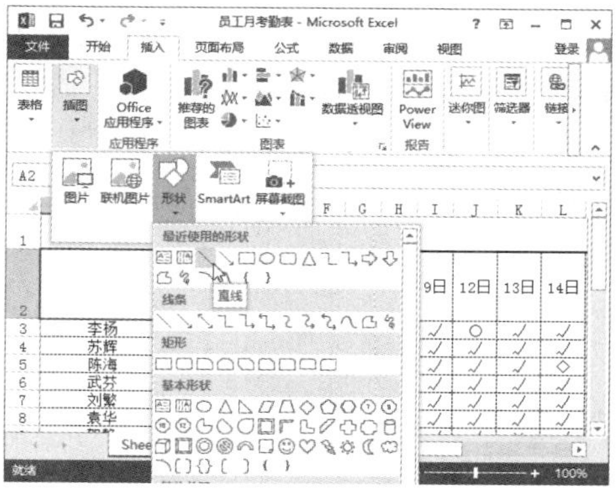

Step 11　此时光标呈十字形状，按住鼠标左键不放，在工作表中拖动，到适当位置释放鼠标左键，即可绘制一条直线。

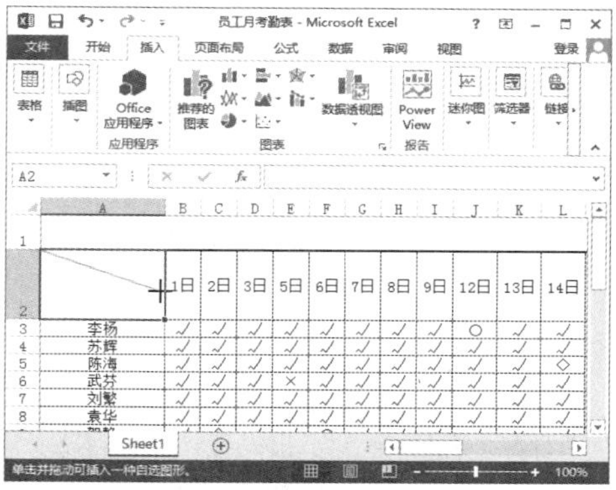

Step 12　按照上述方法，在工作表的 A2 单元格中绘制出两条直线，位置如右图所示。

Step 13　选中绘制的两条直线，切换到“绘图工具/格式”选项卡，在“形状样式”组中单击“形状轮廓”下拉按钮。

Step 14　在打开的下拉菜单中，单击“黑色”色块，设置直线颜色为黑色。

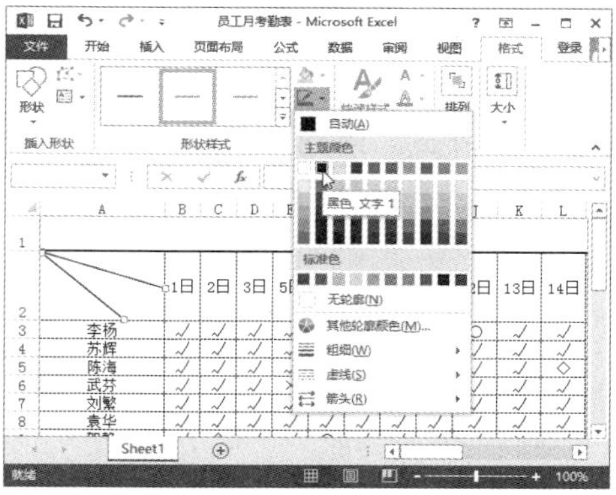

Step 15　再切换到“插入”选项卡，在“文本”组中单击“文本框”下拉按钮。

Step 16　在打开的下拉菜单中单击“横排文本框”命令。

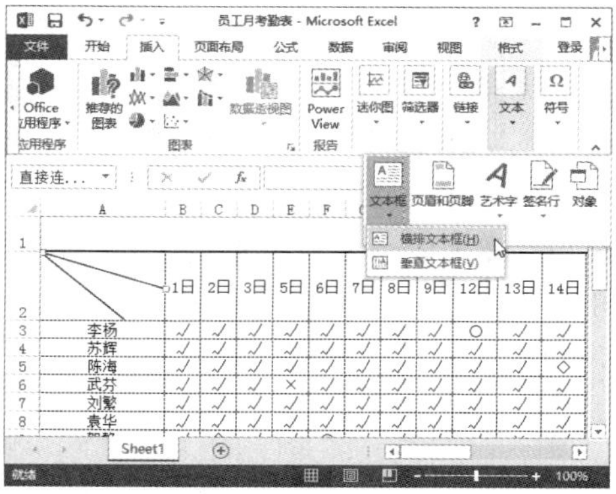

Step 17 此时光标呈↓形状，按住鼠标左键拖动，到适当位置释放鼠标左键，即可绘制一个文本框。

Step 18 将光标定位到文本框中，输入需要的文字内容。

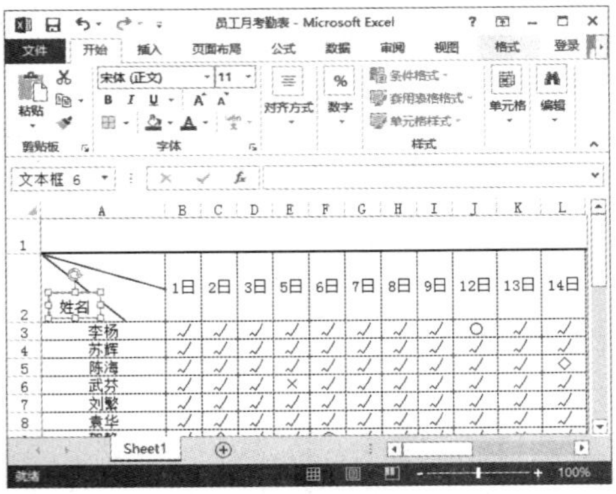

Step 19 按照上述方法，在 A2 单元格中绘制出“出勤”和“日期”文本框。

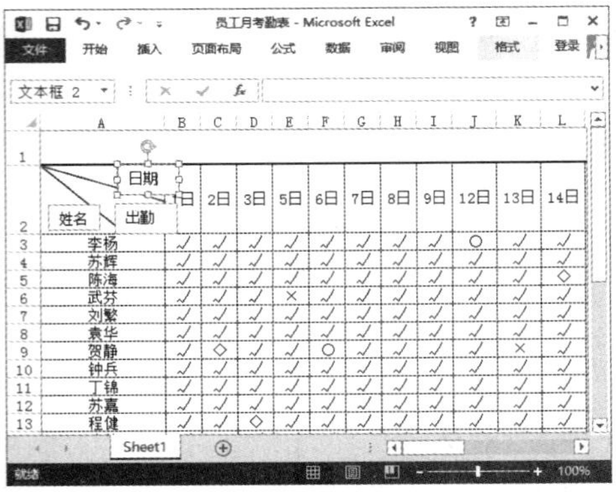

Step 20 在按住“Ctrl”键的同时，依次单击插入的三个文本框，将其同时选中。

Step 21 切换到“绘图工具/格式”选项卡，单击“形状样式”组右下角的功能扩展按钮。

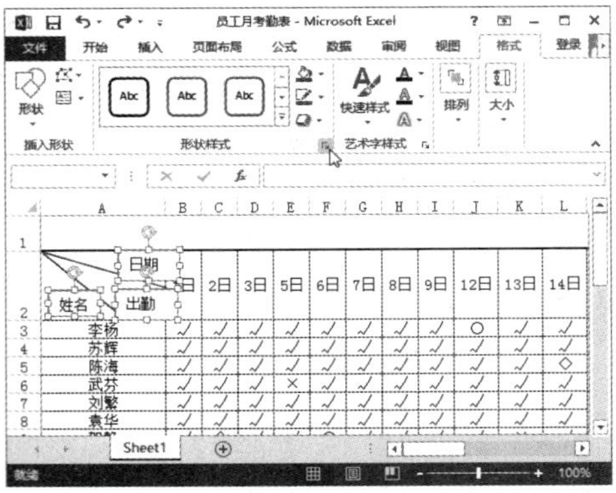

Step 22 打开“设置形状格式”窗格，在“填充线条”选项卡的“填充”栏中选择“无填充”单选项，在“线条”栏中选择“无线条”单选项。

Step 23 设置完成后，单击“关闭”按钮✕，关闭窗格即可。

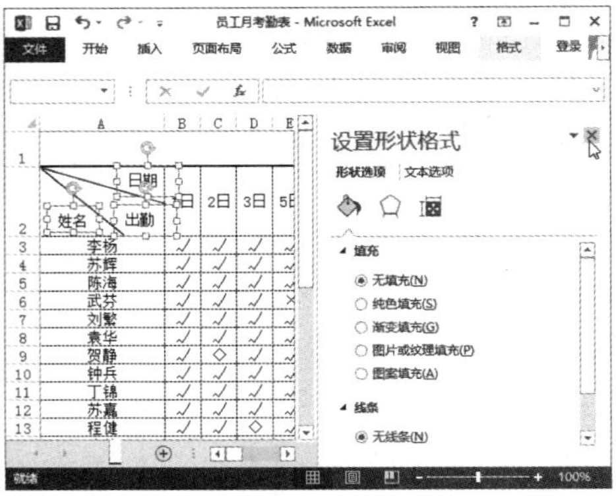

知识加油站——设置出错警告的方法

在 Excel 中设置数据有效性时，还可以根据需要设置输入错误时的警告信息。方法为：选中要设置的单元格或单元格区域，在设置验证条件、输入信息等之后，切换到“出错警告”选项卡，在“样式”下拉列表中选择出错警告的样式，在“标题”文本框中输入警告的标题，在“错误信息”文本框中输入出错警告的提示信息，完成后单击“确定”按钮即可。

设置出错警告后，在工作表中输入错误的数据，将根据设置内容，弹出相应的出错警告对话框，单击“取消”按钮可取消错误输入，以便重新输入符合数据有效性设置条件的数据。

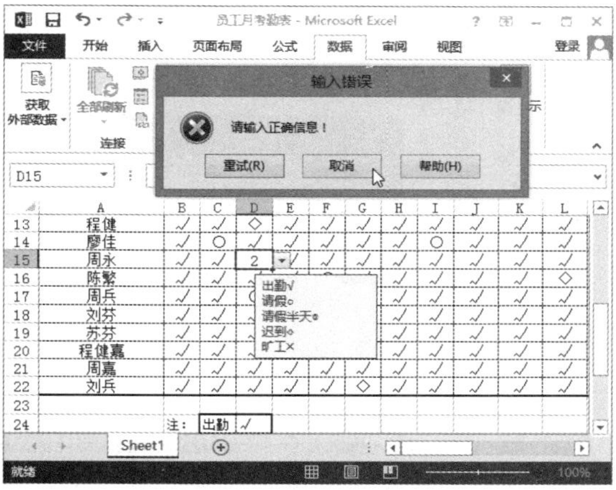

知识加油站——输入函数的多种方法

在 Excel 中，根据对函数名称和语法的不同熟悉程度，可以选择不同的输入函数方法。主要有以下几种。

- 通过编辑栏输入：选择要输入函数的单元格，左键单击编辑，输入等号“=”，然后输入函数名和左括号，紧跟着输入函数参数，最后输入右括号。函数输入完成后单击编辑栏上的“输入”按钮或按下“Enter”键即可。
- 利用“开始”选项卡快捷按钮：选中需要求和的单元格区域，单击“开始”选项卡的“编辑”组中的“自动求和”下拉按钮，在弹出的下拉菜单中选择“求和”命令即可。
- 利用“公式”选项卡快捷按钮：选中需要显示求和结果的单元格，然后切换到“公式”选项卡，在“函数库”组中单击“自动求和”下拉按钮，在弹出的下拉菜单中单击“求和”命令，然后拖动鼠标选中作为参数的单元格区域，按下“Enter”键即可将计算结果显示到该单元格中。

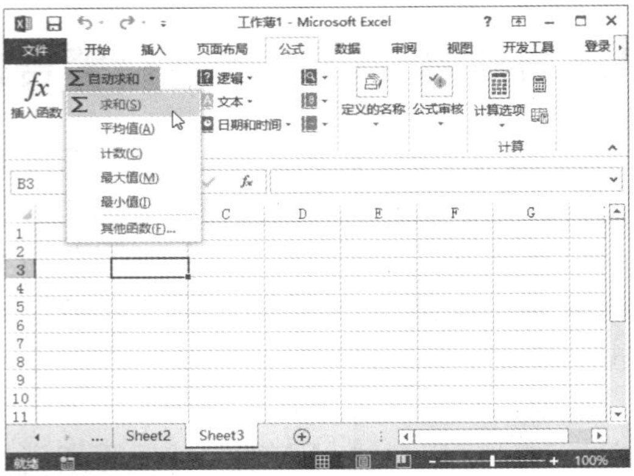

➲ 利用“函数库”快捷按钮：选中需要输入函数的单元格，输入等号“=”，切换到“公式”选项卡，在“函数库”组中单击需要的函数类型，在弹出的下拉列表中单击需要的函数，然后在弹出的“函数参数”对话框中设置好参数或参数所在单元格，单击“确定”按钮即可。

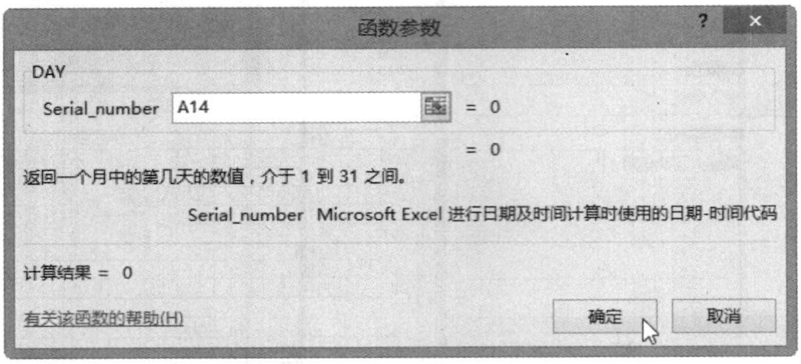

➲ 通过“插入函数”对话框输入：打开工作簿，选中要显示计算结果的单元格，单击编辑栏中的“插入函数”按钮f_x，弹出“插入函数”对话框，在“或选择类别”下拉列表框中选择函数类别，在“选择函数”列表框中选择需要的函数，如“SUM”求和函数，单击“确定”按钮，弹出“函数参数”对话框，默认在“Number1”文本框中显示了函数参数，可根据需要对其进行设置，单击“确定”按钮。

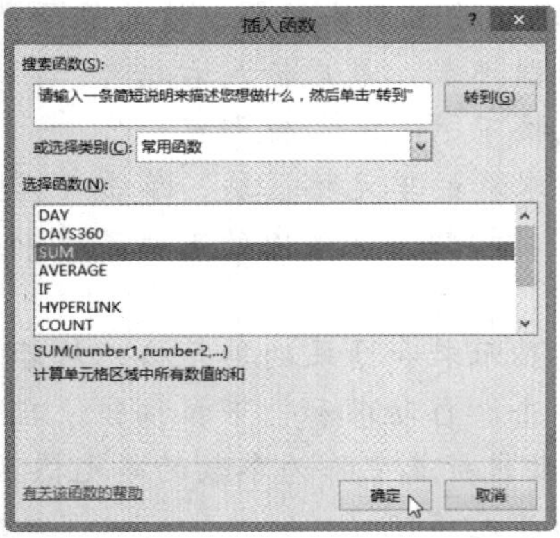

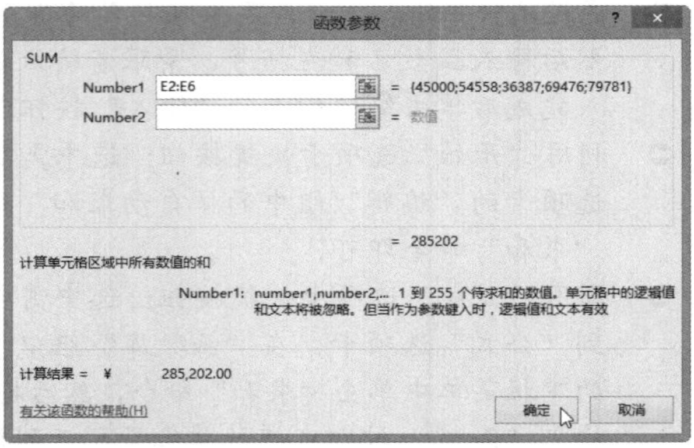

2.2　制作长假值班安排表

五一、国庆、春节等长假时，许多公司和事业单位会安排人员值班，以便及时解决一些突发状况或保障公司、单位的财产安全。下面将介绍员工长假值班安排表的具体制作方法。

涉及知识点：

★添加 Excel 加载项　　★使用公式和函数

★规划求解　　★设置单元格数字格式

最终效果：

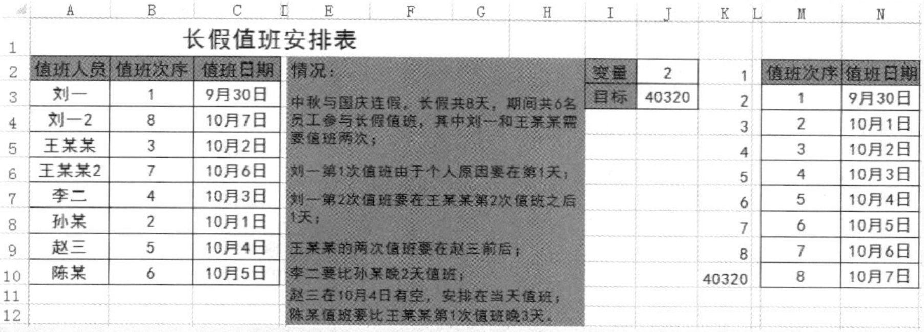

长假值班安排表

值班人员	值班次序	值班日期	变量	2	1	值班次序	值班日期
刘一	1	9月30日	目标	40320	2	1	9月30日
刘一2	8	10月7日			3	2	10月1日
王某某	3	10月2日			4	3	10月2日
王某某2	7	10月6日			5	4	10月3日
李二	4	10月3日			6	5	10月4日
孙某	2	10月1日			7	6	10月5日
赵三	5	10月4日			8	7	10月6日
陈某	6	10月5日			40320	8	10月7日

情况：

中秋与国庆连假，长假共8天，期间共6名员工参与长假值班，其中刘一和王某某需要值班两次；

刘一第1次值班由于个人原因要在第1天；

刘一第2次值班要在王某某第2次值班之后1天；

王某某的两次值班要在赵三前后；

李二要比孙某晚2天值班；

赵三在10月4日有空，安排在当天值班；

陈某值班要比王某某第1次值班晚3天。

2.2.1　管理 Excel 加载项

默认情况下，在 Excel 2013 中并没有启用“规划求解”功能，为了制作长假值班安排表，需要将其添加到功能区中，以便使用。具体操作方法如下。

Step 01　打开“长假值班安排表”工作簿，切换到“文件”选项卡。

Step 02　单击“选项”命令。

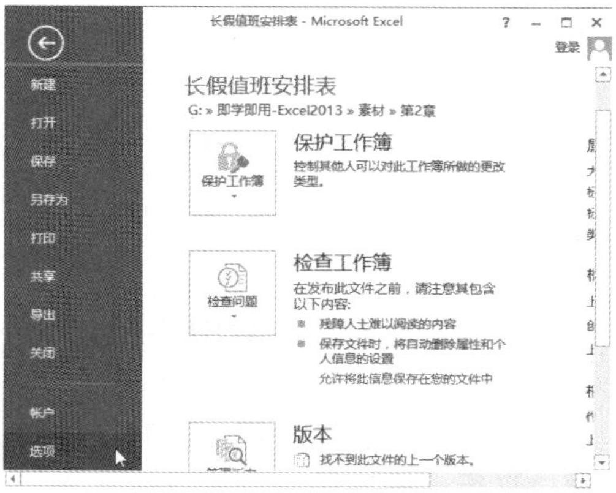

Step 03　弹出“Excel 选项”对话框，切换到“加载项”选项卡。

Step 04　在“管理”下拉列表中选择“Excel 加载项”选项。

Step 05　单击“转到”按钮。

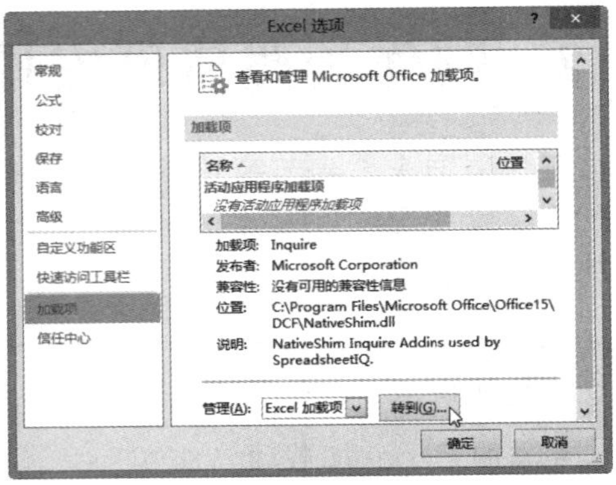

Step 06　弹出“加载宏”对话框，勾选“规划求解加载项”复选框。

Step 07　单击“确定”按钮。

提示：如果要取消添加的加载项，只需再次打开“加载宏”对话框，取消勾选该加载项，然后单击“确定”按钮即可。

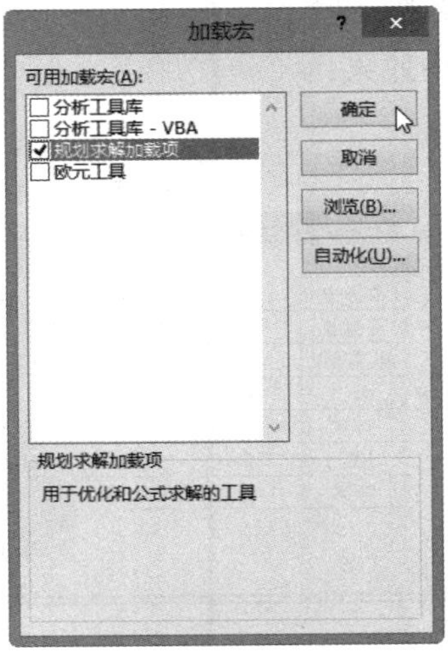

Step 08　返回工作表，切换到“数据”选项卡，即可看到其中添加了“规划求解”按钮。

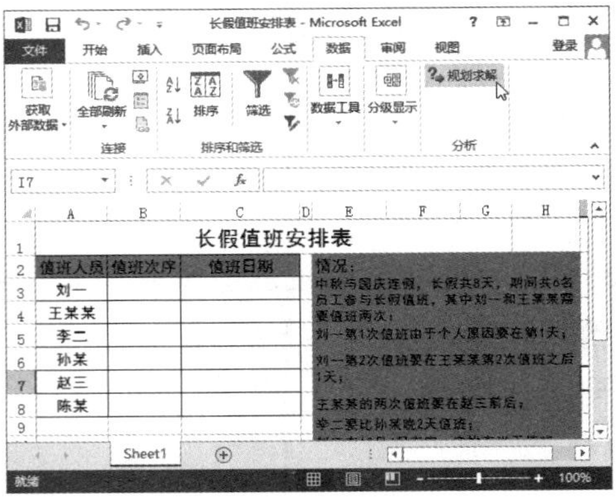

2.2.2　调整表格辅助计算

为了通过函数和“规划求解”功能，计算出符合条件要求的长假值班安排，需要对表格进行一些调整。具体操作方法如下。

Step 01　在工作表中，右键单击第 4 行。

Step 02　在弹出的快捷菜单中单击“插入”命令。

知识加油站
【插入行或列的方法】

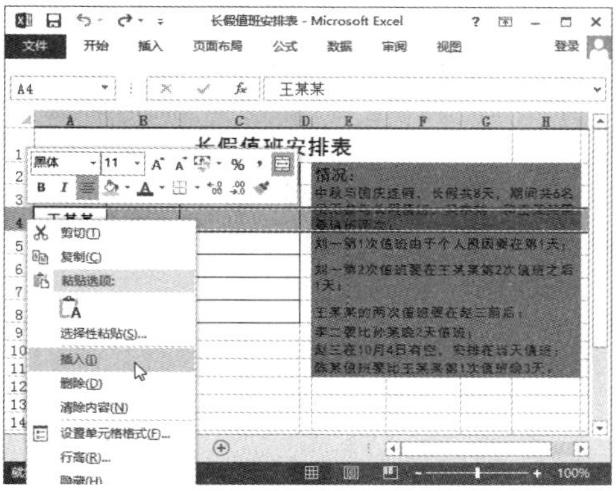

Step 03　可以看到该行前插入了一行，该行顺序下移。

Step 04　用同样的方法在“李二”前插入一行。

Step 05　在工作表中输入相应文字内容。

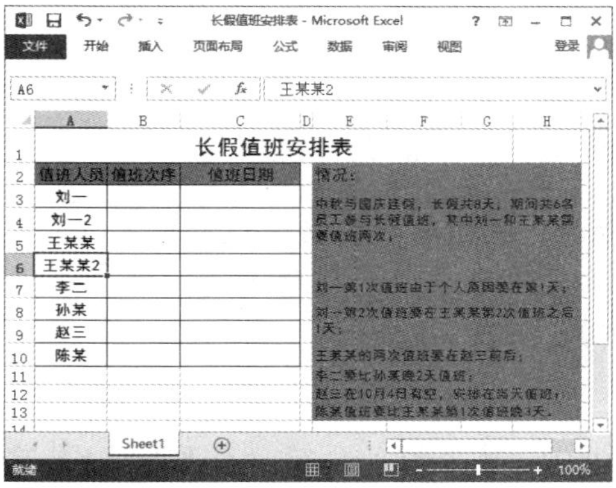

Step 06　选中 E6:H6 单元格区域，使用鼠标右键单击。

Step 07　在弹出的快捷菜单中单击“删除”命令。

知识加油站
【删除单元格的多种方法】

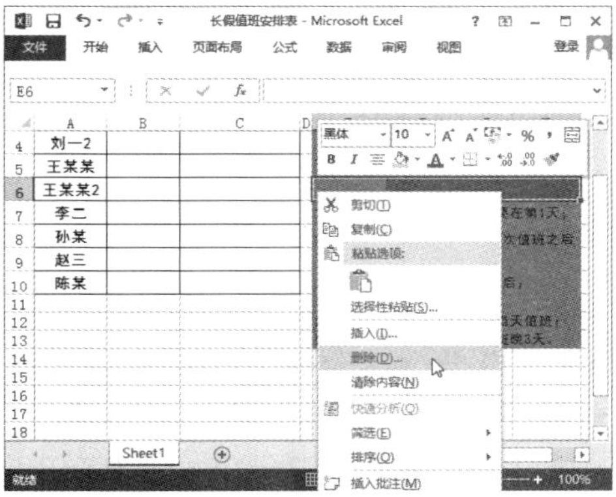

Step 08　弹出“删除”对话框，本例选中“下方单元格上移”单选项。

Step 09　单击“确定”按钮，对“情况”部分文字位置进行适当调整。

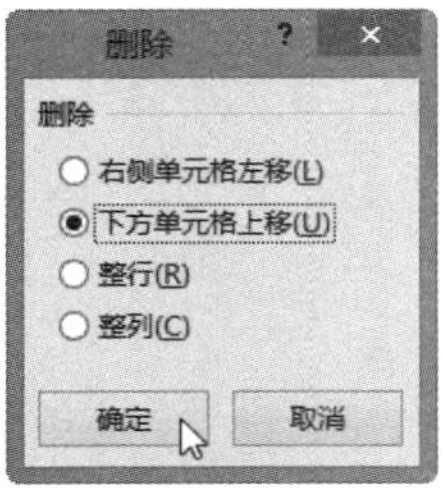

Step 10　在I2和I3单元格中输入两个必要参数项“变量”和“目标”。

Step 11　适当设置文本格式和单元格格式等。

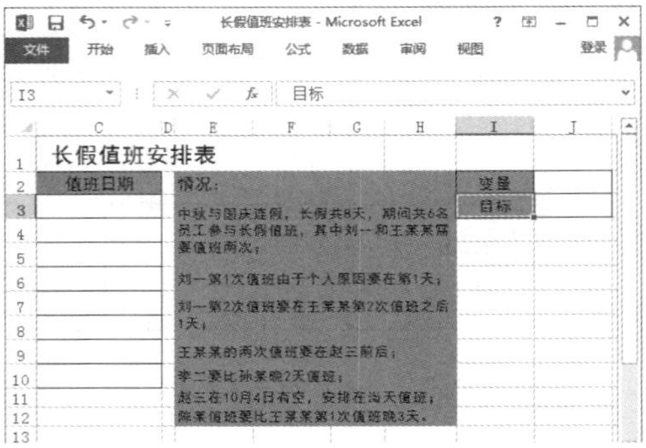

2.2.3　计算出值班安排

调整好表格之后，即可利用公式和“规划求解”功能，计算出符合条件要求的长假值班安排了。具体操作方法如下。

提示：“规划求解”指通过调整所指定的可更改的单元格（可变单元格）中的值，从目标单元格公式中求得所需的结果，借助“规划求解”，可求得工作表上目标单元格中公式的最优值。

Step 01　根据情况介绍，在K2到K9单元格中分别输入数字1到8。

Step 02　在K10单元格中输入公式“=PRODUCT (K2:K9)”，按下“Enter”键确认。

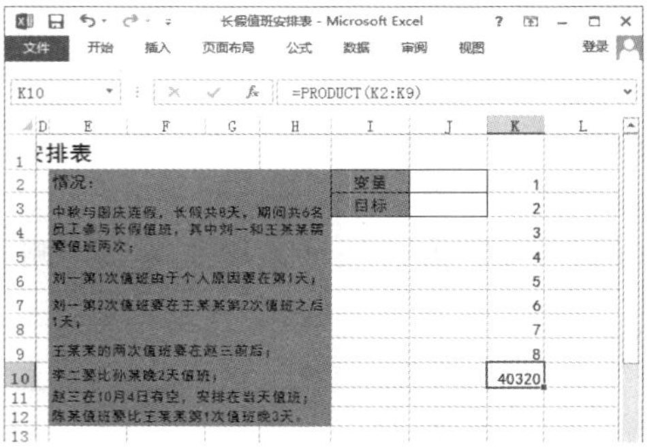

Step 03　根据情况介绍，在B3到B10单元格中输入相应的公式或数字：B3=1，B4=B6+1，B5=B9-J2，B6=B9+J2，B7=B8+2，B9=5，B10=B5+3。

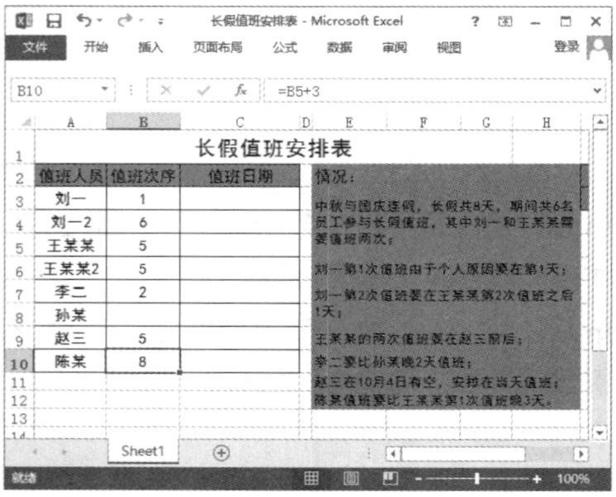

Step 04　在 J3 单元格中输入公式：=PRODUCT(B3:B10)。

Step 05　按下“Enter”键确认输入。

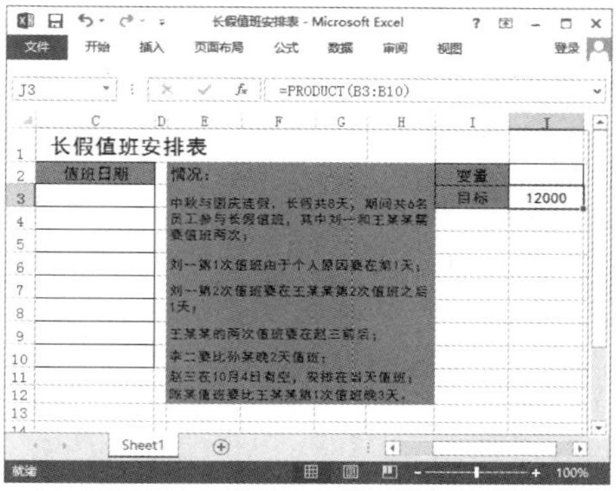

Step 06　选中 J3 单元格，切换到“数据”选项卡。

Step 07　单击“分析”组中的“规划求解”按钮。

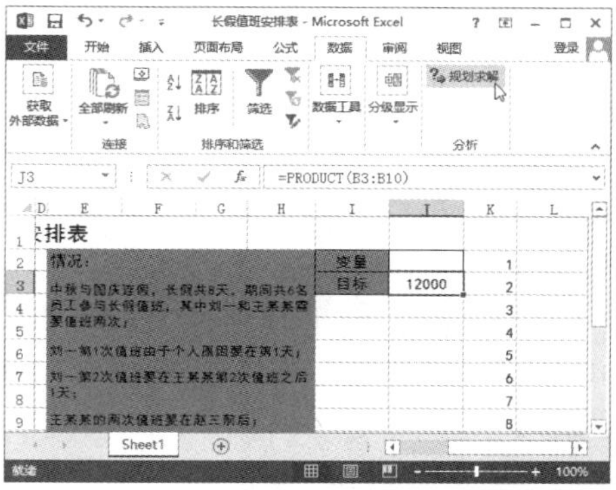

Step 08　弹出“规划求解参数”对话框，默认“设置目标”为“$J$3”。

Step 09　选择“目标值”单选项。

Step 10　在“目标值”文本框中输入 K10 单元格中的计算结果“40320”。

Step 11　单击“通过更改可变单元格”文本框后的按钮。

Step 12　返回工作表，选择 B8 单元格，可以看到在“规划求解参数”对话框中自动输入“$B$8”。

Step 13　输入英文状态下的逗号“,”作为分隔符，选择 J2 单元格。

Step 14　单击“规划求解参数”对话框中的按钮。

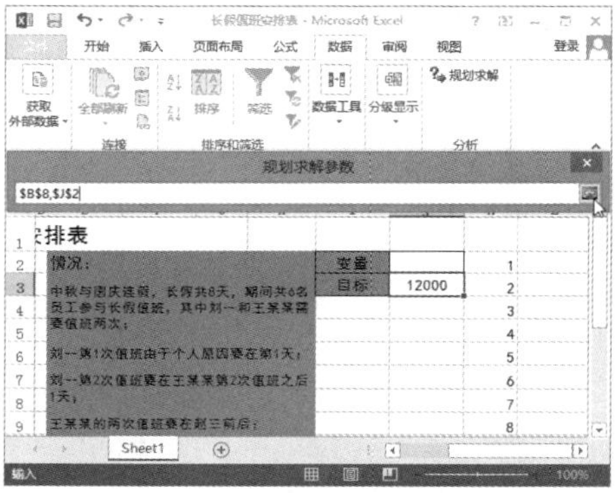

Step 15　返回“规划求解参数”对话框，单击“添加”按钮。

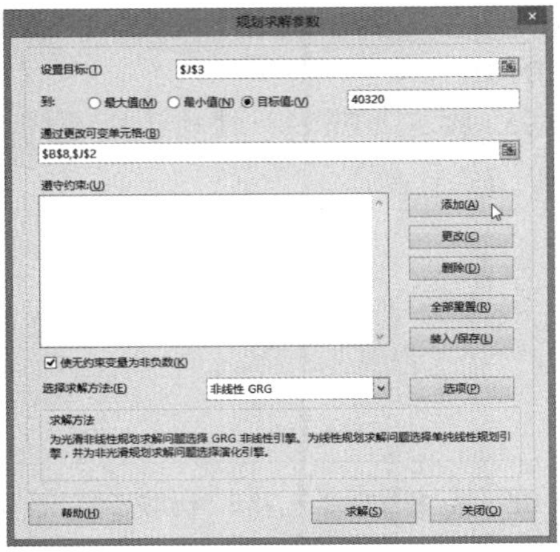

Step 16　弹出“添加约束”对话框，选中 B8 单元格，在“单元格引用”文本框中将自动输入“$B$8”。

Step 17　在关系运算符下拉列表中选择“int”选项，“约束”文本框中将自动出现“整数”。

Step 18　单击“添加”按钮。

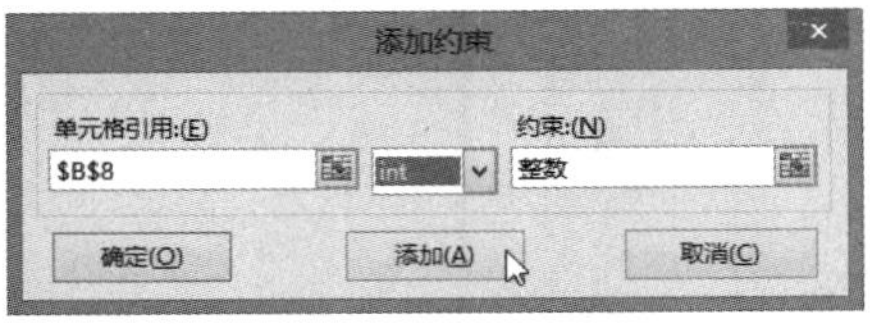

Step 19　设置的约束被添加到“规划求解参数”对话框中，系统清空“添加约束”对话框，可以继续添加约束。

Step 20　参照前面的方法，设置 B8 单元格大于等于“1”，小于等于“8”。

Step 21　完成后单击“确定”按钮。

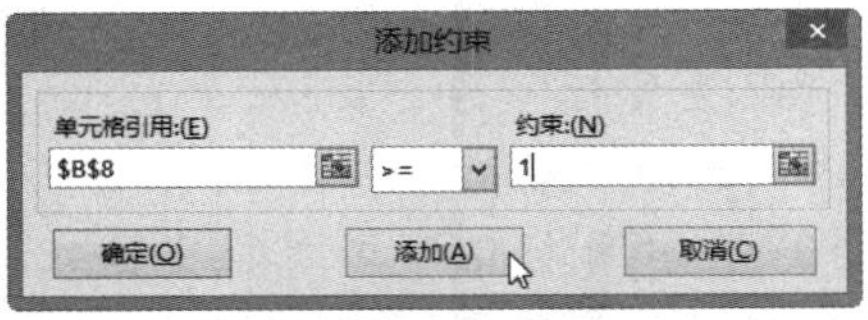

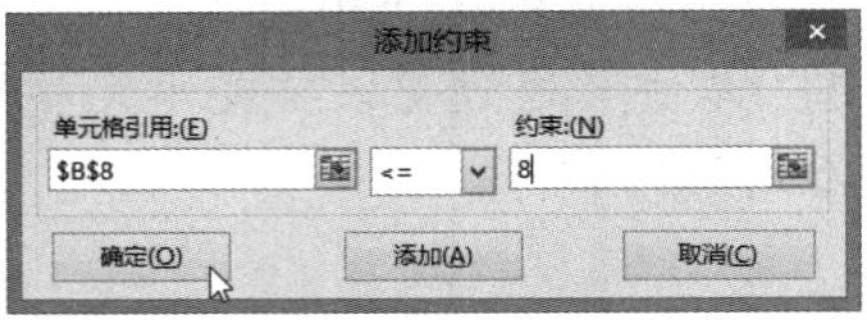

Step 22　返回“规划求解参数”对话框，在“遵守约束”列表框中可以看到之前设置的约束，单击“添加”按钮继续添加约束。

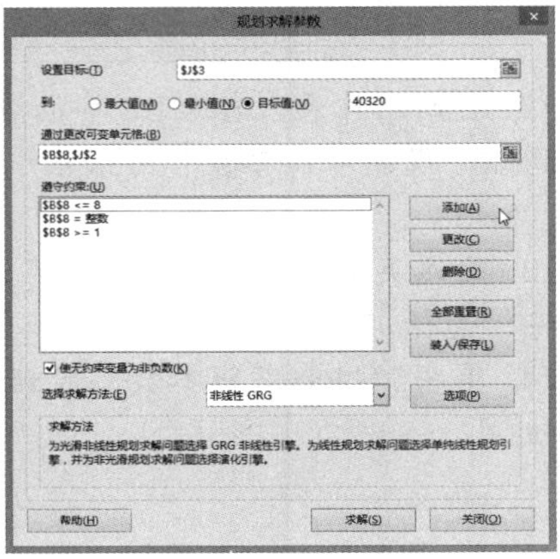

Step 23 参照前面的方法，设置 J2 单元格为“整数”，大于等于“1”，小于等于“8”，设置完成后在“规划求解参数”对话框的“遵守约束”列表框中可以看到设置的约束。

Step 24 在“规划求解参数”对话框中单击“求解”按钮，系统将进行运算。

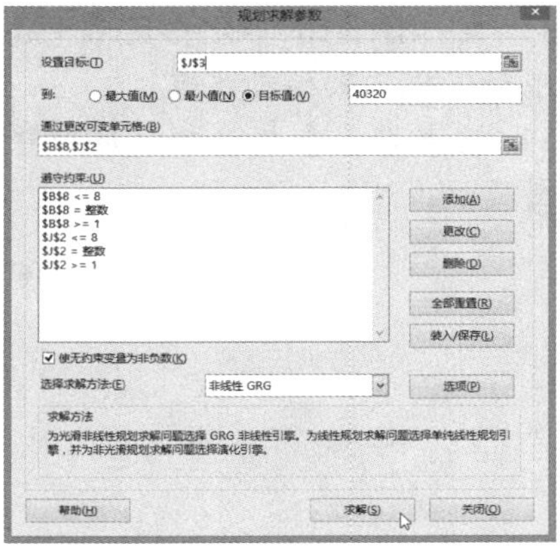

Step 25 运算完成后，结果显示在工作表中，并弹出“规划求解结果”对话框，确认运算结果后，选择“保留规划求解的解”单选项。

Step 26 完成后单击“确定”按钮即可。

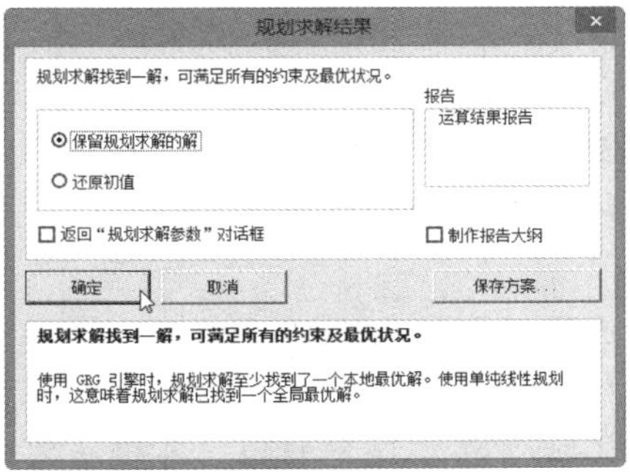

Step 27 返回工作表，可以看到规划求解的结果。

Step 28 选中 C3:C10 单元格区域。

Step 29 在“开始”选项卡的“数字”组中单击右下角功能扩展按钮。

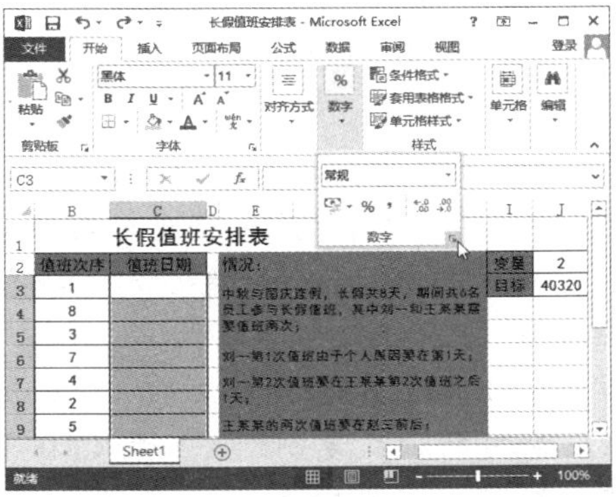

Step 30 弹出“设置单元格格式”对话框，在“数字”选项卡中选择“日期”分类。

Step 31 在对应的“类型”列表框中选择“3 月 14 日”选项。

Step 32 完成后单击“确定”按钮，设置该区域单元格格式为形如“3 月 14 日”的日期格式。

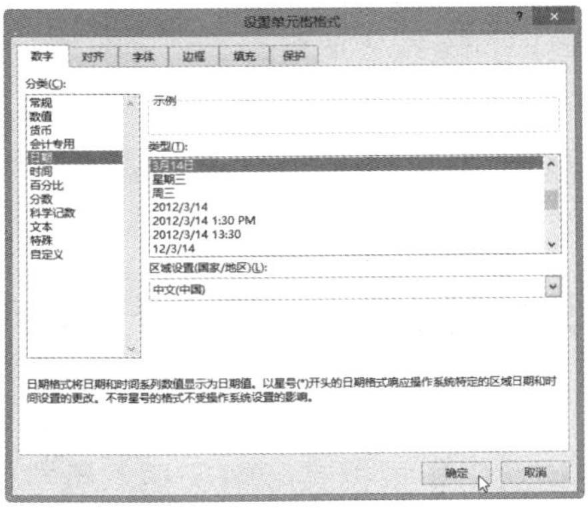

Step 33　在 M2:N10 单元格区域中输入值班次序和值班日期的对照表。

Step 34　适当设置表格边框、底纹等，效果如图所示。

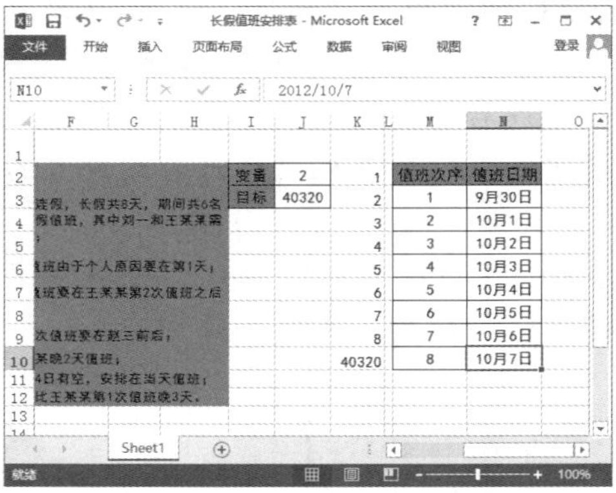

Step 35　在 C3 单元格中输入公式：=VLOOKUP (B3,$M$2:$N$10,2,FALSE)。

Step 36　按下“Enter”键确认输入，可以看到计算结果为值班日期。

提示：使用 VLOOKUP 函数可以搜索某个单元格区域的第一列，然后返回该区域相同行上任何单元格中的值，其语法为：VLOOKUP(lookup_value, table_array, col_index_num, [range_lookup])。

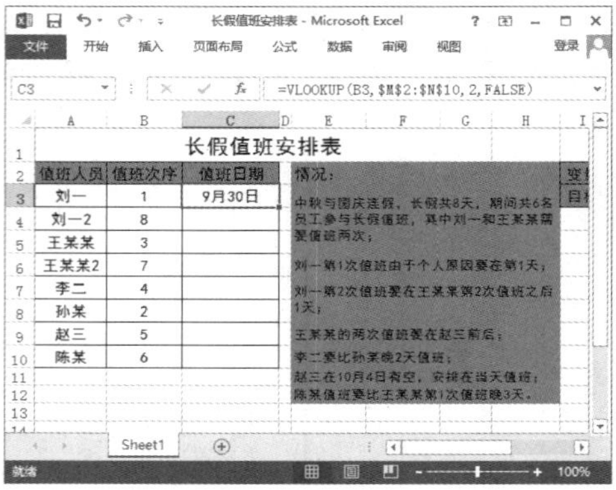

Step 37　选中 C3 单元格，将光标指向单元格右下角，当光标呈十字形状时，按住鼠标左键不放。

Step 38　向下拖动到适当位置，释放鼠标左键，即可将公式复制到 C4 至 C10 单元格中，得到值班安排结果。

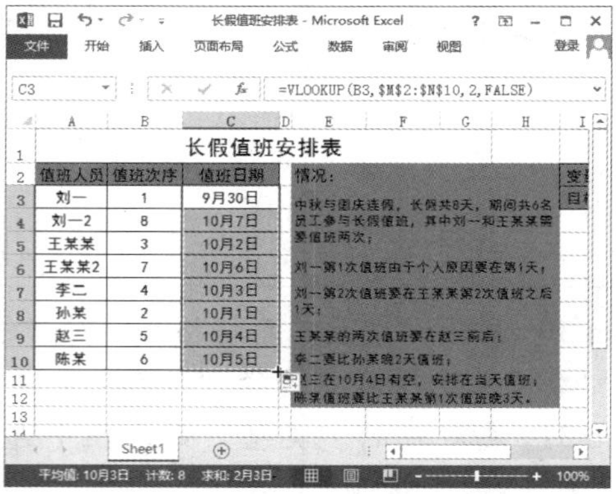

知识加油站——插入行或列的方法

一个工作表创建之后并不是固定不变的，用户可以根据实际情况重新设置工作表的结构。例如根据实际情况插入行或列，以满足使用需求，方法主要有以下两种。

➲ 通过右键菜单插入：右键单击要插入行所在行号，在弹出的快捷菜单中单击“插入”命令即可在选中行上方插入一个空白行；右键单击某个列标，在弹出的快捷菜单中单击“插入”命令，即可在选中列左侧插入一个空白列。

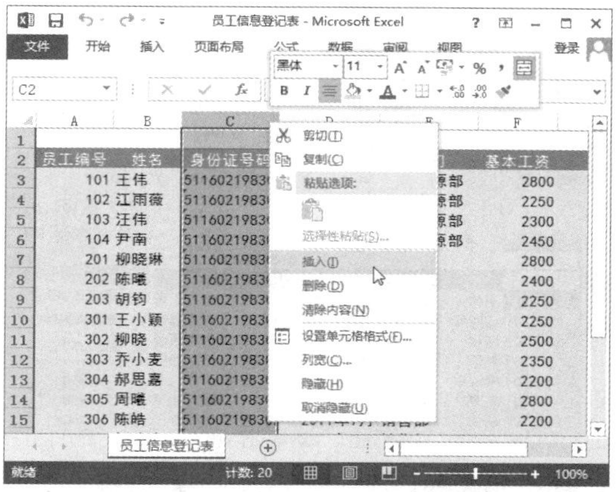

➲ 通过功能区插入：选中要插入行所在行号，单击“开始”选项卡的“单元格”组中的“插入”下拉按钮，在弹出的下拉菜单中单击“插入工作表行”命令，即可在选中行上方插入一个空白行；选中要插入列所在列标，单击“开始”选项卡的“单元格”组中的“插入”下拉按钮，在弹出的下拉菜单中单击“插入工作表列”命令，即可在选中列左侧插入一个空白列。

知识加油站——删除单元格的多种方法

在 Excel 中，用户可以通过右键菜单或功能区删除不需要的单元格，方法如下。

➲ 通过右键菜单删除单元格：选中需要删除的单元格或单元格区域，然后在选中部分单击鼠标右键，在弹出的快捷菜单中单击“删除”命令，在弹出的“删除”对话框中选中“右侧单元格左移”或“下方单元格上移”单选项，最后单击“确定”按钮即可。

➲ 通过功能区删除单元格：选中需要删除的单元格或单元格区域，然后切换到“开始”选项卡，单击“单元格”组中的“删除”下拉按钮，在弹出的下拉菜单中选择“删除单元格”命令即可。

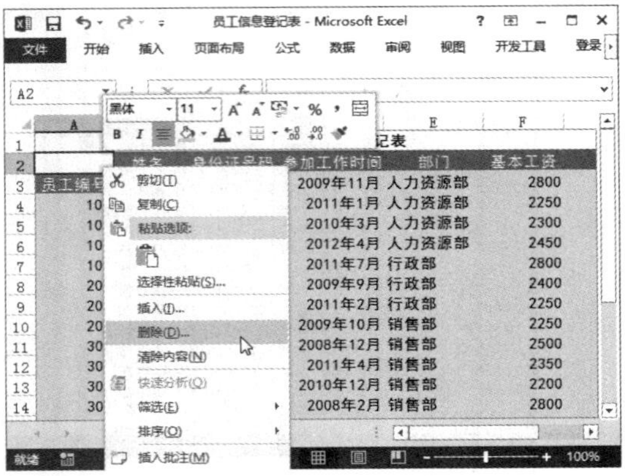

第 03 章 员工绩效与工资管理

为了提高员工的工作积极性和主动性，公司需要建立规范、合理的业绩考核制度和薪酬管理制度。通过制定员工绩效考核办法和薪酬评估管理体系，可以从员工的各个方面进行考评，作为员工晋升、加薪或辞退的有力凭据。

【本章案例】

- 制作员工年度考核系统
- 制作员工薪酬管理系统
- 制作员工工资条

3.1 制作员工年度考核系统

在季末或者本年度末的时候，企业人力资源部往往会对员工在本季度或本年度表现进行考核，并通过最终的考核成绩对员工进行一定的年终奖励。下面将介绍员工年度考核系统的具体制作方法。

涉及知识点：

★套用单元格样式　　★单元格引用

★使用公式和函数　　★按一个条件排序

最终效果：

	A	B	C	D	E	F	G	H	I
1	年度考核表								
2	员工编号	员工姓名	第一季度考核成绩	第二季度考核成绩	第三季度考核成绩	第四季度考核成绩	年度考核成绩	排名	年终奖金
3	DF001	李杨	87.5	91	97	94.5	91.5	1	¥ 10,000.00
4	DF003	陈海	89	92	90.5	94	90.825	2	¥ 10,000.00
5	DF016	刘芬	93	88	91	90	90.3	3	¥ 10,000.00
6	DF005	刘繁	91	86	95	87.5	89.925	4	¥ 6,000.00
7	DF004	武芬	86	91	93	85	89.25	5	¥ 6,000.00
8	DF006	袁华	92	79	94	90	89.25	5	¥ 6,000.00
9	DF015	周兵	87	87	90	89.5	89.025	7	¥ 6,000.00
10	DF007	贺静	91	87	87.5	87	88.875	8	¥ 6,000.00
11	DF011	程健	83.5	87	95	85	88.575	9	¥ 2,000.00

3.1.1 套用单元格样式

在本例中，整个员工年度考核系统由各季度缺勤记录表、各季度考核表和年度考核表组成。下面将首先制作一个各季度缺勤记录表，具体操作方法如下。

Step 01 新建一个名为“员工年度考核系统”的工作簿。

Step 02 双击“Sheet1”工作表标签，重命名为“各季度缺勤记录”。

Step 03 根据需要，在工作表中输入内容，如右图所示。

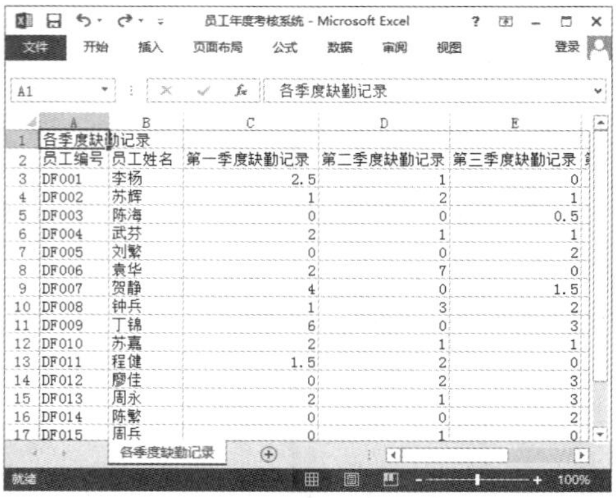

	A	B	C	D	E
1	各季度缺勤记录				
2	员工编号	员工姓名	第一季度缺勤记录	第二季度缺勤记录	第三季度缺勤记录
3	DF001	李杨	2.5	1	0
4	DF002	苏辉	1	2	1
5	DF003	陈海	0	0	0.5
6	DF004	武芬	2	1	1
7	DF005	刘繁	0	0	2
8	DF006	袁华	2	7	0
9	DF007	贺静	4	0	1.5
10	DF008	钟兵	1	3	2
11	DF009	丁锦	6	0	3
12	DF010	苏嘉	2	1	1
13	DF011	程健	1.5	2	0
14	DF012	廖佳	0	2	3
15	DF013	周永	2	1	3
16	DF014	陈繁	0	0	2
17	DF015	周兵	0	1	0

Step 04　选中 A1:F1 单元格区域，在“开始”选项卡的“对齐方式”组中单击“合并后居中”按钮。

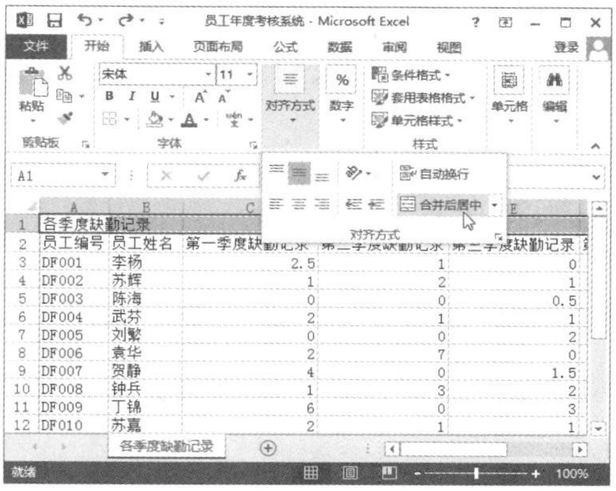

Step 05　在“开始”选项卡的“字体”组中，设置 A1 单元格文字字体为“黑体”。

Step 06　设置 A1 单元格文字字号为“16”。

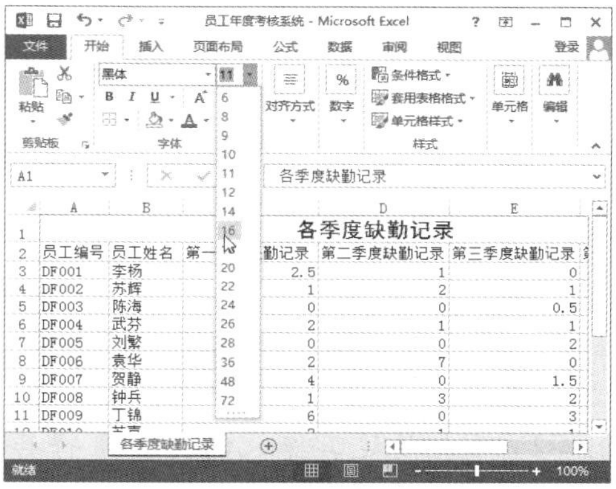

Step 07　选中 A2:F2 单元格区域，在“开始”选项卡的“对齐方式”组中单击“居中”按钮☰，设置文本居中对齐。

Step 08　选中 A2:F2 单元格区域，在“开始”选项卡的“对齐方式”组中单击“自动换行”按钮，设置文本自动换行。

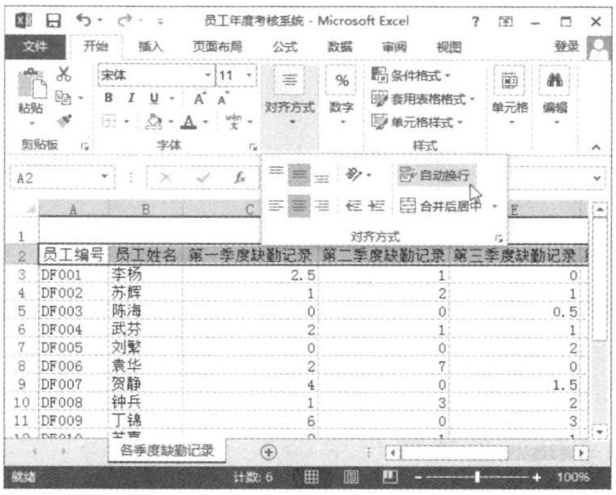

Step 09　根据需要，使用鼠标拖动，调整表格标题和表头的行高和列宽，如图所示。

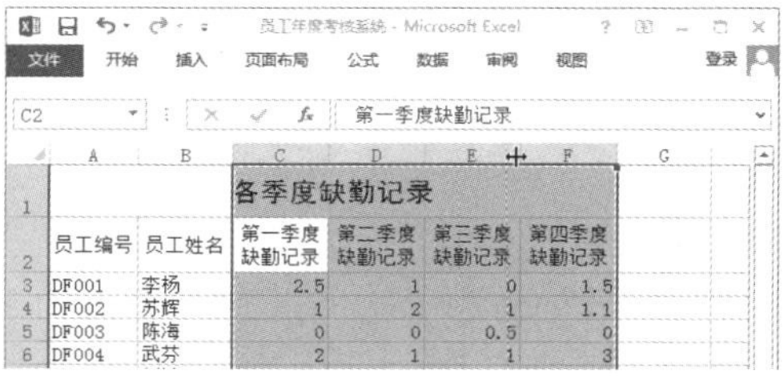

Step 10　选中 A2:F2 单元格区域，在“开始”选项卡的“样式”组中单击“单元格样式”下拉按钮。

Step 11　在打开的下拉菜单中，根据需要选择一种样式，单击即可。

知识加油站
【套用表格样式的方法】

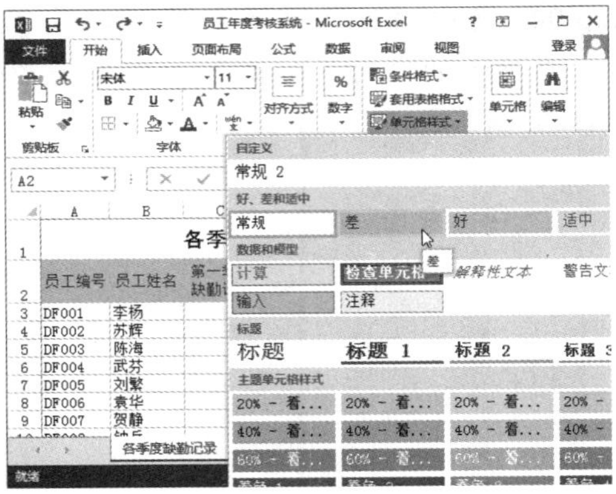

3.1.2　引用其他工作表中的单元格数据

本例在创建各季度缺勤记录表后，需要按季度创建各季度的考核表。下面通过引用同一工作簿其他工作表中的单元格数据，来快速创建工作表，避免重复、繁琐的数据输入过程。具体操作方法如下。

Step 01　单击工作表标签右侧⊕按钮，新建工作表。

Step 02　双击新建工作表的标签，将其重命名为“第一季度考核表”。

Step 03　在工作表中输入标题和表头等基本内容。

Step 04　参照创建“各季度缺勤记录”表的方法，适当设置文本格式、表格样式等。

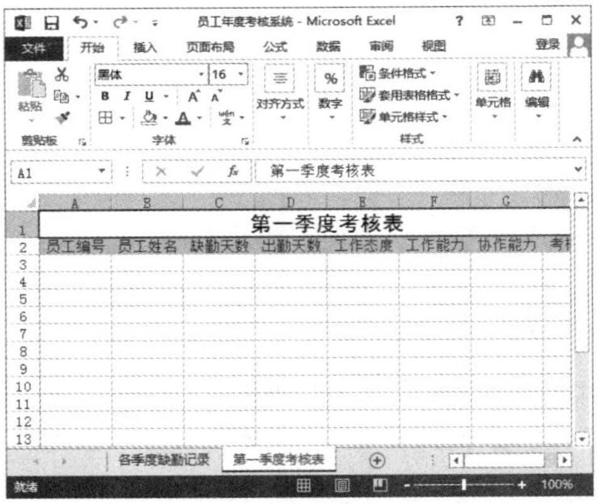

Step 05　在“第一季度考核表”工作表中选中 A3 单元格。

Step 06　在编辑栏中输入“=”符号。

Step 07　切换到“各季度缺勤记录”工作表，选中 A3 单元格。

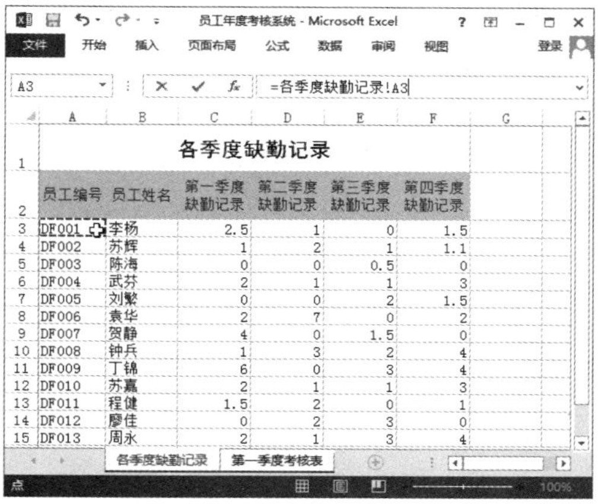

Step 08　按下“Enter”键，将自动返回“第一季度考核表”工作表，并将“各季度缺勤记录”工作表 A3 单元格中的内容，引用到“第一季度考核表”工作表的 A3 单元格中。

知识加油站
【相对引用、绝对引用与混合引用】

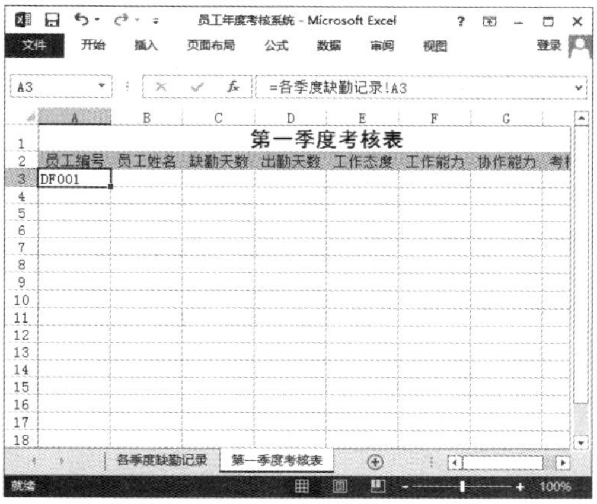

Step 09　选中 A3 单元格，将光标指向单元格右下角，当光标呈十字形状时，按住鼠标左键不放拖动。

Step 10　拖动到适当位置释放鼠标左键，将“各季度缺勤记录”中“员工编号”、“员工姓名”、“缺勤天数”（第一季度）等数据，引用到“第一季度考核表”中。

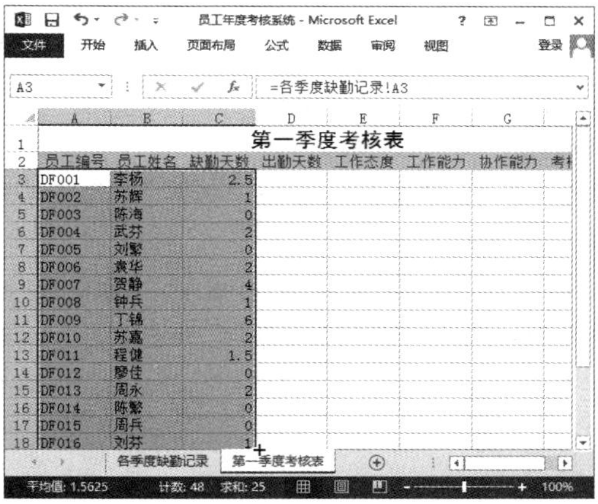

Step 11 在 D3 单元格中输入公式“=22-C3”，按下“Enter”键确认，得到“出勤天数”计算结果。

Step 12 选中 D3 单元格，将光标指向单元格右下角。

Step 13 当光标呈十字形状时，按住鼠标左键不放，拖动到适当位置释放鼠标左键，复制公式。

Step 14 根据实际情况，输入员工“工作态度”、“工作能力”、“协作能力”项的分数。

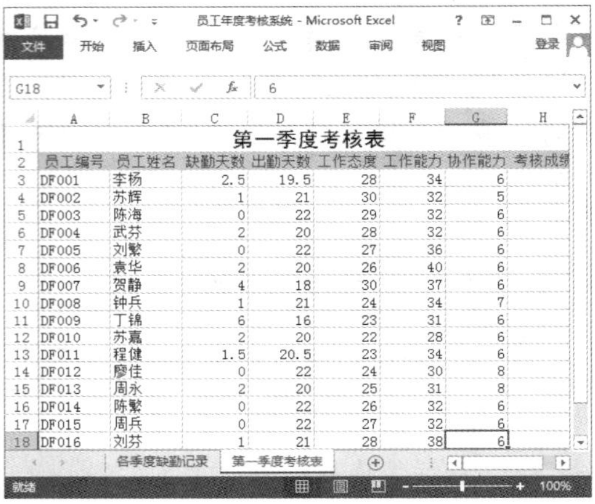

Step 15 在 F3 单元格中输入公式“=SUM(D3:G3)”，按下“Enter”键确认，得到“考核成绩”计算结果。

Step 16 选中 F3 单元格，将光标指向单元格右下角。

Step 17 当光标呈十字形状时，按住鼠标左键不放，拖动到适当位置释放鼠标左键，复制公式，完成“第一季度考核表”的制作。

Step 18　参照上述方法，创建“第二季度考核表”、“第三季度考核表”、“第四季度考核表”。

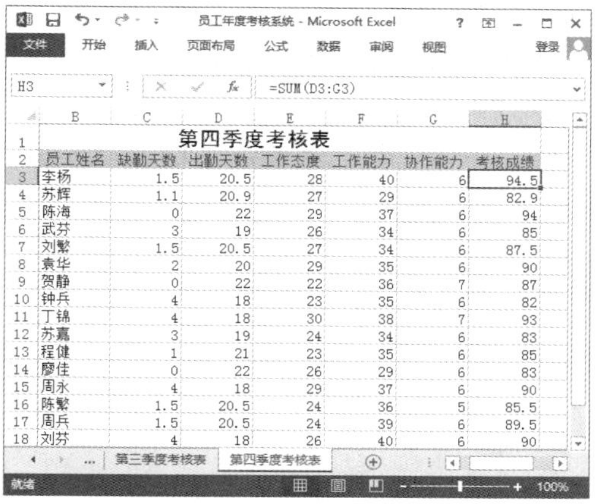

员工姓名	缺勤天数	出勤天数	工作态度	工作能力	协作能力	考核成绩
李杨	1.5	20.5	28	40	6	94.5
苏辉	1.1	20.9	27	29	6	82.9
陈海	0	22	29	37	6	94
武芬	3	19	26	34	6	85
刘繁	1.5	20.5	27	34	6	87.5
袁华	2	20	29	35	6	90
贺静	0	22	22	36	7	87
钟兵	4	18	23	35	6	82
丁锦	4	18	30	38	7	93
苏嘉	3	19	24	34	6	83
程健	1	21	23	35	6	85
廖佳	0	22	26	29	6	83
周永	4	18	29	37	6	90
陈繁	1.5	20.5	24	36	5	85.5
周兵	1.5	20.5	24	39	6	89.5
刘芬	4	18	26	40	6	90

3.1.3　按一个条件排序年度考核表

在创建好各季度缺勤记录表和各季度考核表后，即可创建年度考核表。其中将根据员工各季度考核成绩的平均分和部门的年度考核分数，计算员工的年考核成绩。具体公式为“员工的年度考核成绩=员工各季度考核的平均成绩×60%+所在部门年度考核成绩×40%”。本例假设工作表中的员工属于同一部门，该部门的年度考核成绩为 90 分。创建年度考核表并按“排名”升序排序的具体操作方法如下。

Step 01　单击工作表标签右侧⊕按钮，新建工作表。

Step 02　双击新建工作表的标签，将其重命名为“年度考核表”。

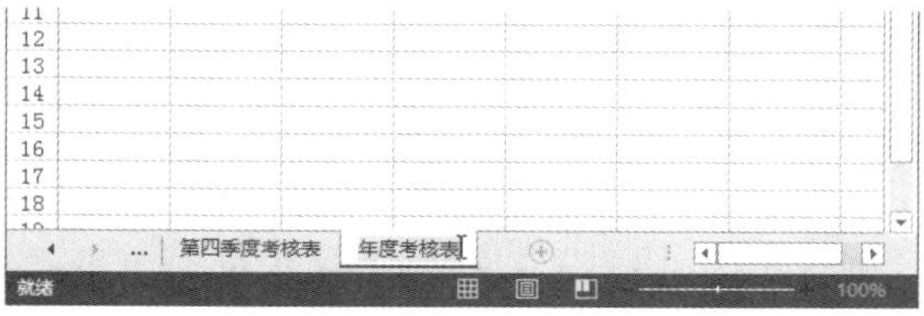

Step 03　在工作表中输入标题和表头等基本内容。

Step 04　参照创建“各季度缺勤记录”表的方法，适当设置文本格式、表格样式等。

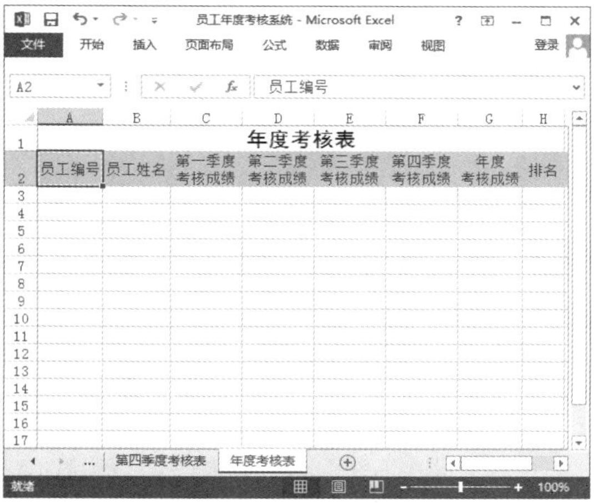

Step 05 参照在“第一季度考核表”中引用“各季度缺勤记录”数据的方法，通过单元格引用和填充柄，将“员工编号”、“员工姓名”和各季度考核成绩的数据引用到年度考核表中。

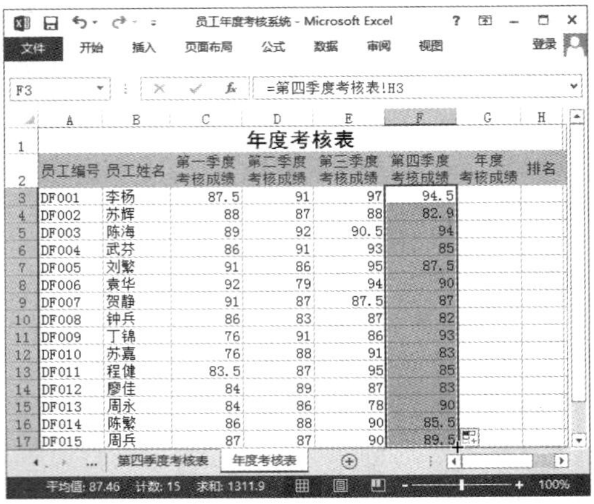

Step 06 在 G3 单元格输入公式“=AVERAGE(C3:F3)*60%+90*40%”，按下“Enter”键确认，得到年度考核成绩计算结果。

Step 07 利用填充柄将公式复制到相应单元格中。

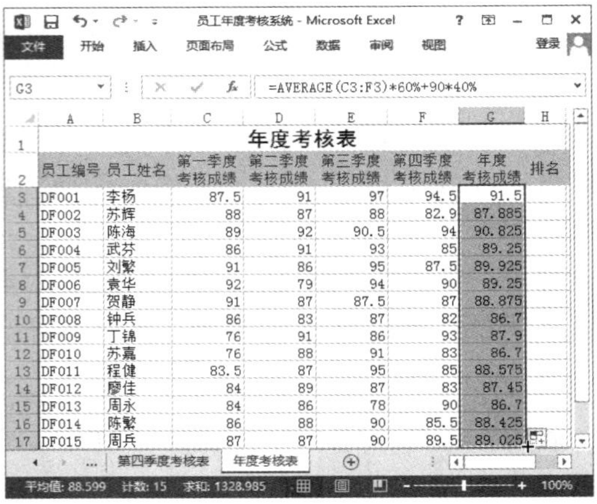

Step 08 在 H3 单元格输入公式“=RANK.EQ(G3,$G$3:$G$18,0)”，按下“Enter”键确认，得到考核排名计算结果。

Step 09 利用填充柄将公式复制到相应单元格中即可。

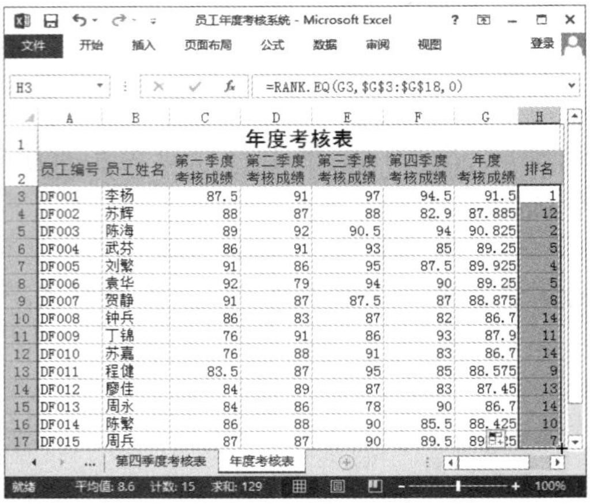

Step 10　在 B20:C24 单元格区域中，创建排名和年终奖金的辅助参照区，如右图所示。

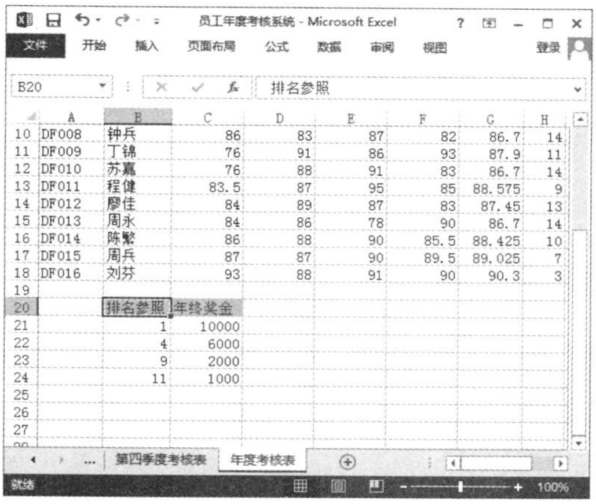

Step 11　在 I3 单元格输入公式“=LOOKUP(H3,$B$21:$B$24,$C$21:$C$24)”，按下“Enter”键确认，得到年终奖金计算结果。

Step 12　利用填充柄将公式复制到相应单元格中。

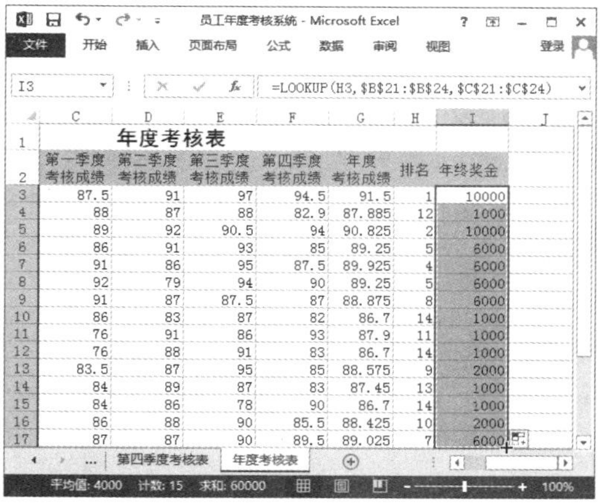

Step 13　同时选中 B20:C24 和 I3:I18 单元格区域。

Step 14　在“开始”选项卡的“数字”组中单击“会计数字格式”下拉按钮。

Step 15　在打开的下拉菜单中，单击“¥中文（中国）”选项。

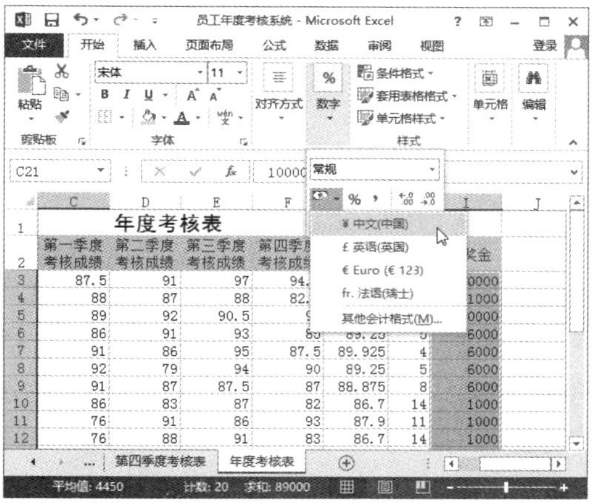

Step 16 返回工作表，即可看到设置货币数字格式之后的效果。

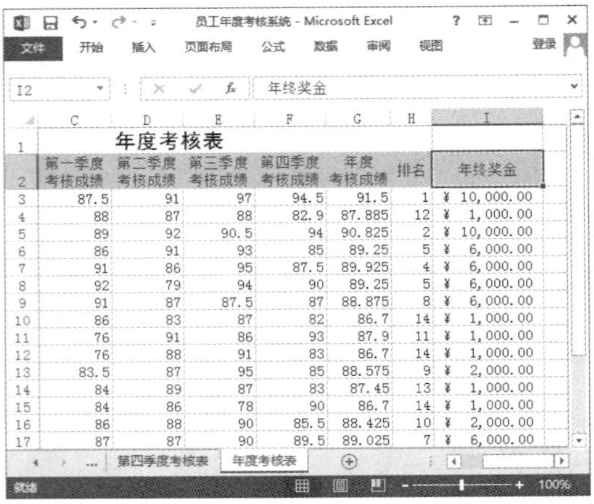

Step 17 选中“排名”列中任意数据所在单元格。

Step 18 切换到“数据”选项卡，在“排序和筛选”组中单击“升序”按钮 A↓Z。

Step 19 返回工作表，可以看到表格中的数据按照“排名”升序排序后的效果。

提示：单击“降序”按钮 Z↓A，数据将按降序排序。

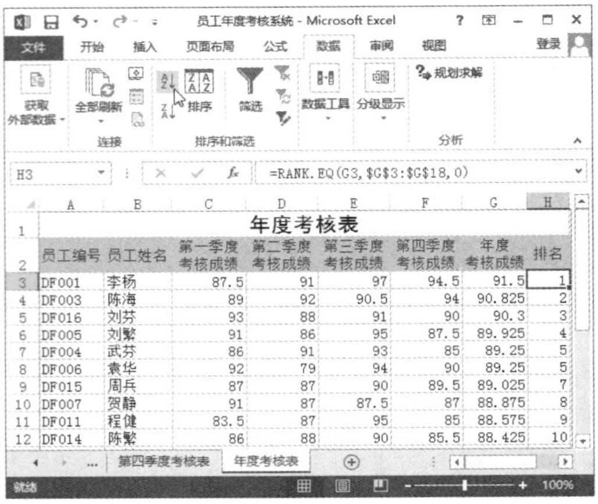

知识加油站——套用表格样式的方法

在 Excel 中，不仅可以套用单元格样式，还可以套用内置的表格样式，快速美化工作表。套用表格样式的方法如下。

Step 01 打开需要套用表格样式的工作表，选中需要套用表格样式的单元格区域。

Step 02 在“开始”选项卡的“样式”组中单击“套用表格格式”下拉按钮。

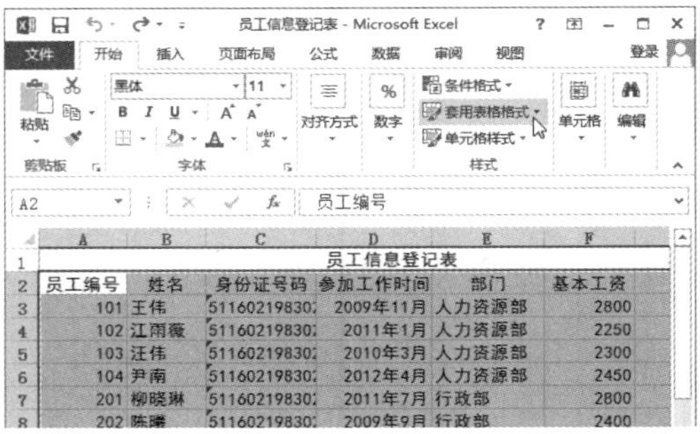

Step 03　在打开的下拉菜单中选择一种表格格式。

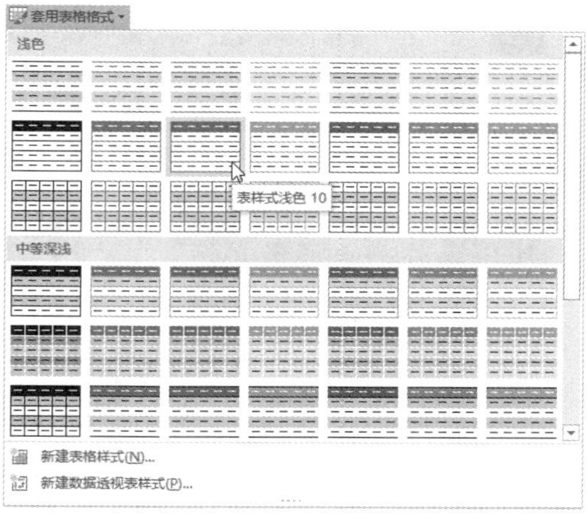

Step 04　此时弹出“套用表格式”对话框，单击“确定”按钮即可。

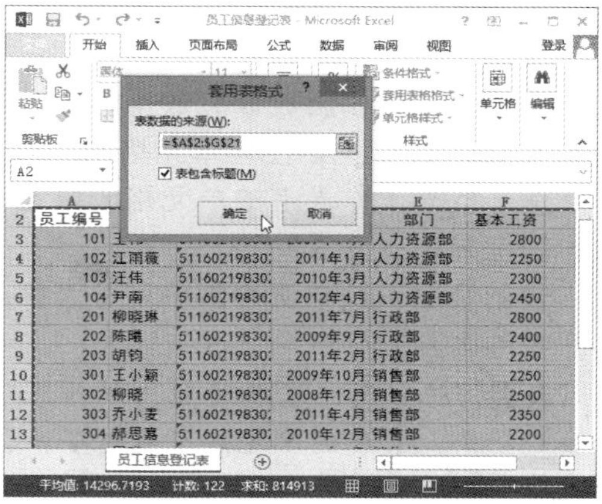

Step 05　返回工作表，即可看到将选择的表格格式应用到所选单元格区域中的效果。

提示：如果要撤销应用的单元格样式或表格格式，则选中要撤销格式的单元格区域，然后在“开始”选项卡的“编辑”栏中单击“清除”下拉按钮，在打开的下拉菜单中单击“清除格式”命令即可。

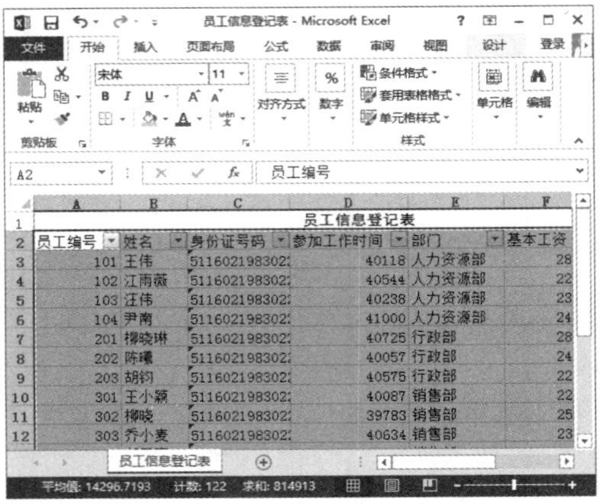

知识加油站——相对引用、绝对引用与混合引用

在输入公式和函数计算数据时，会涉及到单元格引用。单元格引用简单地说，就是在 Excel 公式中，使用单元格的地址来代替单元格和其中的数据。单元格引用的作用就在于标识工作表上的单元格或单元格区域，并且指明公式里面所用的数据在工作表里的位置。

通常情况下，单元格的引用分为相对引用、绝对引用和混合引用，下面介绍一下这三者的区别。

- 相对引用：在相对引用的情况下复制公式，可以看到粘贴到新单元格的公式中，引用的单元地址更新了，指向一个和当前公式位置相对应的单元格。

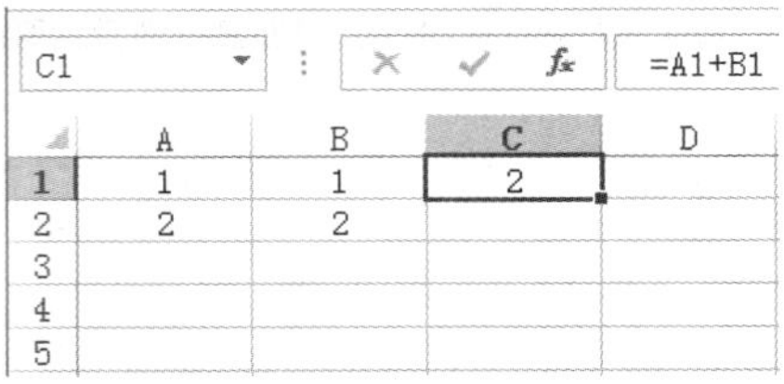

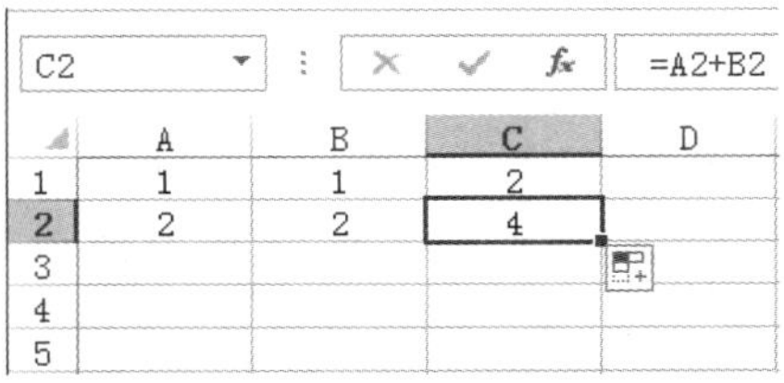

- 绝对引用：在绝对引用的情况下复制公式，可以看到粘贴到新单元格的公式中，引用的单元地址保持不变，并且，绝对引用的单元格地址在行号和列标前会加入符号“$”标示，形如“$A$1”。

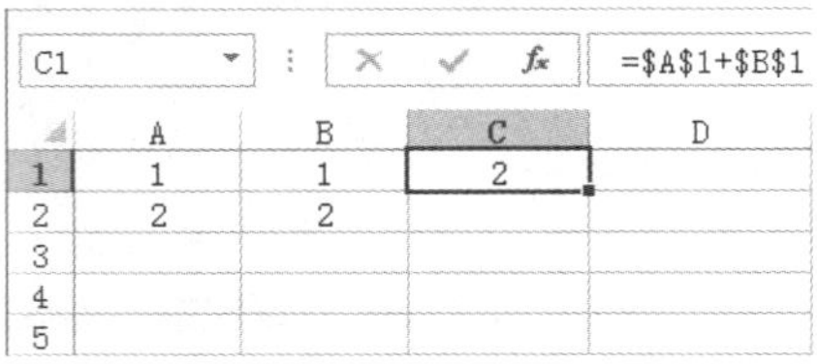

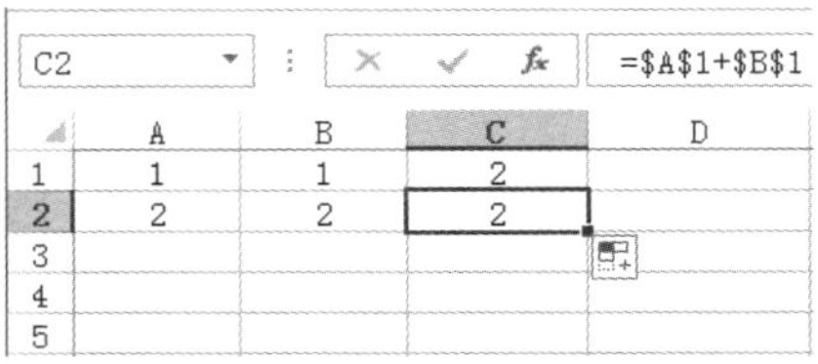

- 混合引用：相对引用和绝对引用同时存在于一个单元格地址引用中的，就是混合引用，此时复制公式，其中绝对引用的部分保持不变，而相对引用的部分会相应更新，形如“$A1”。

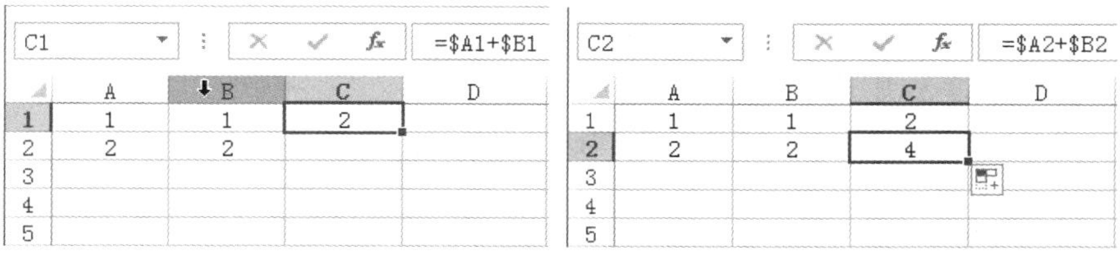

技巧：要在单元格地址中快速输入“$”符号，可以将光标定位到输入的单元格地址，如“A1”中，然后按下“F4”键，即可使单元格地址变成“$A$1”，第 2 次、第 3 次按下“F4”键，会变更单元格地址为“$A1”，然后变为“A$1”，第 4 次按下“F4”键，将变更回“A1”。

3.2 制作员工薪酬管理系统

员工的工资一般是根据员工所在职位、生产绩效以及福利等方面发放的，通过规范的员工工资标准，可以使员工工资发放更加清楚和公正。下面将介绍员工薪酬管理系统的具体制作方法。

涉及知识点：

★输入特殊数据　★使用 IF 函数计算个人所得税
★使用 VLOOKUP 函数引用数据　★按多个条件排序

最终效果：

员工薪资管理表

工资结算日期：2015年6月15日

基本信息				应发部分		应扣部分		应发工资	扣个人所得税	实发工资
员工编号	员工姓名	所属部门	基本工资	住房补贴	提成金额	请假扣款	应扣保险金额			
002	苏辉	财务部	¥5,500.00	¥500.00	¥ -	¥137.50	¥ 200.00	¥ 5,662.50	¥ 111.25	¥ 5,551.25
003	陈海	财务部	¥6,000.00	¥500.00	¥ -	¥450.00	¥ 200.00	¥ 5,850.00	¥ 130.00	¥ 5,720.00
009	丁锡	财务部	¥6,000.00	¥400.00	¥ 3,924.50	¥550.00	¥ 200.00	¥ 9,574.50	¥ 659.90	¥ 8,914.60
001	李杨	行政部	¥6,000.00	¥500.00	¥ -	¥100.00	¥ 200.00	¥ 6,200.00	¥ 165.00	¥ 6,035.00
008	钟兵	行政部	¥6,000.00	¥400.00	¥ 1,029.60	¥ 75.00	¥ 200.00	¥ 7,154.60	¥ 260.46	¥ 6,894.14
007	贺静	行政部	¥2,000.00	¥450.00	¥16,271.20	¥233.33	¥ 200.00	¥18,287.87	¥2,691.97	¥15,595.90
014	陈繁	客服部	¥2,500.00	¥600.00	¥ -	¥ 72.92	¥ 200.00	¥ 2,827.08	¥ -	¥ 2,827.08
015	周兵	客服部	¥5,000.00	¥800.00	¥ 964.50	¥458.33	¥ 200.00	¥ 6,106.17	¥ 155.62	¥ 5,950.55
005	刘繁	人事部	¥6,000.00	¥500.00	¥ 1,711.80	¥500.00	¥ 200.00	¥ 7,511.80	¥ 296.18	¥ 7,215.62
004	武芬	销售部	¥2,000.00	¥500.00	¥ -	¥291.67	¥ 200.00	¥ 2,008.33	¥ -	¥ 2,008.33
011	程健	销售部	¥2,000.00	¥450.00	¥ 1,251.00	¥ 8.33	¥ 200.00	¥ 3,492.67	¥ -	¥ 3,492.67
013	周永	销售部	¥2,500.00	¥450.00	¥ 1,191.90	¥ 20.83	¥ 200.00	¥ 3,921.07	¥ 12.63	¥ 3,908.43
010	苏嘉	销售部	¥6,000.00	¥450.00	¥ -	¥ -	¥ 200.00	¥ 6,250.00	¥ 170.00	¥ 6,080.00
012	廖佳	销售部	¥5,000.00	¥450.00	¥ 6,205.00	¥416.67	¥ 200.00	¥11,038.33	¥ 952.67	¥10,085.67
016	刘芬	研发部	¥4,000.00	¥500.00	¥ 1,062.60	¥ 33.33	¥ 200.00	¥ 5,329.27	¥ 77.93	¥ 5,251.34
006	袁华	研发部	¥5,500.00	¥400.00	¥ -	¥ -	¥ 200.00	¥ 5,700.00	¥ 115.00	¥ 5,585.00

3.2.1 输入特殊数据

在本例中，整个员工薪酬管理系统由月员工出勤统计表、月员工业绩表和月员工薪资管理表组成，并以月员工出勤统计表为基础。下面先输入月员工出勤统计表的基本内容，具体操作方法如下。

Step 01　打开“员工薪资管理系统”原始文件，其中已经创建了月员工出勤统计表、月员工业绩表和月员工薪资管理表的基本框架。

Step 02　选中A3单元格，在编辑栏中输入“’001”。

知识加油站
【特殊数据的输入方法】

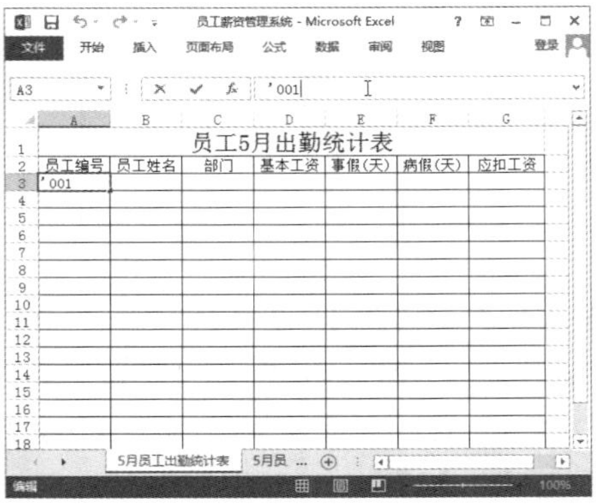

Step 03　按下“Enter”键，确认输入，即可输入以“0”开头的员工编号。

Step 04　选中A3单元格，将光标指向单元格右下角。

Step 05　当光标呈十字形状时，按住鼠标左键拖动，到适当位置释放鼠标左键，以序列快速填充单元格，输入员工编号。

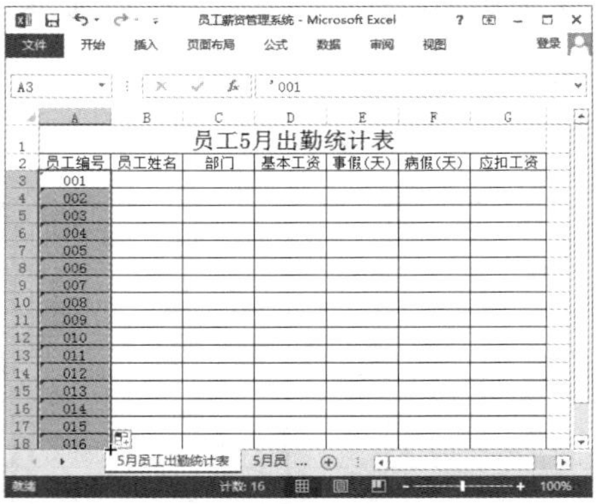

Step 06　根据需要，在工作表中输入其他数据内容，如图所示。

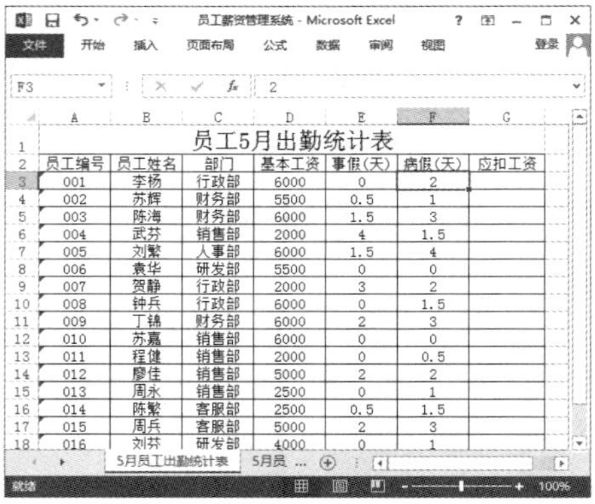

3.2.2　使用公式和函数计算数据

利用公式和函数，可以快速完成月员工出勤统计表、月员工业绩表和月员工薪资管理表的制作。具体操作方法如下。

Step 01　在“5 月员工出勤统计表”工作表的 G3 单元格中输入公式“=(D3/30)*E3+(D3/30)*0.25*F3”，按下“Enter”键确认。

Step 02　利用填充柄将公式复制到相应单元格中，计算出 5 月员工请假应扣工资数据。

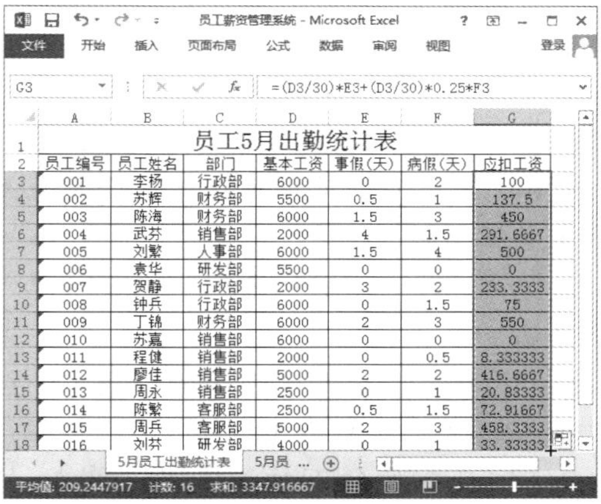

Step 03　选中 G3:G18 单元格区域。

Step 04　在“开始”选项卡的“数字”组中单击“会计数字格式”下拉按钮。

Step 05　在打开的下拉菜单中，单击“¥ 中文（中国）”选项，将“应扣工资”数据设置为货币格式。

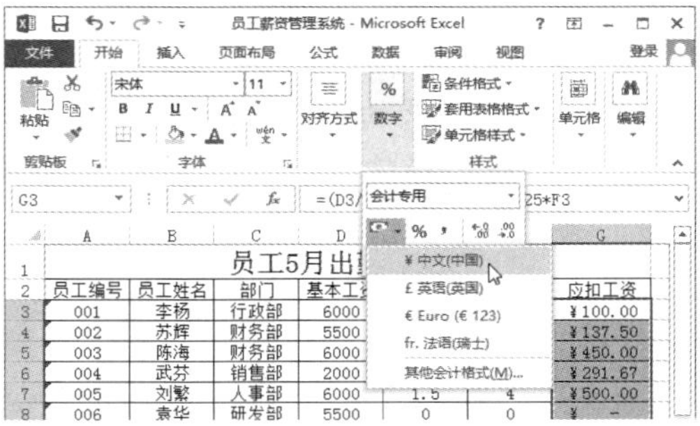

Step 06　切换到“5 月员工业绩表”工作表，其中已经创建了表格基本框架，按照输入特殊数据的方法，在“员工编号”列中输入员工编号。

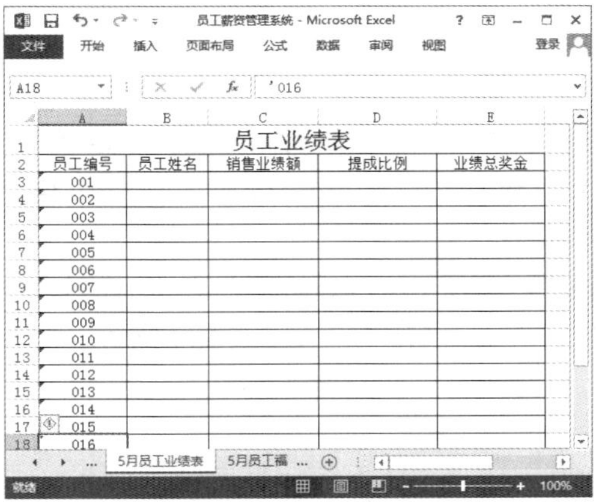

Step 07 在 B3 单元格中输入公式“=VLOOKUP(A3,'5 月员工出勤统计表'!$A$3:$B$18,2,0)”，按下“Enter”键确认。

Step 08 利用填充柄将公式复制到相应单元格中，快速填充与员工编号对应的员工姓名数据。

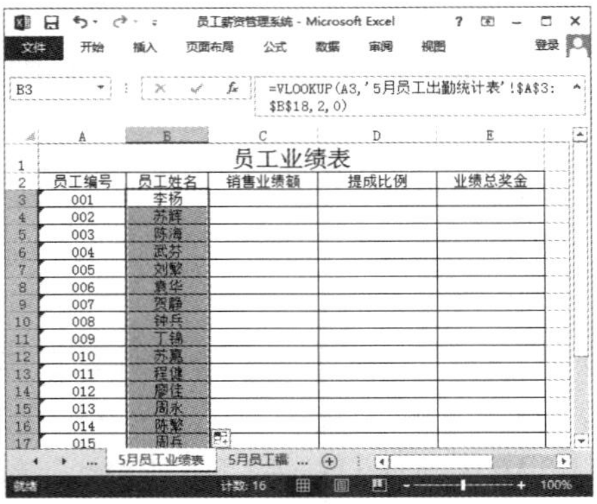

Step 09 在 C3:C18 单元格区域输入每个员工的销售额。

Step 10 同时选中 C3:C18 和 E3:E18 单元格区域。

Step 11 在“开始”选项卡的“数字”组中单击“会计数字格式”下拉按钮。

Step 12 在打开的下拉菜单中，单击“¥中文（中国）”选项，将该区域数据设置为货币格式。

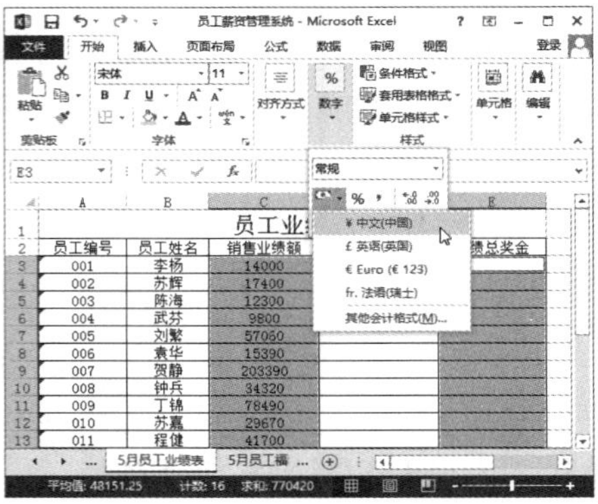

Step 13 在工作表的 A21:E23 单元格区域中，可以看到已经输入了员工的提成参照比例，具体情况如图所示。

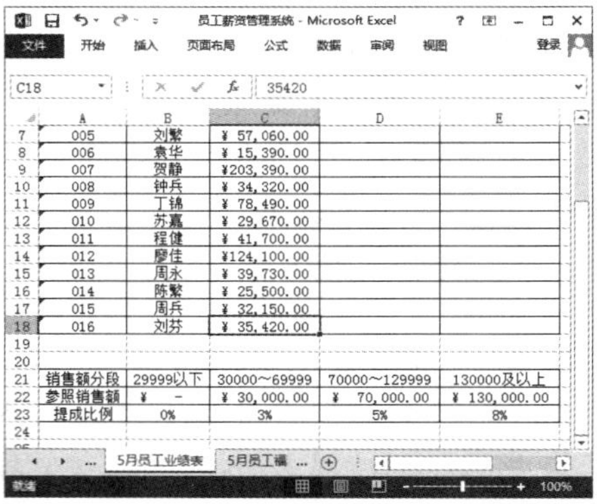

Step 14 在 D3 单元格中输入公式“=HLOOKUP(C3,$B$22:$E$23,2)”，按下“Enter”键确认。

Step 15 利用填充柄将公式复制到相应单元格中，得到员工提成比例数据。

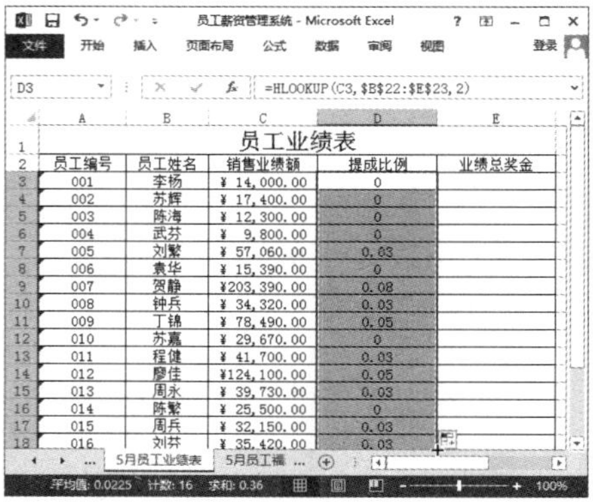

Step 16　选中 D3:D18 单元格区域。

Step 17　在“开始”选项卡的“数字”组中单击“百分比样式”%按钮，设置数字格式为百分比格式。

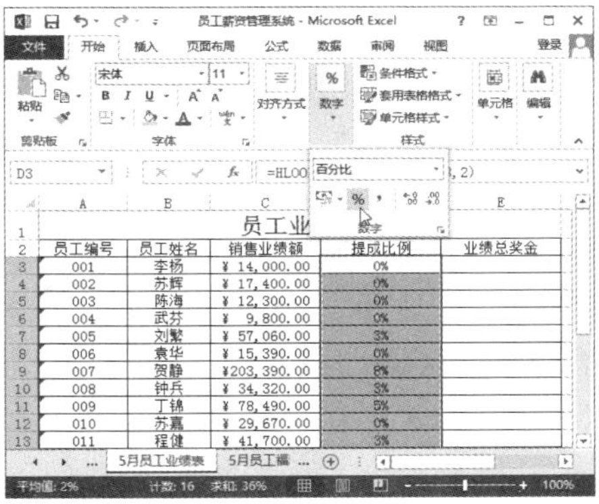

Step 18　在 E3 单元格中输入公式“=C3*D3”，按下“Enter”键确认。

Step 19　利用填充柄将公式复制到相应单元格中，得到 5 月员工业绩总奖金数据。

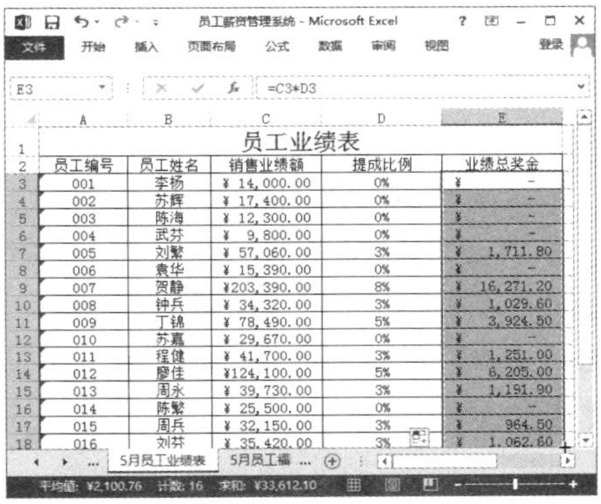

Step 20　切换到“5 月员工福利表”工作表，其中已经创建了表格基本框架，按照输入特殊数据的方法，在“员工编号”列中输入员工编号。

Step 21　在 B3 单元格中输入公式“=VLOOKUP(A3,'5 月员工出勤统计表'!$A$3:$B$18,2,0)”，按下“Enter”键确认。

Step 22　利用填充柄将公式复制到相应单元格中，快速填充与员工编号对应的员工姓名数据。

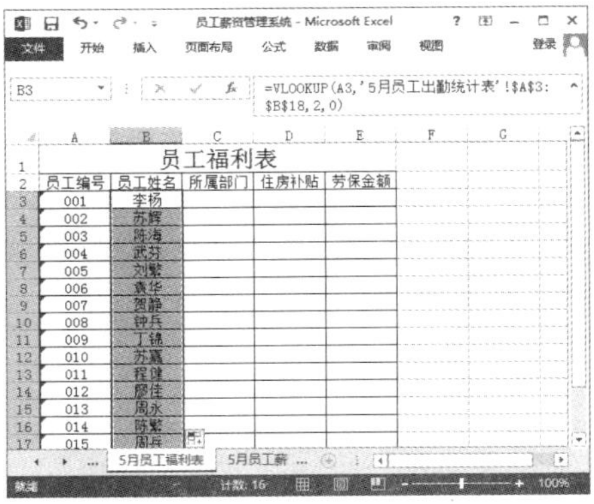

Step 23 在 C3 单元格中输入公式“=VLOOKUP(A3,'5 月员工出勤统计表'!$A$3:$C$18,3,0)”，按下“Enter”键确认。

Step 24 利用填充柄将公式复制到相应单元格中，快速填充与员工编号对应的员工所属部门数据。

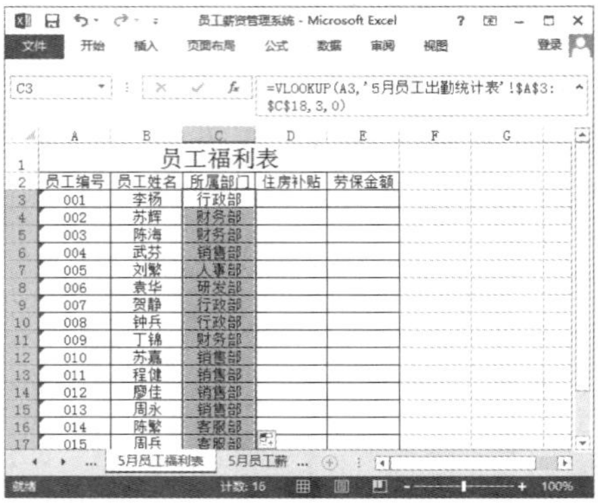

Step 25 在 D3:E18 单元格区域输入每个员工的住房补贴和劳保金额。

Step 26 选中 D3:E18 单元格区域。

Step 27 在“开始”选项卡的“数字”组中单击“会计数字格式” 下拉按钮。

Step 28 在打开的下拉菜单中，单击“¥中文（中国）”选项，将该区域数据设置为货币格式。

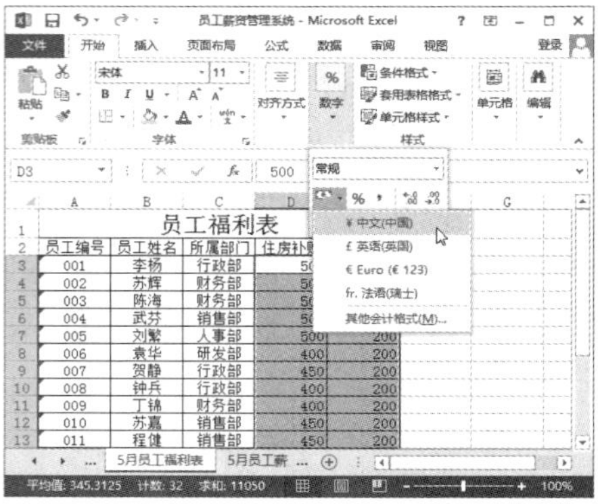

Step 29 切换到“5 月员工薪资管理表”工作表，其中已经创建了表格基本框架，按照输入特殊数据的方法，在“员工编号”列中输入员工编号。

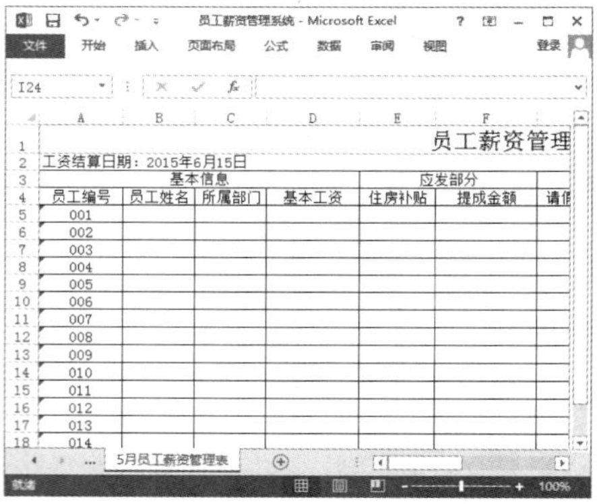

Step 30 在 B5 单元格中输入公式“=VLOOKUP(A5,'5 月员工出勤统计表'!$A$3:$B$18,2,0)”，按下“Enter”键确认。

Step 31 利用填充柄将公式复制到相应单元格中。

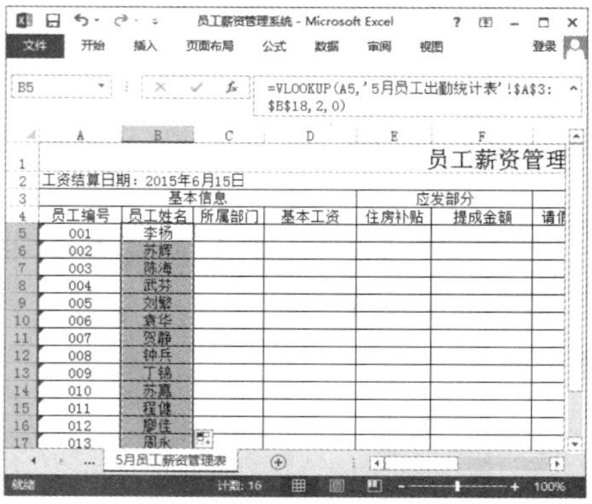

Step 32 在 C5 单元格中输入公式"=VLOOKUP(A5,'5 月员工出勤统计表'!$A$3:$C$18,3,0)",按下"Enter"键确认。

Step 33 利用填充柄将公式复制到相应单元格中。

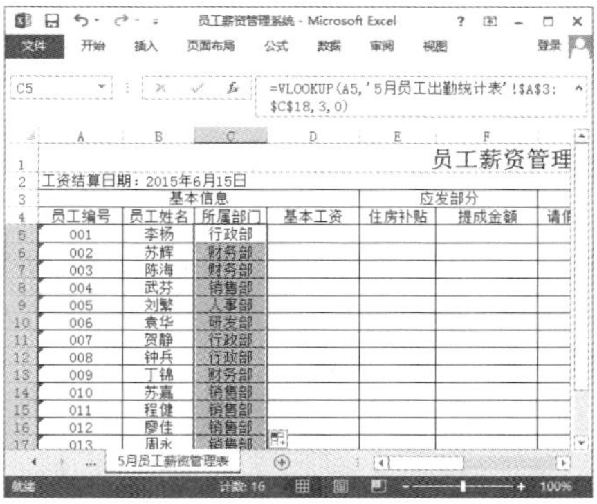

Step 34 在 D5 单元格中输入公式"=VLOOKUP(A5,'5 月员工出勤统计表'!$A$3:$D$18,4,0)",按下"Enter"键确认。

Step 35 利用填充柄将公式复制到相应单元格中。

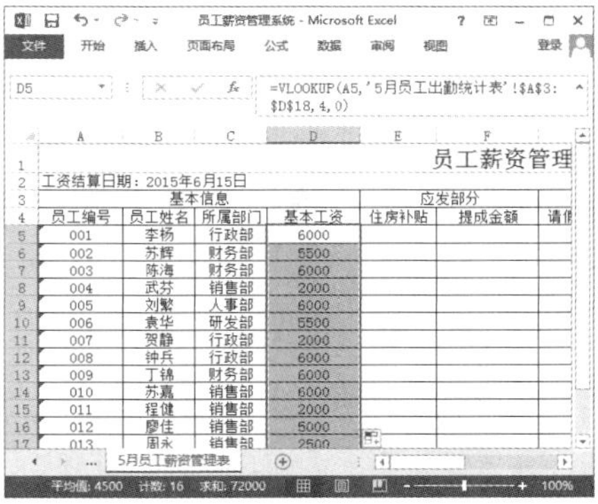

Step 36 在 E5 单元格中输入公式"=VLOOKUP(A5,'5 月员工福利表'!$A$3:$D$18,4,0)",按下"Enter"键确认。

Step 37 利用填充柄将公式复制到相应单元格中。

Step 38 在 F5 单元格中输入公式"=VLOOKUP(A5,'5 月员工业绩表'!$A$3:$E$18,5,0)",按下"Enter"键确认。

Step 39 利用填充柄将公式复制到相应单元格中。

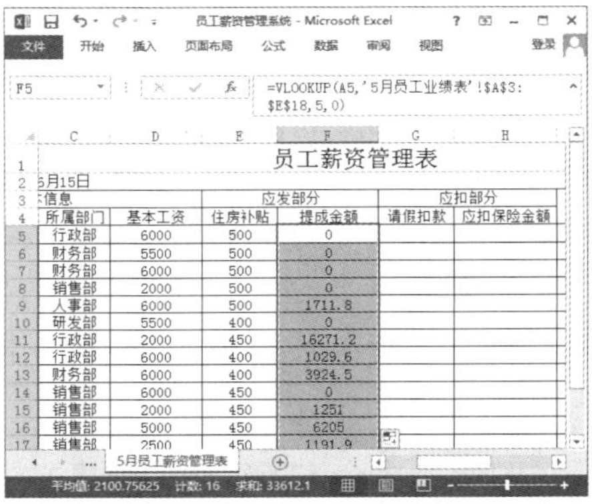

Step 40　在 G5 单元格中输入公式“=VLOOKUP(A5,'5 月员工出勤统计表'!$A$3:$G$18,7,0)”，按下“Enter”键确认。

Step 41　利用填充柄将公式复制到相应单元格中。

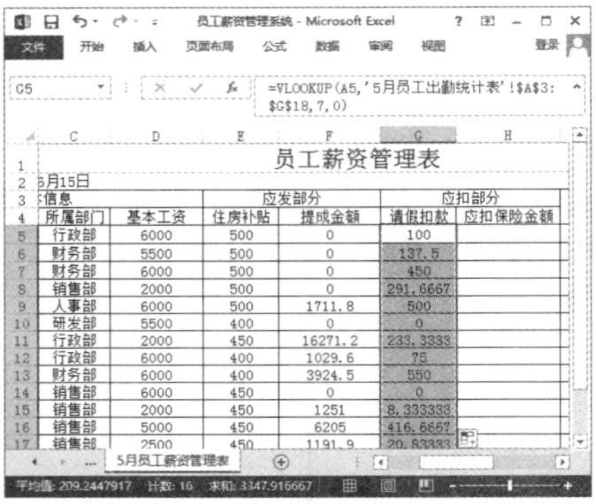

Step 42　在 H5 单元格中输入公式“=VLOOKUP(A5,'5 月员工福利表'!$A$3:$E$18,5,0)”，按下“Enter”键确认。

Step 43　利用填充柄将公式复制到相应单元格中。

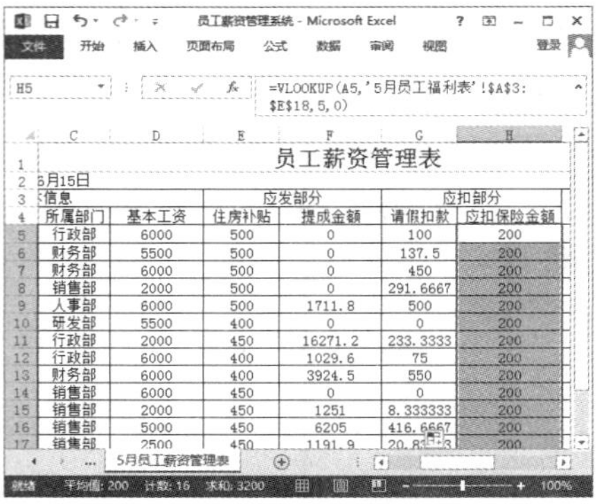

Step 44　在 I5 单元格中输入公式“=D5+E5+F5-G5-H5”，按下“Enter”键确认。

Step 45　利用填充柄将公式复制到相应单元格中。

Step 46　在 J5 单元格中输入公式“=IF(I5-3500<0,0,IF(I5-3500<1500,0.03*(I5-3500),IF(I5-3500<4500,0.1*(I5-3500)-105,IF(I5-3500<9000,0.2*(I5-3500)-555,IF(I5-3500<35000,0.25*(I5-3500)-1005)))))”，按下“Enter”键确认。

Step 47　利用填充柄将公式复制到相应单元格中。

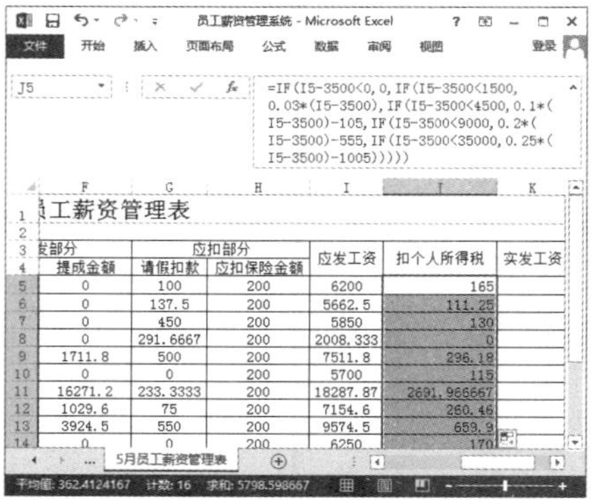

知识加油站

【个人所得税的计算方法】

Step 48　在 K5 单元格中输入公式“=I5-J5”，按下“Enter”键确认。

Step 49　利用填充柄将公式复制到相应单元格中。

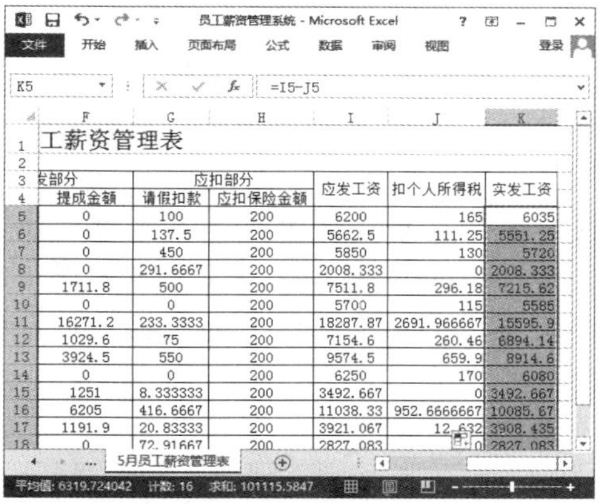

Step 50　选中 D3:E18 单元格区域。

Step 51　在“开始”选项卡的“数字”组中单击“会计数字格式”下拉按钮。

Step 52　在打开的下拉菜单中，单击“¥中文（中国）”选项，将该区域数据设置为货币格式。

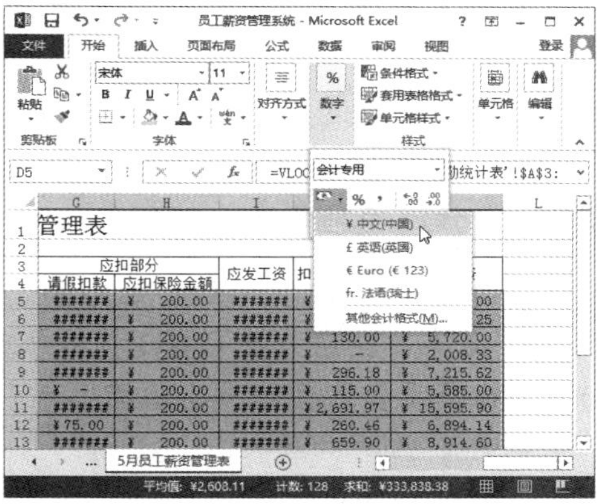

Step 53　根据需要调整行高和列宽，以便完整显示数据即可。

3.2.3　按多个条件排序

在制作出员工薪资管理表后，在其中可以根据所属部门和实发工资金额对表格数据排序。具体操作方法如下。

Step 01　选中 A5:K20 单元格区域。

Step 02　切换到“数据”选项卡，在“排序和筛选”组中单击“排序”按钮。

注意：由于包含合并单元格的区域无法正确进行排序和筛选工作，因此本例选中不含有表头（合并单元格）的数据区域，来进行排序操作。

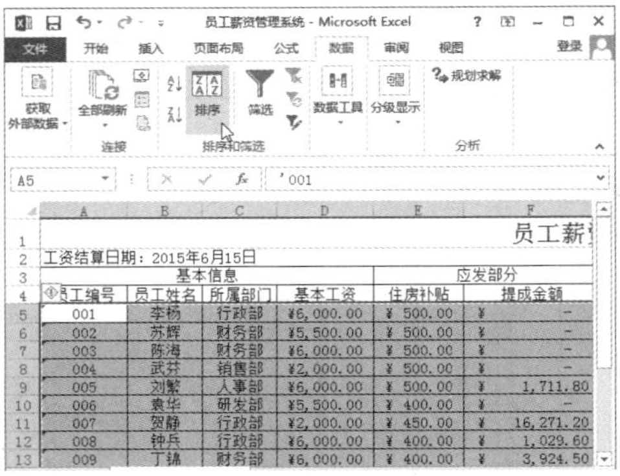

Step 03　弹出“排序”对话框，因“所属部门”项在 C 列中，因此设置“主要关键字”为“列 C”。

Step 04　根据需要设置“排序依据”为“数值”，“次序”为“升序”。

Step 05　单击“添加条件”按钮。

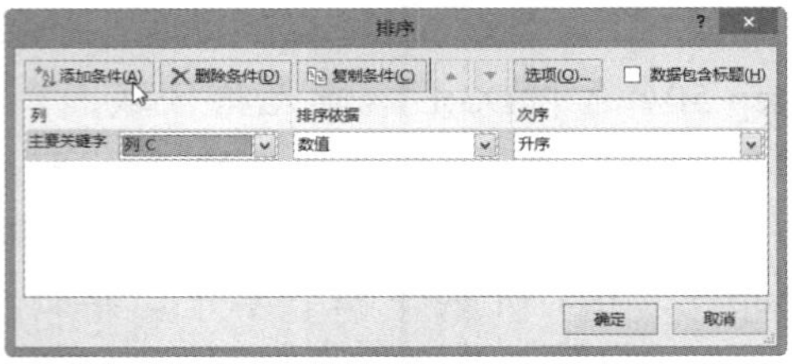

Step 06　因“实发工资”项在 K 列中，因此设置“次要关键字”为“列 K”。

Step 07　根据需要设置“排序依据”为“数值”，“次序”为“升序”。

Step 08　单击“确定”按钮。

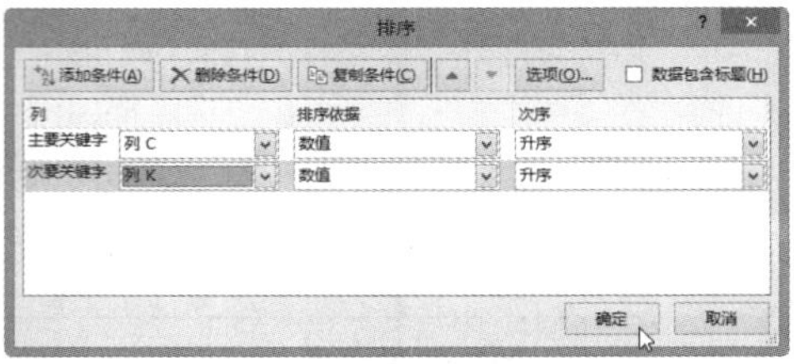

Step 09　返回工作表，可以看到表格数据按照设置的多个条件排序后的效果。

知识加油站

【自定义排序的方法】

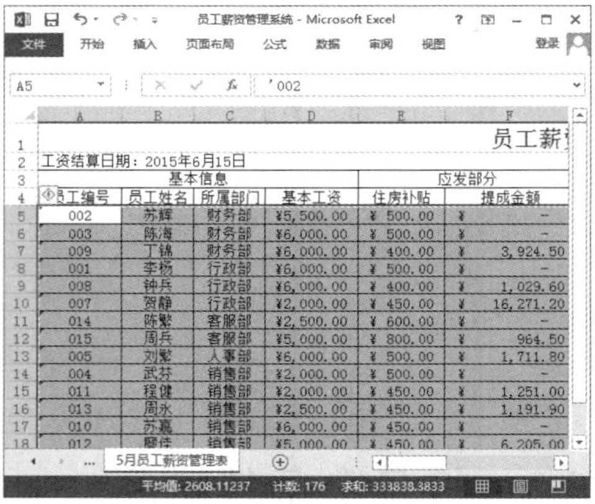

知识加油站——特殊数据的输入方法

默认情况下，Excel 单元格的数字格式为“常规”，此时输入特殊数据，例如以“0”开头的数字时，Excel 会把它识别成数值型数据，而直接省略掉前面的“0”。与此类似的情况如下。

	A	B
1	输入“023”：	23
2	输入“3/4”：	3月4日
3	输入身份证号：	5.11777E+17
4	输入“2013-3-4”：	41337

- 变成日期的分数：默认情况下，在 Excel 中不能直接输入分数，系统会将其显示为日期格式，比如输入分数“3/4”，按下“Enter”键确认后将显示为日期“3 月 4 日”。
- 变成乱码的身份证号：Excel 的单元格中默认显示 11 个字符，如果输入的数值超过 11 位，就会使用科学计数法来显示该数值，形如“5.11777E+17”。
- 变成数字的日期：一般情况下，在单元格中输入日期如“13-3-4”并确认后，单元格将由“常规”格式自动转换为“日期”格式，显示结果呈“2013/3/4”。如果因某些原因格式没有自动转换，或在之后的操作中又将单元格的数字格式设置为了“常规”、“文本”等格式，可以看到输入的日期变成了一组数字，如“41337”。这是因为日期是一种很特殊的数值，它实际上是一组日期序列值，每个日期都有一个数字对应。

要正确输入这些特殊数据，方法如下。

	A	B
1	输入“‘023”：	023
2	输入“0 3/4”：	3/4
3	输入“‘”+“身份证号”：	511777198812121111
4	输入身份证号后设置“文本”格式：	511777198812121000

- 要在 Excel 单元格中输入以“0”开头的数字，方法为：在输入数字前先输入一个英文状态下的单引号“‘”，然后输入以“0”开头的数字即可。或者在输入数字前，先将要输入数字的单元格或单元格区域设置为“文本”格式，此后直接输入数字即可。
- 要在 Excel 单元格中输入分数，只需要在分数前加一个“0”和一个空格，比如输入“0 3/4”，按下“Enter”键确认，即可得到分数“3/4”。添加的“0”和空格，可以使 Excel 成功识别输入的分数，将该单元格数字格式自动转换为“分数”格式。如果在输入前将数据输入的单元格或单元格区域设置为“分数”格式，则可以直接输入“3/4”。
- 不仅仅限于身份证号码，凡是超过 11 位的数值，在输入时都可以这样处理：在输入数字前先输入一个英文状态下的单引号“‘”，然后输入数值，按下“Enter”键后单元格数字格式将自动转换为“文本”格式，即使数值超过 11 位也可以被 Excel 正确识别。
- 如果输入形如“13-3-4”的日期后显示不正确，那么选中目标单元格，然后将单元格数字格式设置为“日期”格式即可。

知识加油站——个人所得税的计算方法

个人所得税是按照国家发布的有关规定进行计算的，是工资必不可少的组成部分。个人全月应纳税所得额的计算方法为：全月应纳税所得额=每月收入额-3500。全月应纳税额=全月应纳所得税额×税率-速算扣除数。个人所得税税率表如下。

级　　数	全月应纳税所得额	税　　率	速算扣除数
1	全月应纳税额不超过1500元	3%	0
2	全月应纳税额超过1500元至4500元	10%	105
3	全月应纳税额超过4500元至9000元	20%	555
4	全月应纳税额超过9000元至35000元	25%	1005
5	全月应纳税额超过35000元至55000元	30%	2755
6	全月应纳税额超过55000元至80000元	35%	5505
7	全月应纳税额超过80000元的部分	45%	13505

知识加油站——自定义排序的方法

在Excel中，除了按照升序、降序等方法排序之外，用户还可以按照自定义的排序方法排序。例如在员工信息登记表格中，要按照“行政部”、“财务部”、“人力资源部”、“销售部”的顺序排序表格数据，方法如下。

Step 01　将光标定位到需要进行排序的列的任意单元格中。

Step 02　切换到“数据”选项卡，在“排序和筛选”组中单击“排序”按钮。

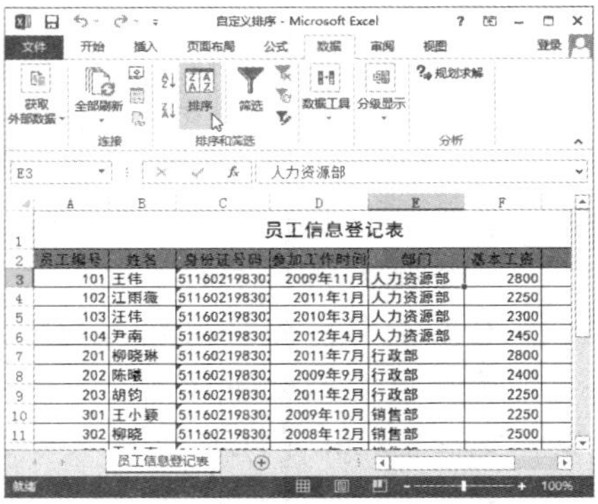

Step 03　弹出“排序”对话框，在列表框中将“主要关键字”设为要排序的列标题，本例为“部门”。

Step 04　单击“次序”下拉列表，在弹出的下拉列表框中选择“自定义序列”选项。

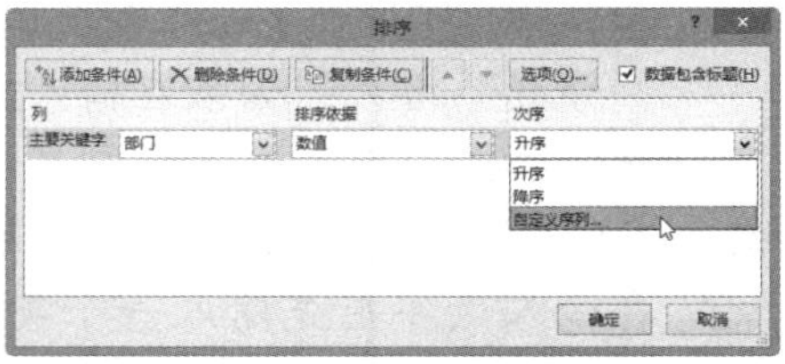

Step 05　弹出“自定义序列”对话框，在“输入序列”栏中输入需要的序列。

Step 06　单击“添加”按钮，将序列添加到“自定义序列”列表框中。

Step 07　单击“确定”按钮，保存自定义序列的设置。

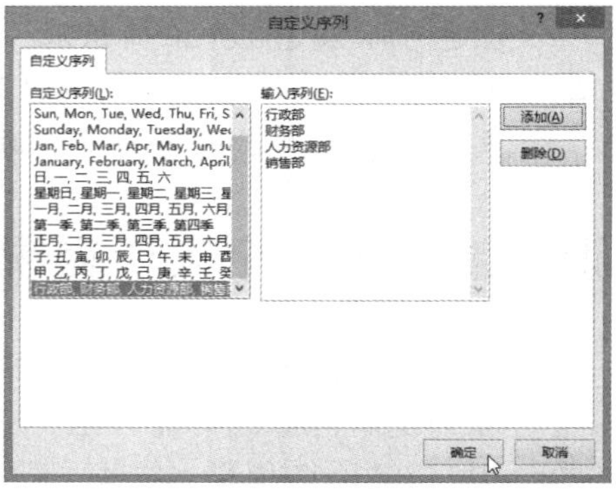

Step 08　返回“排序”对话框，单击“次序”下拉列表框，选择刚设置的自定义序列。

Step 09　单击“确定”按钮。

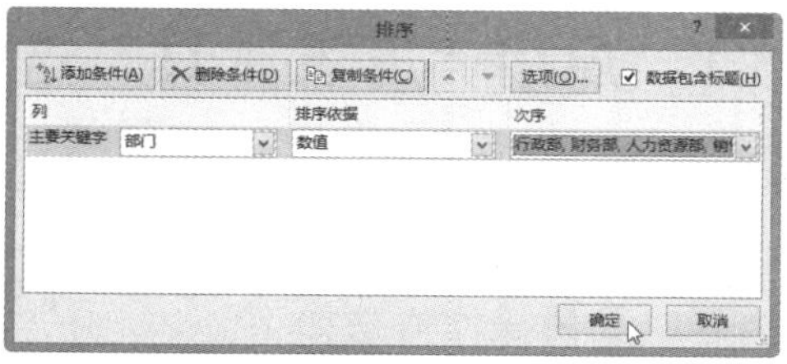

Step 10　返回工作表，即可看到表格数据按照设置的自定义序列排序后的效果。

员工编号	姓名	身份证号码	参加工作时间	部门	基本工资
201	柳晓琳	51160219830	2011年7月	行政部	2800
202	陈曦	51160219830	2009年9月	行政部	2400
203	胡钧	51160219830	2011年2月	行政部	2250
401	杜媛媛	51160219830	2008年11月	财务部	2350
402	陈其	51160219830	2010年3月	财务部	2300
403	赵震	51160219830	2008年5月	财务部	2350
101	王伟	51160219830	2009年11月	人力资源部	2800
102	江雨薇	51160219830	2011年1月	人力资源部	2250
103	汪伟	51160219830	2010年3月	人力资源部	2300
104	尹南	51160219830	2012年4月	人力资源部	2450
301	王小颖	51160219830	2009年10月	销售部	2250
302	柳晓	51160219830	2008年12月	销售部	2500
303	乔小麦	51160219830	2011年4月	销售部	2350
304	[illegible]	51160219830	2010年12月	销售部	2200

3.3　制作员工工资条

公司每月发放工资时，会将员工工资表制作成工资条发送到每个员工手中，以便员工核对自己的工资。在 Excel 中，利用宏可以将工资表快速制作为工资条。下面将介绍员工工资条的具体制作方法。

涉及知识点：

★启用“开发工具”选项卡

★宏的安全设置

★录制与运行宏

★查看与修改宏代码

最终效果：

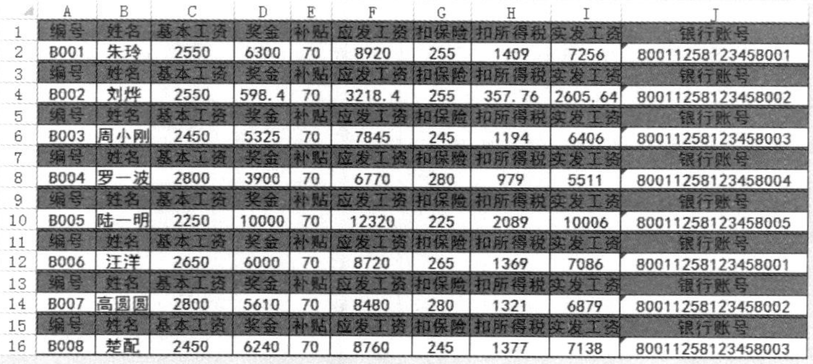

编号	姓名	基本工资	奖金	补贴	应发工资	扣保险	扣所得税	实发工资	银行账号
B001	朱玲	2550	6300	70	8920	255	1409	7256	80011258123458001
编号	姓名	基本工资	奖金	补贴	应发工资	扣保险	扣所得税	实发工资	银行账号
B002	刘烨	2550	598.4	70	3218.4	255	357.76	2605.64	80011258123458002
编号	姓名	基本工资	奖金	补贴	应发工资	扣保险	扣所得税	实发工资	银行账号
B003	周小刚	2450	5325	70	7845	245	1194	6406	80011258123458003
编号	姓名	基本工资	奖金	补贴	应发工资	扣保险	扣所得税	实发工资	银行账号
B004	罗一波	2800	3900	70	6770	280	979	5511	80011258123458004
编号	姓名	基本工资	奖金	补贴	应发工资	扣保险	扣所得税	实发工资	银行账号
B005	陆一明	2250	10000	70	12320	225	2089	10006	80011258123458005
编号	姓名	基本工资	奖金	补贴	应发工资	扣保险	扣所得税	实发工资	银行账号
B006	汪洋	2650	6000	70	8720	265	1369	7086	80011258123458001
编号	姓名	基本工资	奖金	补贴	应发工资	扣保险	扣所得税	实发工资	银行账号
B007	高圆圆	2800	5610	70	8480	280	1321	6879	80011258123458002
编号	姓名	基本工资	奖金	补贴	应发工资	扣保险	扣所得税	实发工资	银行账号
B008	楚配	2450	6240	70	8760	245	1377	7138	80011258123458003

3.3.1 启用“开发工具”选项卡

在本例中，整个员工薪酬管理系统由月员工出勤统计表、月员工业绩表和月员工薪资管理表组成，并以月员工出勤统计表为基础。下面先输入月员工出勤统计表的基本内容，具体操作方法如下。

Step 01 新建一个名为“员工工资条”的工作簿。

Step 02 重命名“Sheet1”工作表为“工资条”。

Step 03 在工作表中输入基本数据内容。

Step 04 适当设置表格格式等，如右图所示。

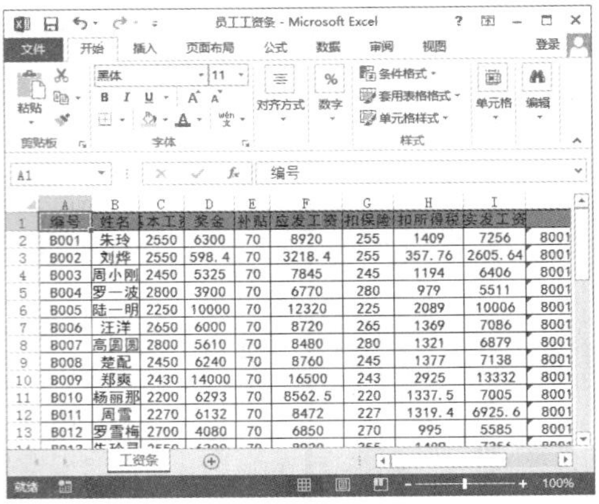

Step 05 切换到“文件”选项卡，单击“选项”命令。

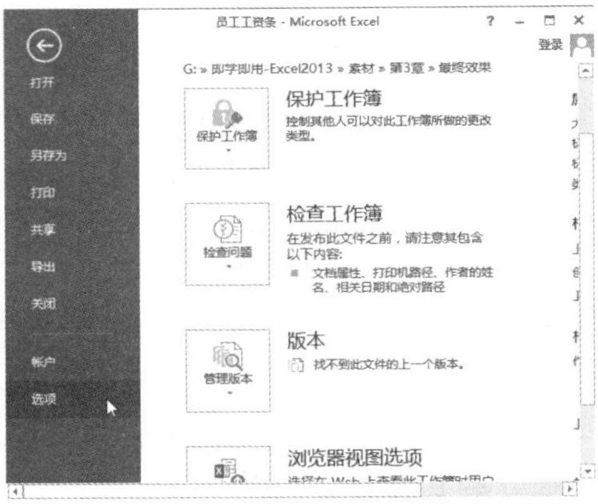

Step 06 弹出“Excel选项”对话框，切换到“自定义功能区”选项卡。

Step 07 在右侧的“自定义功能区”下拉列表中选择“主选项卡”选项。

Step 08 在下方对应的列表框中，勾选“开发工具”复选框。

Step 09 单击“确定”按钮。

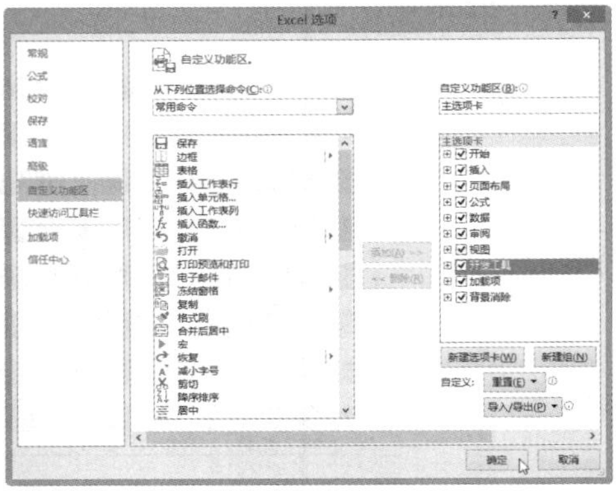

Step 10 返回工作表，可以看到功能区中出现了“开发工具”选项卡。

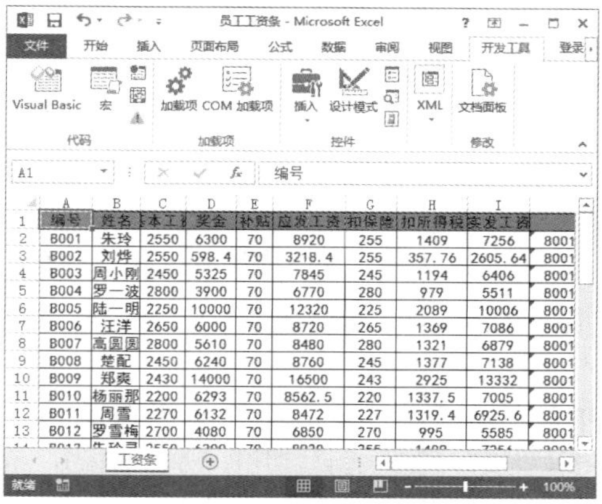

3.3.2 宏的安全设置

在默认情况下，Excel 2013 启用了宏，如果需要禁用宏，或需要更改宏的安全设置，具体操作方法如下。

Step 01 切换到“文件”选项卡，单击“选项”命令。

Step 02 弹出“Excel 选项”对话框，切换到“信任中心”选项卡。

Step 03 单击“信任中心设置”按钮。

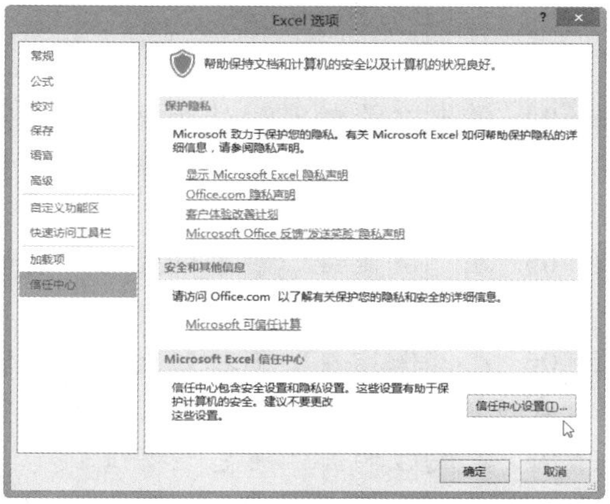

Step 04 弹出“信任中心”对话框，在“宏设置”选项卡中根据需要进行宏的安全设置。

Step 05 完成后单击“确定”按钮。

Step 06 返回“Excel 选项”对话框，单击“确认”按钮即可。

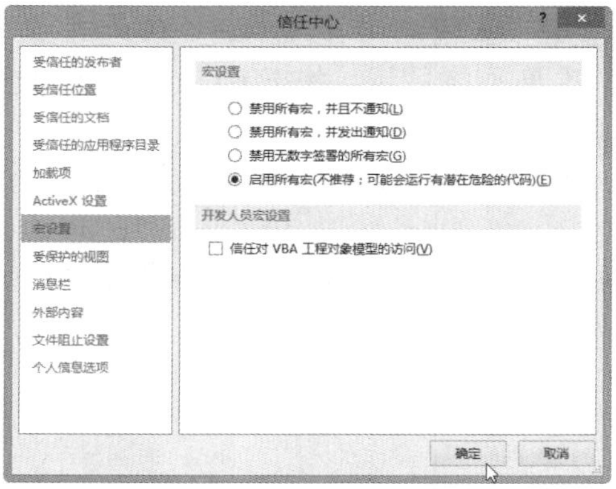

提示：切换到“开发工具”选项卡，在“代码”组中，单击“宏安全性”按钮，也可打开“信任中心”对话框，对宏的安全性进行设置。

3.3.3 录制宏

启用宏之后，即可在 Excel 中开始宏的录制。本例将录制一个宏，以便在工资表中插入表头，使工资表变为工资条，具体操作方法如下。

Step 01 在“工资条”工作表中选中 A1 单元格。

Step 02 切换到“开发工具”选项卡，在“代码”组中按下“使用相对引用”按钮，使宏录制的操作相对于初始选定的单元格。

Step 03 单击“代码”组中的“录制宏”按钮。

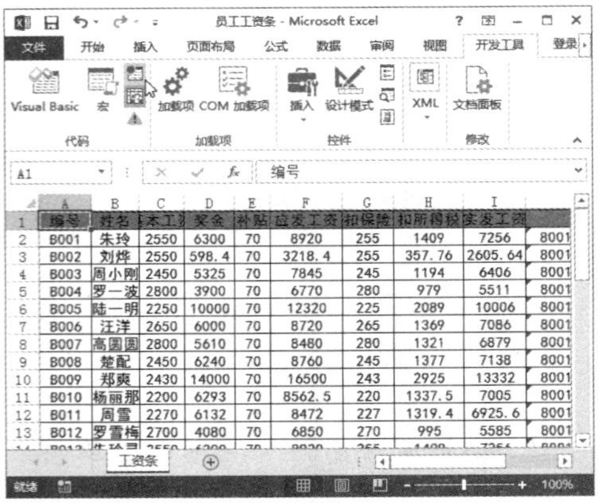

Step 04 弹出“录制宏”对话框，在“宏名”文本框中输入宏名，本例输入“工资表变工资条”。

Step 05 在“快捷键”栏中设置运行宏的快捷键。

Step 06 在“保存在”下拉列表中选择宏的保存位置。

Step 07 完成后单击“确定”按钮。

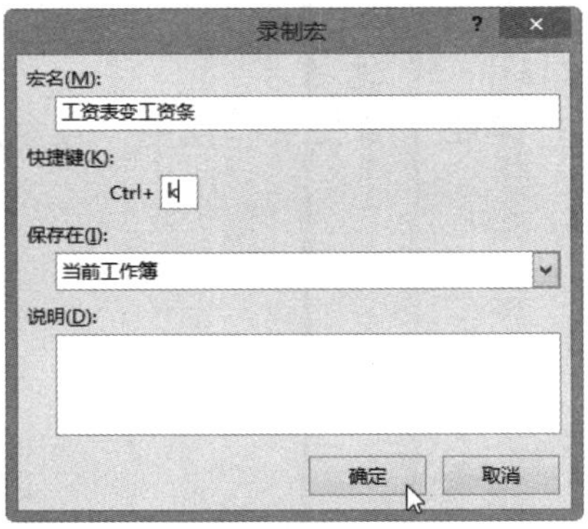

Step 08 返回工作表，选中表头所在的 A1:J1 单元格区域，按下“Ctrl+C”组合键复制。

Step 09 选中 A3 单元格，使用鼠标右键单击。

Step 10 在弹出的快捷菜单中，单击“插入复制的单元格”命令。

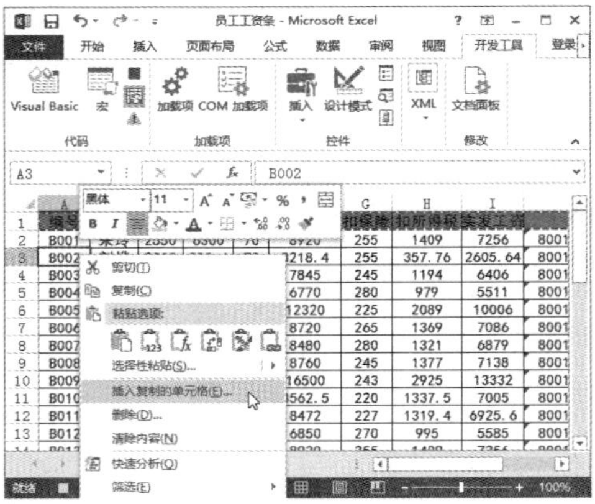

Step 11 弹出“插入粘贴”对话框，选择“活动单元格下移”单选项。

Step 12 单击“确定”按钮。

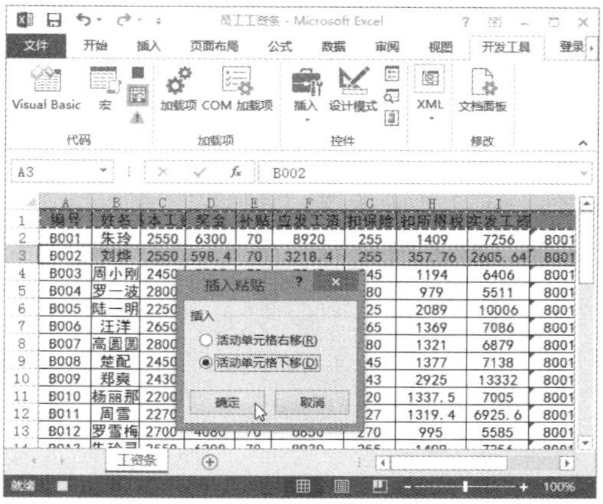

Step 13 返回工作表可以看到，为第 2 条工资条目添加了表头，完成了“复制粘贴表头”的动作。

Step 14 在“开发工具”选项卡的“代码”组中单击“停止录制”按钮，停止宏的录制即可。

注意：在保存包含宏的工作簿时，应将保存类型设置支持宏的格式，如“Excel 启用宏的工作簿”。

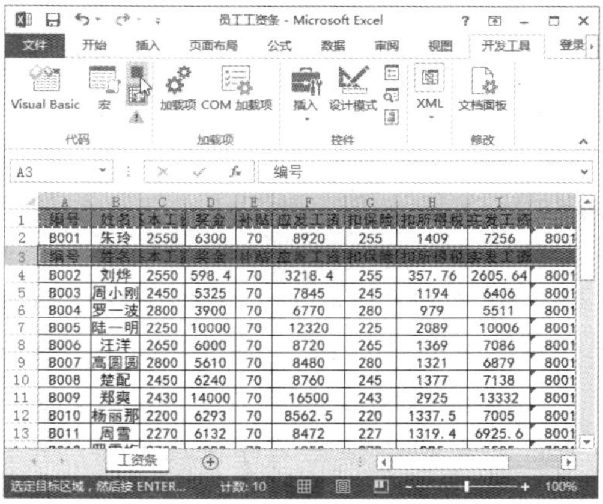

3.3.4 运行宏

宏录制完毕后，选中目标单元格，按下设置的快捷键即可运行宏了。但这种方法只适合宏较小的情况，如果录制的宏太多，用户很容易忘记宏的快捷键，此时可以通过功能区运行宏。具体操作方法如下。

Step 01 在工作表选中要应用宏的单元格，如 A3 单元格。

Step 02 单击“开发工具”选项卡“代码”组中的“宏”按钮。

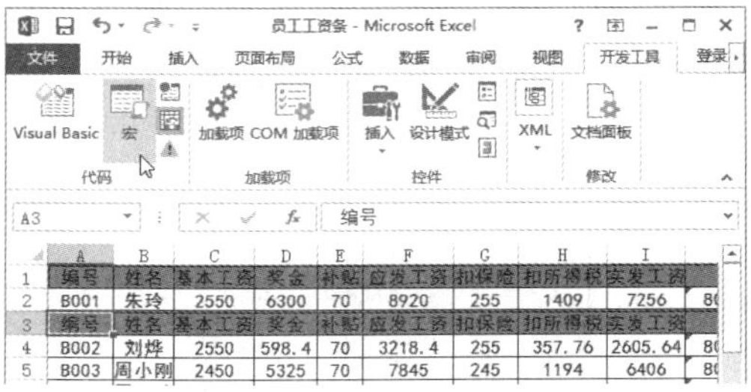

Step 03　弹出“宏”对话框，在“位置”下拉列表框中选择要运行的宏所在的位置。

Step 04　在“宏名”列表框中选中要运行的宏，如“工资表变工资条”宏。

Step 05　单击“执行”按钮。

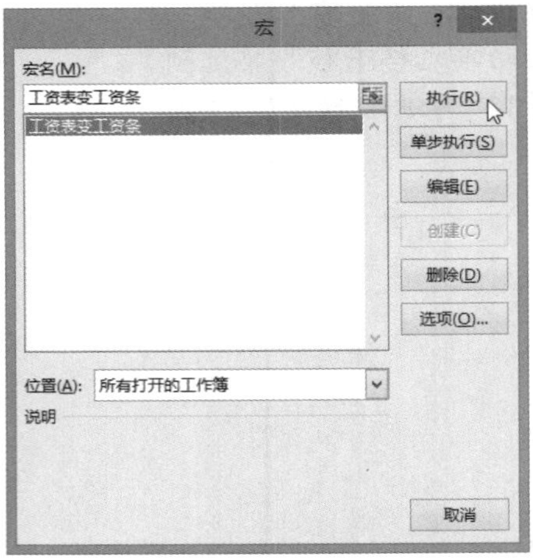

Step 06　返回工作表，即可看到运行宏后的效果了。

提示：如果要在每次使用 Excel 时都能使用录制的宏，需要在“录制宏”对话框中选择将宏保存在“个人宏工作簿”；在选择“个人宏工作簿”时，如隐藏的个人工作簿（Personal.xlsb）不存在，Excel 会创建一个新工作簿并将宏保存在此工作簿中。

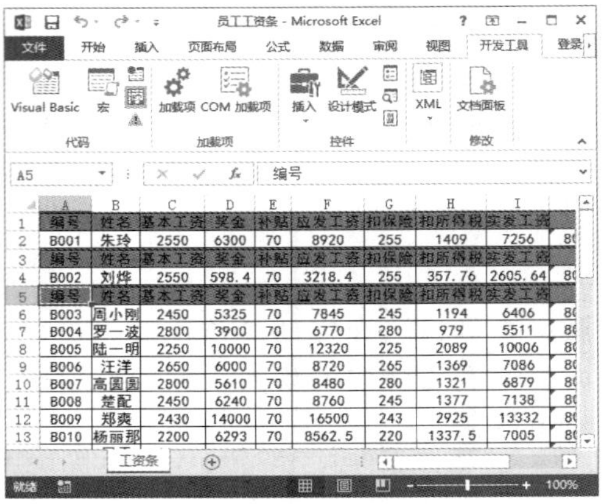

3.3.5　修改宏代码一次性转换工资表

运行录制的宏，在工资表中逐一添加表头将其制作成工资条，仍然不够快捷。本例将利用 Visual Basic 编辑器修改宏代码，一次性将工资表转换为工资条。具体操作方法如下。

Step 01　在“开发工具”选项卡的“代码”组中单击“Visual Basic”按钮。

知识加油站

【查看宏代码的多种方法】

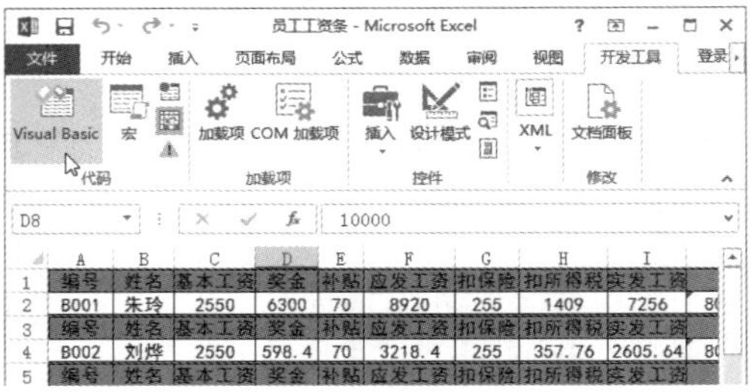

Step 02 弹出“Visual Basic”窗口，在左侧的“工程”列表框中，在宏所在的工作表下双击“模块 1”选项。

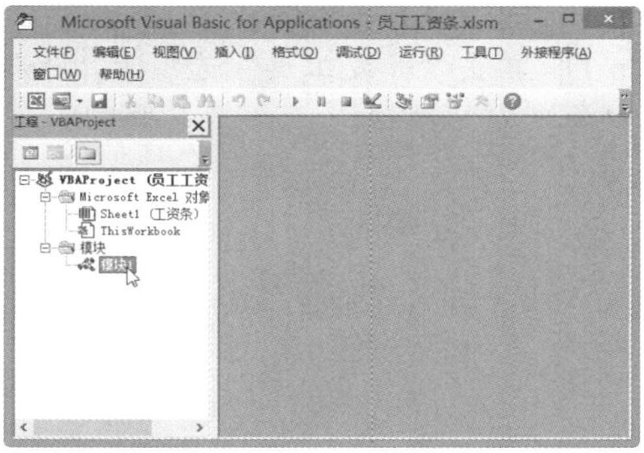

Step 03 弹出“代码”窗口，在其中可以看到之前录制的宏的代码。

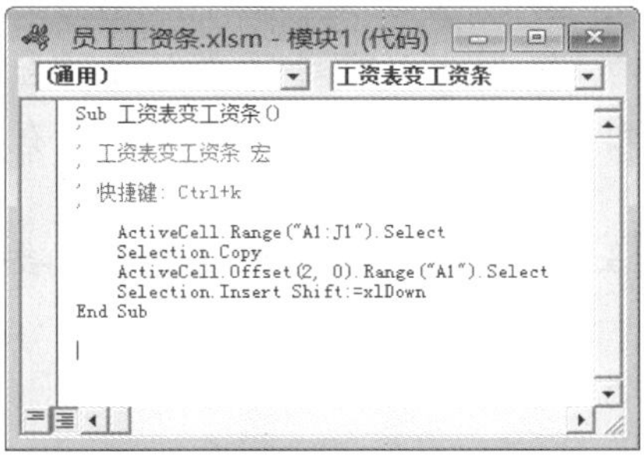

Step 04 在“代码”窗口中，根据需要修改宏代码，如右图所示。

Step 05 单击“保存”按钮，保存设置。

Step 06 设置完成后，单击“关闭”按钮 ✕，关闭窗口。

提示：代码需要根据工资表表格行数设置，例如工资表表格（不含表头）有 150 行，则代码为“For i = 2 To 150”。

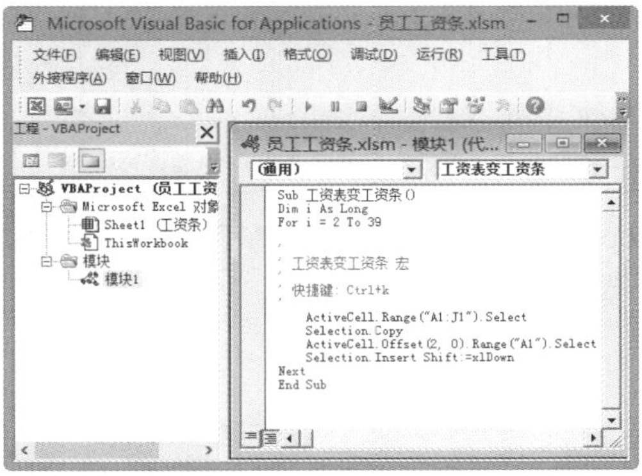

Step 07 返回工作表，选中之前录制与运行宏时添加的两行表头所在行。

Step 08 使用鼠标右键单击。

Step 09 在弹出的快捷菜单中，单击“删除”命令，删除多余的表头，使工资表恢复初始状态。

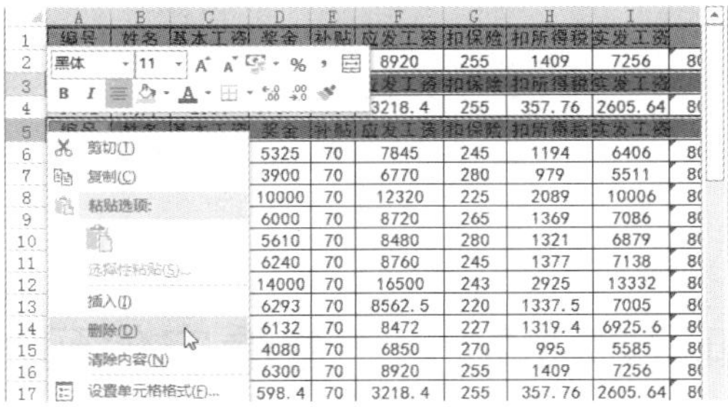

Step 10 选中 A1 单元格。

Step 11 单击“开发工具”选项卡“代码”组中的“宏”按钮。

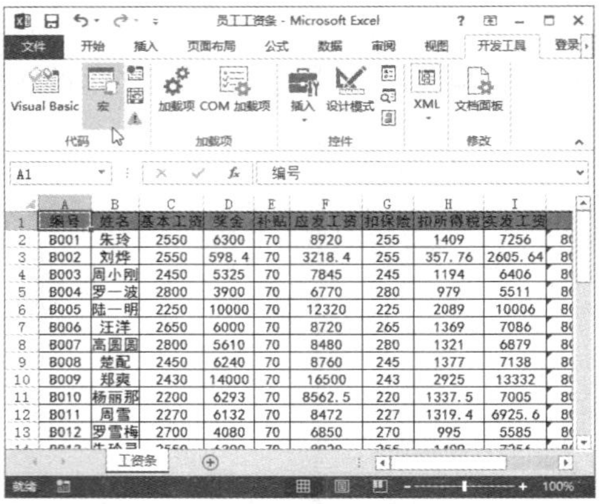

Step 12 弹出“宏”对话框，在“位置”下拉列表框中选择要运行的宏所在的位置。

Step 13 在“宏名”列表框中选中要运行的宏，如“工资表变工资条”宏。

Step 14 单击“执行”按钮。

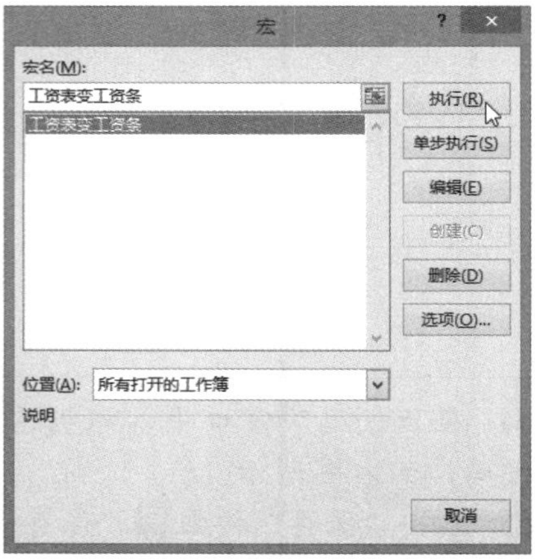

Step 15 返回工作表，即可看到运行修改宏代码后的宏的效果了。

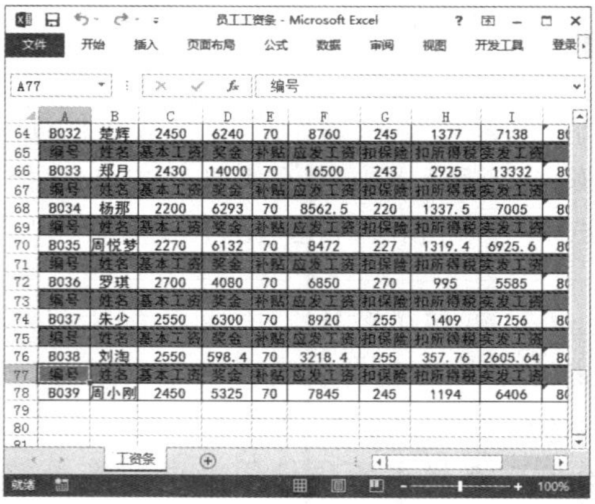

知识加油站——查看宏代码的多种方法

要打开 Visual Basic 编辑器查看录制的宏代码，可以通过“宏”对话框，或者通过“Visual Basic”按钮实现。方法如下。

- 通过“宏”对话框：打开 Excel 文档，单击“开发工具”选项卡的“代码”组中的“宏”按钮，在弹出的“宏”对话框的“位置”下拉列表框中选中要查看的宏所在的位置，在“宏名”列表框中选中要查看的宏名称，然后单击“编辑”按钮，即可在打开的窗口中查看或修改宏代码了。
- 通过“Visual Basic”按钮：打开 Excel 工作表，单击“开发工具”选项卡的“代码”组中的“Visual Basic”按钮，然后在打开的“Visual Basic”窗口左侧的“工程”列表框中的宏所在的工作表下双击“模块 1”选项，即可在窗口右侧的窗格中查看并修改宏代码了。

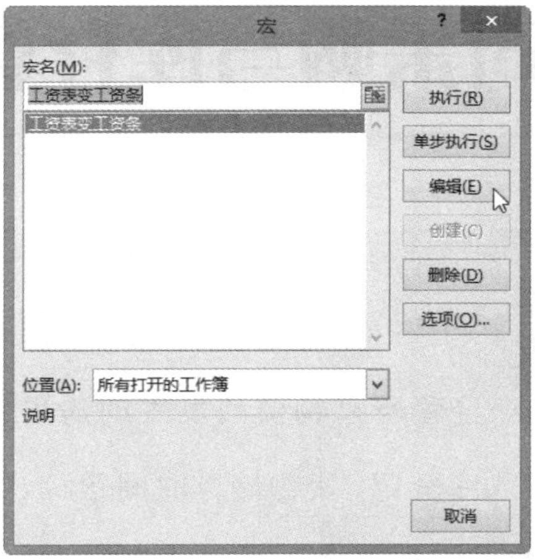

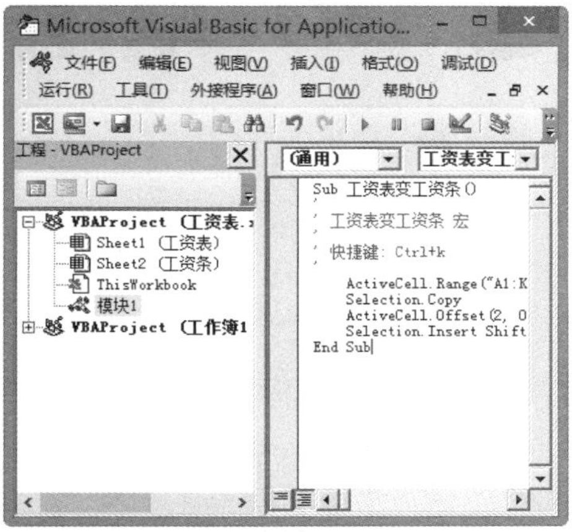

第 04 章 公司采购与库存管理

物资采购是企业为取得生产经营所需物资而发生的购买行为，而库存管理包括：货物出入库登记、货物储存时间跟踪、货物库存量跟踪等。为了在采购与库存管理上做到规范、高效和快捷，可以利用一些 Excel 表格以提高工作效率。

【本章案例】

- 制作物资采购明细表
- 制作库存管理卡
- 制作安全库存量预警表

4.1 制作物资采购明细表

企业应该对每次的采购工作进行详细的记录，例如采购日期、采购的材料名称、规格、数量、单价以及供货商等。下面将介绍物资采购明细表的具体制作方法。

涉及知识点：

★新建与套用表格样式　★复制工作表　★自动筛选数据
★清除数据筛选　★高级筛选　★简单分类汇总
★分级查看数据

最终效果：

	物资名称	规格	单位	单价	采购数量	金额	采购发票号	购买日期	合同号	交货日期	交货数量	交货情况	供应商
5						¥ 94,300							戴尔 汇总
8						¥ 25,500							海尔 汇总
11						¥ 70,400							华硕 汇总
12	笔记本电脑2	JX4G	台	¥ 3,400	10	¥ 34,000	100070	2015/5/4	HT101	2015/5/7	0	未交	联想
13	台式整机电脑2	JX	台	¥ 2,800	12	¥ 33,600	100066	2015/5/15	HT112	2015/7/4	12	已交	联想
14						¥ 67,600							联想 汇总
15	冰箱3	三门	台	¥ 3,200	2	¥ 6,400	100062	2015/5/6	HT103	2015/5/18	2	已交	美的
16	饮水机1	冷暖	台	¥ 550	10	¥ 5,500	100063	2015/5/7	HT104	2015/6/12	10	已交	美的
17	空调4	2.5P	台	¥ 2,000	2	¥ 4,000	100059	2015/5/9	HT106	2015/6/15	2	已交	美的
18	饮水机2	单暖	台	¥ 240	20	¥ 4,800	100064	2015/5/16	HT113	2015/6/15	20	已交	美的
19						¥ 20,700							美的 汇总
20	台式整机电脑1	DX	台	¥ 3,500	10	¥ 35,000	100065	2015/5/14	HT111	2015/7/3	10	已交	苹果
21						¥ 35,000							苹果 汇总
22	空调3	1P	台	¥ 1,800	6	¥ 10,800	100058	2015/5/4	HT102	2015/5/8	6	已交	日立
23						¥ 10,800							日立 汇总
24	冰箱2	双门	台	¥ 2,100	4	¥ 8,400	100061	2015/5/13	HT110	2015/6/25	4	已交	三菱
25	空调1	1.5P	台	¥ 2,000	10	¥ 20,000	100056	2015/5/17	HT114	2015/6/16	10	已交	三菱
26						¥ 28,400							三菱 汇总
27						¥ 352,700							总计

4.1.1 新建与套用表格样式

在 Excel 中，用户如果对内置的表格样式不满意，可以自定义表格样式，并将其应用到工作表中。具体操作方法如下。

Step 01 新建一个名为“物资采购明细表”的工作簿。

Step 02 重命名“Sheet1”工作表为“物资采购明细”。

Step 03 在工作表中输入基本数据内容，如右图所示。

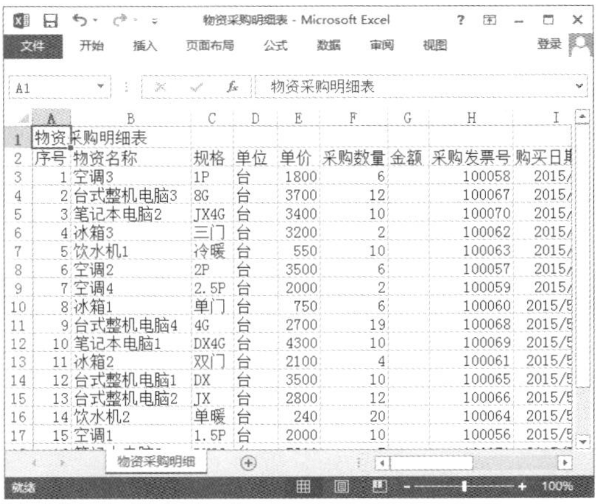

物资采购明细表

序号	物资名称	规格	单位	单价	采购数量	金额	采购发票号	购买日期
1	空调3	1P	台	1800	6		100058	2015/
2	台式整机电脑3	8G	台	3700	12		100067	2015/
3	笔记本电脑2	JX4G	台	3400	10		100070	2015/
4	冰箱3	三门	台	3200	2		100062	2015/
5	饮水机1	冷暖	台	550	10		100063	2015/
6	空调2	2P	台	3500	6		100057	2015/
7	空调4	2.5P	台	2000	2		100059	2015/
8	冰箱1	单门	台	750	6		100060	2015/5
9	台式整机电脑4	4G	台	2700	19		100068	2015/5
10	笔记本电脑1	DX4G	台	4300	10		100069	2015/5
11	冰箱2	双门	台	2100	4		100061	2015/5
12	台式整机电脑1	DX	台	3500	10		100065	2015/5
13	台式整机电脑2	JX	台	2800	12		100066	2015/5
14	饮水机2	单暖	台	240	20		100064	2015/5
15	空调1	1.5P	台	2000	10		100056	2015/5

Step 04 选中 A1 单元格，在“开始”选项卡的“字体”组中，设置表格标题字体为“黑体”，字号为“22”。

Step 05 选中 A1:N1 单元格区域，在“开始”选项卡的“对齐方式”组中单击“合并后居中”按钮，合并单元格。

Step 06 在 G3 单元格中输入公式“=E3*F3”，按下“Enter”键确认。

Step 07 选中 G3 单元格，将光标指向单元格右下角。

Step 08 当光标呈十字形状时，按住鼠标左键不放，拖动到适当位置释放鼠标左键，复制公式。

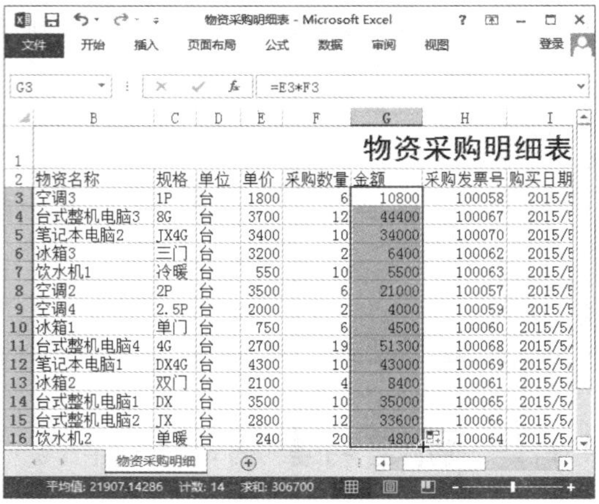

Step 09 选中 A2:N18 单元格区域，在“开始”选项卡的“样式”组中单击“套用表格样式”下拉按钮。

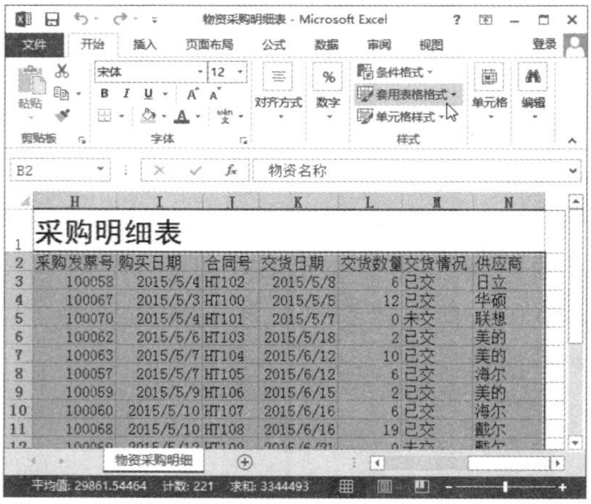

Step 10　在打开的下拉菜单中，单击“新建表格样式”命令。

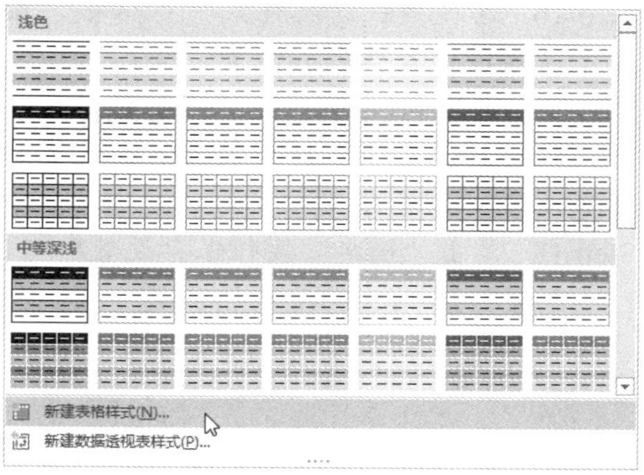

Step 11　弹出“新建表样式”对话框，在“名称”文本框中输入表样式名称。

Step 12　在“表元素”列表框中，选中要设置的表元素。

Step 13　单击“格式”按钮。

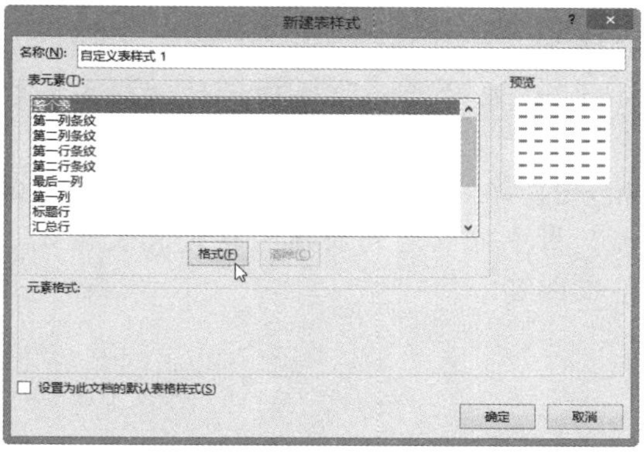

Step 14　弹出“设置单元格格式”对话框，在“字体”、“边框”、“填充”三个选项卡中，根据需要进行相应的设置。

Step 15　设置完成后单击“确定”按钮。

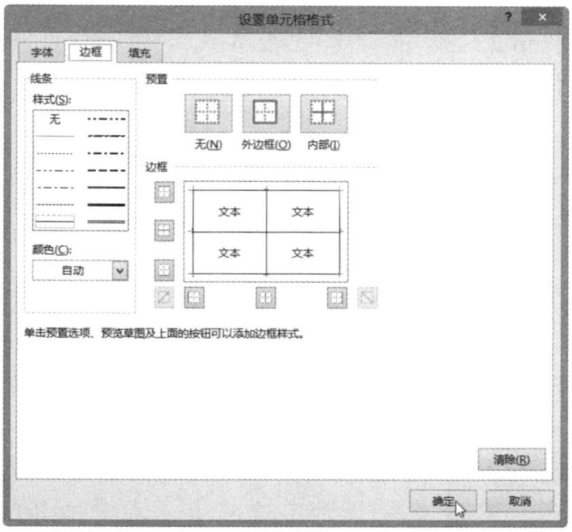

Step 16　返回“新建表样式”对话框，按照上述方法设置其他表元素。

Step 17　设置完成后，在“新建表样式”对话框的“预览”窗口中可以看到设置的预览效果。

Step 18　单击“确定”按钮保存设置即可。

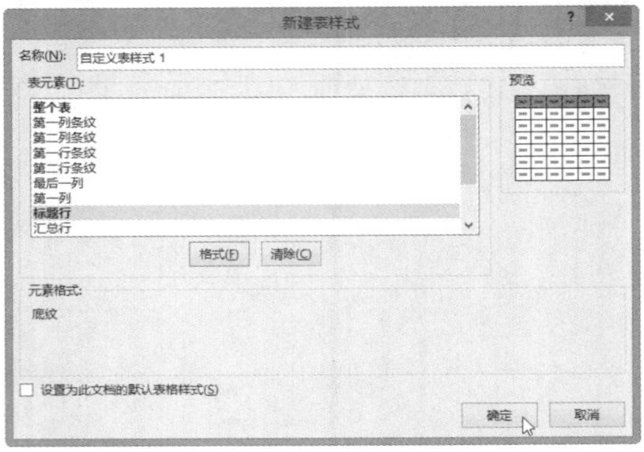

Step 19　返回工作表，选中 A2:N18 单元格区域。

Step 20　在“开始”选项卡的“样式”组中单击“套用表格样式”下拉按钮。

Step 21　在打开的下拉菜单中，在“自定义”栏中可以看到新建的自定义表样式，单击即可。

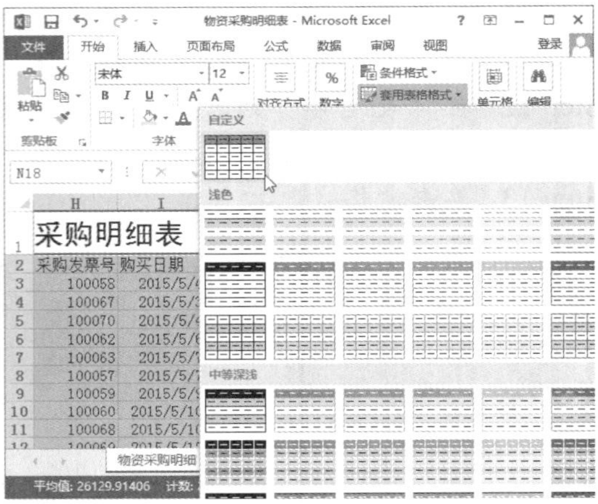

Step 22　弹出“套用表格式”对话框，保持默认设置，单击“确定”按钮。

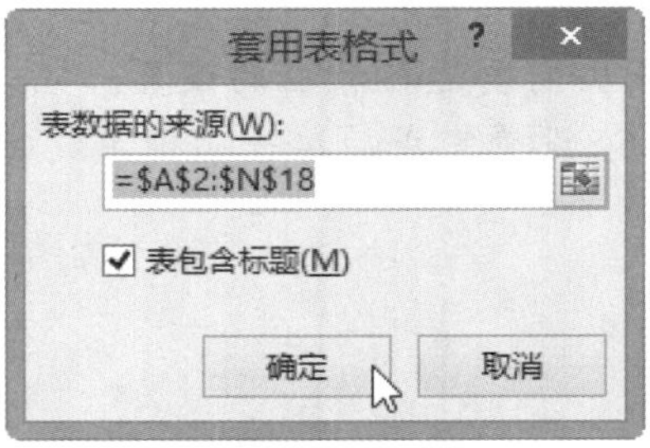

Step 23　返回工作表，可以看到套用自定义表格样式后的效果。

Step 24　保持选中表格区域，切换到出现的“表格工具/设计”选项卡，在“工具”组中单击“转换为区域”按钮。

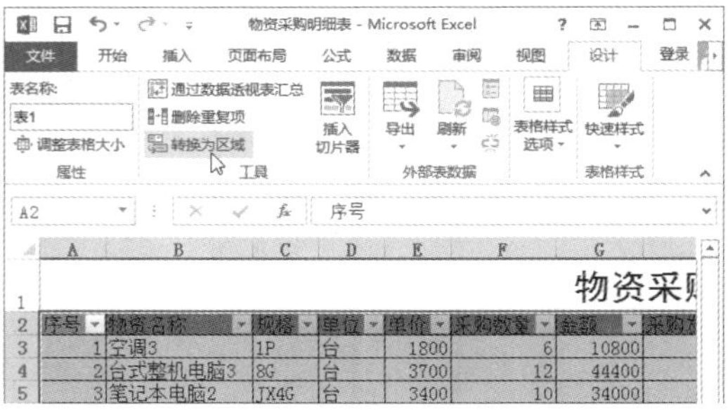

Step 25　弹出提示对话框，单击“是”按钮。

注意：套用表格样式后，表格将自动进入“筛选”状态，要恢复为普通表格，需要进行相应设置。

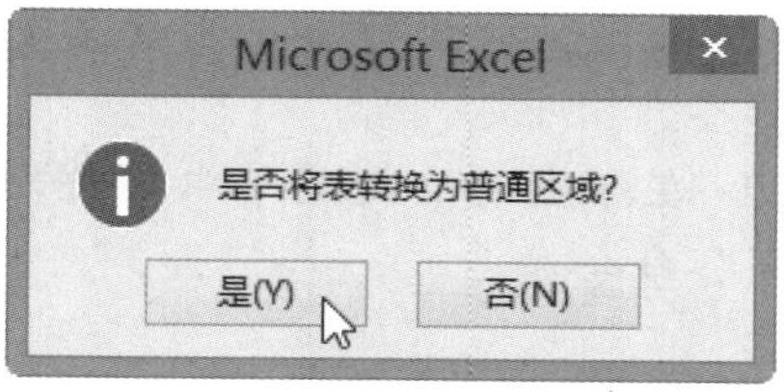

Step 26　返回工作表，可以看到表格转换为了普通区域，同时选中 E3:E18 和 G3:G18 单元格区域。

Step 27　在“开始”选项卡的“数字”组中单击“会计数字格式”下拉按钮。

Step 28　在打开的下拉菜单中，单击“¥中文（中国）”选项，将该区域数据设置为货币格式。

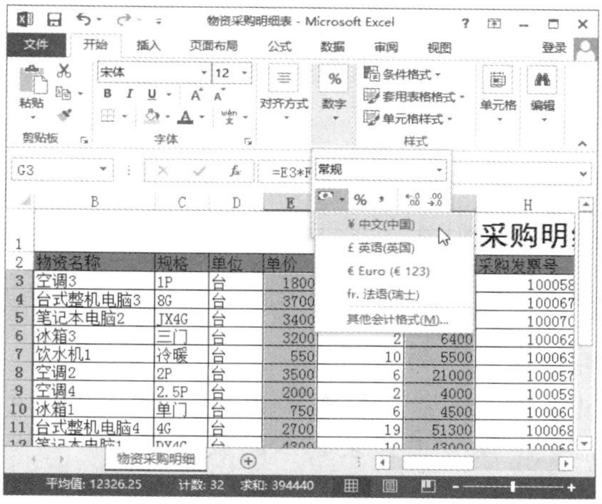

Step 29　保持选中 E3:E18 和 G3:G18 单元格区域。

Step 30　在“开始”选项卡的“数字”组中两次单击“减少小数位数”按钮，将所选区域数字格式设置为不含小数位数的货币格式。

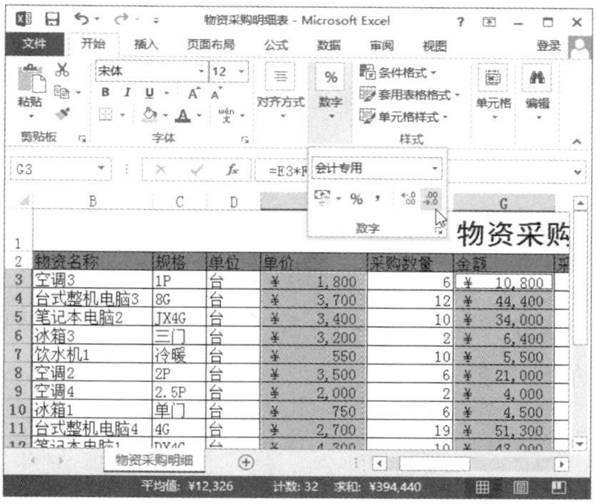

4.1.2　复制工作表

本例中，为了通过数据筛选和分类汇总分析表格数据，而不影响制作好的明细表，需要先复制工作表及其中的表格内容，在副本中进行筛选和分类汇总等操作。具体操作方法如下。

Step 01 使用鼠标右键单击需要复制的工作表标签。

Step 02 在弹出的快捷菜单中单击“移动或复制”命令。

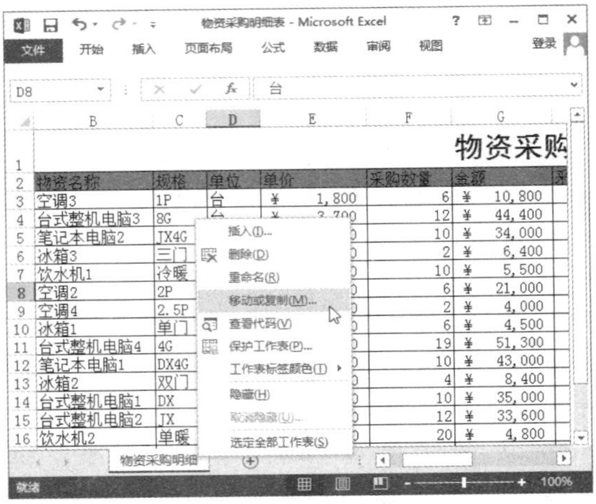

Step 03 弹出“移动或复制工作表”对话框，在“工作簿”下拉列表中选择要放置工作表副本的工作簿。

Step 04 在“下列选定工作表之前”列表框中，设置工作表副本的放置位置。

Step 05 勾选“建立副本”复选框。

Step 06 单击“确定”按钮。

提示：不勾选“建立副本”复选框，将移动所选工作表。

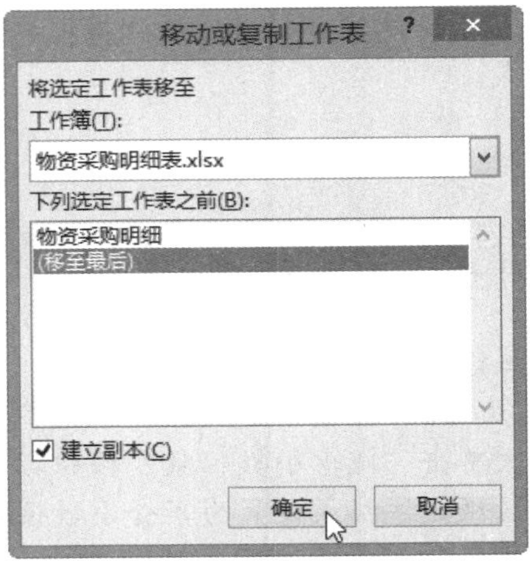

Step 07 在所选工作簿中，即可看到复制的工作表。

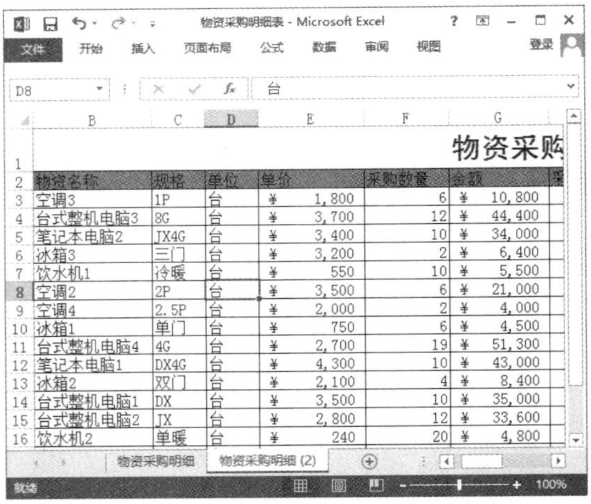

Step 08　按照上述方法再复制一次“物资采购明细”工作表。

Step 09　双击工作表标签，将复制的两张工作表，分别重命名为“数据筛选”和“分类汇总”。

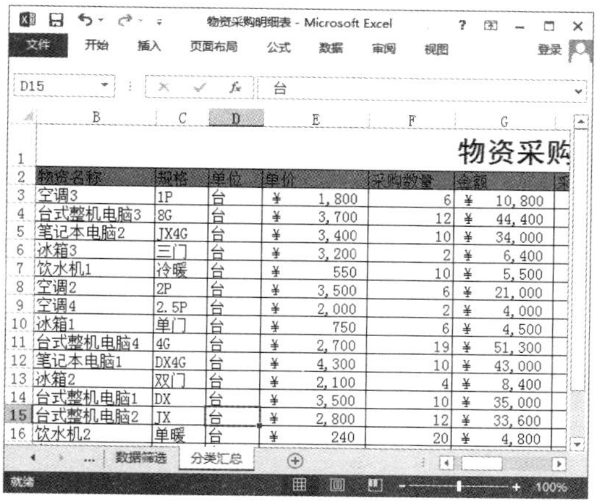

4.1.3　自动筛选与清除筛选

通过数据筛选，可以只显示出符合用户设置条件的数据信息，同时将不符合条件的数据信息隐藏起来，以便对数据进行分析。对于简单的条件筛选或指定数据的筛选，可以通过自动筛选实现。具体操作方法如下。

Step 01　切换到“数据筛选”工作表，将光标定位到工作表的数据区域中。

Step 02　切换到“数据”选项卡，单击“排序和筛选”组中的“筛选”按钮。

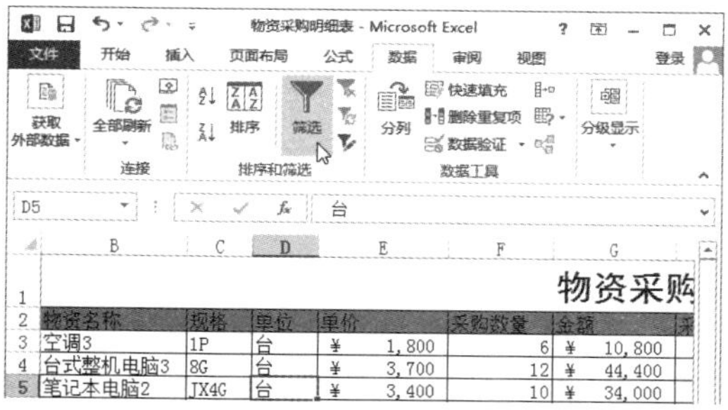

Step 03　此时工作表数据区域中字段名右侧出现下拉按钮▼，单击需要进行筛选的字段名右侧的下拉按钮，如单击“供应商”字段右侧的下拉按钮。

Step 04　在弹出的下拉菜单中选择要筛选的选项，如只勾选“美的”复选框。

Step 05　完成后单击“确定”按钮即可。

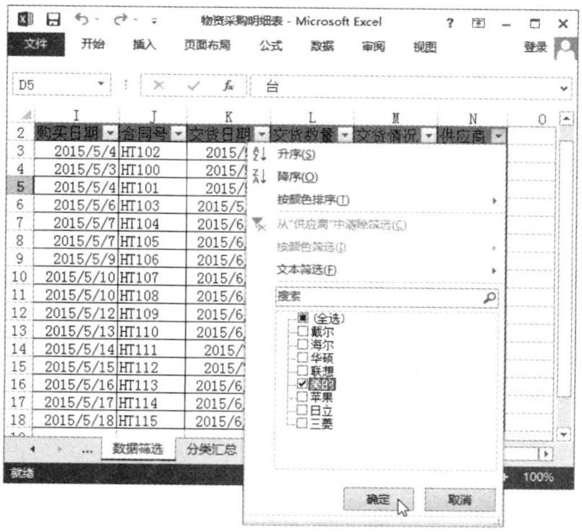

Step 06 返回工作表，其中将只显示出符合筛选条件的数据信息，同时“供应商”右侧的下拉按钮变为形状。

知识加油站

【自动筛选指定数据的方法】

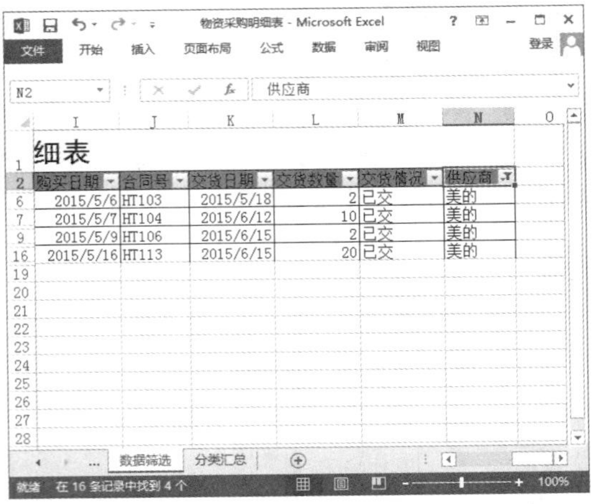

Step 07 在进行筛选后，如果要重新显示出工作表中被隐藏的数据，可以单击“供应商”字段右侧的按钮。

Step 08 在打开的下拉菜单中单击“从‘供应商’中清除筛选”命令即可。

提示：单击“数据”选项卡的“排序和筛选”组中的“清除”按钮，也可清除筛选结果，重新显示全部数据。

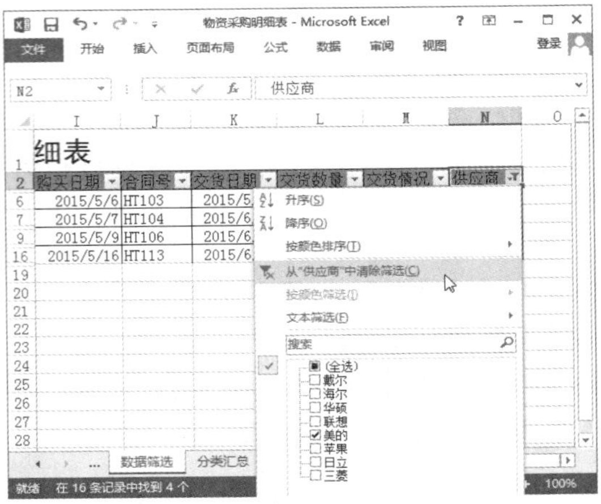

Step 09 返回数据透视表，即可看到清除筛选结果后的效果。

Step 10 如果需要退出筛选状态，可以将光标定位到表格数据区域。

Step 11 在“数据”选项卡“排序和筛选”组中再次单击“筛选”按钮，使其呈未选中状态即可。

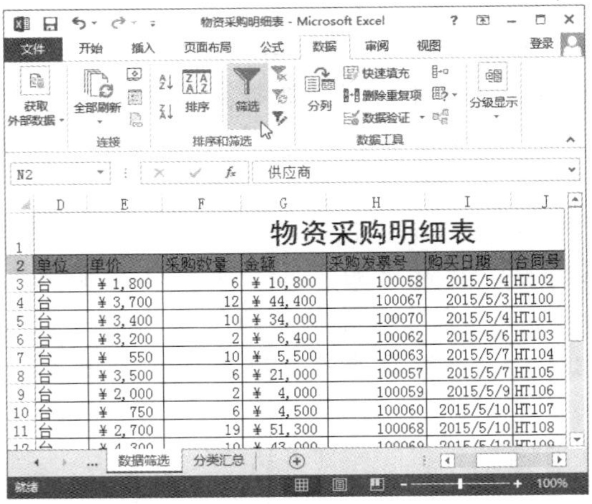

4.1.4　高级筛选

当需要筛选的数据区域中数据信息很多，同时筛选的条件又比较复杂时，可以使用高级筛选的方法进行筛选条件的设置，以便提高工作效率。具体操作方法如下。

Step 01　在“数据筛选”工作表的 B20:C21 单元格区域中建立一个筛选条件区域，分别输入列标题和筛选的条件，本例条件为筛选出交易金额大于 10000 元的已交货的数据信息。

Step 02　切换到“数据”选项卡，单击“排序和筛选”组中的“高级”按钮。

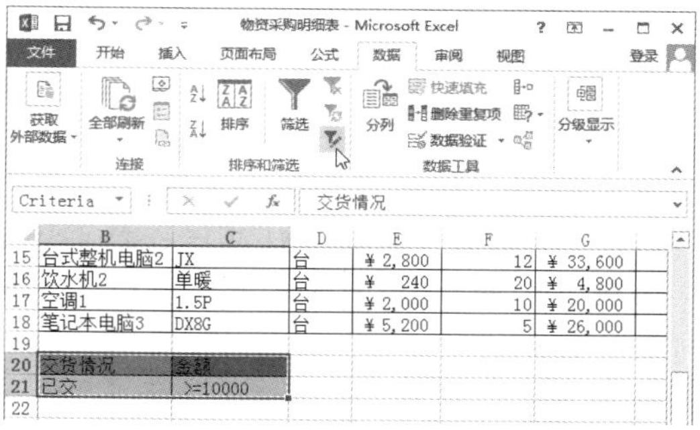

Step 03　弹出“高级筛选”对话框，选择“将筛选结果复制到其他位置”单选项。

Step 04　设置“列表区域”为整个数据区域。

Step 05　设置“条件区域”为工作表中输入的条件区域。

Step 06　在“复制到”文本框中，根据需要设置放置筛选结果的位置。

Step 07　完成后单击“确定”按钮。

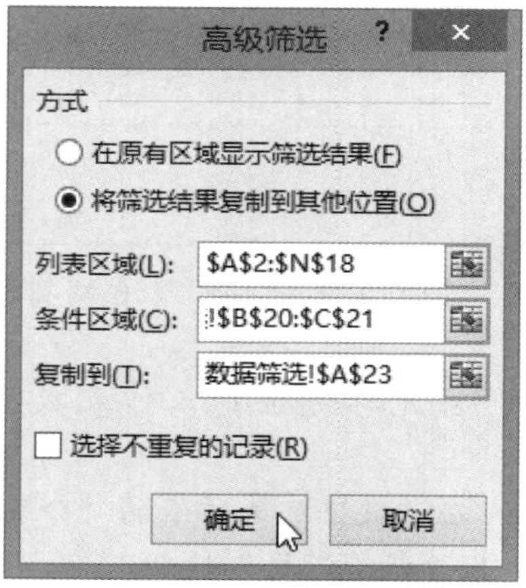

Step 08　返回工作表，在所选位置，即可看到高级筛选的结果。

知识加油站
【自定义筛选数据】

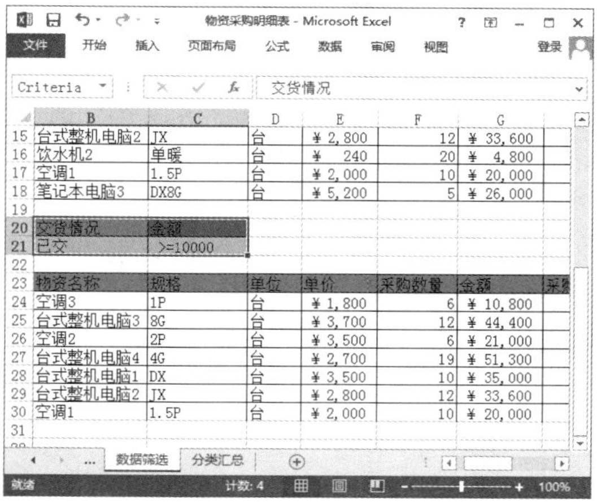

4.1.5 简单分类汇总与分级查看数据

利用 Excel 提供的分类汇总功能，用户可以将表格中的数据进行分类，然后再把性质相同的数据汇总到一起，使其结构更清晰，便于查找数据信息。分类汇总可以分为：简单分类汇总、高级分类汇总和嵌套分类汇总三类。其中简单分类汇总用于对数据清单中的某一列排序，然后进行分类汇总。进行简单分类汇总的具体操作方法如下。

Step 01 切换到“分类汇总”工作表，将光标定位到“供应商”数据列中。

Step 02 切换到“数据”选项卡，单击“排序和筛选”组中的“升序”按钮 A↓Z，将该列按升序排序。

注意：在分类汇总前，先根据汇总字段进行排序，才能够保证分类汇总结果正确显示。

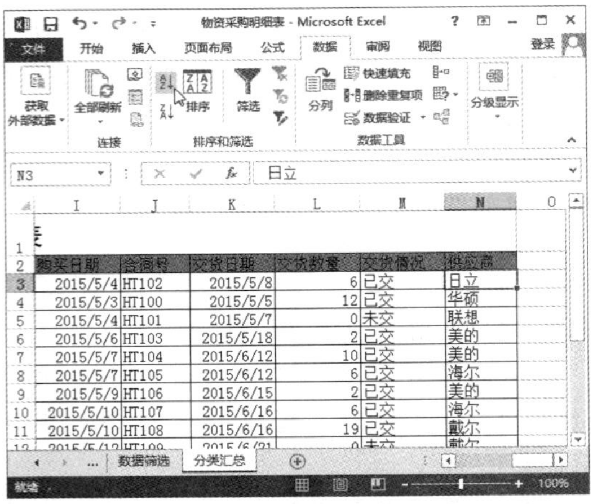

Step 03 返回工作表，可以看到排序后的效果。

Step 04 将光标定位到工作表数据区域中。

Step 05 在“数据”选项卡的“分级显示”组中单击“分类汇总”按钮。

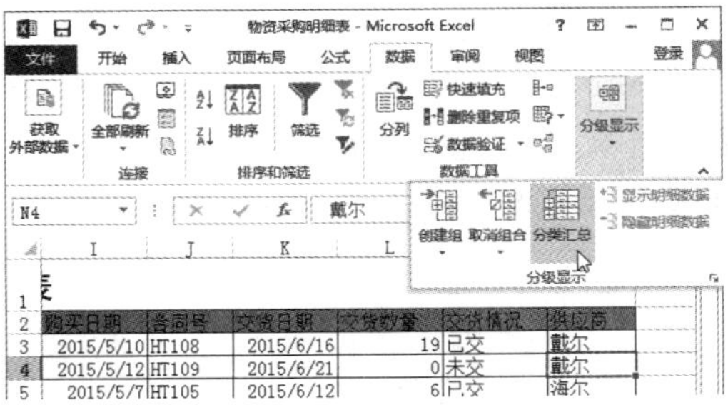

Step 06 弹出“分类汇总”对话框，在“分类字段”下拉列表中选择“供应商”选项。

Step 07 在“汇总方式”下拉列表中选择“求和”选项。

Step 08 在“选定汇总项”列表框中勾选“金额”复选框。

Step 09 完成后单击“确定”按钮即可。

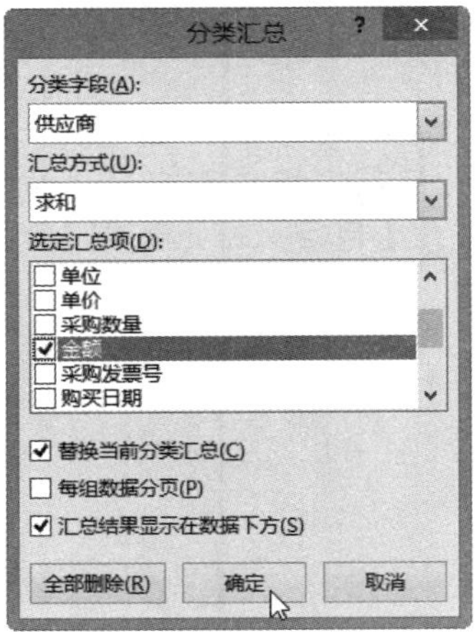

Step 10　返回工作表，即可看到表中数据按照前面的设置进行了简单分类汇总，并分组显示出分类汇总的数据信息。

知识加油站
【高级分类汇总和嵌套分类汇总】

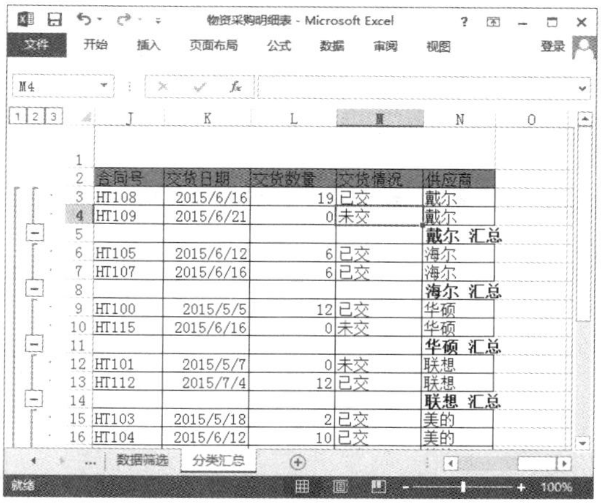

Step 11　对数据进行分类汇总后，工作表左侧将出现一个分级显示栏，单击分级显示栏上方的数字按钮，可显示对应级的分类汇总和总计的汇总。

Step 12　单击“显示”按钮[+]或“隐藏”按钮[-]，可显示或隐藏单个分类汇总的明细行。

提示：在分类汇总后，再次打开“分类汇总”对话框，单击“全部删除”按钮，即可取消分类汇总，恢复原表格。

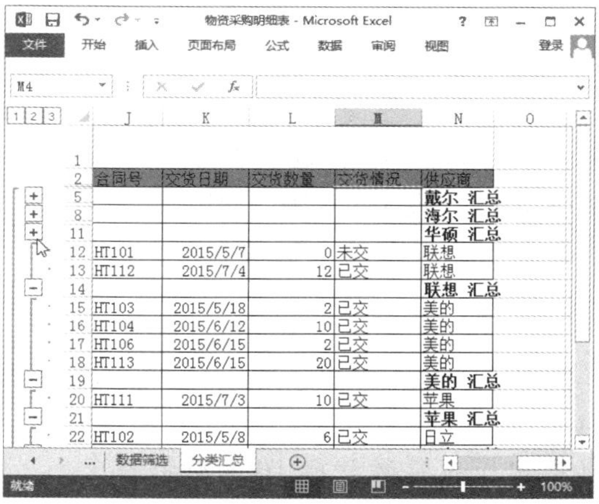

知识加油站——自动筛选指定数据的方法

在 Excel 中，通过自动筛选功能，还可以快速对指定数据进行筛选。以在“销售情况”工作表中筛选出销售数量的 10 个最大值为例，方法如下。

Step 01　打开“数据筛选”工作簿原始文件，将光标定位到“销售业绩”工作表的数据区域中。

Step 02　切换到“数据”选项卡，单击“排序和筛选”组中的“筛选”按钮。

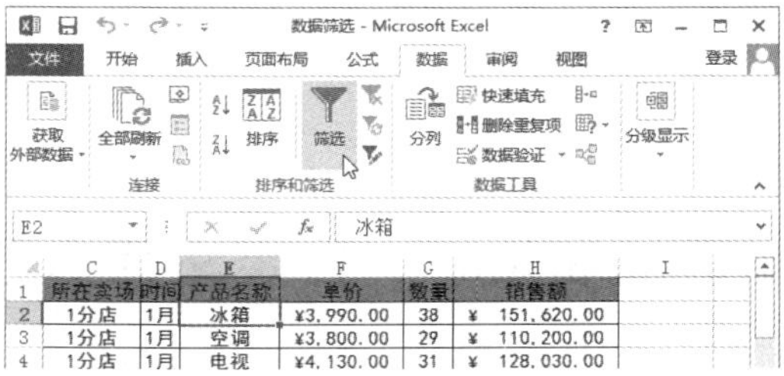

Step 03　进入筛选状态，单击“数量”字段名右侧的下拉按钮▼。

Step 04　在打开的下拉菜单中单击“数字筛选”命令。

Step 05　在展开的子菜单中单击“前 10 项”命令。

Step 06　弹出“自动筛选前 10 个”对话框，设置显示“最大”“10”“项”。

Step 07　单击“确定”按钮。

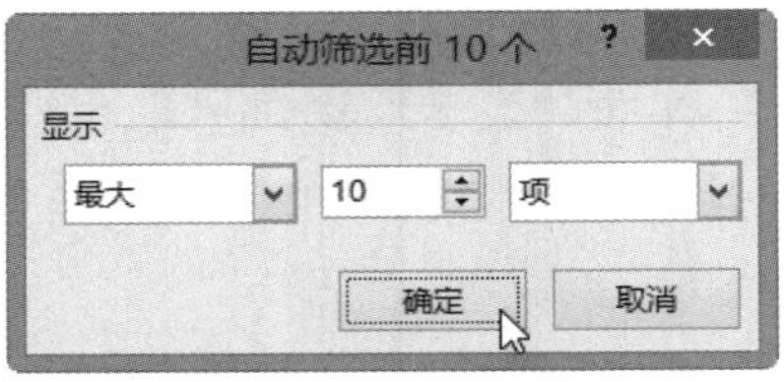

Step 08　返回工作表，可以看到其中自动筛选出了销售数量前 10 的数据信息。

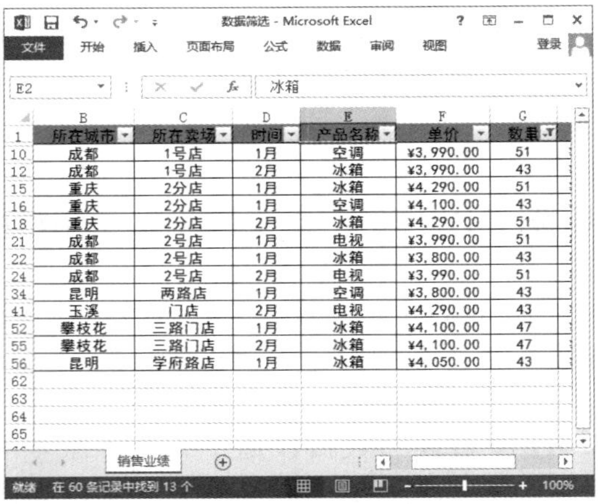

	所在城市	所在卖场	时间	产品名称	单价	数量
10	成都	1号店	1月	空调	¥3,990.00	51
12	成都	1号店	2月	冰箱	¥3,990.00	43
15	重庆	2分店	1月	冰箱	¥4,290.00	51
16	重庆	2分店	1月	空调	¥4,100.00	43
18	重庆	2分店	2月	冰箱	¥4,290.00	51
21	成都	2号店	1月	电视	¥3,990.00	51
22	成都	2号店	1月	冰箱	¥3,800.00	43
24	成都	2号店	2月	电视	¥3,990.00	51
34	昆明	两路店	1月	空调	¥3,800.00	43
41	玉溪	门店	2月	电视	¥4,290.00	43
52	攀枝花	三路门店	1月	冰箱	¥4,100.00	47
55	攀枝花	三路门店	2月	冰箱	¥4,100.00	47
56	昆明	学府路店	1月	冰箱	¥4,050.00	43

知识加油站——自定义筛选数据

在筛选数据时，可以通过 Excel 提供的自定义筛选功能来进行更复杂、更具体的筛选，使数据筛选更具灵活性。方法如下。

Step 01　打开“数据筛选”工作簿原始文件，将光标定位到“销售业绩”工作表的数据区域中。

Step 02　切换到“数据”选项卡，单击“排序和筛选”组中的“筛选”按钮。

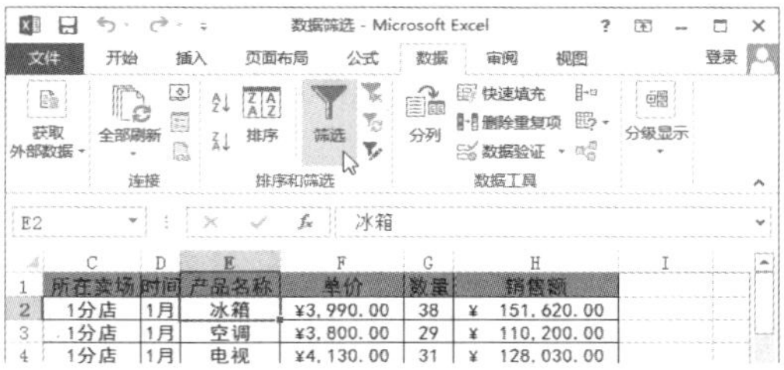

Step 03　进入筛选状态，单击“数量”字段名右侧的下拉按钮▾。

Step 04　在打开的下拉菜单中单击“数字筛选”命令。

Step 05　在展开的子菜单中单击“自定义筛选”命令。

Step 06　弹出“自定义自动筛选方式”对话框，在“数量”组合框中设置筛选条件。

Step 07　单击“确定”按钮。

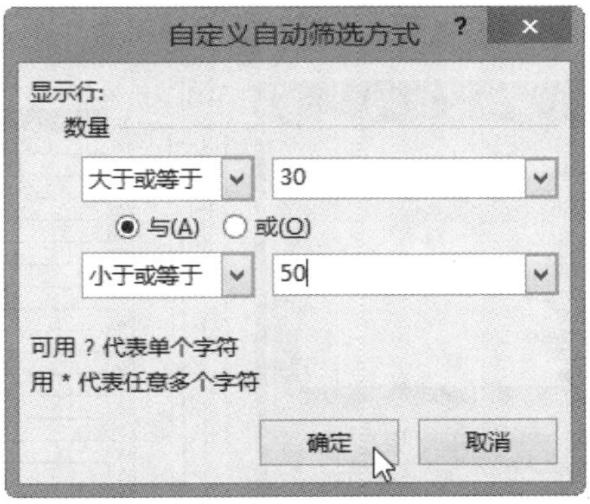

Step 08　返回工作表，可以看到其中根据自定义条件筛选出了数据信息。

知识加油站——高级分类汇总和嵌套分类汇总

高级分类汇总主要用于对数据清单中的某一列进行两种方式的汇总。而嵌套分类汇总是对数据清单中两列或者两列以上的数据信息同时进行汇总。两者都是通过在简单分类汇总的基础上，再次进行分类汇总而实现的。

下面先对“分类汇总”工作簿中的“销售业绩”工作表进行简单分类汇总，“分类字段”为“所在省份（自治区/直辖市）”，“汇总方式”为“求和”，“选定汇总项”为“金额”。在此基础上，进行高级分类汇总和嵌套分类汇总的方法如下。

	A	B	C	D	E	F	G	H
1	所在省份（自治区/直辖市）	所在城市	所在卖场	时间	产品名称	单价	数量	销售额
32	四川 汇总							¥4,332,880.00
51	云南 汇总							¥2,301,420.00
52	重庆	重庆	1分店	1月	冰箱	¥3,990.00	38	¥ 151,620.00
53	重庆	重庆	1分店	1月	空调	¥3,800.00	29	¥ 110,200.00
54	重庆	重庆	1分店	1月	电视	¥4,130.00	31	¥ 128,030.00
55	重庆	重庆	1分店	2月	冰箱	¥3,990.00	31	¥ 123,690.00
56	重庆	重庆	1分店	2月	空调	¥3,800.00	29	¥ 110,200.00
57	重庆	重庆	1分店	2月	电视	¥4,130.00	31	¥ 128,030.00
58	重庆	重庆	2分店	1月	电视	¥4,050.00	33	¥ 133,650.00
59	重庆	重庆	2分店	1月	冰箱	¥4,290.00	51	¥ 218,790.00
60	重庆	重庆	2分店	1月	空调	¥4,100.00	43	¥ 176,300.00
61	重庆	重庆	2分店	2月	电视	¥4,050.00	33	¥ 133,650.00
62	重庆	重庆	2分店	2月	冰箱	¥4,290.00	51	¥ 218,790.00
63	重庆	重庆	2分店	2月	空调	¥4,100.00	22	¥ 90,200.00
64	重庆 汇总							¥1,723,150.00
65	总计							¥8,357,450.00

➲ 高级分类汇总：再次打开“分类汇总”对话框，设置“分类字段”为“所在省份（自治区/直辖市）”字段，“汇总方式”为“最大项”，“选定汇总项”为“销售额”，然后取消勾选“替换当前分类汇总”复选框，设置完成后单击“确定”按钮，即可实现对“所在省份（自治区/直辖市）”列进行两种方式的汇总。

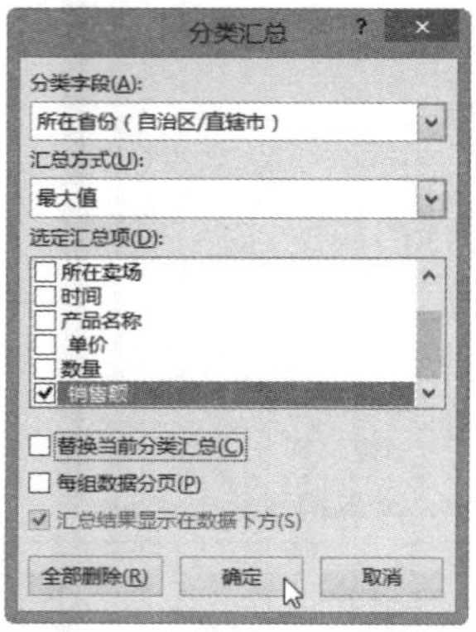

	A	B	C	D	E	F	G	H
1	所在省份（自治区/直辖市）	所在城市	所在卖场	时间	产品名称	单价	数量	销售额
32	四川 最大值							¥ 203,490.00
33	四川 汇总							¥4,332,880.00
52	云南 最大值							¥ 184,470.00
53	云南 汇总							¥2,301,420.00
54	重庆	重庆	1分店	1月	冰箱	¥3,990.00	38	¥ 151,620.00
55	重庆	重庆	1分店	1月	空调	¥3,800.00	29	¥ 110,200.00
56	重庆	重庆	1分店	1月	电视	¥4,130.00	31	¥ 128,030.00
57	重庆	重庆	1分店	2月	冰箱	¥3,990.00	31	¥ 123,690.00
58	重庆	重庆	1分店	2月	空调	¥3,800.00	29	¥ 110,200.00
59	重庆	重庆	1分店	2月	电视	¥4,130.00	31	¥ 128,030.00
60	重庆	重庆	2分店	1月	电视	¥4,050.00	33	¥ 133,650.00
61	重庆	重庆	2分店	1月	冰箱	¥4,290.00	51	¥ 218,790.00
62	重庆	重庆	2分店	1月	空调	¥4,100.00	43	¥ 176,300.00
63	重庆	重庆	2分店	2月	电视	¥4,050.00	33	¥ 133,650.00
64	重庆	重庆	2分店	2月	冰箱	¥4,290.00	51	¥ 218,790.00
65	重庆	重庆	2分店	2月	空调	¥4,100.00	22	¥ 90,200.00
66	重庆 最大值							¥ 218,790.00
67	重庆 汇总							¥1,723,150.00
68	总计最大值							¥ 218,790.00
69	总计							¥8,357,450.00

➲ 嵌套分类汇总：再次打开“分类汇总”对话框，设置“分类字段”为“所在城市”字段，“汇总方式”为“求和”选项，“选定汇总项”为“销售额”，然后取消勾选“替换当前分类汇总”复选框，设置完成后单击“确定”按钮，即可实现对“所在省份（自治区/直辖市）”和“所在城市”列进行嵌套汇总。

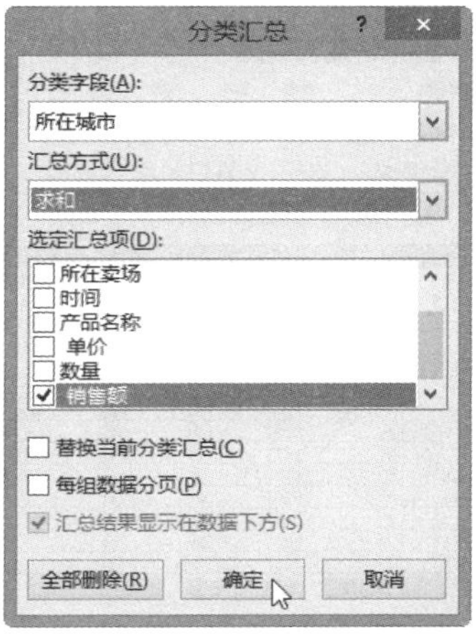

	A	B	C	D	E	F	G	H
1	所在省份（自治区/直辖市）	所在城市	所在卖场	时间	产品名称	单价	数量	销售额
20		成都 汇总						¥2,567,070.00
33		攀枝花 汇总						¥1,765,810.00
34	四川 汇总							¥4,332,880.00
35	云南	昆明	两路店	1月	电视	¥4,050.00	31	¥ 125,550.00
36	云南	昆明	两路店	1月	冰箱	¥3,650.00	33	¥ 120,450.00
37	云南	昆明	两路店	1月	空调	¥3,800.00	43	¥ 163,400.00
38	云南	昆明	两路店	2月	电视	¥4,050.00	31	¥ 125,550.00
39	云南	昆明	两路店	2月	冰箱	¥3,650.00	31	¥ 113,150.00
40	云南	昆明	两路店	2月	空调	¥3,800.00	33	¥ 125,400.00
41		昆明 汇总						¥ 773,500.00
42	云南	玉溪	门店	1月	电视	¥4,290.00	38	¥ 163,020.00
43	云南	玉溪	门店	1月	冰箱	¥2,690.00	29	¥ 78,010.00
44	云南	玉溪	门店	1月	空调	¥3,180.00	31	¥ 98,580.00
45	云南	玉溪	门店	2月	电视	¥4,290.00	43	¥ 184,470.00
46	云南	玉溪	门店	2月	冰箱	¥2,690.00	38	¥ 102,220.00
47	云南	玉溪	门店	2月	空调	¥3,180.00	29	¥ 92,220.00
48		玉溪 汇总						¥ 718,520.00
49	云南	昆明	学府路店	1月	冰箱	¥4,050.00	43	¥ 174,150.00
50	云南	昆明	学府路店	1月	空调	¥3,700.00	38	¥ 140,600.00
51	云南	昆明	学府路店	1月	电视	¥3,800.00	29	¥ 110,200.00
52	云南	昆明	学府路店	2月	冰箱	¥4,050.00	33	¥ 133,650.00
53	云南	昆明	学府路店	2月	空调	¥3,700.00	38	¥ 140,600.00
54	云南	昆明	学府路店	2月	电视	¥3,800.00	29	¥ 110,200.00
55		昆明 汇总						¥ 809,400.00
56	云南 汇总							¥2,301,420.00
70	重庆 汇总							¥1,723,150.00
71	总计							¥8,357,450.00

4.2　制作库存管理卡

库存管理人员需要及时登记进出库的货物，以便进行有效的管理。“库存管理卡”可以帮助库管人员快速登记和查询货物数量、收发货记录等信息。下面介绍库存管理卡的具体制作方法。

涉及知识点：

★定义名称　　★设置数据有效性　　★使用公式和函数

最终效果：

	A	B	C	D	E	F	G	H	I
1	库存管理卡								
2	年度：	2015年						卡号：	2015YC1221
3	货物名称	焊接刀片1	规格	C25-5	最高存量	1520		最低存量	127
4	编号	YC1221	单位	把	订购量	2000			
5	日期（月日）	收发领退凭单	收货记录			领货单位	发货记录		
6			数量	单价	金额		数量	单价	金额
7	2015/8/6	CQ2015YC1106	127	45.88	5826.76	加工部	78	89.9	7012.2
8									
9									
10									
11									

4.2.1　创建基本框架

制作库存管理卡的第一步是输入“库存信息表”和“库存管理卡”的基本信息，并适当设置表格格式，创建出基本框架。具体操作方法如下。

Step 01 新建一个名为“物资采购明细表”的工作簿。

Step 02 重命名“Sheet1”工作表为“库存信息表”。

Step 03 在工作表中输入基本数据内容，如图所示。

Step 04 适当设置表格格式等，如右图所示。

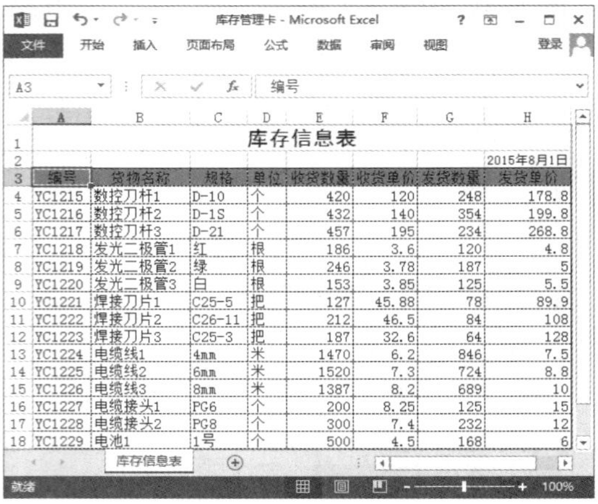

库存信息表

2015年8月1日

编号	货物名称	规格	单位	收货数量	收货单价	发货数量	发货单价
YC1215	数控刀杆1	D-10	个	420	120	248	178.8
YC1216	数控刀杆2	D-1S	个	432	140	354	199.8
YC1217	数控刀杆3	D-21	个	457	195	234	268.8
YC1218	发光二极管1	红	根	186	3.6	120	4.8
YC1219	发光二极管2	绿	根	246	3.78	187	5
YC1220	发光二极管3	白	根	153	3.85	125	5.5
YC1221	焊接刀片1	C25-5	把	127	45.88	78	89.9
YC1222	焊接刀片2	C26-11	把	212	46.5	84	108
YC1223	焊接刀片3	C25-3	把	187	32.6	64	128
YC1224	电缆线1	4mm	米	1470	6.2	846	7.5
YC1225	电缆线2	6mm	米	1520	7.3	724	8.8
YC1226	电缆线3	8mm	米	1387	8.2	689	10
YC1227	电缆接头1	PG6	个	200	8.25	125	15
YC1228	电缆接头2	PG8	个	300	7.4	232	12
YC1229	电池1	1号	个	500	4.5	168	6

Step 05 单击工作表标签右侧的⊕按钮，新建工作表。

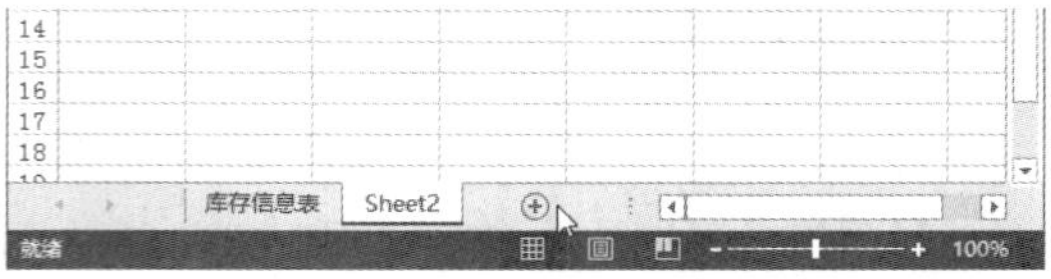

Step 06 重命名新工作表为“库存管理卡”。

Step 07 在工作表中输入基本数据内容，如右图所示。

Step 08 适当设置表格格式等，如右图所示。

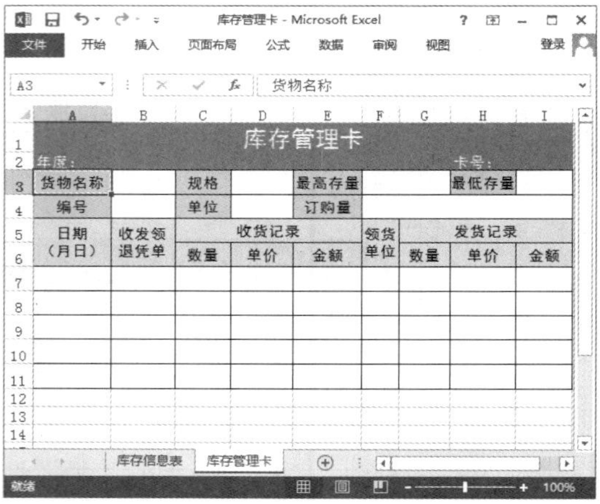

4.2.2 定义名称

在 Excel 2013 中，可以定义名称来代替单元格地址，并将其应用到公式计算中，以便提高工作效率，减少计算错误。具体操作方法如下。

Step 01　切换到“库存信息表”工作表，在数据区域中，使用右键单击任意单元格。

Step 02　在弹出的快捷菜单中单击“定义名称”命令。

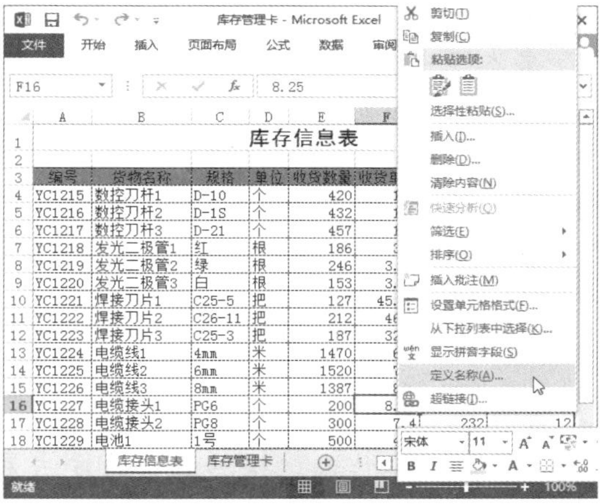

Step 03　弹出“新建名称”对话框，在“名称”文本框中输入“编号”。

Step 04　在“范围”下拉列表框中选择“工作簿”。

Step 05　在“引用位置”文本框中输入公式“=OFFSET(库存信息表!$A$4,,,COUNTA(库存信息表!$A:$A)-2)”。

Step 06　单击“确定”按钮。

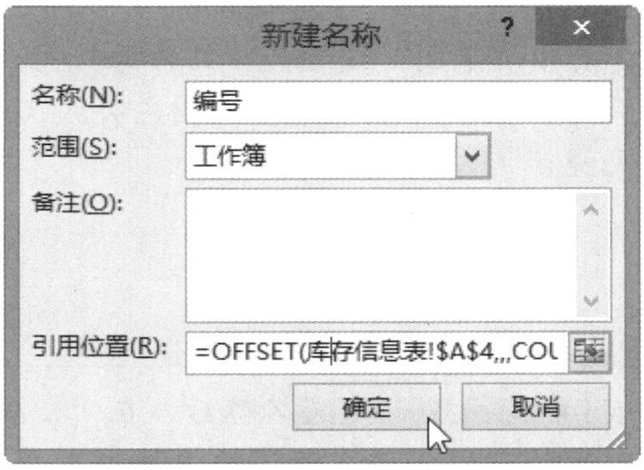

Step 07　返回工作表，切换到“公式”选项卡，单击“定义的名称”组中的“定义名称”下拉按钮。

Step 08　在打开的下拉菜单中单击“定义名称”命令，也可打开“新建名称”对话框。

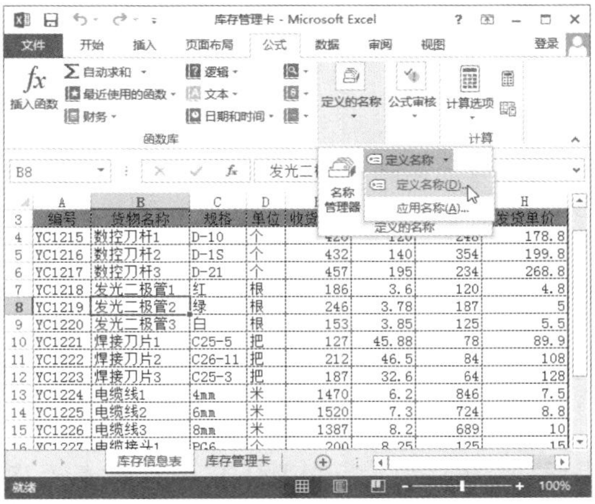

提示：OFFSET 函数作用为：以指定的引用为参照系，通过给定偏移量得到新的引用。其语法为：OFFSET(reference,rows,cols,[height],[width])。

Step 09　弹出“新建名称”对话框，在“名称”文本框中输入“货物名称”。

Step 10　在“范围”下拉列表框中选择“工作簿”。

Step 11　在“引用位置”文本框中输入公式“=OFFSET(库存信息表!$B$4,,,COUNTA(库存信息表!$B:$B)-1)”。

Step 12　单击“确定”按钮。

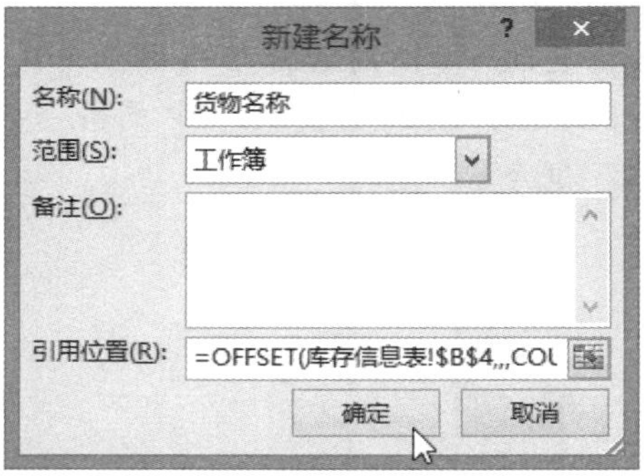

Step 13　返回工作表，按照上面的方法为“规格”、“单位”、“收货数量”、“收货单价”、“发货数量”、“发货单价”等定义名称，其中“范围”设置为“工作簿”，并在“引用位置”文本框中输入相应公式（公式见提示）。

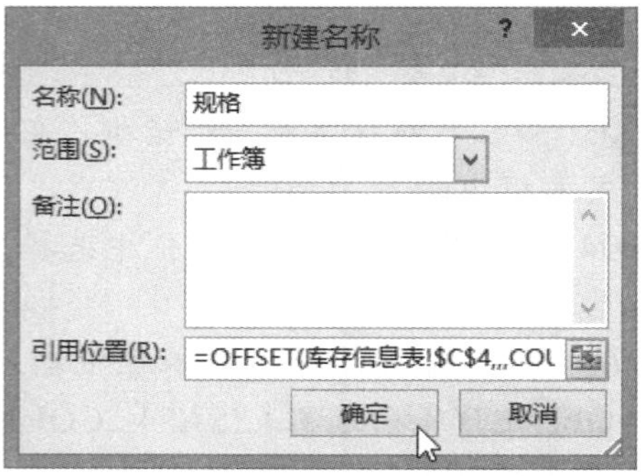

Step 14　完成全部定义名称后，在“公式”选项卡的“定义的名称”组中单击“名称管理器”按钮。

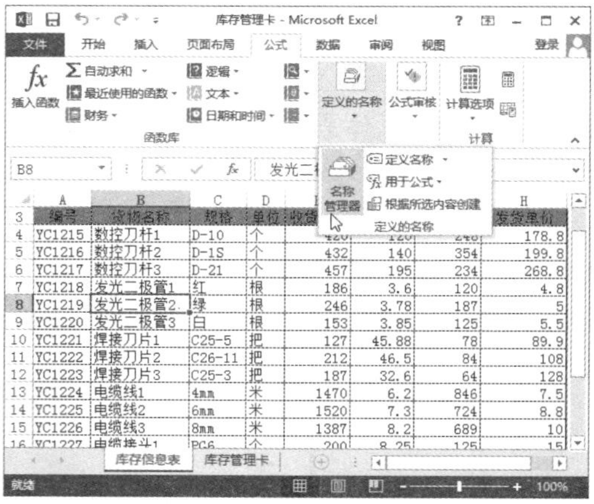

提示：“规格”：“=OFFSET(库存信息表!$C$4,,,COUNTA(库存信息表!$C:$C)-1)”。

“单位”：“=OFFSET(库存信息表!$D$4,,,COUNTA(库存信息表!$D:$D)-1)”。

“收货数量”：“=OFFSET(库存信息表!$E$4,,,COUNTA(库存信息表!$E:$E)-1)”。

“收货单价”：“=OFFSET(库存信息表!$F$4,,,COUNTA(库存信息表!$F:$F)-1)”。

“发货数量”：“=OFFSET(库存信息表!$G$4,,,COUNTA(库存信息表!$G:$G)-1)”。

“发货单价”：“=OFFSET(库存信息表!$H$4,,,COUNTA(库存信息表!$H:$H)-1)”。

Step 15　弹出“名称管理器”对话框，可以查看并编辑定义的名称。

Step 16　确认定义名称的设置无误后，单击“关闭”按钮关闭对话框即可。

知识加油站

【编辑定义的名称】

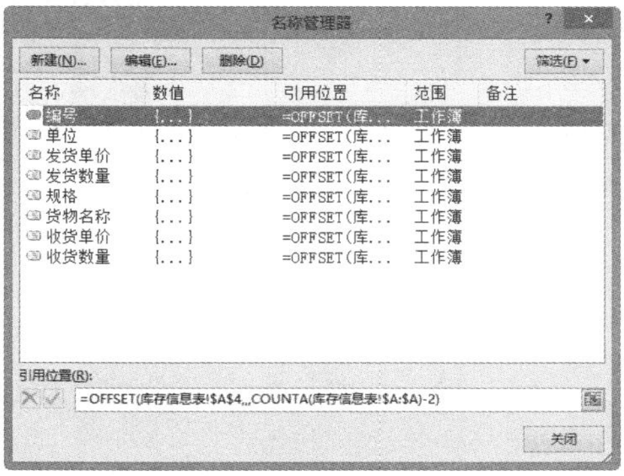

4.2.3　设置数据有效性

在 Excel 中，为了限定单元格中可输入的数据内容，可以对其进行数据有效性设置。具体方法如下。

Step 01　切换到“库存管理卡”工作表，选中 B3 单元格。

Step 02　切换到“数据”选项卡，在“数据工具”组中单击“数据验证”下拉按钮。

Step 03　在打开的下拉菜单中，单击“数据验证”命令。

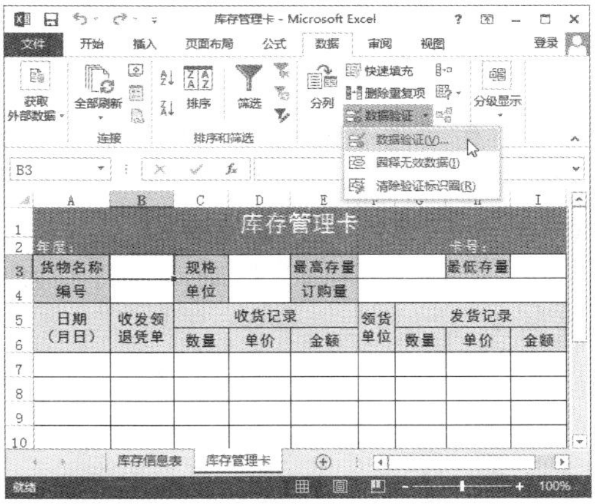

Step 04　弹出“数据验证”对话框，在“允许”下拉列表框中选择“序列”选项。

Step 05　在“来源”文本框中输入“=货物名称”。

Step 06　其他保持默认设置，单击“确定”按钮。

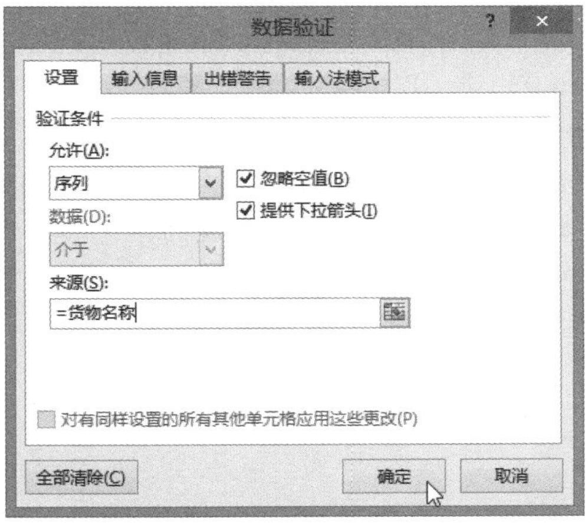

Step 07 返回工作表，选中 B3 单元格。

Step 08 单击单元格右侧出现的下拉按钮 。

Step 09 在打开的下拉列表框中可以选择输入货物名称。

4.2.4 使用公式和函数导入库存信息

下面将在“库存管理卡”中利用公式和函数导入库存信息表中的数据，完成“库存管理卡”的制作。具体操作方法如下。

Step 01 在“库存管理卡”工作表中，选中 B2 单元格，输入公式“=CONCATENATE(YEAR(TODAY()),"年")”。

Step 02 按下“Enter”键确认，得到当前年度数据。

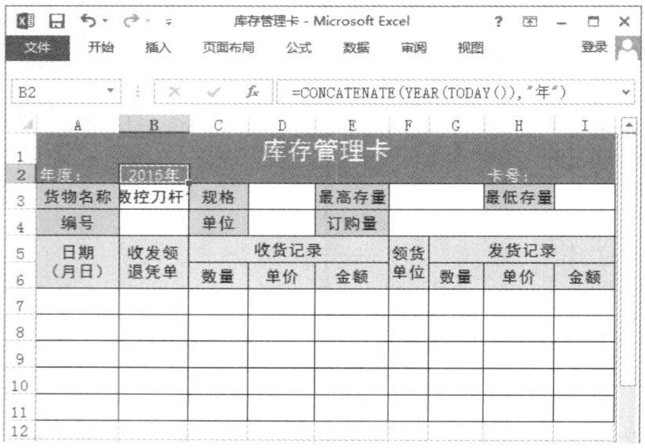

Step 03 在 I2 单元格中输入公式“=CONCATENATE(LEFT($B$2,4),$B$4)”。

Step 04 按下“Enter”键确认，得到由年度数据和货物编号数据合成的卡号信息。

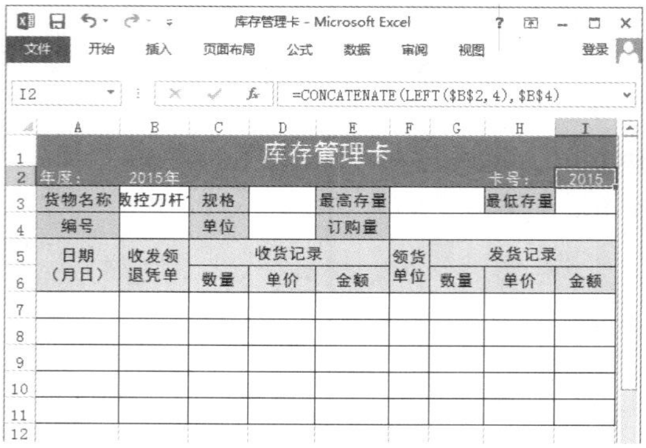

Step 05 在 D3 单元格中输入公式 “=VLOOKUP ($B$3,货物名称:规格,2,0)”。

Step 06 按下 “Enter” 键确认，得到货物规格信息。

Step 07 在 F3 单元格中输入公式 “=MAX (收货数量)”。

Step 08 按下 “Enter” 键确认，得到货物最高存量信息。

Step 09 在 I3 单元格中输入公式 “=MIN (收货数量)”。

Step 10 按下 “Enter” 键确认，得到货物最低存量信息。

Step 11　在B4单元格中输入公式“=INDEX(编号,MATCH($B$3,货物名称,0))”。

Step 12　按下“Enter”键确认，得到货物编号信息。

Step 13　在D4单元格中输入公式“=VLOOKUP($B$3,货物名称:单位,3,0)”。

Step 14　按下“Enter”键确认，得到货物单位信息。

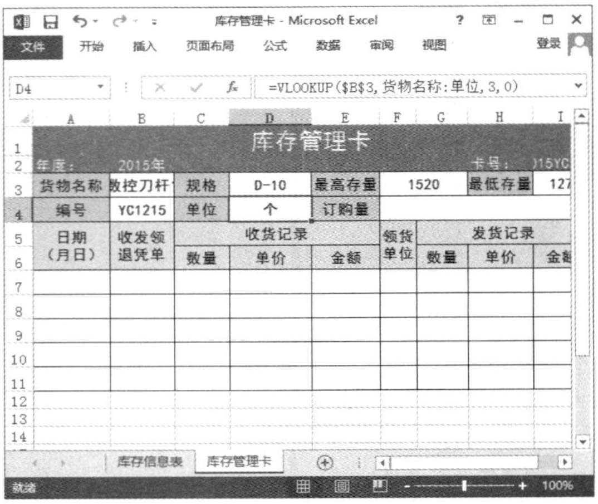

Step 15　在C7单元格中输入公式“=VLOOKUP($B$3,货物名称:发货单价,4,0)”。

Step 16　按下“Enter”键确认，得到货物收货数量信息。

Step 17　在 D7 单元格中输入公式“=VLOOKUP($B$3,货物名称:发货单价,5,0)”。

Step 18　按下“Enter”键确认，得到货物发货单价信息。

Step 19　在 E7 单元格中输入公式“=C7*D7”。

Step 20　按下“Enter”键确认，得到货物收货金额信息。

Step 21　在 G7 单元格中输入公式“=VLOOKUP($B$3,货物名称:发货单价,6,0)”。

Step 22　按下“Enter”键确认，得到货物发货数量信息。

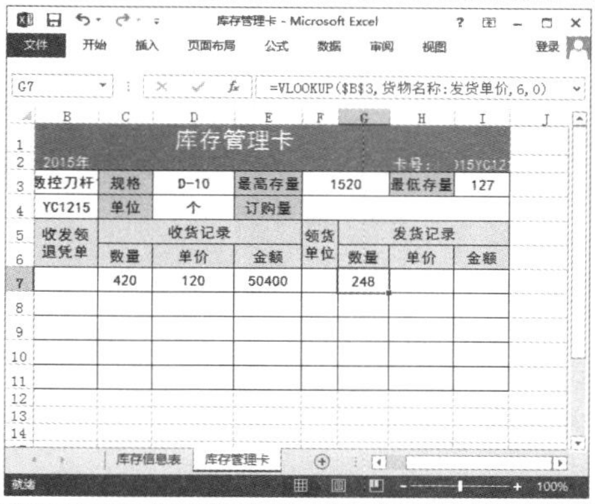

Step 23　在 H7 单元格中输入公式“=VLOOKUP($B$3,货物名称:发货单价,7,0)”。

Step 24　按下“Enter”键确认，得到货物发货单价信息。

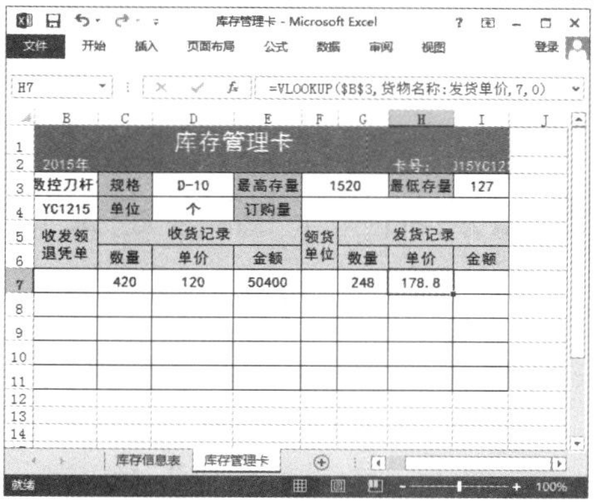

Step 25　在 I7 单元格中输入公式 “=G7*H7”。

Step 26　按下 “Enter” 键确认，得到货物发货金额信息。

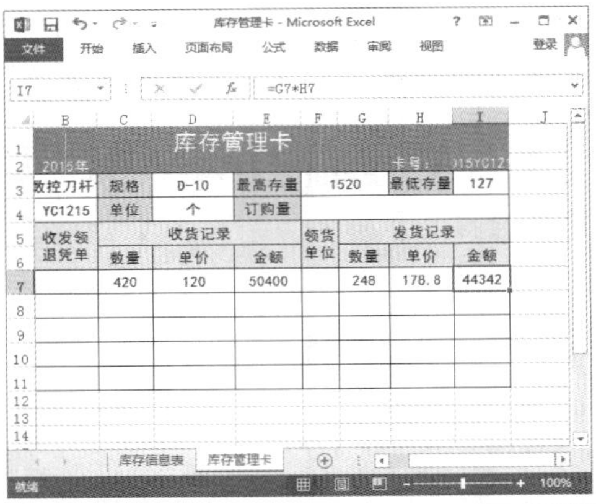

Step 27　通过以上设置，选中 “库存管理卡” B2 单元格。

Step 28　单击单元格右侧出现的下拉按钮 ▼。

Step 29　在打开的下拉列表框中选择货物名称，即可将 “库存信息表” 相关数据快速输入 “库存管理卡”。

Step 30　手动输入剩余部分数据。

Step 31　适当调整行高和列宽即可完成 “库存管理卡” 的制作。

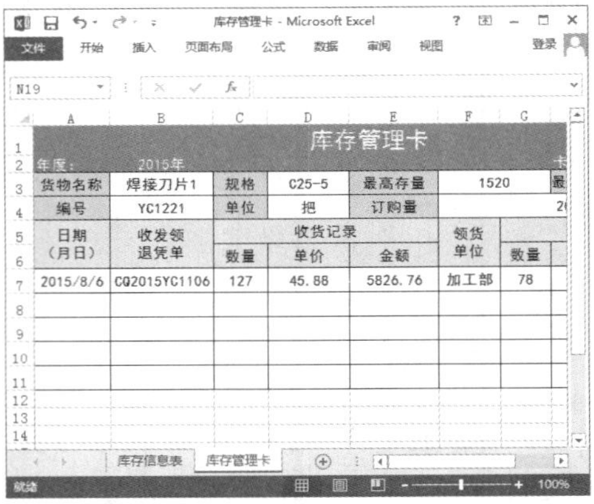

知识加油站——编辑定义的名称

在 Excel 中定义名称之后，还可以根据需要，对定义的名称进行编辑和删除操作。方法如下。

➲ 切换到 “公式” 选项卡，在 “定义的名称” 组中单击 “名称管理器” 按钮，弹出 “名称管理器” 对话框，选中需要删除的名称，单击 “删除” 按钮，即可将其删除。

➲ 切换到“公式”选项卡，在“定义的名称”组中单击“名称管理器”按钮，弹出“名称管理器”对话框，选中需要编辑的名称，单击“编辑”按钮，在弹出的“编辑名称”对话框中根据需要进行设置，完成后单击“确定”按钮，即可修改定义的名称。

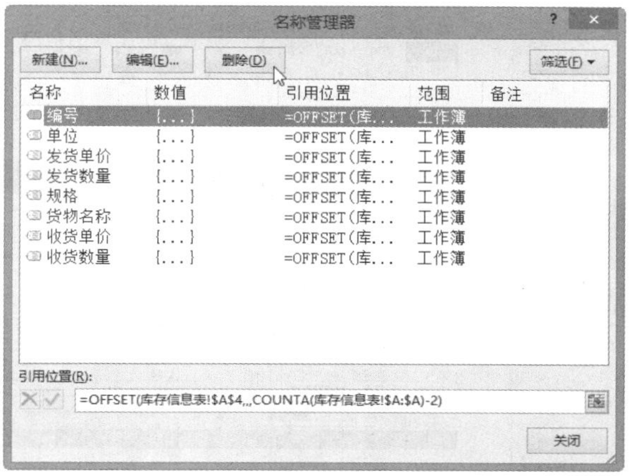

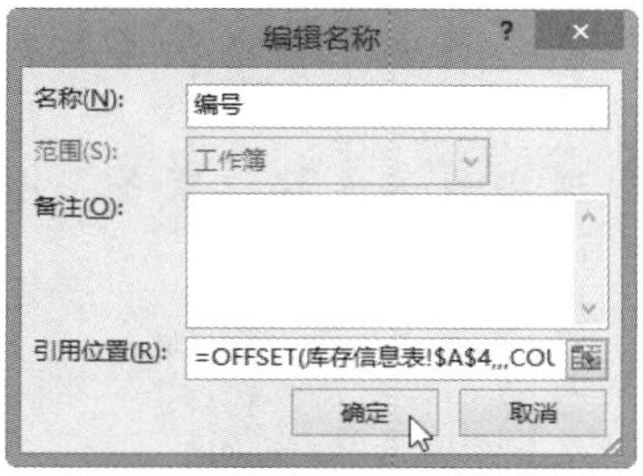

4.3　制作安全库存量预警表

“安全库存量预警表”用于在库存量低于或等于安全库存量时自动预警提示，以便库存管理人员及时定制采购计划。下面将介绍该表的具体制作方法。

涉及知识点：

★使用公式与函数　　★设置条件格式

最终效果：

安全库存量预警表

材料编码	材料名称	规格型号	单位	月初余额	本月入库数	本月出库数	月末结余数	最低安全库存量	进货预警
							日期：	2015年6月	
EC1201	CPU	2530	个	300	7400	3000	4700	2500	正常
EC1202	CPU	2750	个	50	14000	3000	11050	5000	正常
EC1203	CPU	2350	个	30	14400	12000	2430	2000	正常
EC1204	CPU	530	个	50	34000	7800	26250	2000	正常
EC1205	CPU	350	个	50	84000	50000	34050	2000	正常
EC1206	显卡	HD5730	个	300	7700	7000	1000	2000	警报
EC1207	显卡	HD5731	个	500	73400	50000	23900	2000	正常
EC1208	显卡	HD5732	个	300	77800	72000	6100	2200	正常
EC1209	显卡	HD5733	个	500	47740	22000	26240	5000	正常

4.3.1 使用公式与函数

在 Excel 中，用户如果对内置的表格样式不满意，可以自定义表格样式，并将其应用到工作表中。具体操作方法如下。

Step 01 新建一个名为“安全库存量预警表”的工作簿。

Step 02 重命名“Sheet1”工作表为“安全库存量预警表”。

Step 03 在工作表中输入基本数据内容，如图所示。

Step 04 适当设置表格格式等，如右图所示。

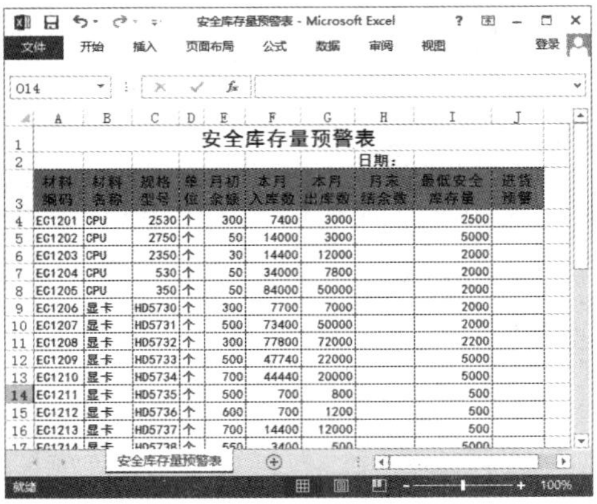

Step 05 在 I2 单元格中输入公式“=CONCATENATE(YEAR(TODAY()),"年",MONTH(TODAY()),"月")”。

Step 06 按下“Enter”键确认，得到当前日期的年和月信息。

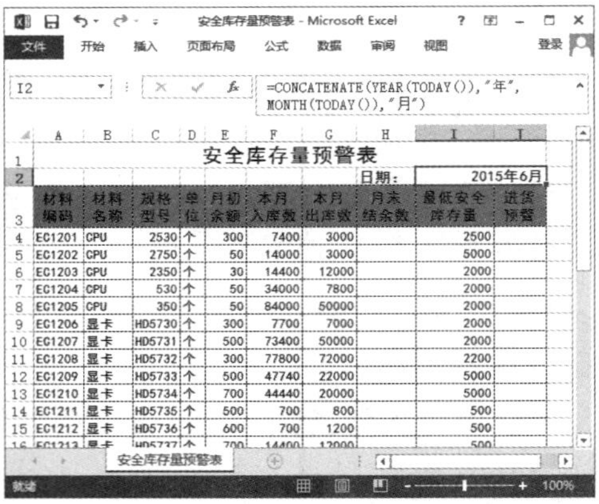

Step 07 在 H4 单元格中输入公式“=E4+F4-G4”。

Step 08 按下“Enter”键确认，得到月末结余额数据。

Step 09 选中 H4 单元格，将光标指向单元格右下角。

Step 10 当光标呈十字形状时，按住鼠标左键不放，拖动到适当位置释放鼠标左键，利用填充柄复制公式。

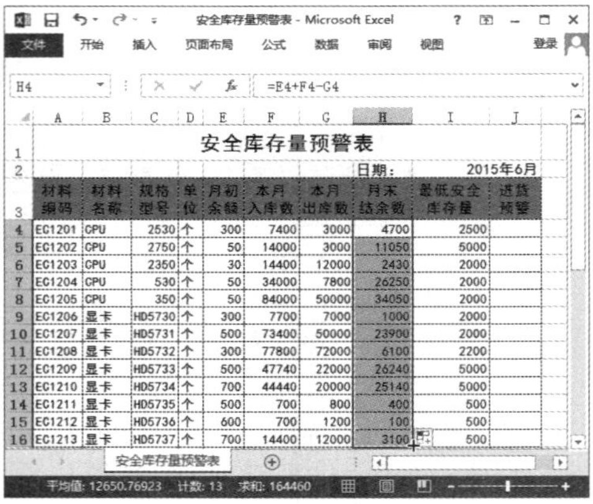

Step 11　在 J4 单元格中输入公式“=IF(H4<=I4,"警报","正常")”。

Step 12　按下“Enter”键确认，得到当前日期的年和月信息。

Step 13　选中 J4 单元格，将光标指向单元格右下角。

Step 14　当光标呈十字形状时，按住鼠标左键不放，拖动到适当位置释放鼠标左键，利用填充柄复制公式。

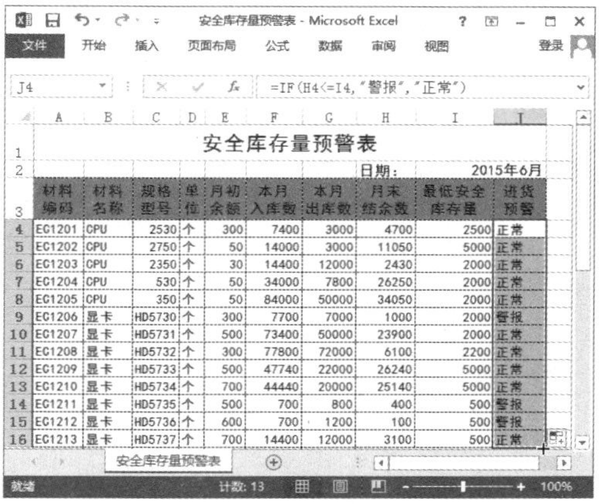

4.3.2　设置条件格式

在 Execl 中，用户可以根据需要设置条件格式，设置后，当单元格中的数据满足某一个设定的条件时，就会以设定的单元格格式显示出来。具体操作方法如下。

Step 01　选中 J4:J38 单元格区域。

Step 02　在“开始”选项卡的“样式”组中单击“条件格式”下拉按钮。

Step 03　在打开的下拉菜单中单击“突出显示单元格规则”命令。

Step 04　在展开的子菜单中，单击“等于”命令。

知识加油站

【设置条件格式规则的方法】

Step 05　弹出“等于”对话框，在“为等于以下值的单元格设置格式”文本框中输入“警报”。

Step 06　在“设置为”下拉列表中选择“自定义格式”选项。

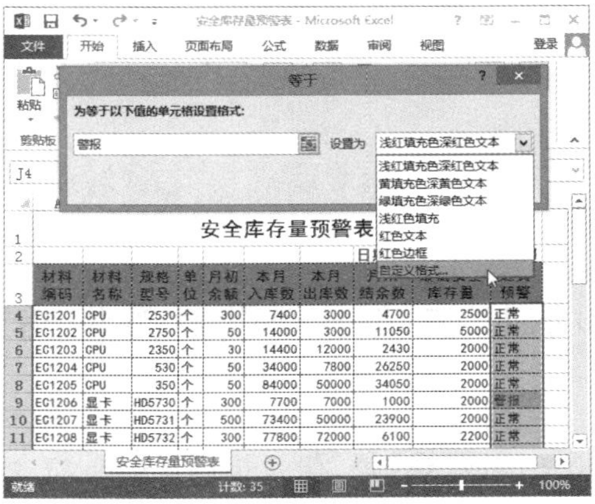

Step 07 弹出“设置单元格格式”对话框，在“字体”选项卡中设置文字颜色为白色。

Step 08 在“填充”选项卡中设置单元格背景色为红色。

Step 09 设置完成后单击“确定”按钮。

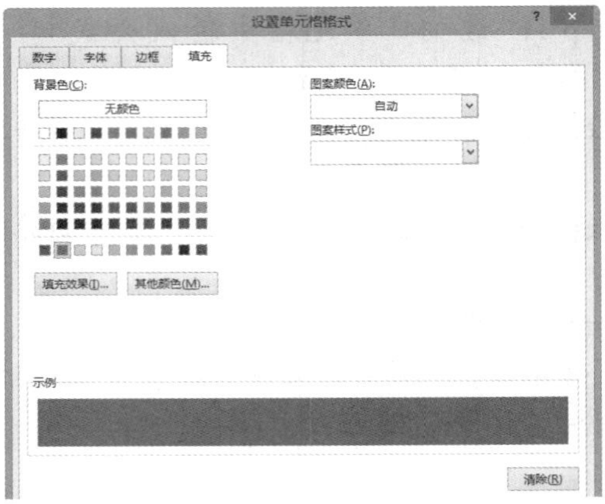

Step 10 返回“等于”对话框，在工作表中可以预览到设置后的效果，如有需要可以再次打开“设置单元格格式”对话框进行修改。

Step 11 确认自定义格式后，单击“确定”按钮即可。

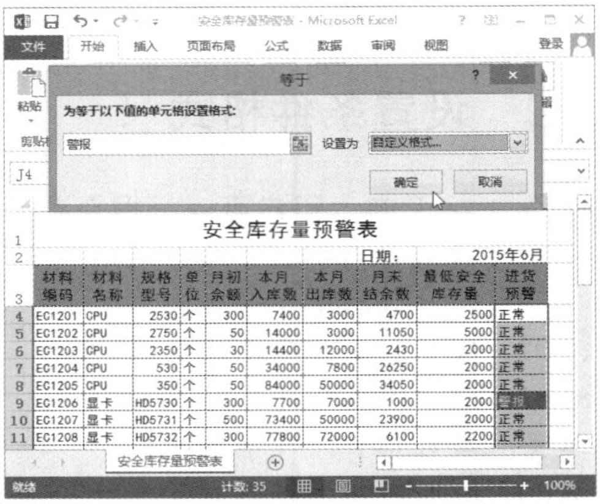

Step 12 返回工作表，可以看到设置突出显示单元格后的预警效果。

知识加油站
【清除设置的条件格式】

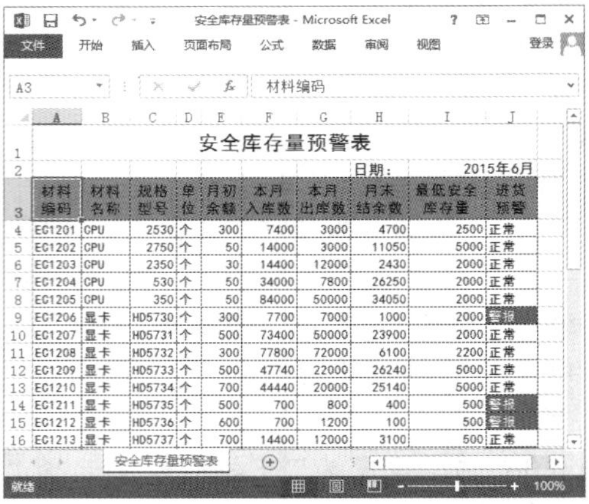

知识加油站——设置条件格式规则的方法

如果 Excel 提供的条件格式规则不合用，用户可以利用“条件格式”下拉菜单底部的“新建规则”和“管理规则”命令，对条件格式规则进行设置。

- 新建规则：执行“新建规则”命令，将弹出“新建格式规则”对话框，在“选择规则类型”列表框中根据需要进行选择，从而打开相应的“编辑规则说明”栏，根据需要进行设置，完成后单击“确定”按钮即可。
- 管理规则：执行“管理规则”命令，将弹出“条件格式规则管理器”对话框，在其中可以对表格中设置的条件格式规则进行“新建”、“编辑”、“删除”等管理。

提示：单击“条件格式”各子菜单底部的“其他规则”命令，也可打开“新建格式规则”对话框对格式条件规则进行编辑。

知识加油站——清除设置的条件格式

要清除设置的条件格式，方法为：选中设置了条件格式的单元格或单元格区域，在“开始”选项卡的“样式”组中单击“条件格式”下拉按钮，在打开的下拉菜单底部单击“清除规则”命令，在展开的子菜单中根据需要执行相应的命令即可。

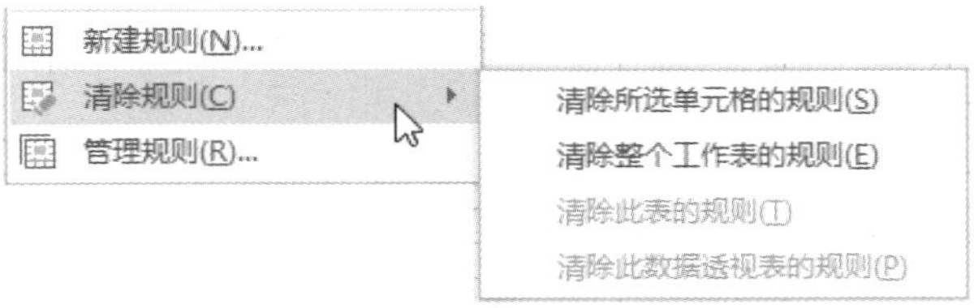

第05章 公司营销管理

在企业中，市场营销部门需要进行市场调查和预测、产品定价、销售情况分析、促销活动管理等多种工作，并与公司其他部门一起密切协作，共同完成公司的营销任务。

【本章案例】

- 制作新产品市场调查问卷
- 制作手机销售情况汇总数据透视图表
- 分析销售情况趋势

5.1　制作新产品市场调查问卷

新产品市场调查问卷的用处在于收集客户信息以获取新产品的市场反响，从而掌握市场对新产品的接受能力。下面将介绍新产品市场调查问卷的具体制作方法。

涉及知识点：

★自定义功能区　　★插入与编辑表单控件　　★保护工作表

最终效果：

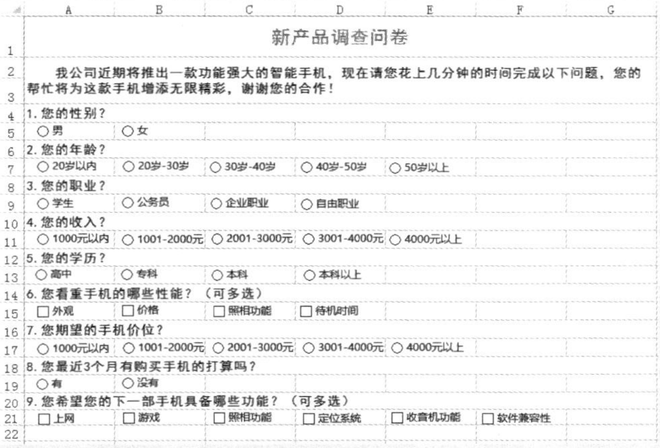

5.1.1　自定义功能区

在默认情况下，Excel 功能区中没有显示出“开发工具”选项卡。如果需要使用宏等功能，需要用到该选项卡。此时，用户可以自定义功能区，将“开发工具”选项卡显示出来。具体操作方法如下。

Step 01　新建一个名为“新产品市场调查问卷”的工作簿。

Step 02　重命名“Sheet1”工作表为“新产品调查问卷”。

Step 03　在工作表中输入基本数据内容。

Step 04　适当设置表格格式等，如图所示。

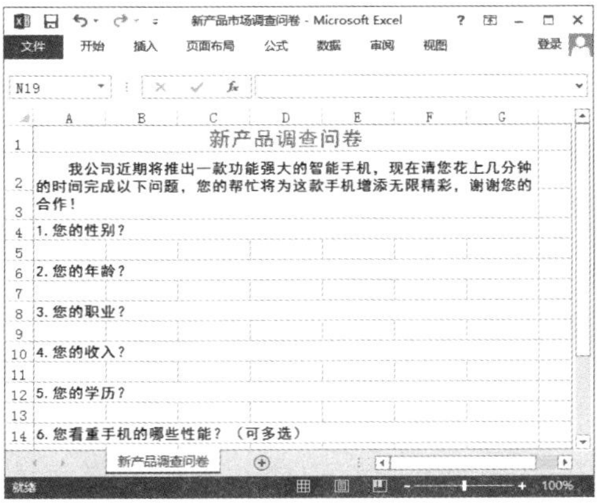

Step 05 切换到“文件”选项卡，单击“选项”命令。

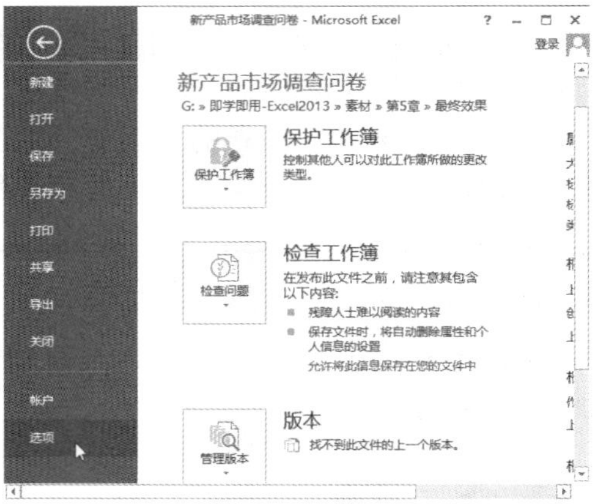

Step 06 弹出“Excel选项”对话框，切换到“自定义功能区”选项卡。

Step 07 在右侧的“自定义功能区”下拉列表中选择“主选项卡”选项。

Step 08 在下方对应的列表框中，勾选“开发工具”复选框。

Step 09 单击“确定”按钮。

Step 10 返回工作表，可以看到功能区中出现了“开发工具”选项卡。

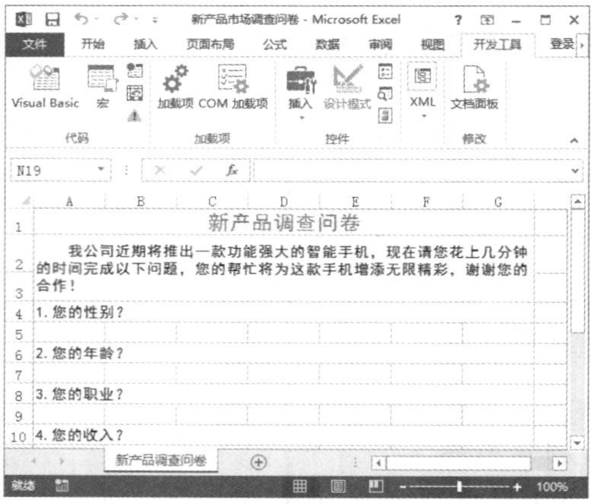

5.1.2 插入与编辑表单控件

控件即添加在窗体上的一些图形对象，用户可以操作该对象来执行某一行为。本例需要在调查问卷中插入单选和复选选项。具体操作方法如下。

Step 01　切换到“开发工具”选项卡，在“控件”组中单击“插入”下拉按钮。

Step 02　在打开的下拉菜单中单击“表单控件”栏的“选项按钮”按钮。

知识加油站
【认识 Excel 控件】

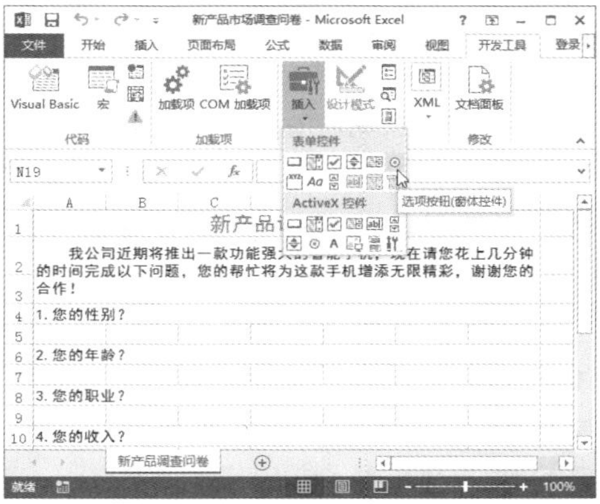

Step 03　此时光标呈十字形状，在工作表中按下鼠标左键并拖动。

Step 04　到合适位置释放鼠标，即可绘制一个选项按钮。

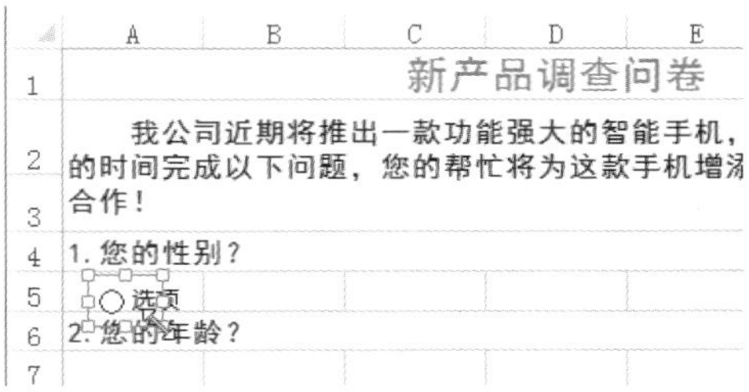

Step 05　使用鼠标右键单击绘制的选项按钮。

Step 06　在弹出的快捷菜单中单击“编辑文字”命令。

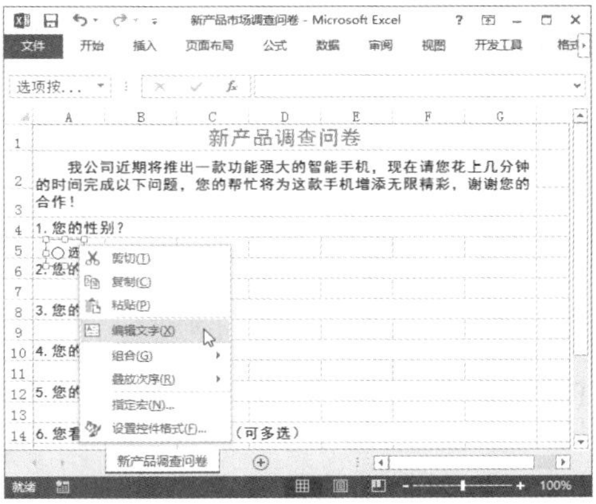

Step 07　此时选项按钮呈可编辑状态，删除选项按钮的名称，输入需要的内容，这里输入“男”。

Step 08　单击工作表其他位置即可退出编辑状态。

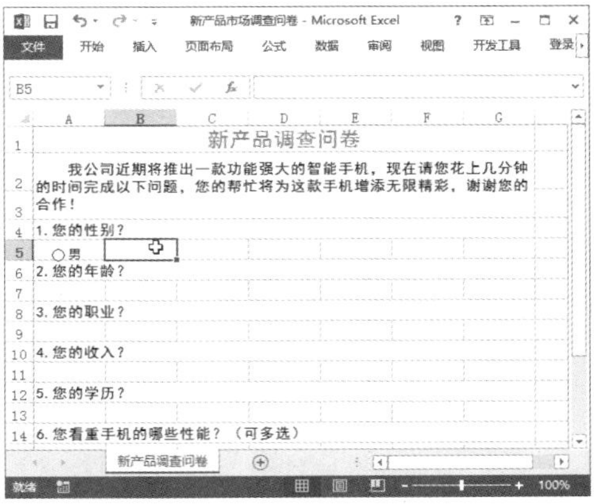

Step 09　使用鼠标右键单击选项按钮，然后左键单击工作表其他空白处。

Step 10　此时出现控制框，将光标指向控制框，当光标呈形状时，使用鼠标左键拖动，即可根据需要调整选项按钮位置。

Step 11　将光标指向控制框上的 8 个控制点，当光标呈双向箭头形状，如形状时，按住鼠标左键拖动，即可根据需要调整选项按钮控制框的大小，以便显示出完整的选项按钮名称。

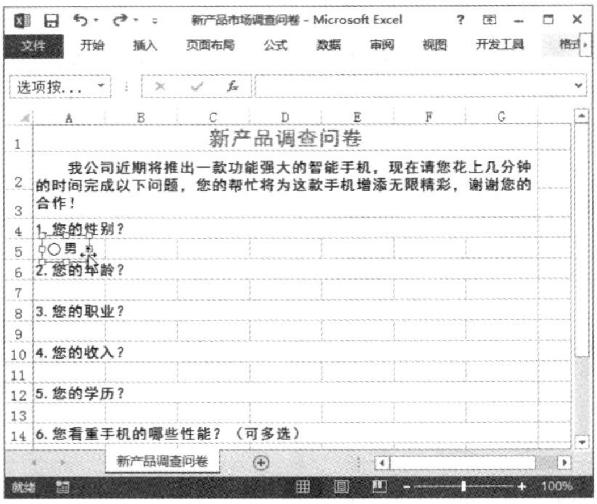

Step 12　使用鼠标右键单击选项按钮。

Step 13　在弹出的快捷菜单中单击“复制”命令，复制选项按钮。

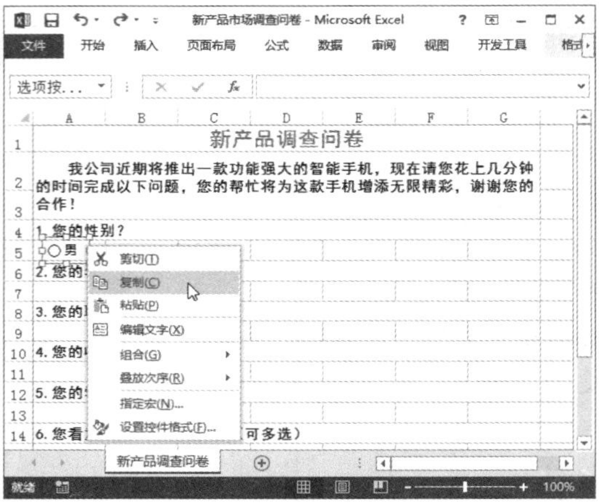

Step 14　在工作表合适位置单击鼠标右键。

Step 15　在弹出的快捷菜单中单击“粘贴”命令。

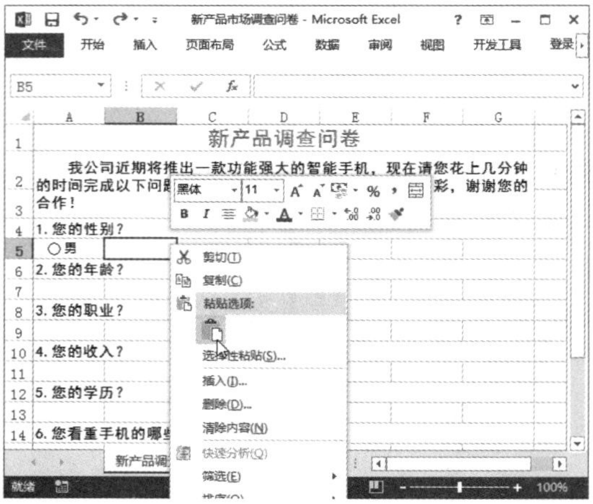

Step 16　可以看出工作表中粘贴了刚复制的选项按钮，根据需要适当调整按钮位置。

Step 17　使用鼠标右键单击刚复制的选项按钮。

Step 18　在弹出的快捷菜单中单击“编辑文字”命令。

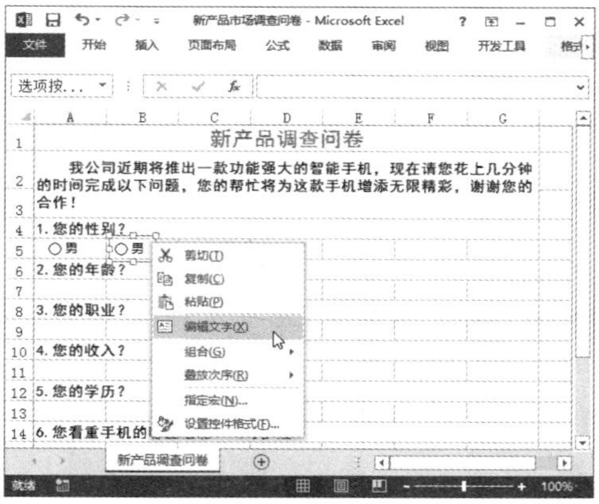

Step 19　此时选项按钮呈可编辑状态，删除选项按钮的名称，输入需要的内容，这里输入“女”。

Step 20　单击工作表其他位置即可退出编辑状态。

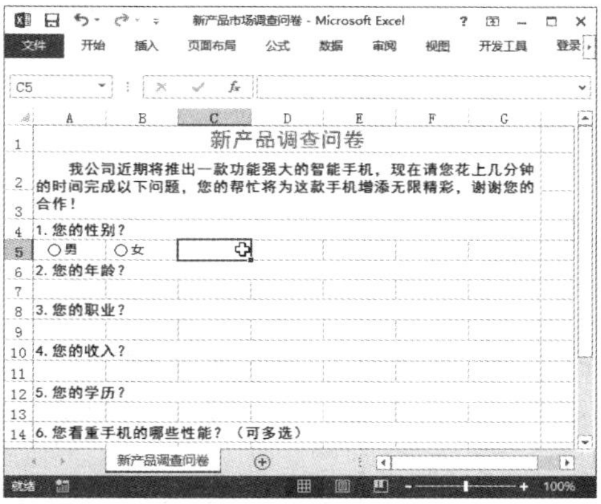

Step 21　按照上面的方法添加其他选项按钮，设置后的效果如图所示。

Step 22　切换到“开发工具”选项卡，在“控件”组中单击“插入”下拉按钮。

Step 23　在打开的下拉菜单中单击“表单控件”栏的“复选框”按钮。

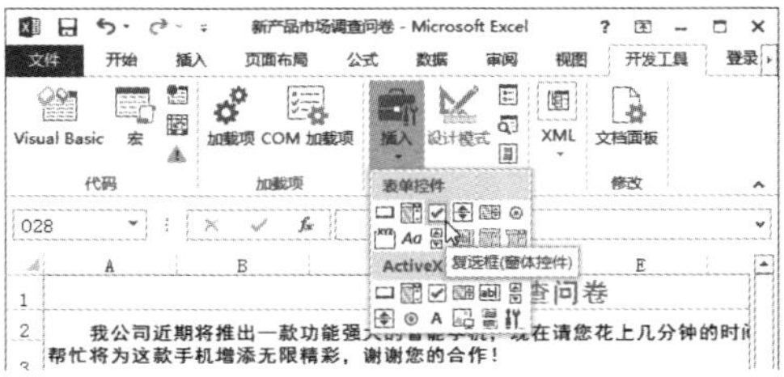

Step 24　此时光标呈十字形状，在工作表中按下鼠标左键并拖动。

Step 25　到合适位置释放鼠标，即可绘制一个复选框按钮。

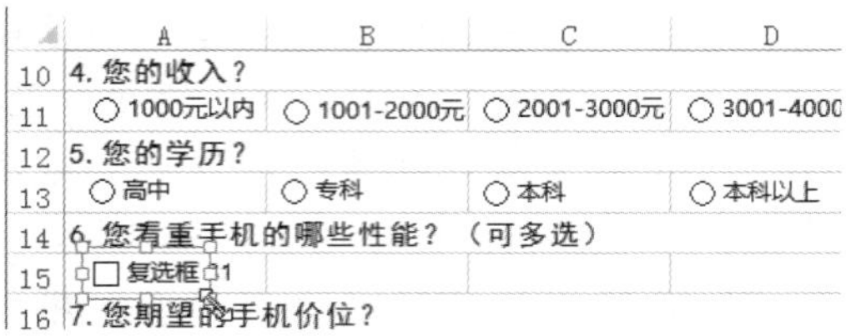

Step 26　使用鼠标右键单击绘制的复选框按钮。

Step 27　在弹出的快捷菜单中单击“编辑文字”命令。

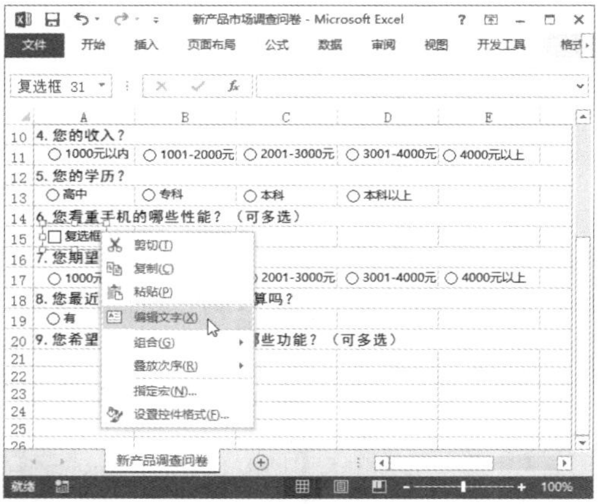

Step 28　此时选项按钮呈可编辑状态，删除选项按钮的名称，输入需要的内容，这里输入“外观”。

Step 29　单击工作表其他位置即可退出编辑状态。

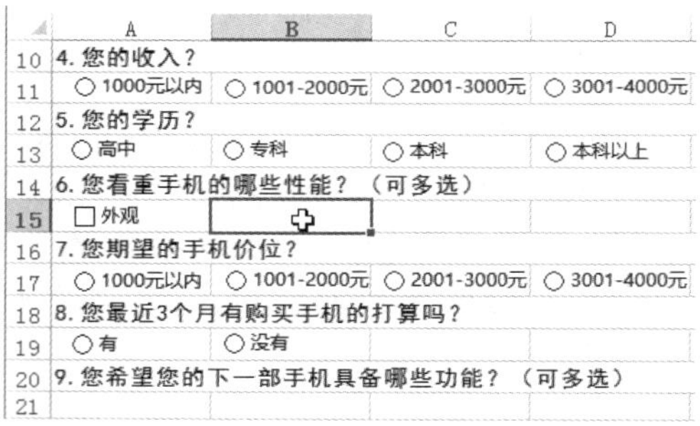

Step 30　按照前面的方法，通过复制和粘贴的方式继续添加其他复选框。

Step 31　根据需要修改复制的复选框按钮的名称，效果如图所示。

5.1.3　保护工作表

在制作完成新产品市场调查问卷之后，可以设置密码保护工作表，使其无法轻易遭到修改和破坏。具体操作方法如下。

Step 01　在完成调查问卷的制作之后，切换到“审阅”选项卡。

Step 02　在“更改”组中单击“保护工作表”按钮。

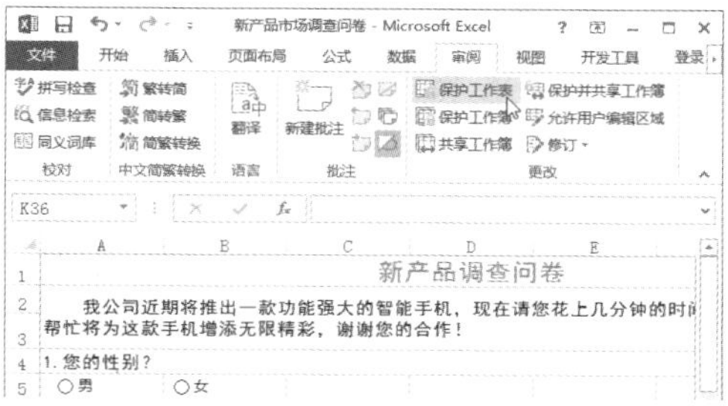

Step 03　弹出“保护工作表”对话框，默认情况下，勾选了“保护工作表及锁定的单元格内容”、“选定锁定单元格”、“选定未锁定的单元格”三个复选框，保持其勾选状态。

Step 04　在文本框中输入密码，本例输入“123”。

Step 05　单击“确定”按钮。

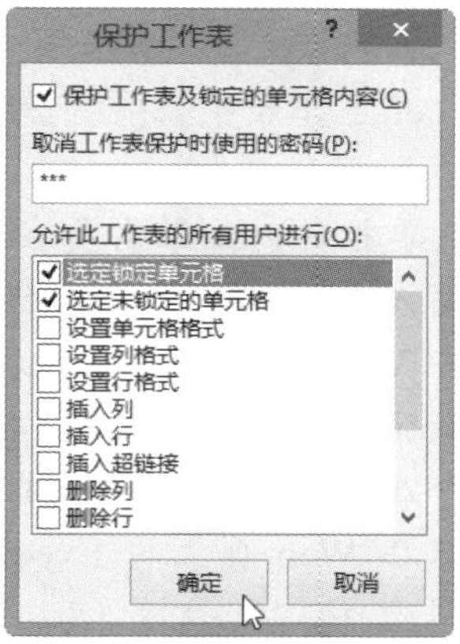

Step 06　弹出“确认密码”对话框，在文本框中再次输入密码。

Step 07　单击“确定”按钮。

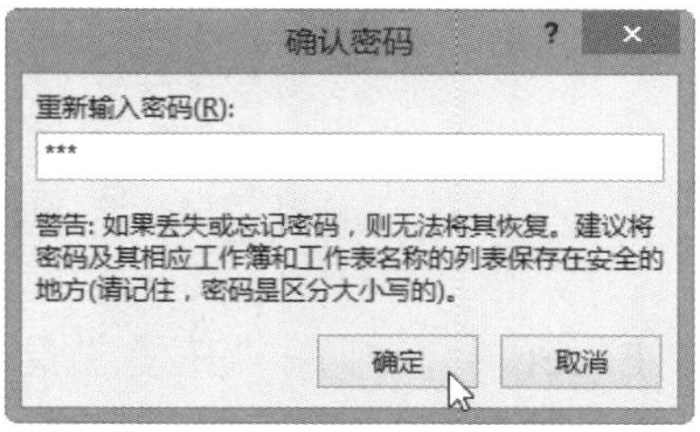

Step 08　设置完成后，单击快速访问工具栏中的“保存”按钮，保存工作表即可。

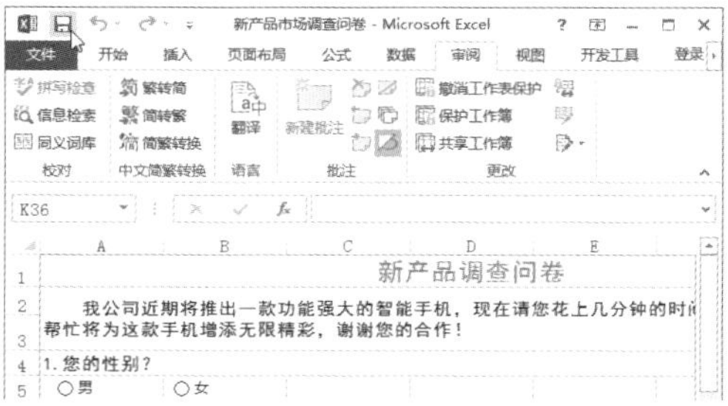

Step 09 按照上述方法保护工作表后，试图修改工作表中的内容时，将拒绝修改，并弹出提示对话框。

Step 10 单击“确定”按钮即可关闭该对话框。

知识加油站
【撤销工作表保护的方法】

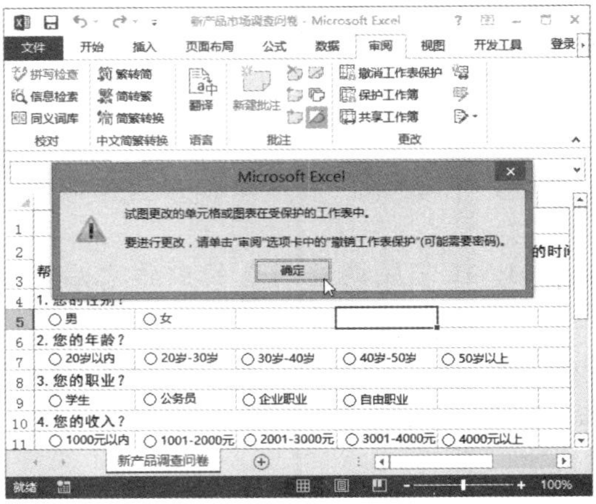

知识加油站——认识 Excel 控件

在 Excel 工作表中，系统提供有两种控件类型：表单控件和 ActiveX 控件。下面分别介绍这两种控件类型。

- 表单控件：如果需要在工作表中录制所有的宏并指定控件，又想在 VBA 中编写或更改任何一个宏代码，可以使用表单控件。但表单控件不能控制事件，在 Web 页中也不能用表单控件运行 Web 脚本。
- ActiveX 控件：该类型控件相对来说比表单控件更灵活，可以控制事件并有一个属性列表，在 Excel 工作表和 VBA 编辑器中都可以使用该类型控件，也可以在 Web 页上的 Excel 窗体和数据中使用，但不能在图表工作表中使用该类型控件。

在 Excel 中，打开“开发工具”选项卡的“控件”组中的“插入”下拉列表，可以看到常用的控件主要有以下几类。

- 标签 Aa：用于表标静态文本。
- 按钮（命令按钮）□：用于执行宏命令。
- 复选框☑：它是一个选择控件，通过单击它，可以选中和取消选中，可以进行多项选择。
- 选项按钮◉：通常几个选项按钮组合在一起使用，在一组中只能选择一个选项按钮。
- 列表框：用于显示多个选项并支持从中选择，只能单选。
- 组合框：用于显示多个选项并支持从中选择，可以选择其中的项目或者输入一个其他值。

- 滚动条▤：这不是常见的给很长的窗体添加滚动能力的控件，而是一种选择机制，例如调节过渡色的滚动条控件。
- 数值调节控件▤：也是一种数值选择机制，通过单击控件中的箭头来选择数值。

知识加油站——撤销工作表保护的方法

在设置了保护工作表之后，如果要修改被保护工作表中的内容，就需要撤销工作表保护，方法如下。

Step 01　打开被保护的工作表，切换到“审阅”选项卡。

Step 02　在“更改”组中单击“撤销工作表保护”按钮。

Step 03　弹出“撤销工作表保护”对话框，在“密码”文本框中，输入设置保护工作表时设定的密码。

Step 04　单击“确定”按钮。

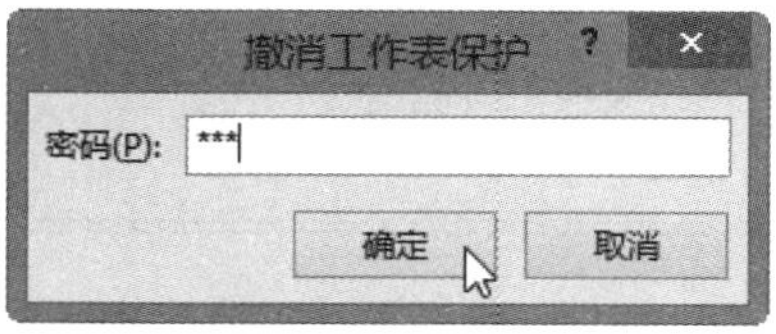

Step 05　返回工作表，可以看到此时已经撤销了工作表保护，可以根据需要修改工作表中的内容。

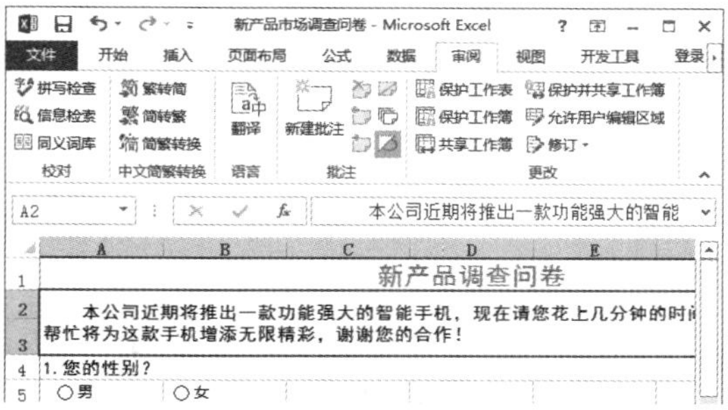

5.2　制作手机销售情况汇总数据透视图表

通过 Excel 的数据透视表和数据透视图功能，可以快速汇总并分析产品的销售情况，以便及时把握销售动态。下面将介绍手机销售情况汇总数据透视表和数据透视图的具体制作方法。

涉及知识点：

★创建数据透视表　　★组合数据项

★更改报表布局　　★创建与编辑数据透视图

最终效果：

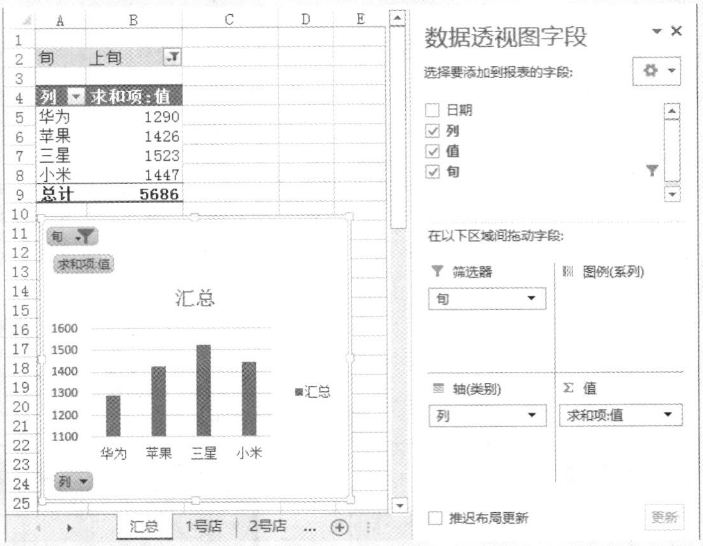

5.2.1 创建“多重合并计算数据区域”数据透视表

在 Excel 中，可以根据同一工作簿中的多张工作表，通过“多重合并计算数据区域”的方法创建数据透视表。本例提供了一个“手机销售情况汇总”工作簿，在其中的 1 号店、2 号店和 3 号店 3 张工作表中按店面记录了公司 1 月的手机销售情况。现在需要根据这 3 张工作表，创建出一个销售情况汇总数据透视表。具体操作方法如下。

Step 01 打开“手机销售情况汇总”工作簿原始文件，可以看到其中已经创建了 1 号店、2 号店和 3 号店 3 张工作表，在工作表中按店面记录了公司 1 月的手机销售情况。

知识加油站

【创建基本数据透视表的方法】

Step 02 依次按下“Alt”、“D”、“P”键。

Step 03 弹出“数据透视表和数据透视图向导—步骤 1(共 3 步)”对话框，选择“多重合并计算数据区域”和“数据透视表”单选项。

Step 04 单击“下一步”按钮。

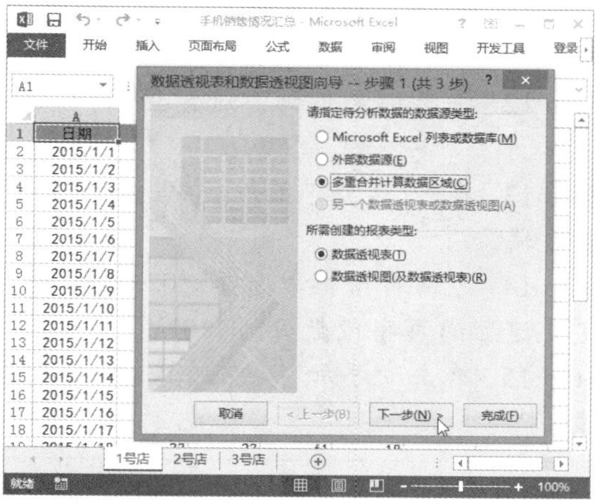

Step 05 弹出“数据透视表和数据透视图向导—步骤 2a（共 3 步）”对话框，选择“自定义页字段”单选项。

Step 06 单击“下一步”按钮。

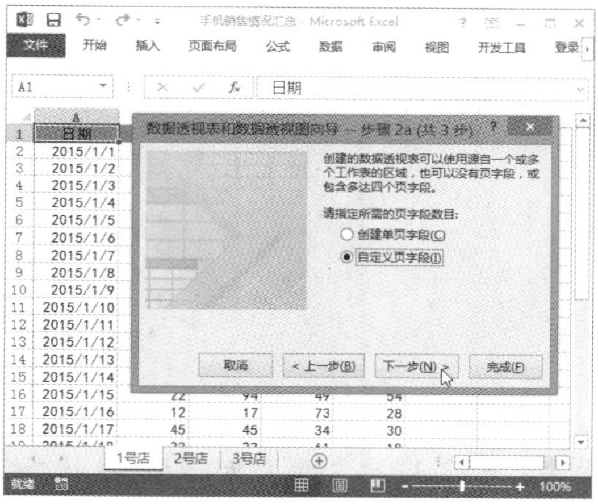

Step 07 弹出“数据透视表和数据透视图向导—第 2b 步”对话框，将光标定位到“选定区域”文本框中。

Step 08 在“1 号店”工作表中选中数据列表区域。

Step 09 返回对话框，选择“0”单选项指定要建立的页字段数目为“0”。

Step 10 单击“添加”按钮，添加选定区域。

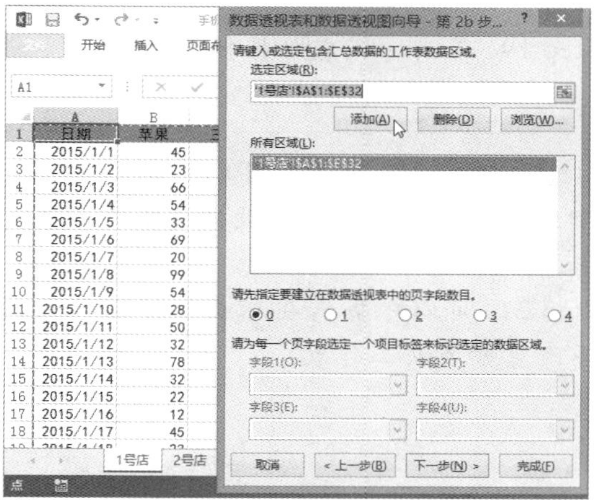

Step 11　删除“选定区域”文本框中的内容。

Step 12　将光标定位到“选定区域”文本框中。

Step 13　在“2 号店”工作表中选中数据列表区域。

Step 14　返回对话框，选择“0”单选项指定要建立的页字段数目为“0”。

Step 15　单击“添加”按钮，添加选定区域。

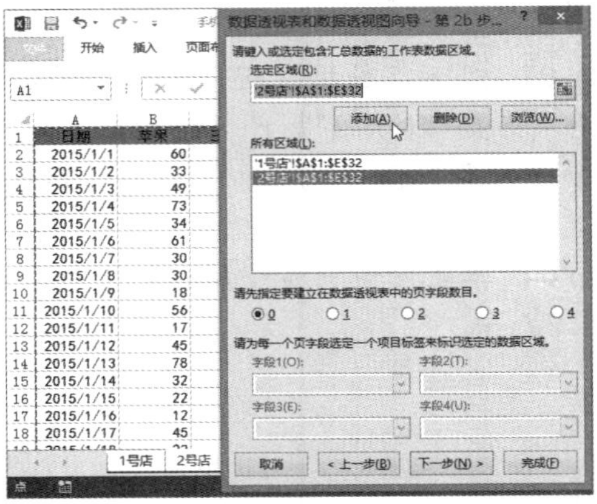

Step 16　按照上述方法，添加“3 号店”工作表中的数据列表区域为选定区域。

Step 17　添加并指定好所有区域后，单击“下一步”按钮。

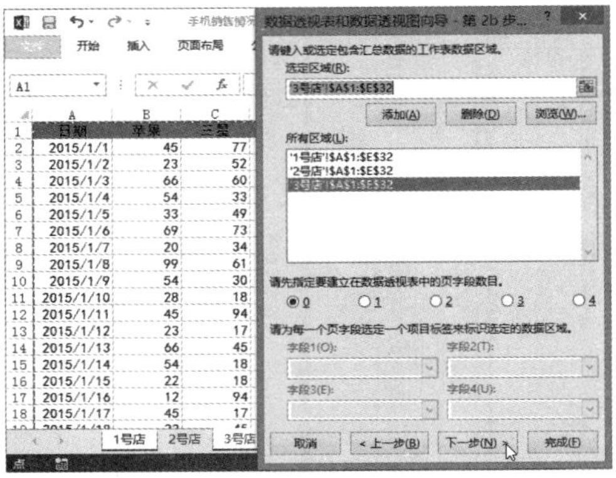

Step 18　弹出“数据透视表和数据透视图向导—步骤 3（共 3 步）”对话框，选择“新工作表”单选项，设置数据透视表的显示位置为新工作表。

Step 19　单击“完成”按钮。

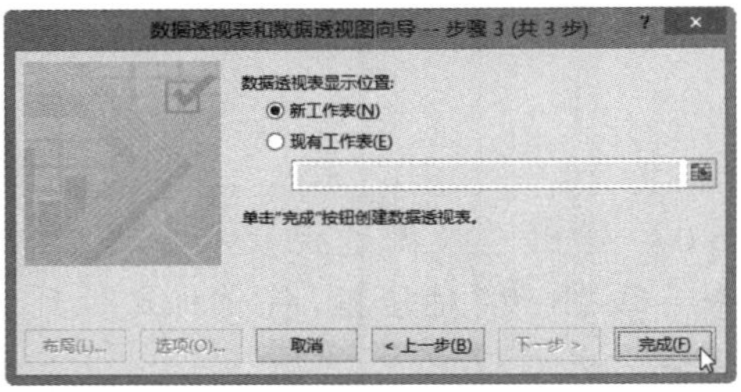

Step 20　返回工作簿，可以看到新建了一个工作表，并将创建的数据透视表放置其中。

Step 21　可以根据需要双击新建工作表标签，重命名新工作表。

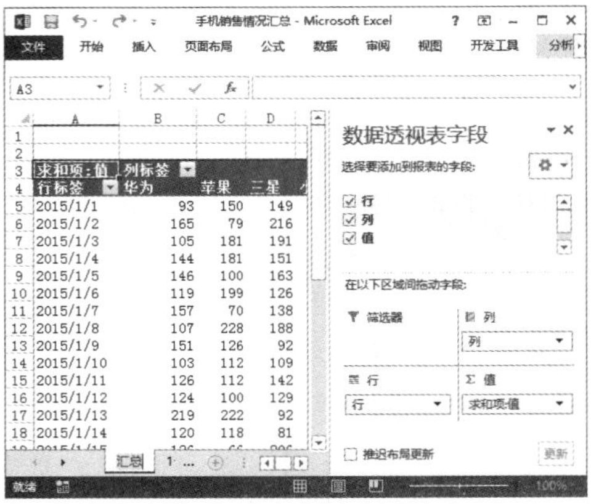

5.2.2　手动组合数据透视表内的数据项

当数据透视表中组合分类项不多时，可以通过手动组合以获得更灵活的方式组合数据透视表中的数据。本例需要将创建的数据透视表中的“日期”字段项按上、中、下旬分组。具体操作方法如下。

Step 01　单击“关闭”按钮✕，关闭“数据透视表字段”窗格。

Step 02　选中“日期”字段（“行标签”字段）中 1 月 1 日到 1 月 10 日的数据项。

Step 03　切换到“数据透视表工具/分析”选项卡，在“分组”组中单击“组选择”按钮，根据所选内容创建组。

提示：右键单击选中的数据项，在弹出的快捷菜单中单击“创建组”命令，也可根据所选内容创建组。

Step 04　返回数据透视表，可以看到创建数据组后的效果。

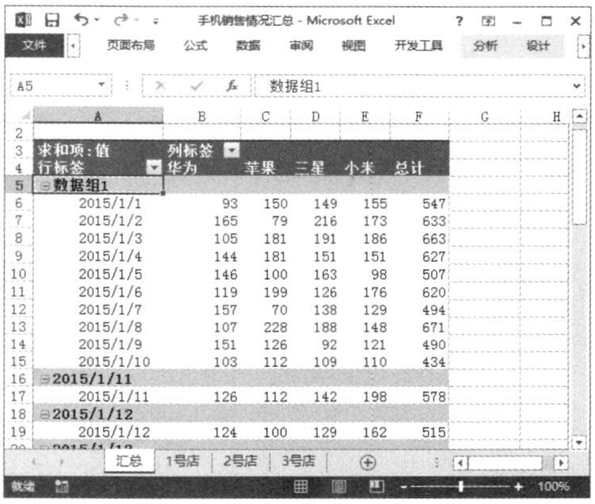

Step 05　选中字段项名称“数据组 1”所在单元格。

Step 06　在编辑栏中将其修改为“上旬”。

Step 07　按照上述方法，创建“中旬”和“下旬”组即可。

Step 08　创建组后，单击字段项名称前的⊟按钮即可隐藏该组信息，此时按钮变为⊞形状，单击⊞按钮，即可重新显示被隐藏的信息。

知识加油站

【取消项目的手动组合的方法】

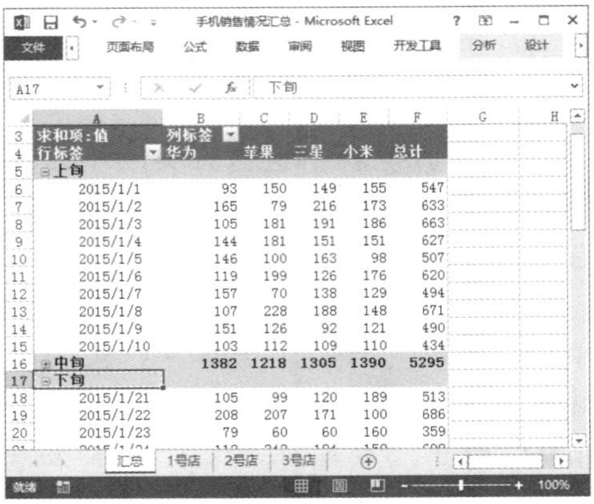

5.2.3　更改报表布局

默认情况下，数据透视表以压缩形式显示，为了满足不同的工作需要，可以更改数据透视表的报表布局。具体操作方法如下。

Step 01　选中数据透视表中任意单元格。

Step 02　切换到“数据透视表工具/设计”选项卡，在“布局”组中单击“报表布局”下拉按钮。

Step 03　在打开的下拉菜单中单击“以大纲形式显示”命令。

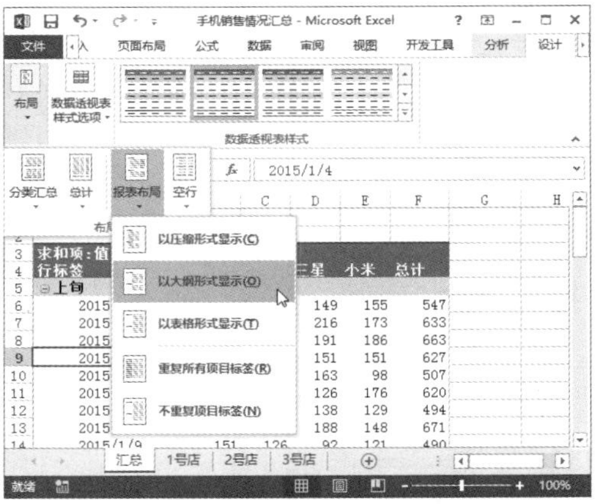

Step 04　返回数据透视表，可以看到以大纲形式显示的报表效果。

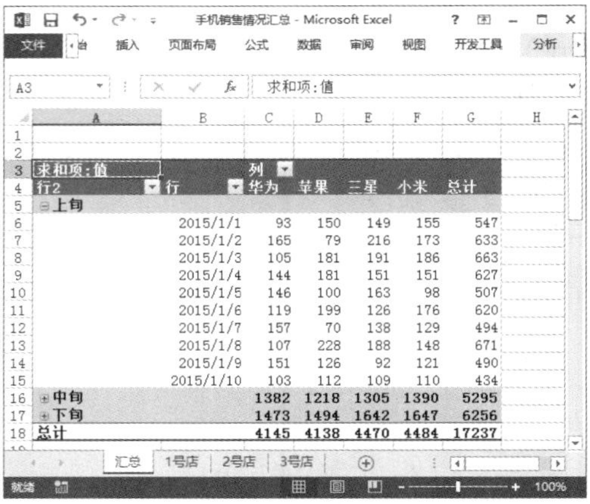

Step 05　选中字段标题“行”所在单元格，在编辑栏中将其修改为“日期”。

Step 06　选中字段标题“行 2”所在单元格，在编辑栏中将其修改为“旬”。

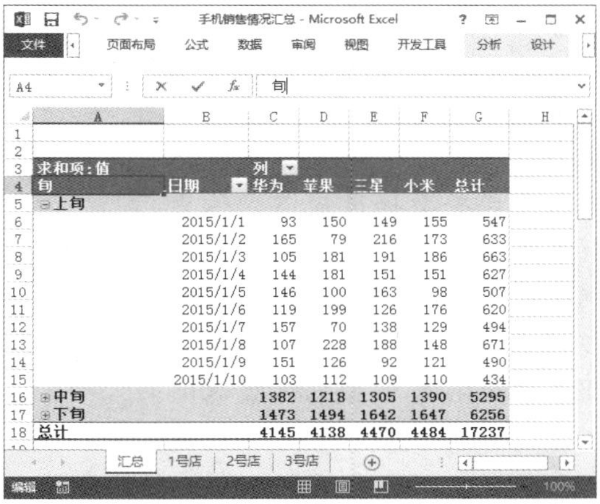

5.2.4　创建与编辑数据透视图

在已经创建了数据透视表的情况下，可以根据已有的数据透视表来创建数据透视图，用以进行数据分析。具体操作方法如下。

Step 01　选中数据透视表中任意单元格。

Step 02　切换到“数据透视表工具/分析”选项卡，在“工具”组中单击“数据透视图”按钮。

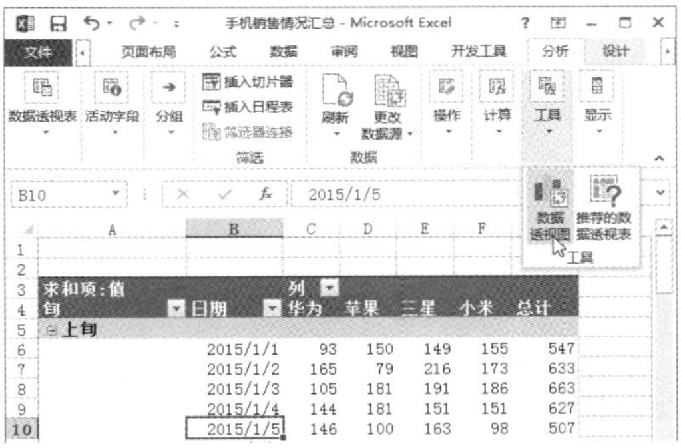

Step 03　弹出“插入图表”对话框，根据需要选择一种图表类型。

Step 04　单击“确定”按钮。

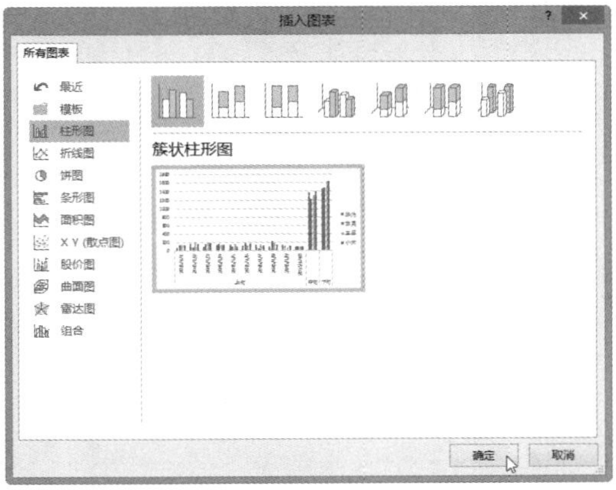

Step 05 返回工作表，即可看到其中根据数据透视表创建了数据透视图。

Step 06 将光标指向数据透视图，当光标呈形状时，使用鼠标左键拖动，即可根据需要调整数据透视图的位置。

Step 07 选中数据透视图，将光标指向控制框上的8个控制点，当光标呈双向箭头形状，如形状时，按住鼠标左键拖动，即可根据需要调整数据透视图的大小。

Step 08 根据数据透视表创建的数据透视图有时会过于杂乱，需要字段进行编辑，选中数据透视图。

Step 09 切换到“数据透视图工具/分析”选项卡，在“显示/隐藏”组中单击“字段列表”按钮。

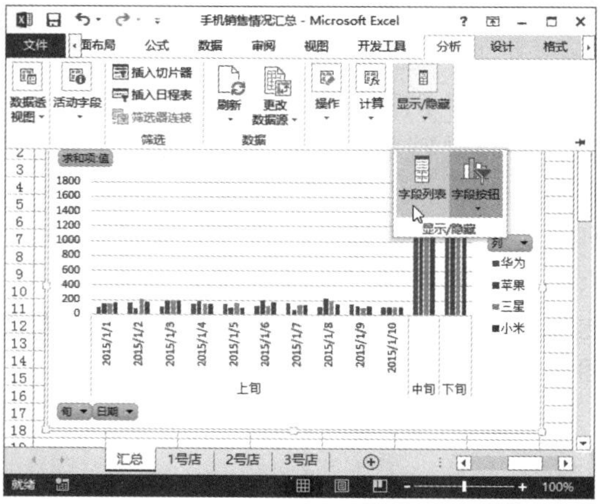

Step 10 打开“数据透视图字段”窗格，在其中根据需要取消勾选不需要的字段，本例取消勾选“日期”复选框。

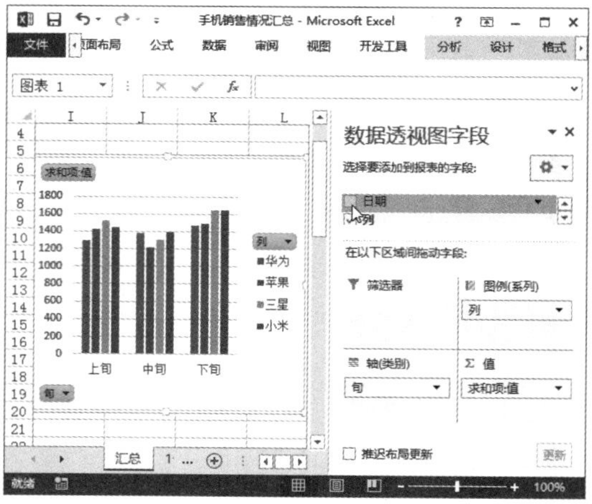

Step 11　在“数据透视图字段”窗格中，将光标指向需要调整的字段。

Step 12　当光标呈✥形状时，使用鼠标左键拖动，到目标区域释放鼠标，即可调整数据透视图的布局，如图所示。

Step 13　设置完成后，单击“关闭”按钮✕，关闭“数据透视表字段”窗格。

Step 14　在数据透视图中单击“旬”筛选下拉按钮。

Step 15　在打开的筛选下拉菜单中根据需要选择数据项，如选择“上旬”。

Step 16　单击“确定”按钮。

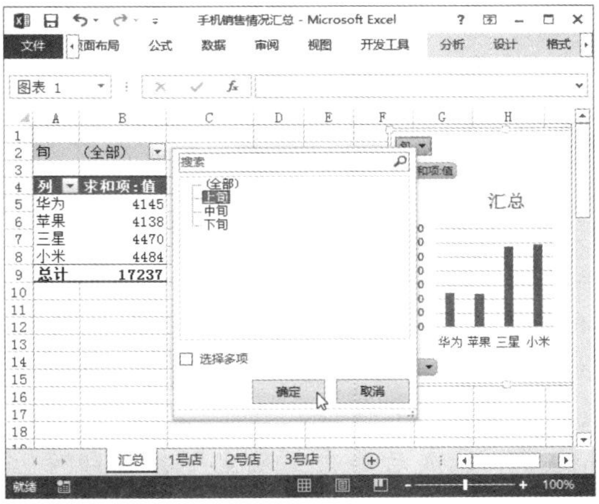

注意：根据数据透视表创建数据透视图后，更改数据透视图的字段布局，也将同步反映到源数据透视表中。

Step 17　返回工作表，可以看到筛选出的“上旬”各品牌手机销售情况数据透视表和数据透视图。

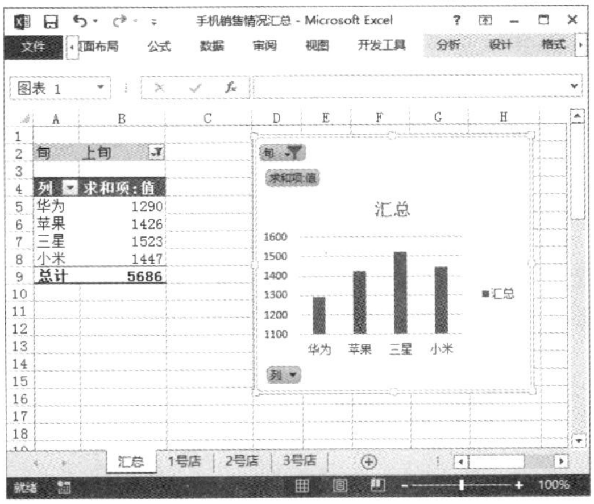

知识加油站——创建基本数据透视表的方法

在 Excel 中，整理好数据源之后，通过功能区中的相应命令按钮，几乎一步就可以完成数据透视表的创建工作。方法如下。

Step 01 选中要作为数据透视表数据源的单元格区域。

Step 02 切换到“插入”选项卡，在“表格”组中单击“数据透视表”命令。

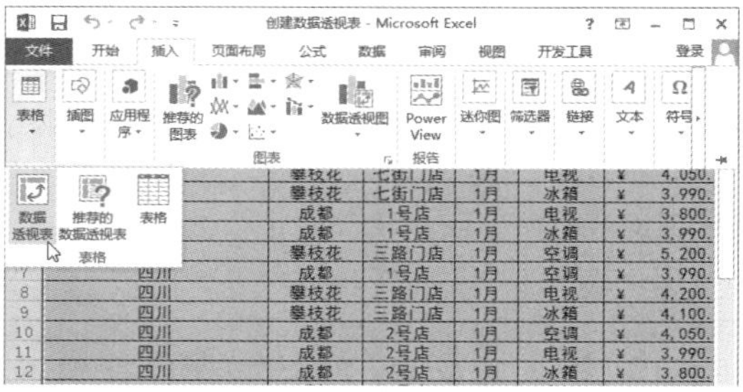

Step 03 弹出“创建数据透视表”对话框，此时在“请选择要分析的数据”栏中系统将自动选中“选择一个表或区域”单选项，且在“表/区域”参数框中自动选中相应的单元格区域。

Step 04 在“选择放置数据透视表的位置”栏中根据需要进行选择，如选中“新工作表”单选项。

Step 05 完成后单击“确定”按钮即可。

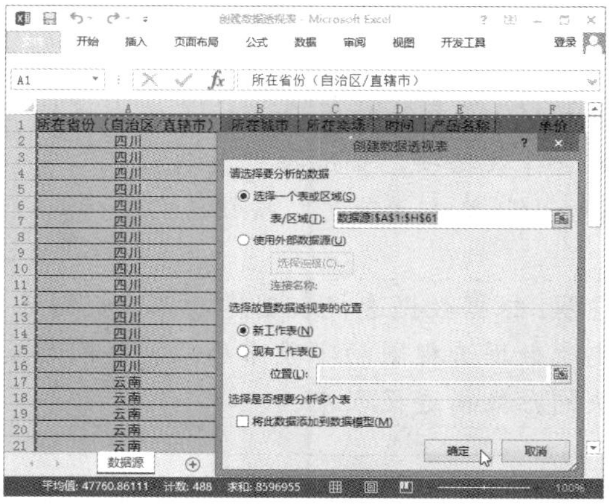

Step 06 根据本例的相关设置，工作簿中将新建一个工作表，并将创建的空白数据透视表置于其中。

提示：在“创建数据透视表”对话框中选择“现有工作表”，然后设置放置数据透视表的位置，即可将创建的数据透视表显示在所设置的工作表处。

Step 07　将光标定位到创建的数据透视表中。

Step 08　打开“数据透视表字段”窗格，在其中勾选需要的字段，Excel 会智能化地自动将所选字段安排到数据透视表的相应区域中，在数据透视表中显示出数据。

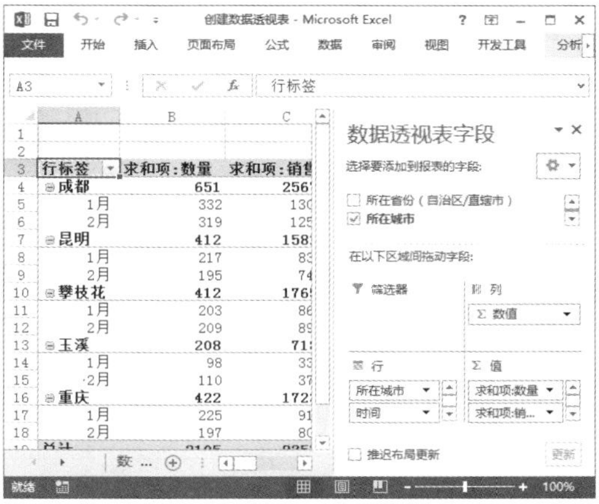

知识加油站——取消项目的手动组合的方法

在 Excel 数据透视表中，在对数据项进行手动组合后，取消手动组合的方式可以分为局部取消组合和完全取消组合两种，方法大致相同，只是执行“取消组合”命令时的对象有所不同。

以“小电器商品销售汇总”数据透视表为例，其中根据“商品名称”字段的数据项命名规则将商品按类别进行了分组。

- 局部取消组合：如果只需要取消“商品分类”字段中的“直发棒”数据项的组合，可以选中“商品分类”字段中的“直发棒”字段项，然后通过右键菜单或功能区选项卡执行“取消组合”命令即可。

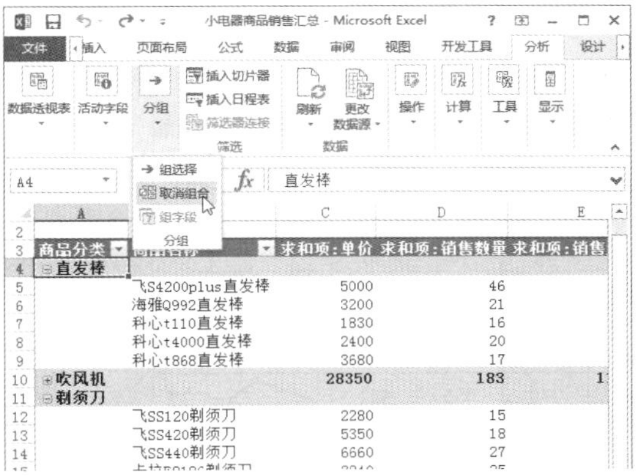

- 完全取消组合：如果需要完全取消数据透视表中的手动组合，则选中进行了组合的字段标题，如“商品分类”字段标题，然后通过右键菜单或功能区选项卡执行“取消组合”命令即可。

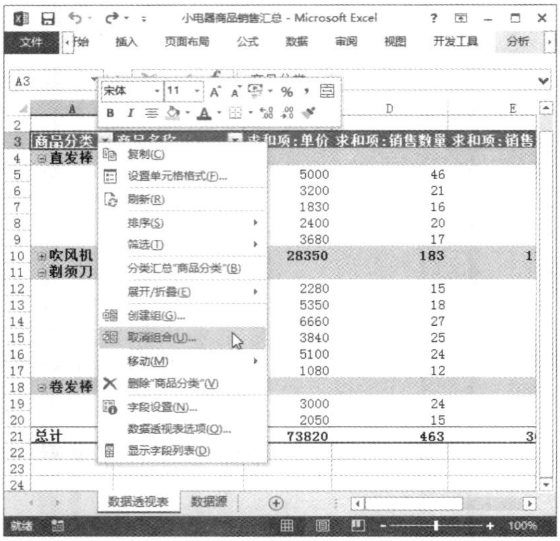

5.3 分析销售情况趋势

与 Excel 工作表中的其他图表不同，迷你图不是对象，它实际上是单元格背景中的一个微型图表。在数据旁边放置迷你图可以使数据表达更直观、更容易被理解。下面将介绍创建迷你图分析销售情况趋势的具体方法。

涉及知识点：

★创建迷你图　　★编辑与美化迷你图

最终效果：

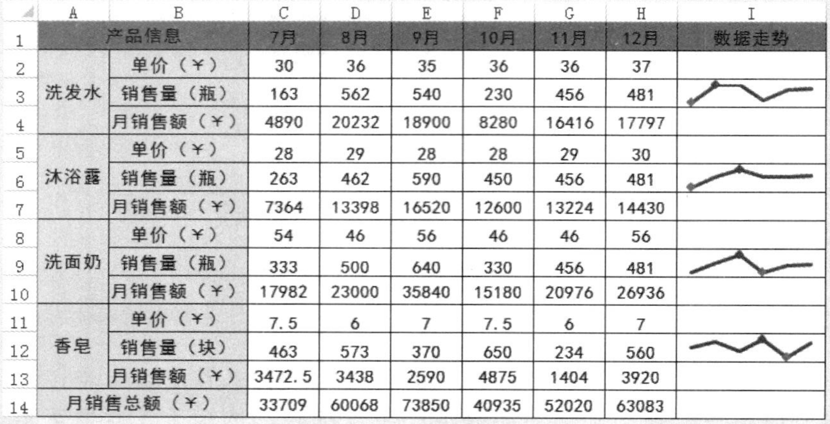

产品信息		7月	8月	9月	10月	11月	12月	数据走势
洗发水	单价（￥）	30	36	35	36	36	37	
	销售量（瓶）	163	562	540	230	456	481	
	月销售额（￥）	4890	20232	18900	8280	16416	17797	
沐浴露	单价（￥）	28	29	28	28	29	30	
	销售量（瓶）	263	462	590	450	456	481	
	月销售额（￥）	7364	13398	16520	12600	13224	14430	
洗面奶	单价（￥）	54	46	56	46	46	56	
	销售量（瓶）	333	500	640	330	456	481	
	月销售额（￥）	17982	23000	35840	15180	20976	26936	
香皂	单价（￥）	7.5	6	7	7.5	6	7	
	销售量（块）	463	573	370	650	234	560	
	月销售额（￥）	3472.5	3438	2590	4875	1404	3920	
月销售总额（￥）		33709	60068	73850	40935	52020	63083	

5.3.1 创建迷你图分析销售情况趋势

虽然迷你图不能完全替代图表的作用，但是在日常工作中，我们可以使用迷你图在数据表格旁边简明地显示出数据的趋势，方便进行简单的分析和判断。本例将创建折线迷你图分析销售情况趋势。具体操作方法如下。

Step 01 打开“销售情况趋势”工作簿原始文件，其中已经输入了基本内容，并设置了表格格式。

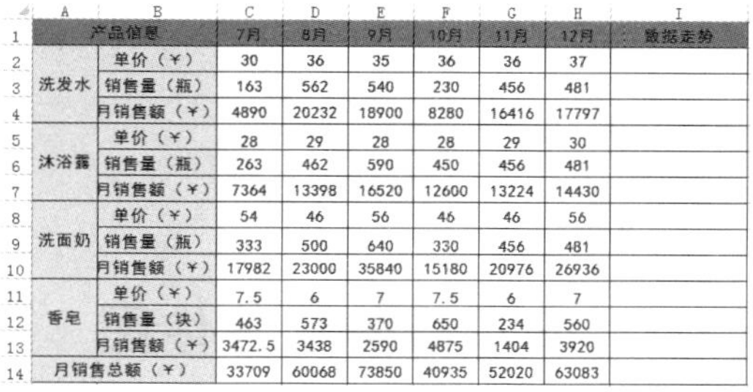

产品信息		7月	8月	9月	10月	11月	12月	数据走势
洗发水	单价（¥）	30	36	35	36	36	37	
	销售量（瓶）	163	562	540	230	456	481	
	月销售额（¥）	4890	20232	18900	8280	16416	17797	
沐浴露	单价（¥）	28	29	28	28	29	30	
	销售量（瓶）	263	462	590	450	456	481	
	月销售额（¥）	7364	13398	16520	12600	13224	14430	
洗面奶	单价（¥）	54	46	56	46	46	56	
	销售量（瓶）	333	500	640	330	456	481	
	月销售额（¥）	17982	23000	35840	15180	20976	26936	
香皂	单价（¥）	7.5	6	7	7.5	6	7	
	销售量（块）	463	573	370	650	234	560	
	月销售额（¥）	3472.5	3438	2590	4875	1404	3920	
月销售总额（¥）		33709	60068	73850	40935	52020	63083	

Step 02 在按住“Ctrl”键的同时，单击 I3、I6、I9、I12 单元格，将其同时选中。

Step 03 切换到“插入”选项卡，在“迷你图”组中单击“折线图”按钮。

知识加油站
【如何选择迷你图】

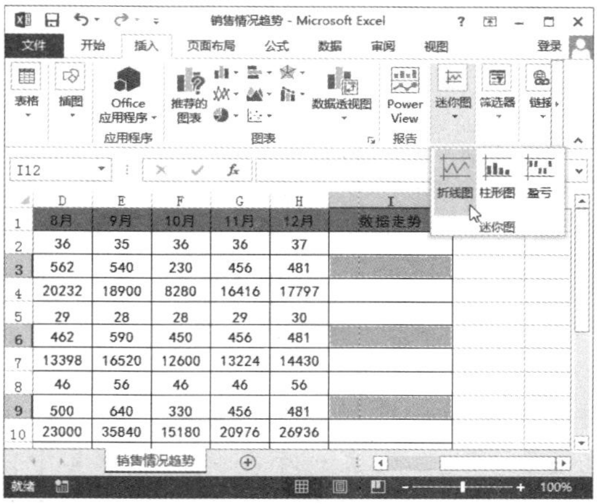

Step 04 弹出“创建迷你图”对话框，在“数据范围”文本框中设置数据源为“C3:H3,C6:H6,C9:H9,C12:H12”（以英文逗号“,”分隔）。

Step 05 单击“确定”按钮。

提示：在创建迷你图时，一个迷你图对应的数据源只能是同一行或同一列中相邻的单元格，否则无法创建迷你图。

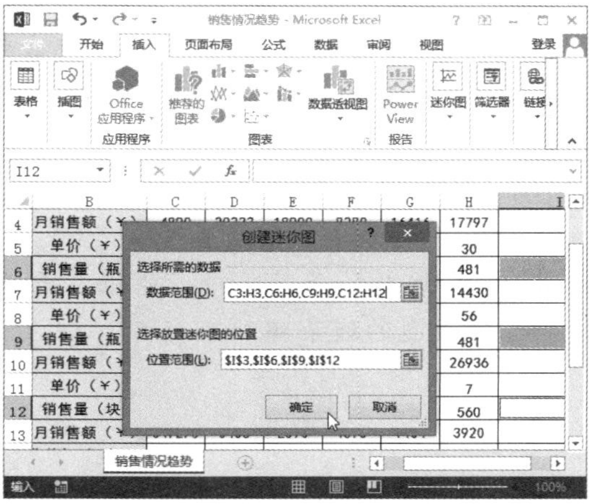

Step 06 返回工作表，可以看到其中根据设置创建了一组折线图迷你图。

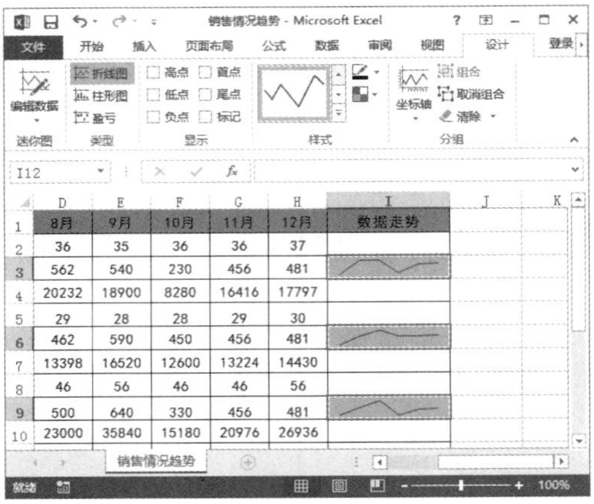

5.3.2 编辑与美化迷你图

在创建迷你图之后，为了使迷你图更清晰、美观，可以对其进行编辑和美化操作。具体操作方法如下。

Step 01 选中迷你图所在单元格。

Step 02 切换到出现的“迷你图工具/设计”选项卡，在“显示”组中勾选“高点”和“低点”复选框，显示出最高值和最低值的数据节点。

注意：同时创建的多个迷你图，将自动被组合到一起，形成一个整体，选中其中任意一个，即可对全部迷你图进行编辑或美化操作。

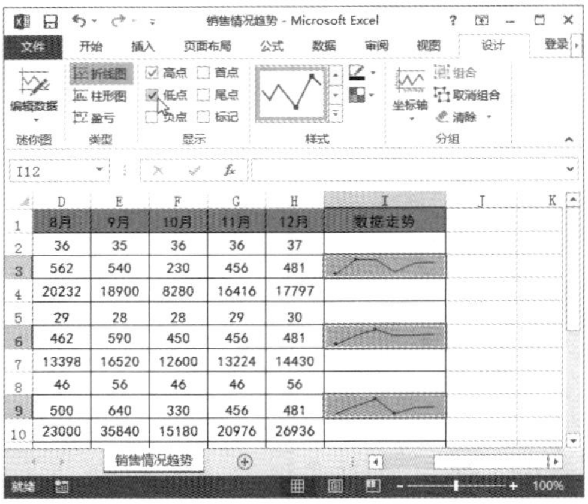

Step 03 在“样式”组中，单击“迷你图颜色”下拉按钮。

Step 04 在打开的下拉菜单中，单击“粗细”命令。

Step 05 在展开的子菜单中，根据需要选择迷你折线图的线条粗细。

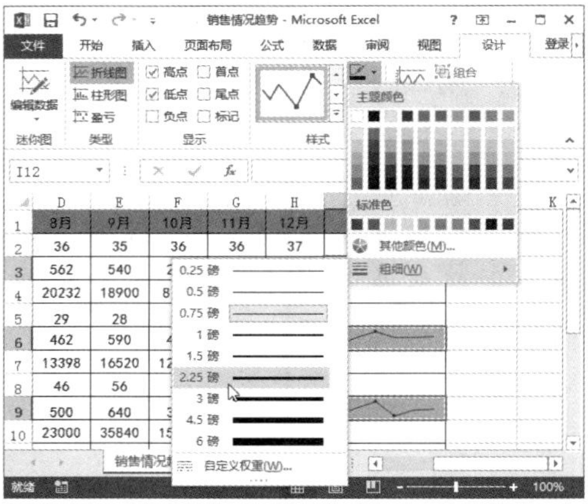

Step 06　在“样式”组中，单击“标记颜色”下拉按钮。

Step 07　在打开的下拉菜单中，单击“低点”命令。

Step 08　在展开的子菜单中，设置迷你折线图的低点为绿色。

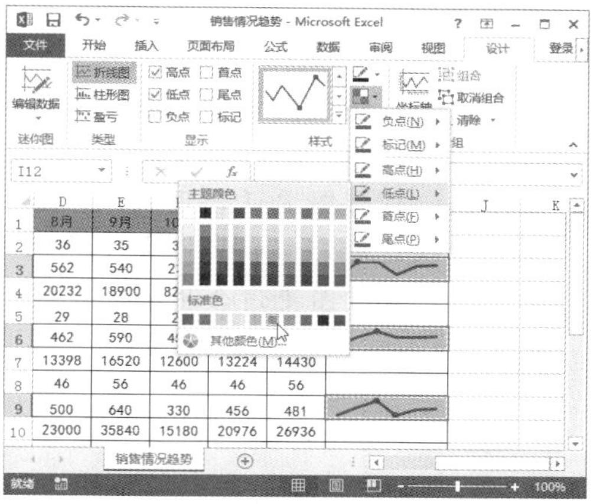

Step 09　返回工作表，即可看到设置后的效果。

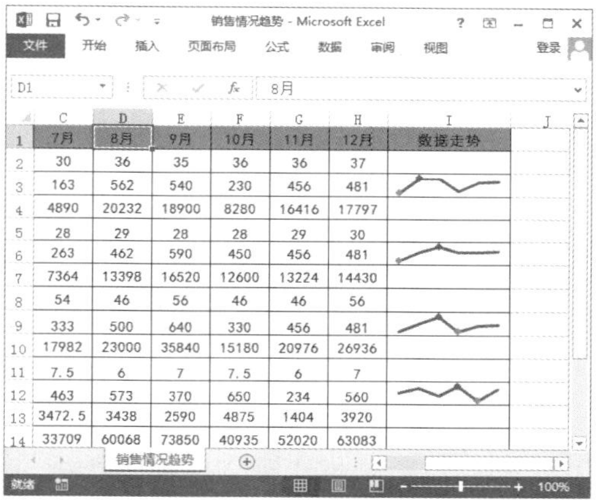

知识加油站——如何选择迷你图

迷你图在 Excel 中的主要作用就是用来显示出数值系列的趋势，例如季节性增加或减少、经济周期等，或者用来突出显示数据的最大值和最小值。

Excel 提供的迷你图只有 3 种类型，分别是折线图、柱形图和盈亏。其中，迷你图中的折线图和柱形图，只针对单一数据系列（单行/单列数据），属于基础图表折线图和柱形图的简化版。此外，迷你图中的盈亏也可以理解为股价图的简版。

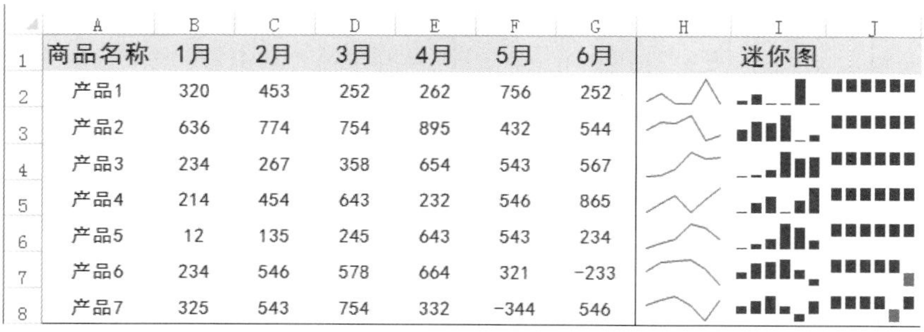

商品名称	1月	2月	3月	4月	5月	6月	迷你图		
产品1	320	453	252	262	756	252			
产品2	636	774	754	895	432	544			
产品3	234	267	358	654	543	567			
产品4	214	454	643	232	546	865			
产品5	12	135	245	643	543	234			
产品6	234	546	578	664	321	-233			
产品7	325	543	754	332	-344	546			

在上面的表格中我们同时使用了迷你图的 3 种类型。对比一下三种迷你图的显示效果，在选择迷你图类型上，我们总结出以下经验。

- 迷你折线图更适合于展示数据的发展趋势，配合高点和低点的突出显示，可以快速判断数据的变化情况。
- 迷你柱形图更适合用来展示需要进行对比的数据，通过柱形高度的比较，可以快速判断数值差距（需要注意，迷你柱形图中的柱高比例并不精确）。
- 迷你盈亏图更适合用来反映经济周期等拥有正负数值的数据情况。

第 06 章 客户管理

在企业的日常经营活动中，规范化地管理客户信息，维护良好的客户关系，有助于提升企业形象，为企业赢得更多的客户，并进一步增加企业的销售业绩。通过制作适合的 Excel 表格，可以对客户相关资料进行规范、有效的管理。

【本章案例】

- 制作新增客户管理表
- 制作客户月拜访计划表
- 制作客户预约记录表

6.1 制作新增客户管理表

当有新客户进行交易时，为了方便客户的管理和跟进，应创建新增客户管理表详细记录客户信息。下面将介绍新增客户管理表的具体制作方法。

涉及知识点：

★设置工作表背景　★将工作表另存为模板　★加密保护工作簿

最终效果：

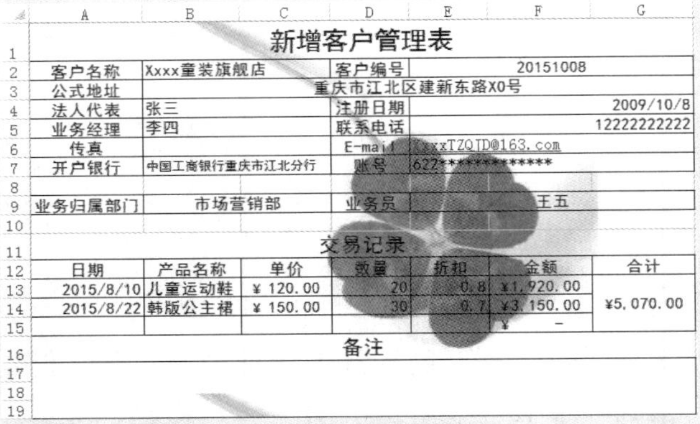

6.1.1 创建基本框架

制作新增客户管理表的第一步是输入基本信息，并适当设置表格格式，创建出基本框架。具体操作方法如下。

Step 01 新建一个名为"新增客户管理表"的工作簿。

Step 02 重命名"Sheet1"工作表为"新增客户管理"。

Step 03 在工作表中输入基本数据内容，如图所示。

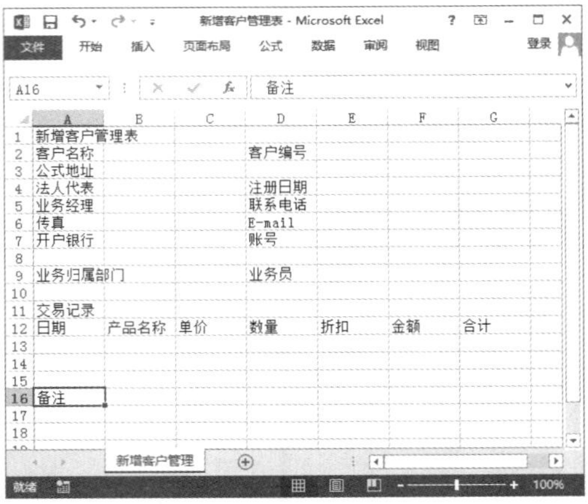

Step 04　适当设置表格样式，如图所示。

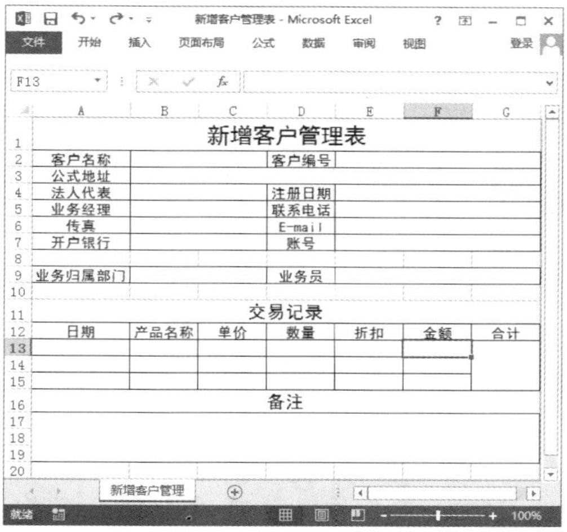

Step 05　在 F13 单元格中输入公式“=C13*D13*E13”，按下“Enter”键确认。

Step 06　选中 F13 单元格，将光标指向单元格右下角。

Step 07　当光标呈十字形状时，按住鼠标左键拖动，到适当位置释放鼠标，使用填充柄功能将公式复制到 F14 和 F15 单元格中。

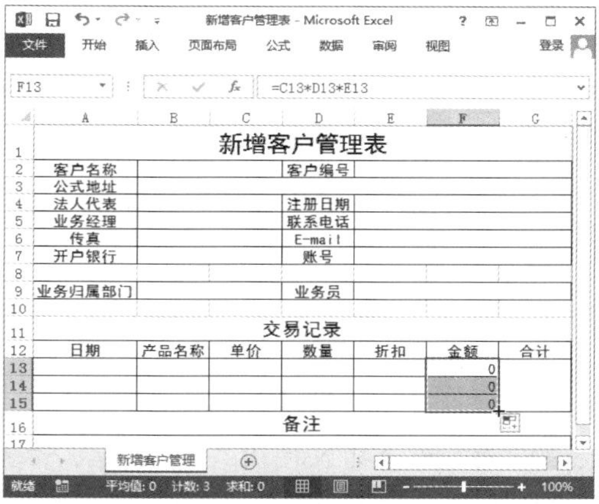

Step 08　在 G13 单元格中输入公式“=SUM(F13:F15)”，按下“Enter”键确认。

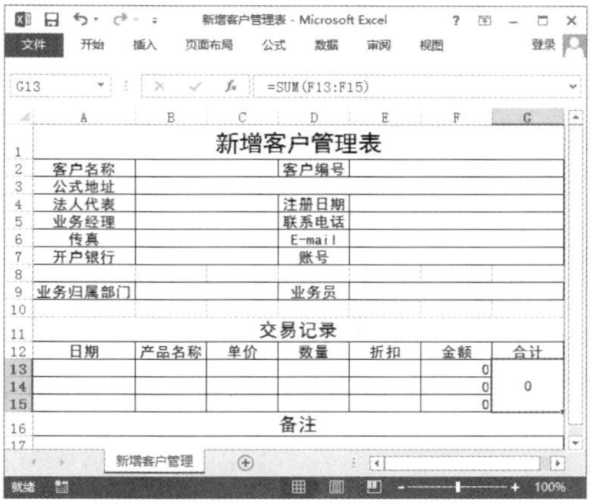

6.1.2　设置工作表背景

为了使工作表更美观，可以为工作表设置图片背景。具体操作方法如下。

Step 01 选中 C13:C15 和 F13:G15 单元格区域。
Step 02 在“开始”选项卡的“数字”组中单击“会计数字格式” 下拉按钮。
Step 03 在打开的下拉菜单中，单击“¥中文（中国）”选项。

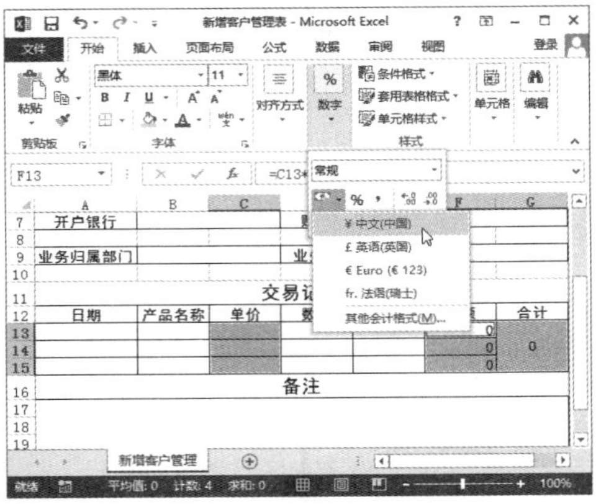

Step 04 返回工作表，可以看到设置单元格数字格式之后的效果。
Step 05 选中工作表中任意单元格。
Step 06 切换到“页面布局”选项卡，在“页面设置”组中单击“背景”按钮。

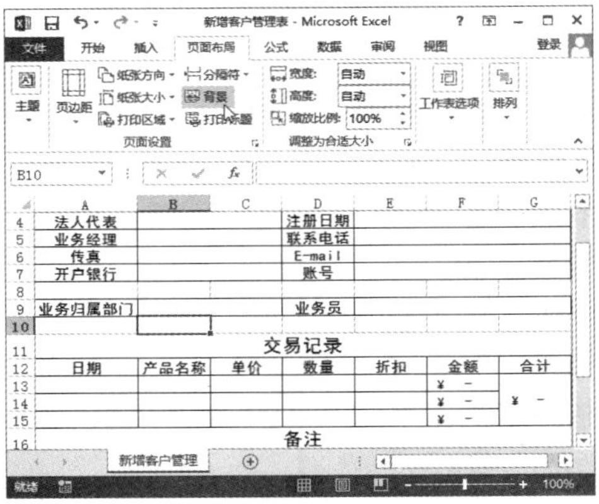

Step 07 弹出“插入图片”对话框，本例在“来自文件”栏中单击“浏览”按钮。

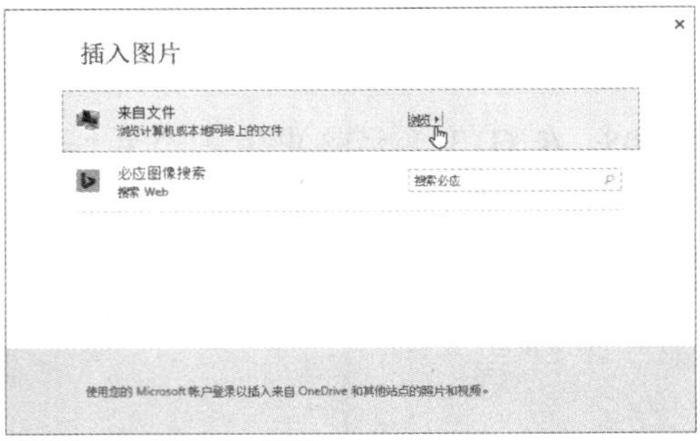

Step 08 弹出“工作表背景”对话框，根据背景图片存储位置，找到并选中图片。
Step 09 单击“插入”按钮。

Step 10　返回工作表，即可看到设置了背景图片后的效果。

提示：为工作表设置背景后，切换到“页面布局”选项卡，在“页面设置”组中单击“删除背景”按钮，即可删除工作表背景。

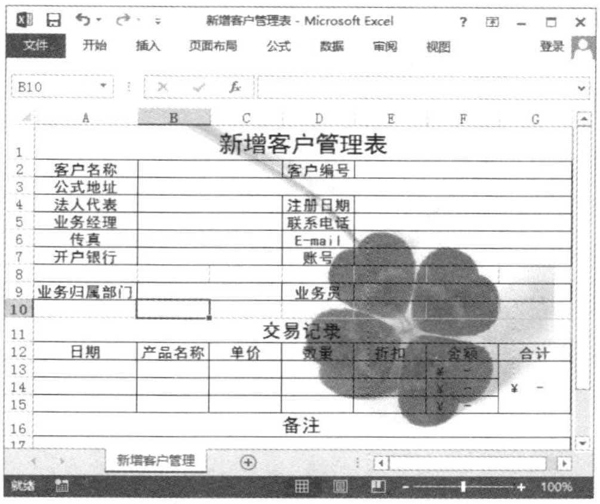

6.1.3　将工作表另存为模板

由于新增客户的情况可能随时发生，可以设置一个固定样式的模版，当新增客户时可根据模版快速创建新增客户管理表。具体操作方法如下。

Step 01　切换到“文件”选项卡，单击“另存为”命令。

Step 02　在对应的“另存为”子选项卡中，双击“计算机”按钮。

Step 03　弹出“另存为”对话框，设置文件名为“新增客户管理表”。

Step 04　保存类型为“Excel 模版”，此时 Excel 将自动设置文件保存位置。

Step 05　单击“保存”按钮即可。

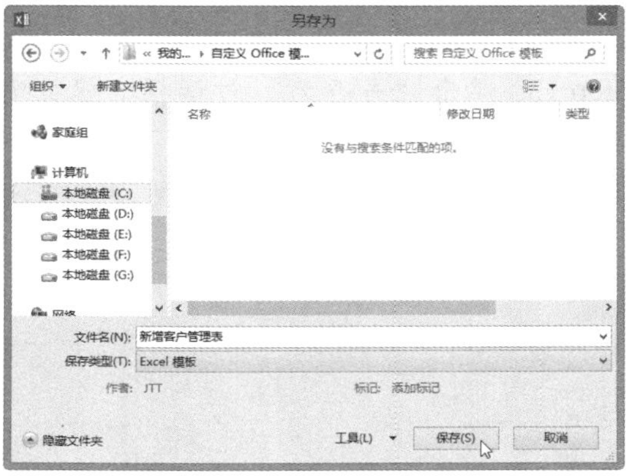

Step 06　将表格保存为模版后，日后若要调用模版，可在打开的工作簿中切换到“文件”选项卡。
Step 07　单击“新建”命令。
Step 08　在对应的“新建”子选项卡中单击“个人”按钮。
Step 09　在对应的界面中，选择保存的“新增客户管理表”自定义模板，单击即可。

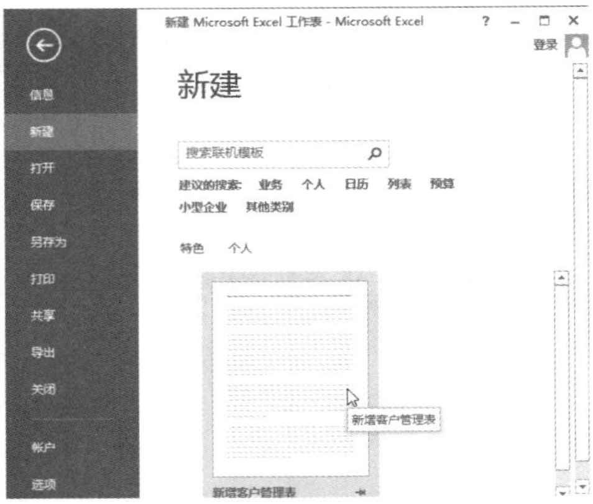

Step 10　此时将根据模板创建一个新工作簿，在打开的工作表中输入需要的数据内容。
Step 11　输入完成后，单击“保存”按钮 。

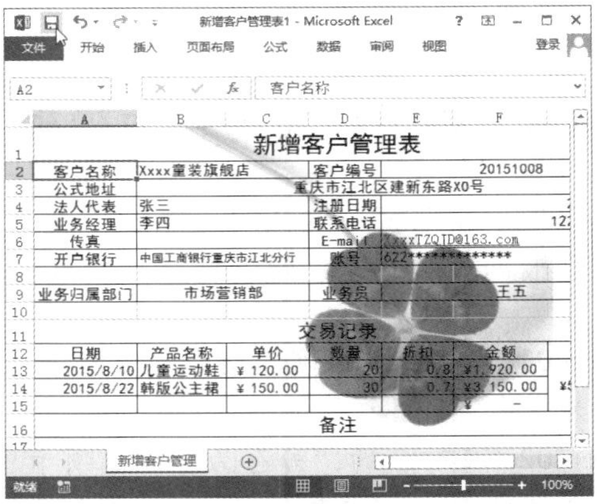

Step 12　此时将自动切换到“文件”选项卡的“另存为”子选项卡中，双击“计算机”按钮。

Step 13　弹出“另存为”对话框，根据需要设置文件名。
Step 14　设置文件的保存类型为“Excel 工作簿”。
Step 15　单击“保存”按钮即可。

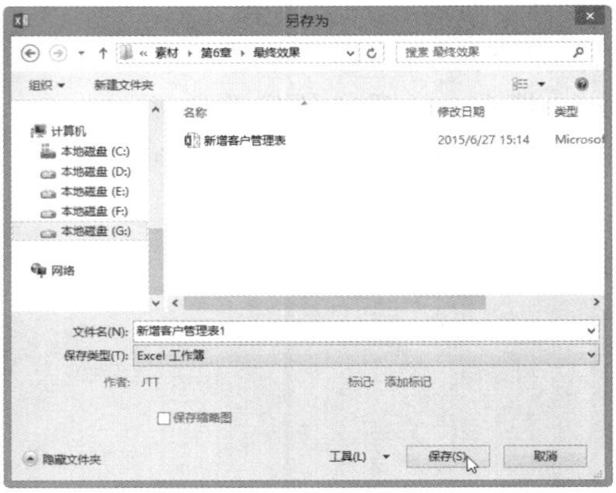

6.1.4　为工作簿添加密码保护

客户信息是企业重要的资料，为了防止他人修改或浏览创建的新增客户管理表，可以为工作簿设置打开密码。具体操作方法如下。

Step 01　切换到“文件”选项卡，默认打开“信息”子选项卡，单击“保护工作簿”下拉按钮。

Step 02　在打开的下拉菜单中单击“用密码进行加密”命令。

知识加油站

【设置以“只读”方式打开文档】

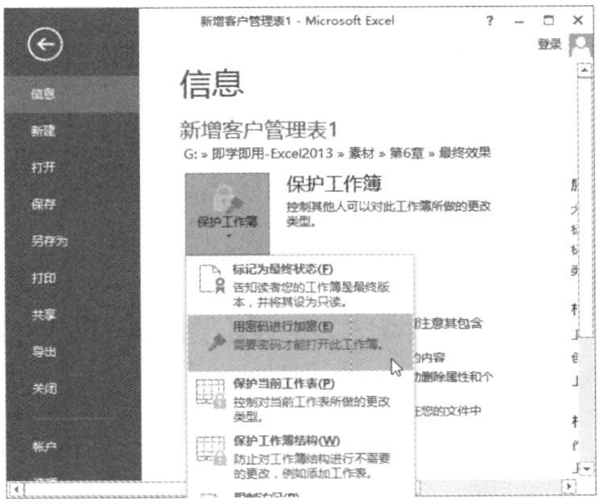

Step 03　弹出“加密文档”对话框，输入要设置的密码，本例输入“123”。

Step 04　单击“确定”按钮。

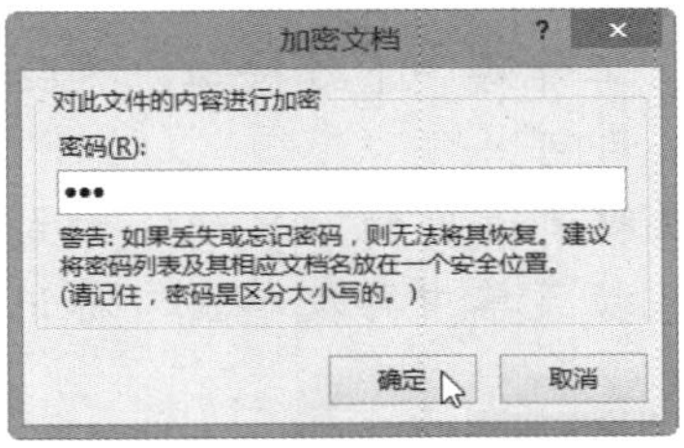

Step 05　弹出“确认密码”对话框，重新输入一遍密码。

Step 06　单击“确定”按钮即可。

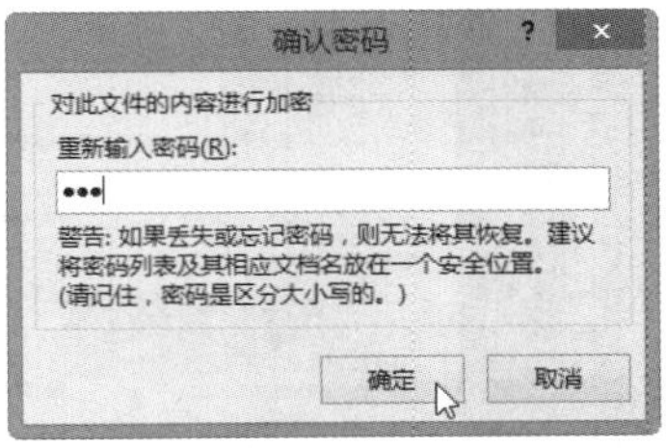

Step 07　返回工作簿，可以看到信息显示已设置用密码保护工作簿。

Step 08　单击“保存”命令，保存设置即可。

提示：要取消密码保护，则在“文件”选项卡中再次单击“用密码进行加密”命令，在弹出的“加密文档”对话框中清空密码，单击“确定”按钮，然后保存工作簿即可。

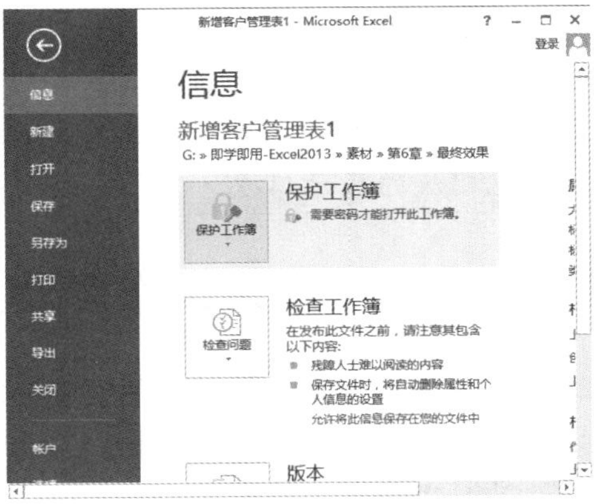

Step 09 关闭设置了加密保护的工作簿后，再次打开该工作簿时将弹出“密码”对话框，此时需要输入设置的密码。

Step 10 单击“确定”按钮，才能打开该工作簿。

知识加油站

【为工作簿设置修改密码的方法】

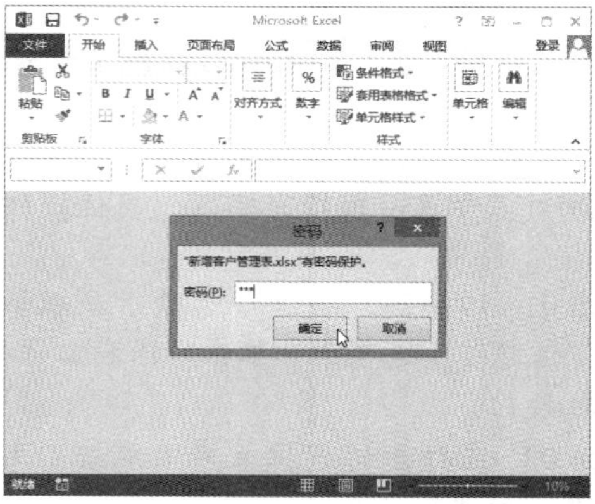

知识加油站——设置以“只读”方式打开文档

如果工作簿只允许浏览而禁止修改时，用户可以将工作簿的打开方式设置为“只读”。

- 设置方法为：切换到“文件”选项卡，在“信息”子选项卡中，单击“保护工作簿”下拉按钮，然后在打开的下拉菜单中单击“标记为最终状态” 命令即可。
- 取消设置的“只读”方式，方法为：在“信息”选项卡的“保存工作簿”下拉菜单中再次单击“标记为最终状态”命令即可。

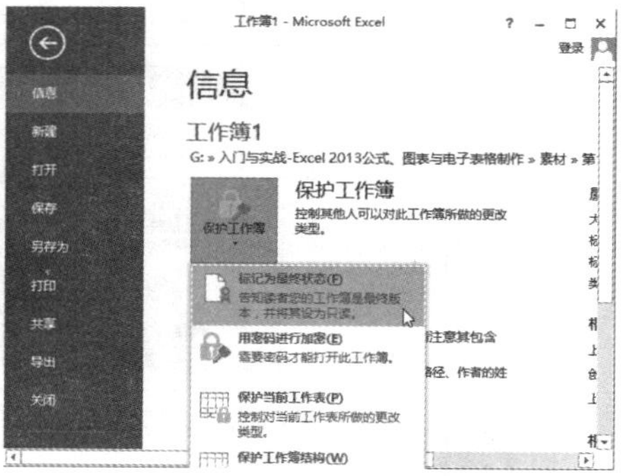

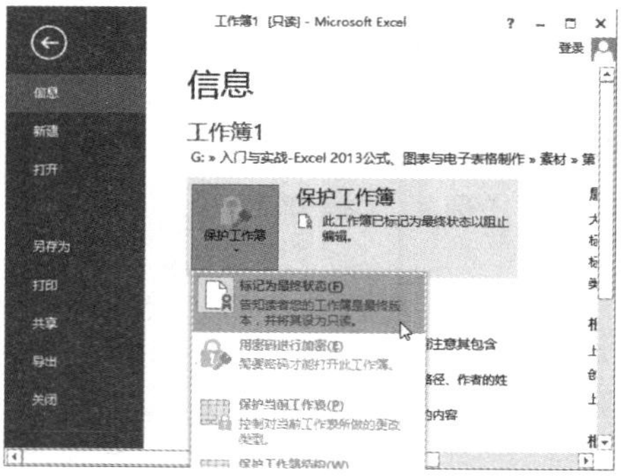

提示：设置“只读”方式后，工作簿标题栏将出现“只读”字样，返回工作表，可以看到出现相应的提示信息。

知识加油站——为工作簿设置修改密码的方法

将工作簿标记为最终状态后，其他用户很容易就可以取消设置的“只读”方式，因此建议为工作簿设置修改密码，这样只有输入正确的密码才能修改工作簿中的内容。设置修改密码的方法如下。

Step 01　打开工作簿，切换到“文件”选项卡，单击“另存为”命令。

Step 02　在对应的“另存为”子选项卡中，双击“计算机”按钮。

Step 03　弹出“另存为”对话框，单击“工具”下拉按钮。

Step 04　在打开的下拉菜单中单击“常规选项”命令。

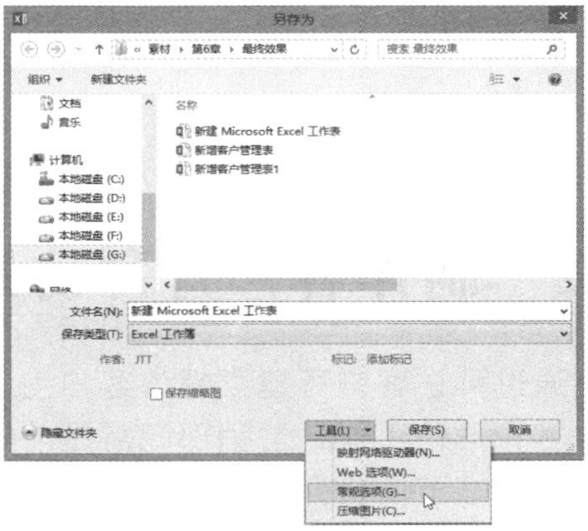

Step 05　弹出“常规选项”对话框，在“修改权限密码”文本框中输入密码，本例输入“123”。

Step 06　单击“确定”按钮即可。

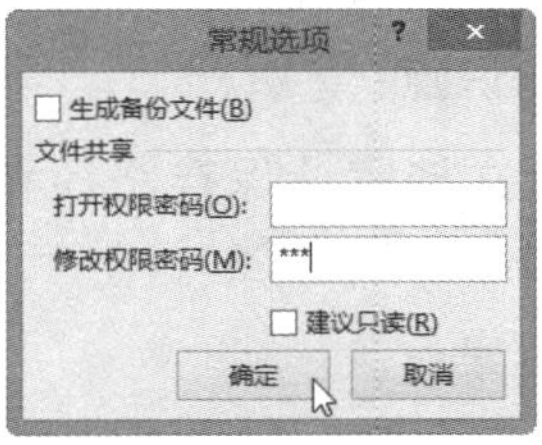

Step 07　弹出“确认密码”对话框，重新输入一遍密码。

Step 08　单击“确定”按钮。

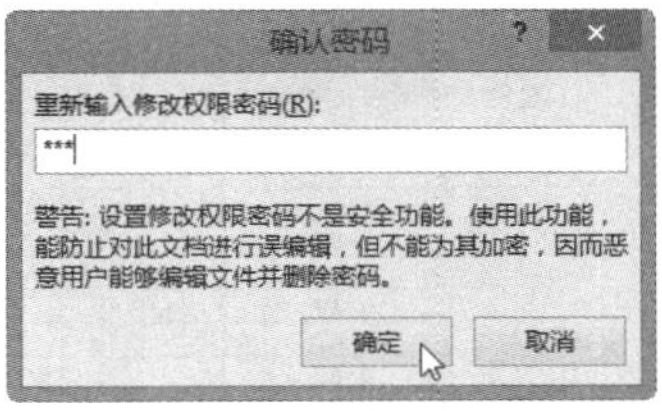

Step 09　返回“另存为”对话框，单击“保存”按钮。

Step 10　弹出“确认另存为”对话框，单击“是”按钮，替换原工作簿即可。

提示：如要取消设置的密码，按照设置修改密码的方法操作，将密码设置为无（即不输入任何内容）即可。

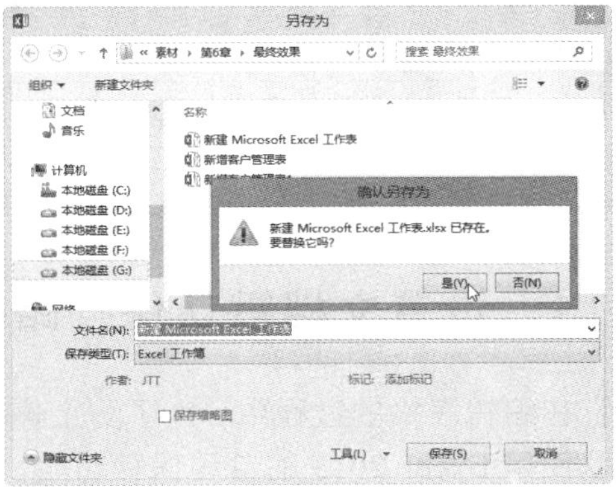

Step 11　打开设置了修改密码的工作簿时将弹出“密码”对话框，此时单击“只读”按钮，可以打开工作簿以“只读”模式阅读，但不能修改其中的内容。

Step 12　输入设置的修改密码，单击“确定”按钮，才能在打开该工作簿时获取修改其中内容的权限。

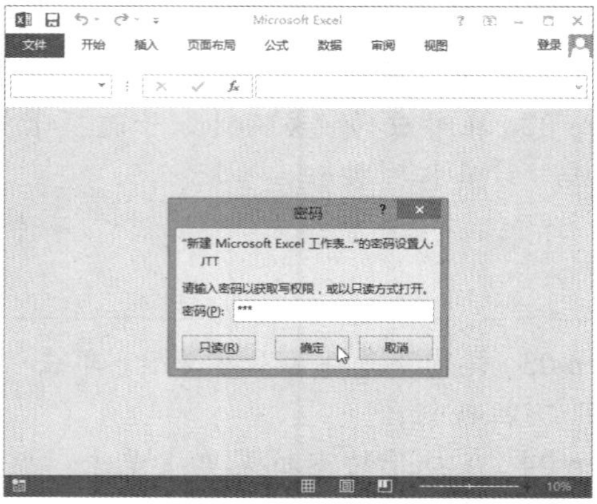

6.2　制作客户月拜访计划表

通过拜访客户可建立起与客户沟通的便捷渠道，增强合作交流。为了更加有效地展开客户拜访工作，营销部门需提前做好客户月拜访计划表，以保证客户拜访工作的顺利实施。下面将介绍客户月拜访计划表的具体制作方法。

涉及知识点：

★设置文档默认保存路径和保存时间间隔　　★冻结窗格

★添加与编辑批注

最终效果：

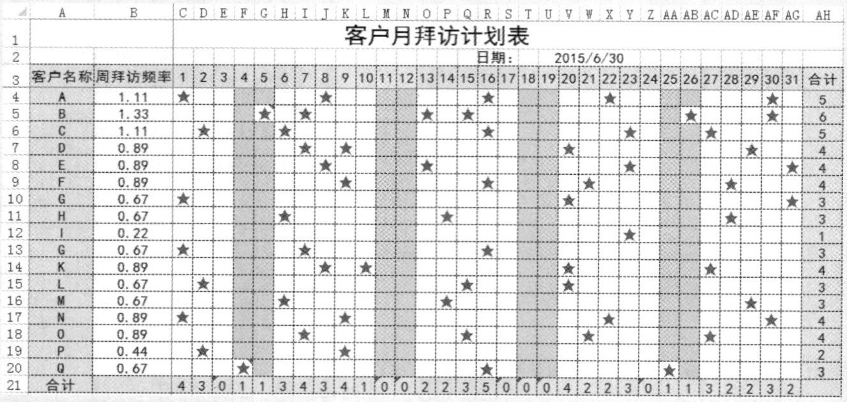

	A	B	C	D	E	F	G	H	I	J	K	L	M	N	O	P	Q	R	S	T	U	V	W	X	Y	Z	AA	AB	AC	AD	AE	AF	AG	AH
1			客户月拜访计划表																															
2																	日期：				2015/6/30													
3	客户名称	周拜访频率	1	2	3	4	5	6	7	8	9	10	11	12	13	14	15	16	17	18	19	20	21	22	23	24	25	26	27	28	29	30	31	合计
4	A	1.11	★							★								★						★								★		5
5	B	1.33					★		★						★		★											★				★		6
6	C	1.11		★				★										★							★				★					5
7	D	0.89							★		★											★									★			4
8	E	0.89								★					★										★								★	4
9	F	0.89									★							★					★							★				4
10	G	0.67	★																			★											★	3
11	H	0.67						★								★														★				3
12	I	0.22																							★									1
13	G	0.67	★						★									★																3
14	K	0.89								★		★										★							★					4
15	L	0.67		★													★					★												3
16	M	0.67						★								★															★			3
17	N	0.89	★								★													★								★		4
18	O	0.89							★								★						★						★					4
19	P	0.44		★							★																							2
20	Q	0.67				★												★									★							3
21	合计		4	3	0	1	1	3	4	3	4	1	0	0	2	2	3	5	0	0	0	4	2	2	3	0	1	1	3	2	2	3	2	

6.2.1　设置文档默认保存路径和保存时间间隔

在编辑表格的过程中，为了防止停电、死机等意外情况导致当前编辑的内容丢失，可以使用 Excel 2013 的自动保存功能，每隔一段时间自动保存一次文档，从而最大限度地避免文档内容的丢失。默认情况下，Excel 文档的保存路径是“C:\Users\?\Documents”（其中“?”为当前登录系统的用户名），每隔 10 分钟自动保存一次文档，如果需要选择其他保存路径，或缩短间隔时间，可以在“Excel 选项”对话框中进行更改。具体操作方法如下。

Step 01　新建一个名为“客户月拜访计划表”的工作簿。

Step 02　切换到“文件”选项卡。

Step 03　单击“选项”命令。

Step 04　弹出“Excel 选项”对话框，切换到“保存”选项卡。

Step 05　在“保存文档”栏中，“保存自动恢复信息时间间隔”复选框默认为勾选状态，此时只需在右侧的微调框中设置自动保存的时间间隔即可。

Step 06　在“默认本地文件位置”文本框中输入常用存储路径（如输入“E:/工作”）。

Step 07　单击“确定”按钮即可。

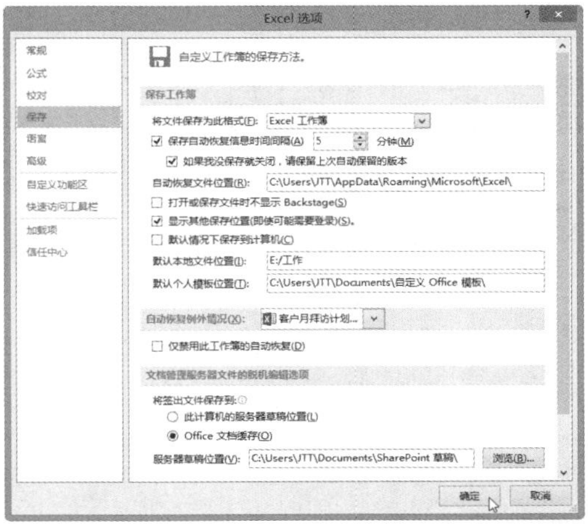

提示：文档非正常关闭后再次启动 Excel 程序时，Excel 窗口左侧将显示最近一次保存的文档，单击某个文档，会打开自动保存过的内容，此时可对其进行保存操作。

6.2.2　创建基本框架

制作客户月拜访计划表的第一步是输入基本信息，并适当设置表格格式，创建出基本框架。具体操作方法如下。

Step 01 重命名“Sheet1”工作表为“新增客户管理”。

Step 02 在工作表中输入基本数据内容，如图所示。

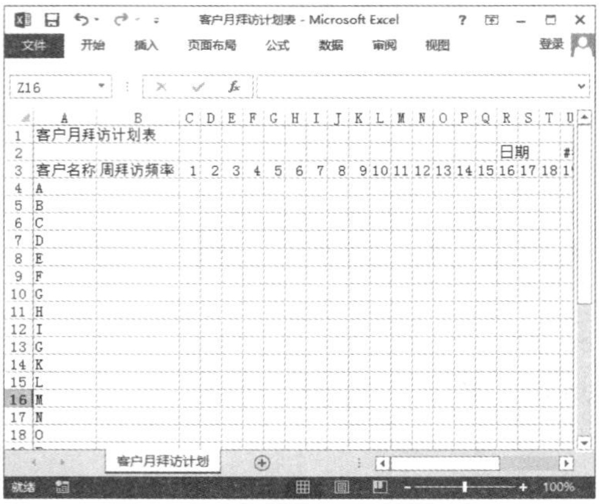

Step 03 适当设置表格样式，如图所示。

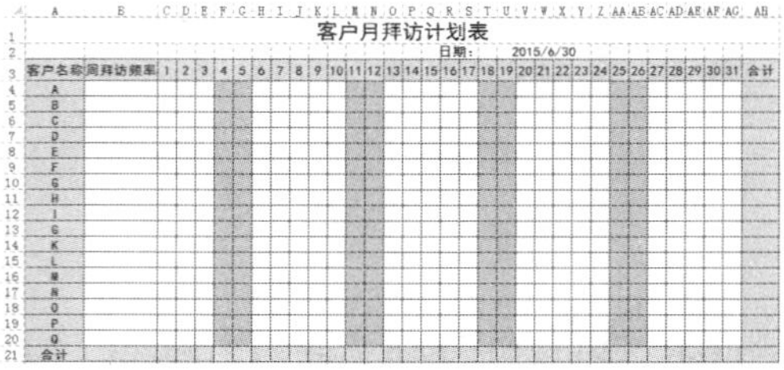

Step 04 选中工作表中某个要拜访客户行和日期列交叉处的单元格。

Step 05 切换到“插入”选项卡，在“符号”组中单击“符号”按钮。

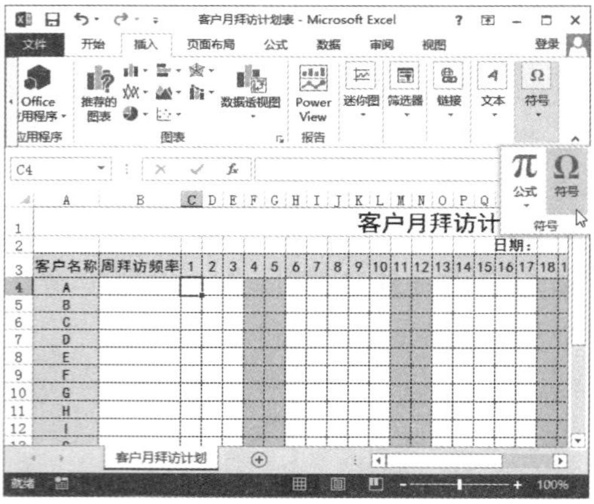

Step 06 弹出“符号”对话框，选中要插入的符号。

Step 07 单击“插入”按钮。

Step 08 此时“取消”按钮变为“关闭”，单击该按钮关闭对话框。

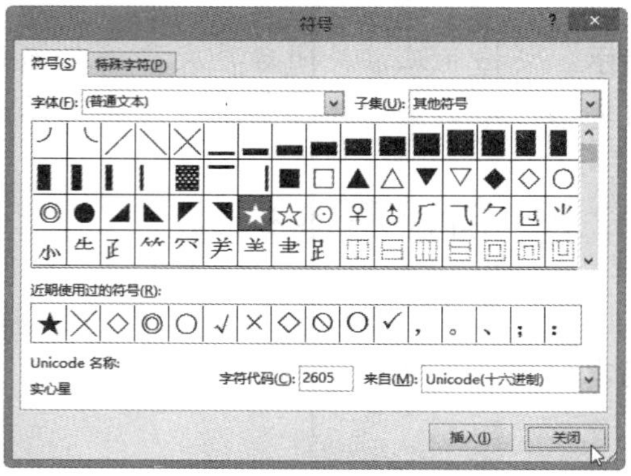

Step 09　在返回的工作表中可看到插入的符号，选中符号所在的 C4 单元格。

Step 10　在“开始”选项卡的“字体”组中单击“文字颜色”下拉按钮。

Step 11　在打开的下拉菜单中，根据需要选择一种符号颜色，单击即可。

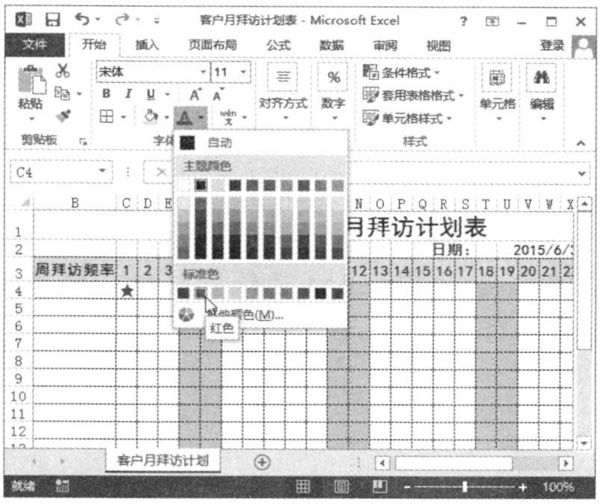

Step 12　选中 C4 单元格，按下“Ctrl+C”组合键，复制符号。

Step 13　选中目标单元格，按下“Ctrl+V”组合键，粘贴符号到目标单元格。

Step 14　通过复制粘贴，将设置好格式的符号复制到工作表中其他需要的单元格中。

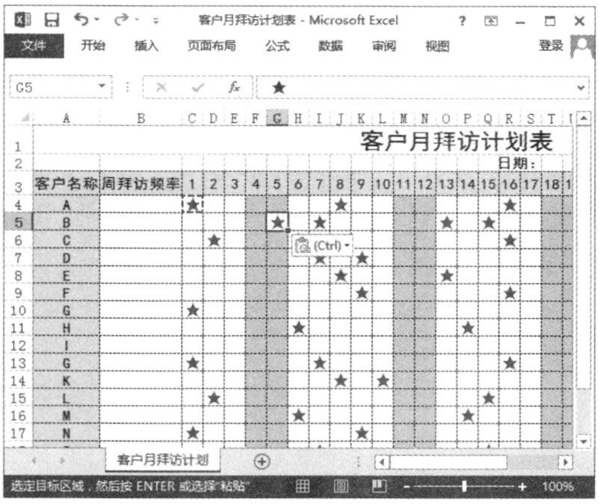

Step 15　在 AH4 单元格中输入公式“=COUNTIF(C4:AG4,"★")”，按下“Enter”键确认。

Step 16　选中 AH4 单元格，将光标指向单元格右下角。

Step 17　当光标呈十字形状时，按住鼠标左键拖动，到适当位置释放鼠标，使用填充柄功能复制公式。

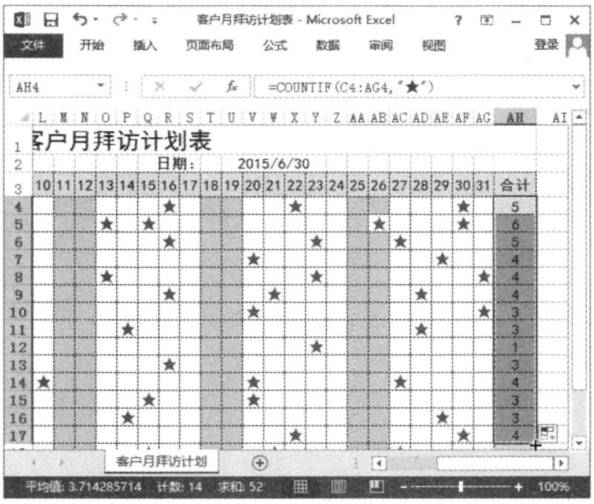

Step 18　在 C21 单元格中输入公式“=COUNTIF(C4:C20,"★")”，按下“Enter”键确认。

Step 19　选中 C21 单元格，将光标指向单元格右下角。

Step 20　当光标呈十字形状时，按住鼠标左键拖动，到适当位置释放鼠标，使用填充柄功能复制公式。

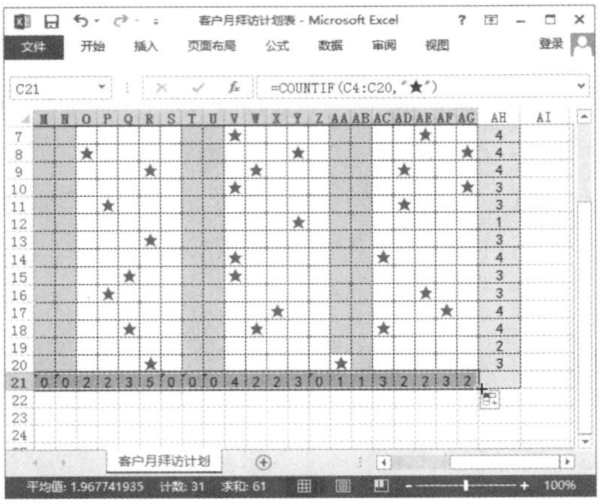

Step 21　在 B4 单元格中输入公式“=AH4/4.5”，按下“Enter”键确认。

Step 22　选中 B4 单元格，将光标指向单元格右下角。

Step 23　当光标呈十字形状时，按住鼠标左键拖动，到适当位置释放鼠标，使用填充柄功能复制公式。

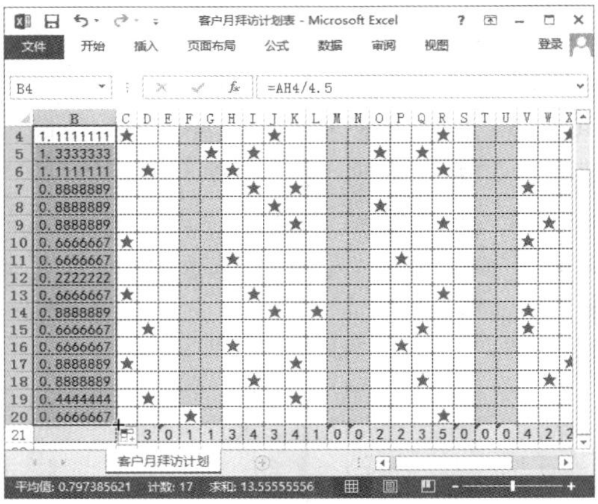

Step 24　选中 B4:B20 单元格区域。

Step 25　选在“开始”选项卡的“数字”组中多次单击“减小小数位数”按钮 .00→.0，设置将小数位数保留 2 位即可。

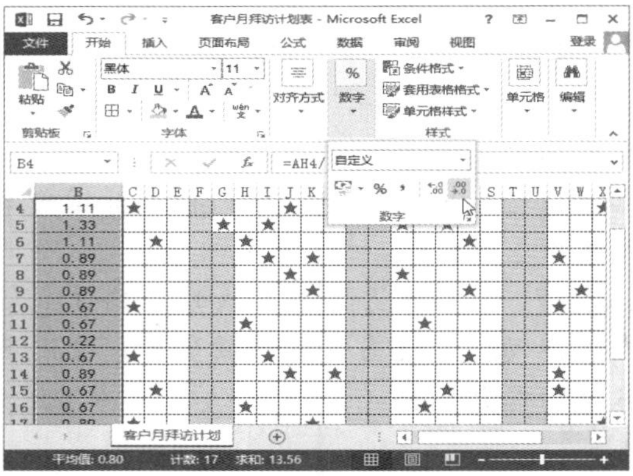

6.2.3　冻结窗格

当 Excel 工作表中含有大量的数据信息，窗口显示不便于用户查看时，可以拆分或冻结工作表窗格。具体操作方法如下。

Step 01　选中 B4 单元格。

Step 02　切换到“视图”选项卡，在“窗口”组中单击“冻结窗格”下拉按钮。

Step 03　在打开的下拉菜单中单击“冻结拆分窗格”命令。

知识加油站
【拆分窗格的方法】

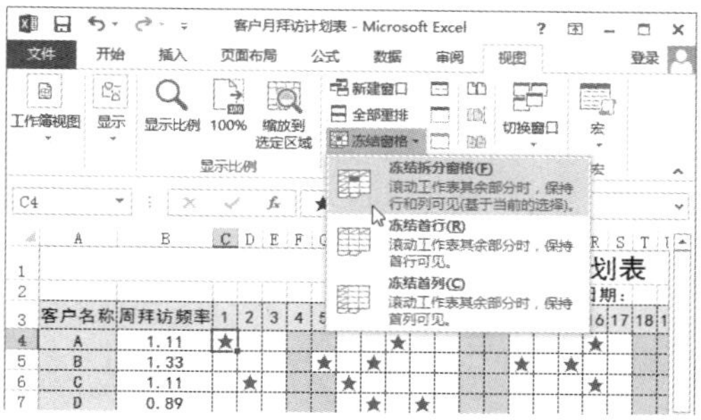

Step 04　此时拖动垂直与水平滚动条，可以看到工作表中 A 列和 B 列以及 1 行到 3 行的部分保持不变。

提示：冻结窗格后，再次打开“冻结窗格”下拉菜单，在其中单击“取消冻结窗格”命令，即可取消冻结。

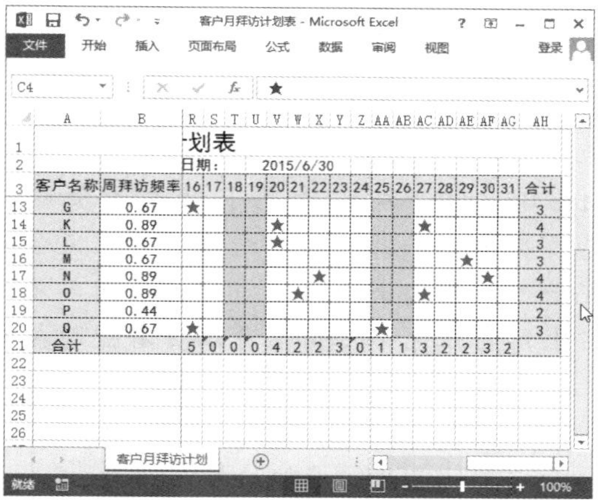

6.2.4　添加与编辑批注

批注是附加在单元格中的，它是对单元格内容的注释。使用批注可以使工作表的内容更加清楚明了。添加与编辑批注的具体操作方法如下。

Step 01　在工作表中，使用鼠标右键单击要添加批注的单元格，如 G5 单元格。

Step 02　弹出快捷菜单，单击“插入批注”命令。

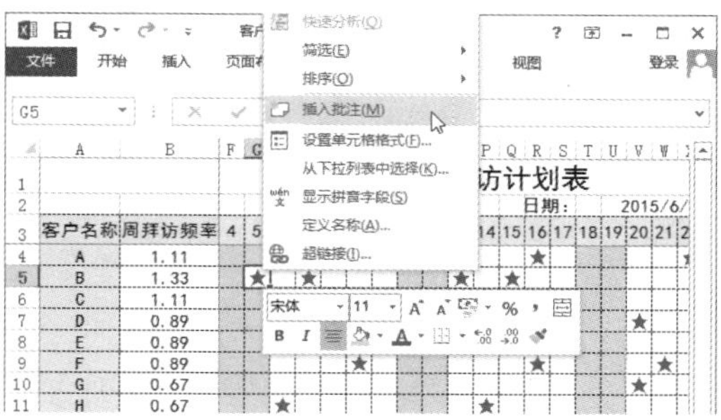

Step 03　此时 G5 单元格中的批注显示出来，并处于可编辑状态，可根据需要输入批注内容进行编辑。

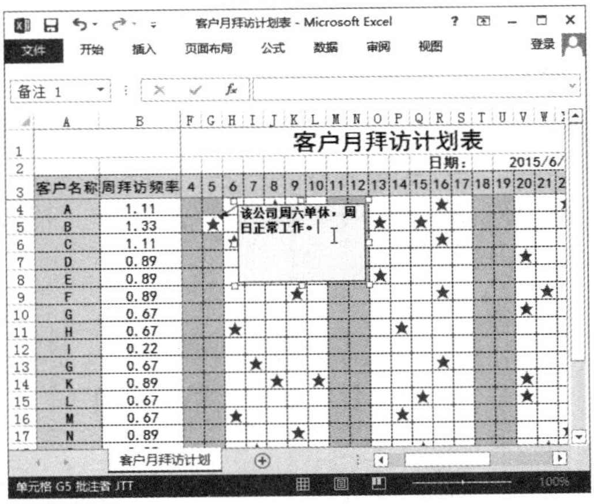

Step 04　输入完成后，单击工作表中的其他位置，即可退出批注的编辑状态。

Step 05　由于默认情况下批注为隐藏状态，在添加了批注的单元格的右上角会出现一个红色的小三角，将光标指向单元格右上角的红色小三角，可以查看被隐藏的批注。

知识加油站
【隐藏与显示批注的方法】

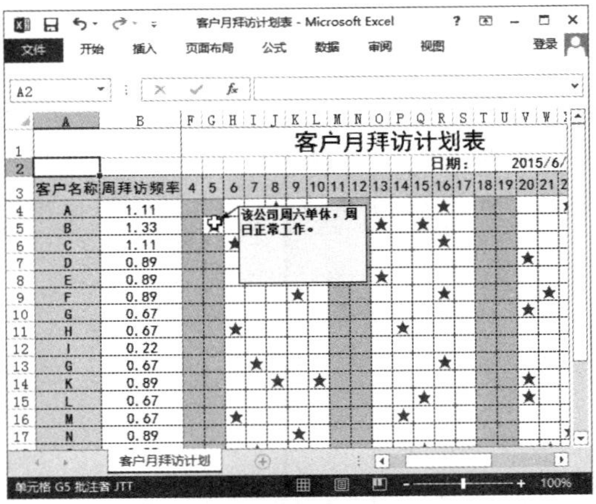

Step 06　选中要复制的批注所在的单元格，如 G5 单元格，按下“Ctrl+C”组合键复制批注。

Step 07　选中目标位置如 F20 单元格。

Step 08　按下“Ctrl+Alt+V”组合键。

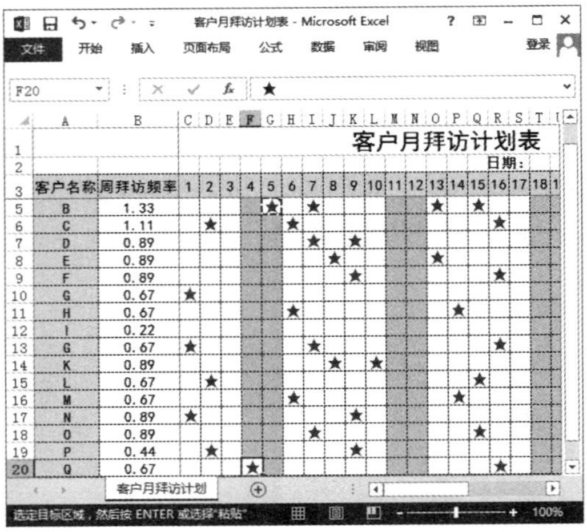

Step 09　弹出“选择性粘贴”对话框，在“粘贴”栏中选中“批注”单选项。

Step 10　单击“确定”按钮即可。

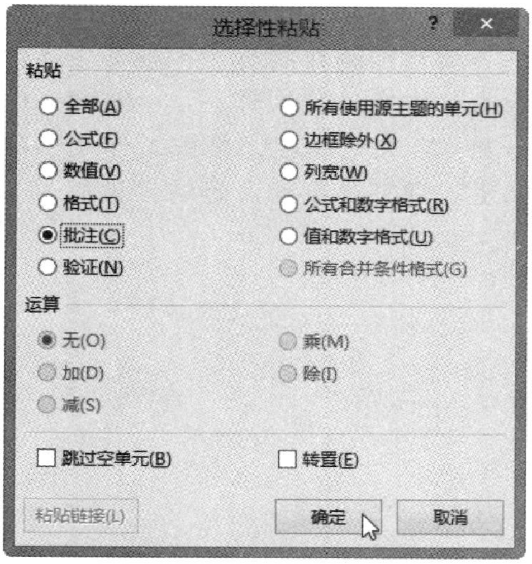

Step 11　返回工作表，可以看到 G5 单元格中的批注被复制到了 F20 单元格中。

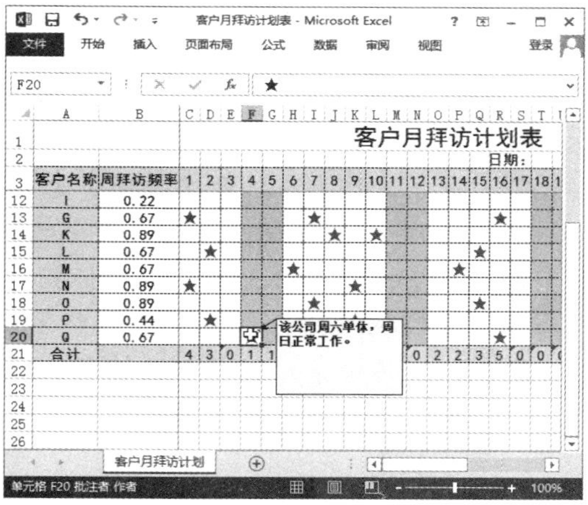

Step 12　在工作表中，使用右键单击需要修改批注的单元格，如 F20 单元格。

Step 13　弹出快捷菜单，单击“编辑批注”命令。

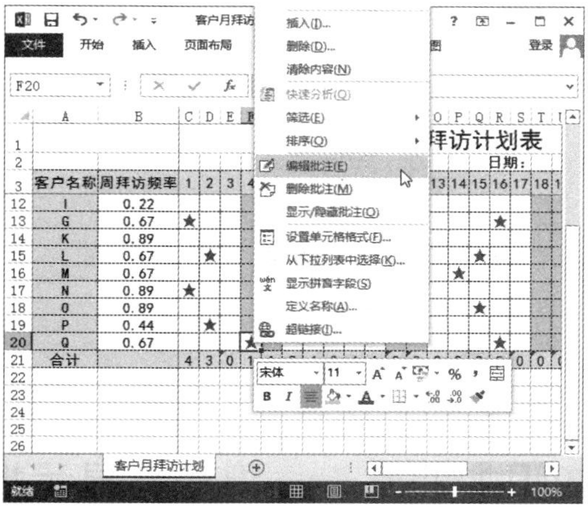

提示：右键单击需要删除批注的单元格，在弹出的快捷菜单中单击“删除批注”命令，即可删除单元格中的批注。

Step 14 此时 F20 单元格中的批注显示出来，并处于可编辑状态，可根据实际情况输入批注内容进行编辑。

Step 15 输入完成后，单击工作表中的其他位置，即可退出批注的编辑状态。

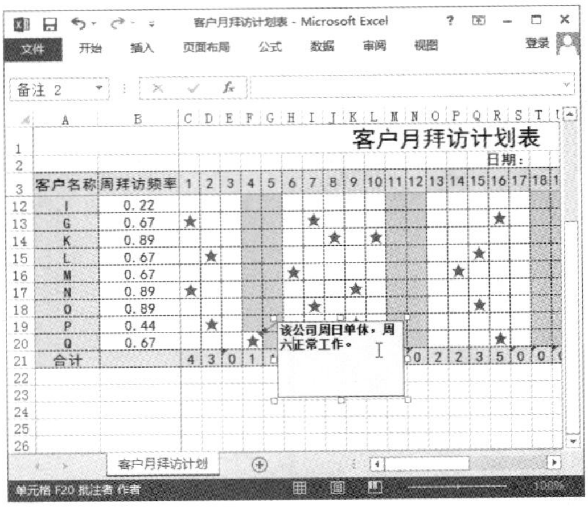

知识加油站——拆分窗格的方法

拆分工作表是指把当前工作表拆分成两个或者多个窗格，每一个窗格可以利用滚动条显示工作表的一部分，用户可以通过多个窗口查看数据信息。拆分工作表、调整拆分窗格大小、取消拆分条、取消拆分状态的方法如下。

- 拆分工作表：打开工作簿，选中目标单元格，例如 D6 单元格，切换到“视图”选项卡，单击“窗口”组中的“拆分”按钮即可。
- 调整拆分窗格大小：将光标指向拆分条，当光标变为或形状时，按住鼠标左键拖动拆分条，即可调整各个拆分窗格的大小。
- 取消拆分条：鼠标双击水平或垂直拆分条，即可取消相应的拆分条。
- 取消拆分状态：鼠标双击水平和垂直拆分条的交叉点，即可取消工作表的拆分状态。

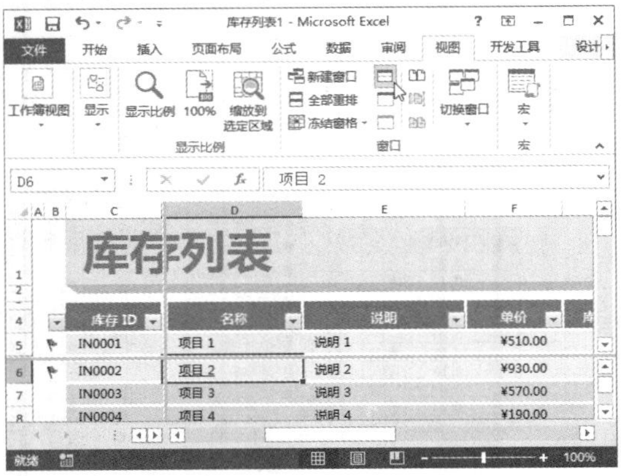

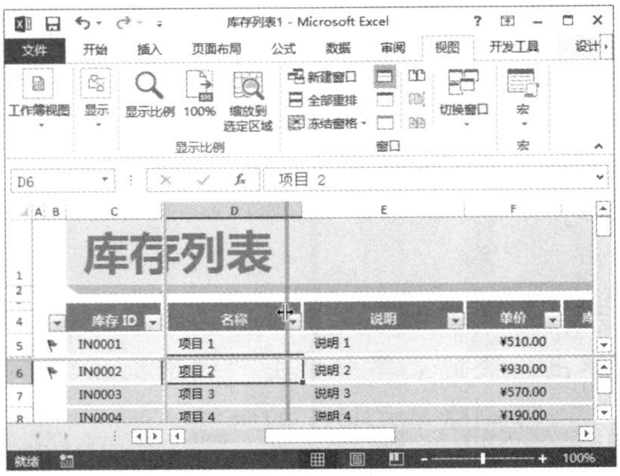

知识加油站——隐藏与显示批注的方法

默认情况下，在 Excel 中插入的批注为隐藏状态，要查看被隐藏的批注，需要将光标指向批注所在单元格右上角的红色小三角。根据需要，用户可以将批注设置为始终显示。隐藏与显示批注的方法如下。

- 显示批注：选中批注所在单元格，右键单击，在弹出的快捷菜单中单击“显示/隐藏批注”命令，即可设置始终显示被隐藏的批注。
- 隐藏批注：设置显示批注后，选中批注所在单元格，右键单击，在弹出的快捷菜单中单击“隐藏批注”命令，即可重新隐藏始终显示的批注。

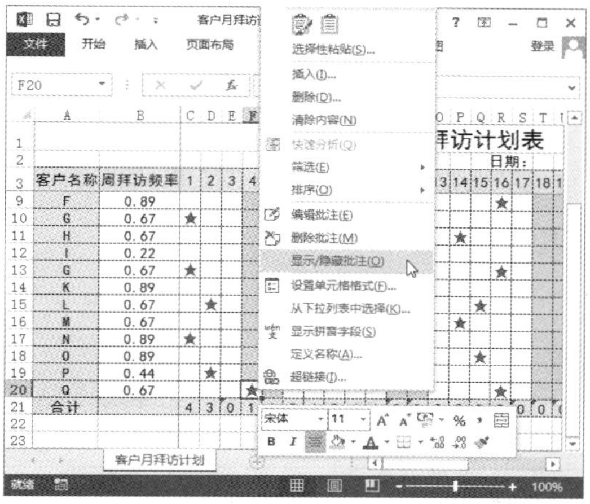

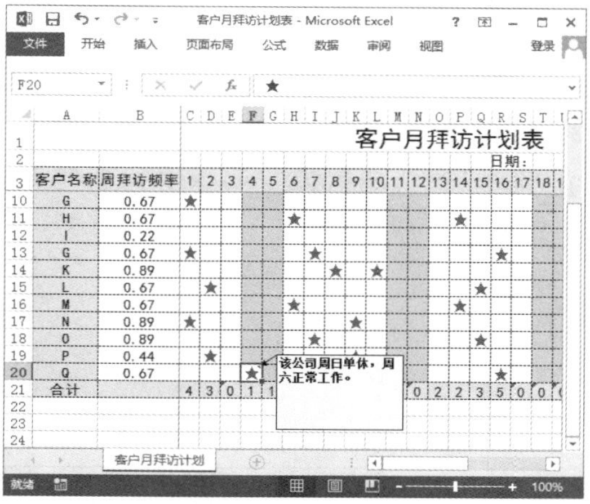

6.3　制作客户预约记录表

为了避免工作安排冲突、拜访对象不在等情况发生，可以制作客户预约记录表作为安排工作日程的参考。下面将介绍客户预约记录表的具体制作方法。

涉及知识点：

★导入文本文件　★插入与编辑图片　★嵌入与编辑 Office 组件对象

最终效果：

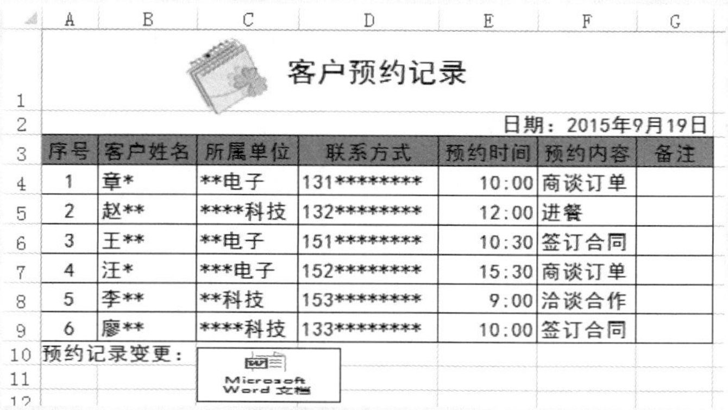

客户预约记录

日期：2015年9月19日

序号	客户姓名	所属单位	联系方式	预约时间	预约内容	备注
1	章*	**电子	131********	10:00	商谈订单	
2	赵**	****科技	132********	12:00	进餐	
3	王**	**电子	151********	10:30	签订合同	
4	汪*	***电子	152********	15:30	商谈订单	
5	李**	**科技	153********	9:00	洽谈合作	
6	廖**	****科技	133********	10:00	签订合同	

预约记录变更：Microsoft Word 文档

6.3.1 导入文本文件

本例已经创建了“客户预约记录”文本文件，现在需要从文本文件中将数据内容导入到 Excel 工作表。具体操作方法如下。

Step 01 新建一个名为“客户预约记录表”的工作簿。

Step 02 重命名“Sheet1”工作表为“客户预约记录”。

Step 03 切换到“数据”选项卡，在“获取外部数据”组中单击“自文本”按钮。

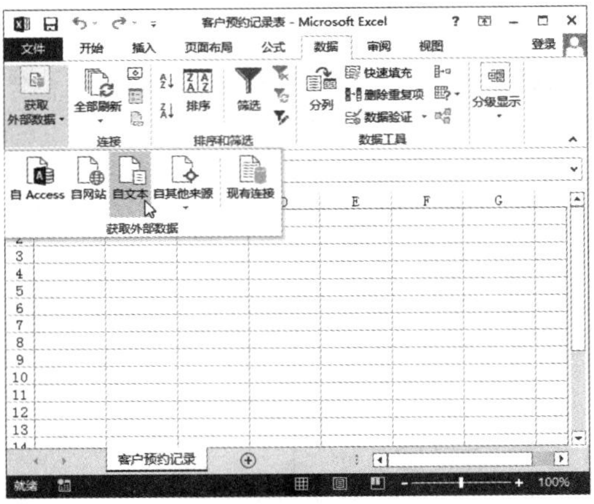

Step 04 弹出“导入文本文件”对话框，根据文件存储位置，找到并选中要导入的文本文件。

Step 05 单击“导入”按钮。

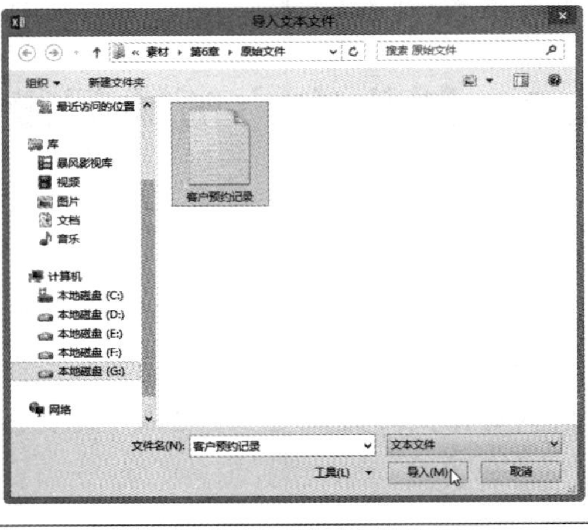

Step 06 弹出“文本导入向导-第 1 步，共 3 步”对话框，在“请选择最合适的文件类型”栏中选择“分隔符号”单选项。

Step 07 单击“下一步”按钮。

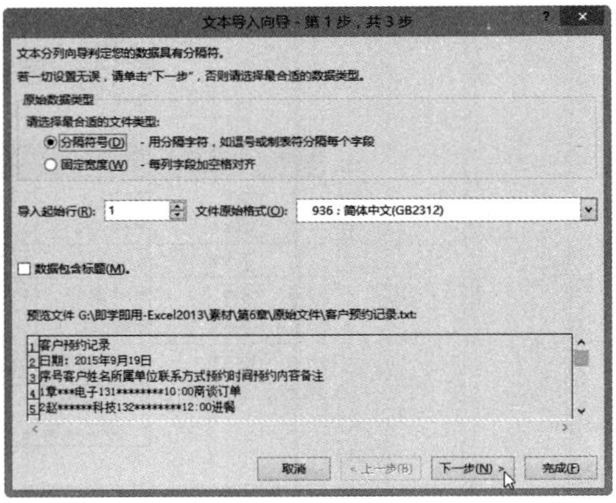

Step 08　在弹出“文本导入向导-第 2 步，共 3 步”对话框，在“分隔符号”栏中勾选“Tab 键”复选框。

Step 09　单击“下一步”按钮。

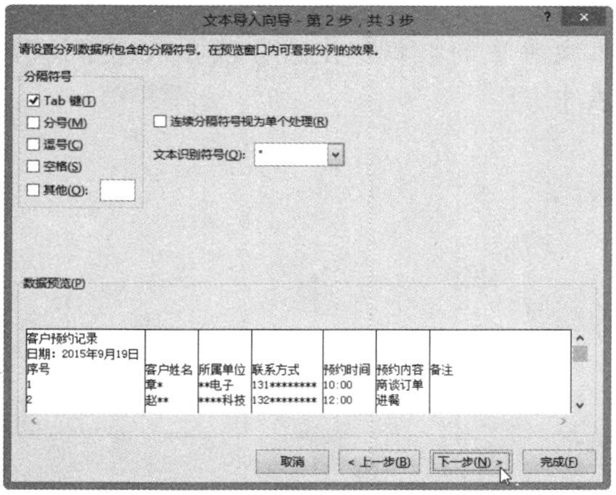

Step 10　弹出“文本导入向导-第 3 步，共 3 步”对话框，在“列数据格式”栏中选择“常规”单选项。

Step 11　单击“完成”按钮。

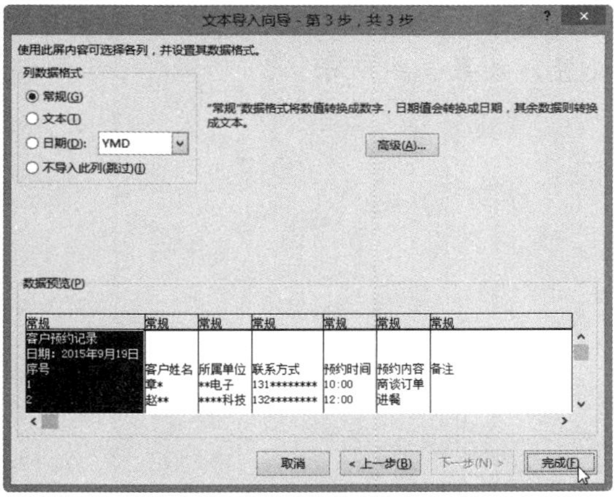

Step 12　弹出“导入数据”对话框，本例选择“现有工作表”单选项。

Step 13　在对应的文本框中设置导入数据的放置位置。

Step 14　单击“确定”按钮。

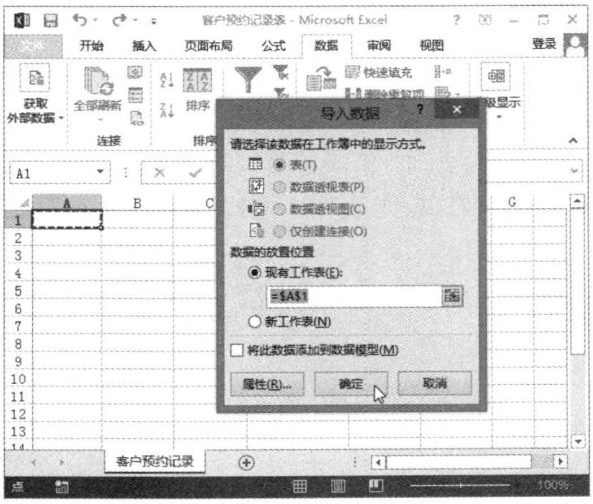

Step 15 返回工作表，可以看到系统将文本文件中的数据以空格分隔导入到了工作表中。

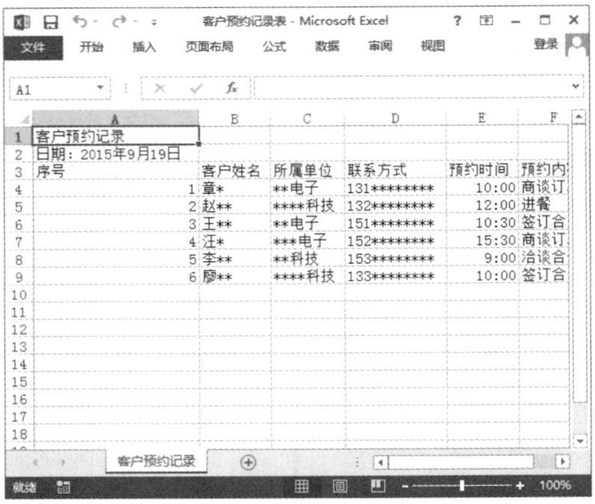

Step 16 根据需要，合并单元格，并对字体、字号、边框、底纹、对齐方式等进行设置，效果如图所示。

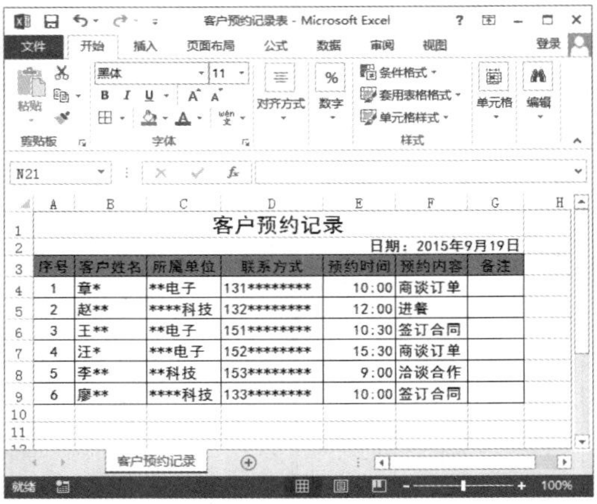

6.3.2 插入与编辑图片

在 Excel 中，我们可以使用对象来对表格和图表进行美化。本例将在表格中插入并编辑外部图片。具体操作方法如下。

Step 01 在工作表中，切换到“插入”选项卡。

Step 02 单击“插图”组中的“图片”按钮。

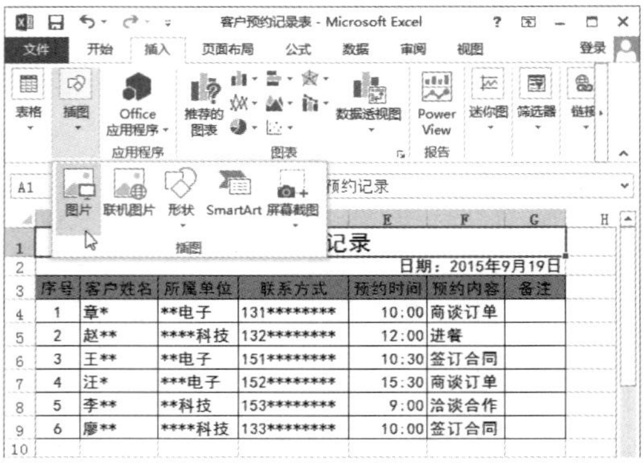

Step 03　弹出“插入图片”对话框，根据文件的存储位置，找到并选中要插入的图片。

Step 04　单击“插入”按钮。

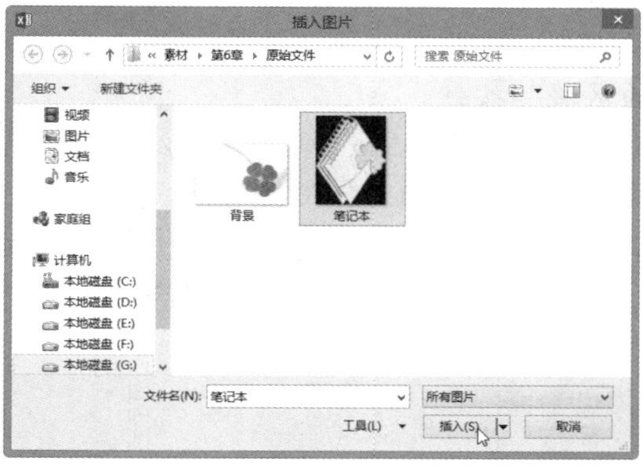

Step 05　返回工作表，可以看到其中插入了所选图片。

Step 06　选中插入的图片。

Step 07　切换到“图片工具/格式”选项卡，在“调整”组中单击“删除背景”按钮。

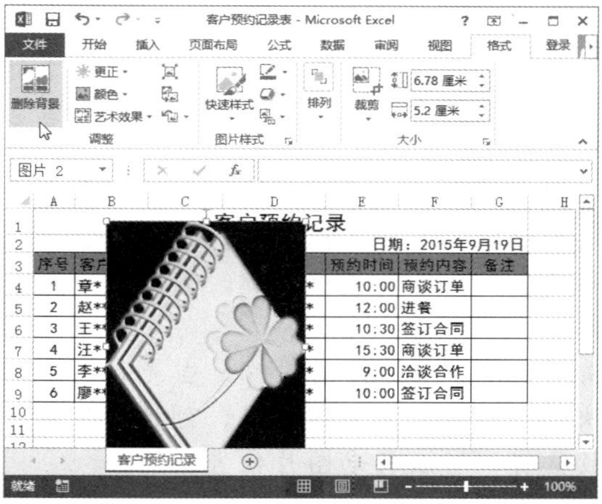

Step 08　此时将出现，并自动切换到“图片工具/格式/背景删除”选项卡，进入图片背景删除状态，要被删除的区域，在图片中呈亮紫色显示。

Step 09　再将光标指向删除范围调整框，当光标呈双向箭头形状，如⇔时，按住鼠标左键拖动，到适当位置释放鼠标左键，可以调整删除范围。

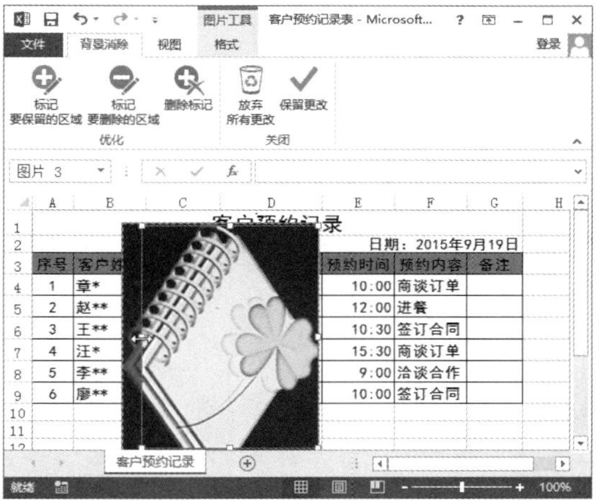

Step 10 在“图片工具/格式/背景删除”选项卡的“优化”组中，单击“标记要保留的区域”按钮。

Step 11 当光标呈形状时，可以在图片区域中单击，标记要保留的区域。

Step 12 设置完成后，在“关闭”组中单击“保留更改”按钮即可退出图片背景删除状态。

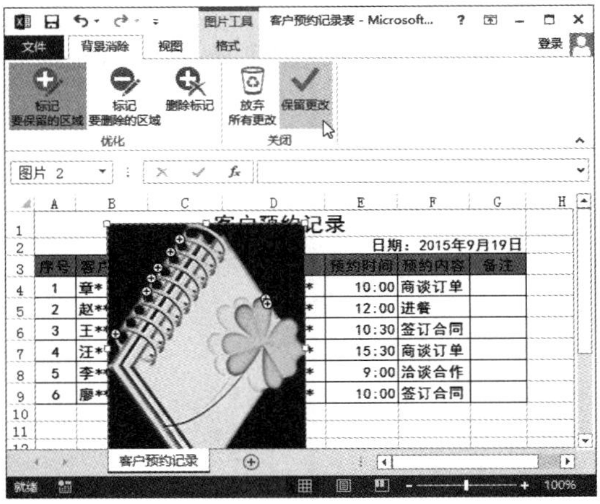

Step 13 返回工作表，可以看到删除图片背景后的效果。

Step 14 选中插入的图片，将光标指向控制框上的 8 个白色控制点，当光标呈双向箭头形状，如时，按住鼠标左键拖动，到适当位置释放鼠标左键，可以调整图片大小。

Step 15 将光标指向图片，当光标呈形状时，按住鼠标左键拖动，到适当位置释放鼠标，可以移动图片位置。

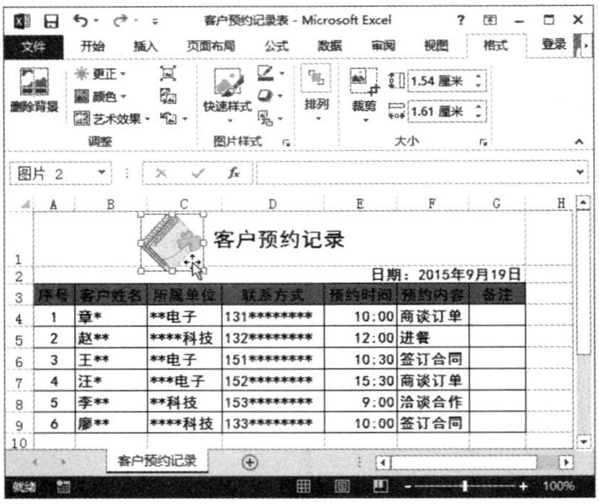

Step 16 选中插入的图片。

Step 17 在“图片工具/格式”选项卡的“调整”组中，单击“更正”下拉按钮。

Step 18 在打开的下拉菜单中，在“亮度/对比度”栏中根据需要进行选择，使图片色彩更清晰。

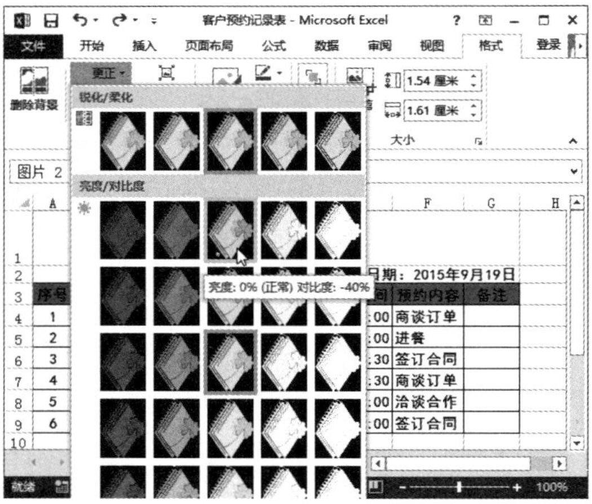

Step 19　选中插入的图片。

Step 20　在“图片工具/格式”选项卡的“排列”组中，单击“旋转”下拉按钮。

Step 21　在打开的下拉菜单中，根据需要选择旋转角度即可，本例单击“其他旋转选项”命令。

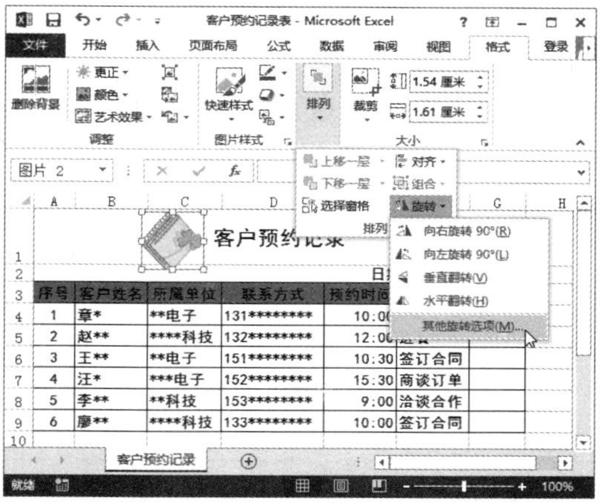

Step 22　打开“设置图片格式”窗格，在“大小属性”选项卡的“大小”栏中，在“旋转”微调框中自定义旋转角度即可。

Step 23　设置完成后，单击“关闭”按钮 ✕ 关闭窗格。

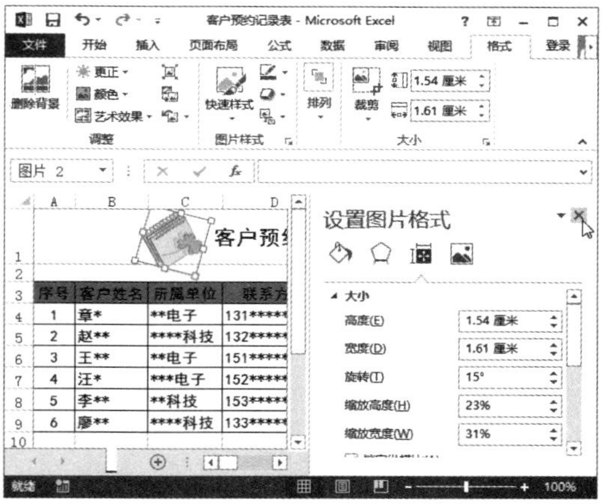

知识加油站
【组合图片的方法】

6.3.3　嵌入与编辑 Office 组件对象

Office 2013 的组件之间可以进行链接和嵌入的操作。在实际工作中有时需要将其他 Office 组件中的文件链接或嵌入到 Excel 中。具体操作方法如下。

Step 01　选中 A10 和 B10 单元格。

Step 02　在“开始”选项卡的“对齐方式”组中单击“合并后居中”按钮，合并单元格。

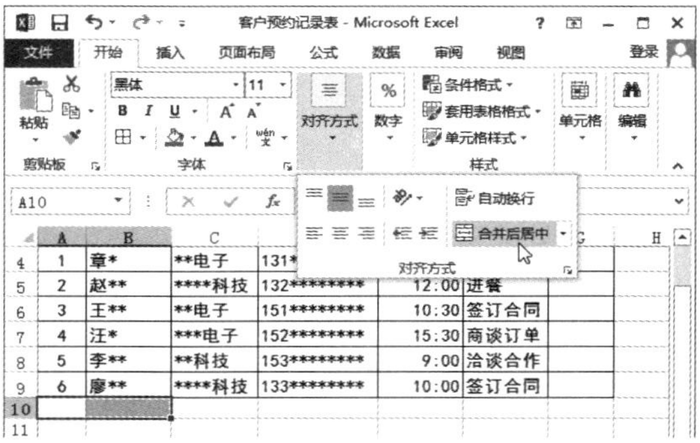

Step 03 在合并后的 A1 单元格中输入“预约记录变更:”。

Step 04 切换到“插入”选项卡，在“文本”组中单击“对象”按钮。

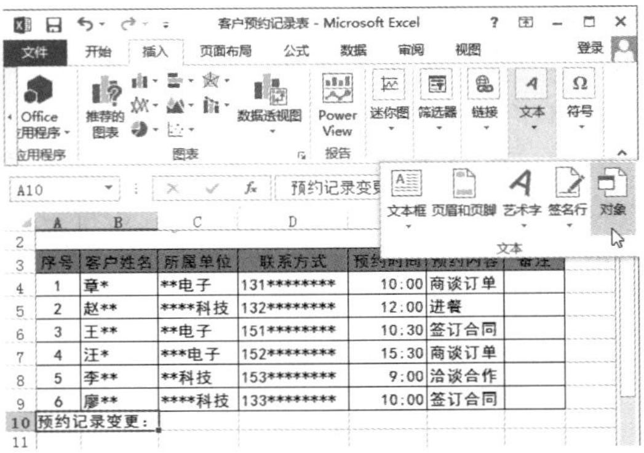

Step 05 弹出“对象”对话框，切换到“由文件创建”选项卡。

Step 06 单击“浏览”。

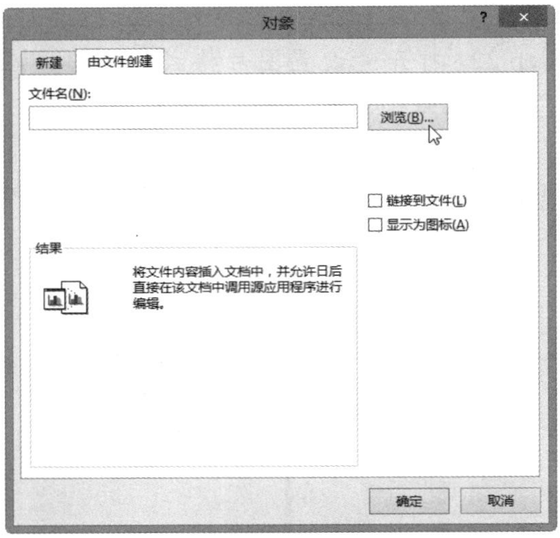

Step 07 弹出“浏览”对话框，根据文件存储位置，找到并选中要插入的文件，本例将插入一个 Word 文件。

Step 08 单击“插入”按钮。

Step 09　返回“对象”对话框，勾选“链接到文件”复选框。

Step 10　单击“确定”按钮。

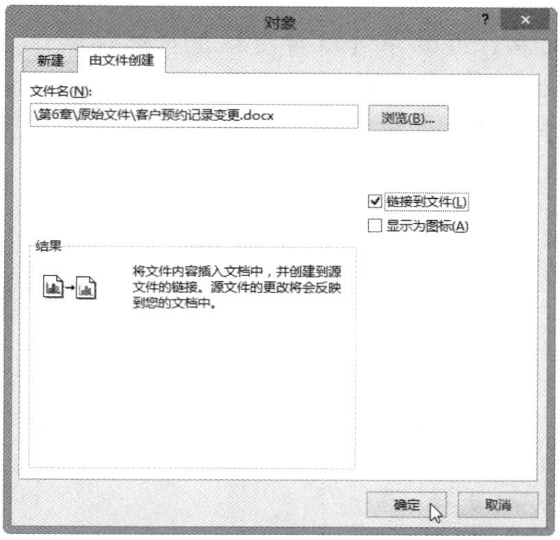

Step 11　返回工作表，可以看到系统在当前工作表中插入了所选 Word 文件对象，并且显示其中内容。

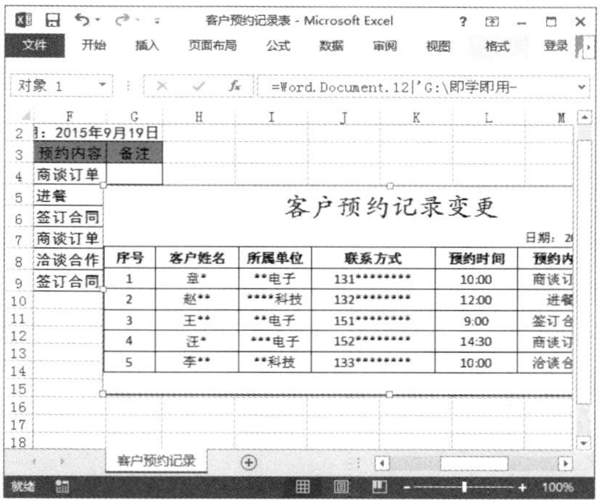

Step 12　使用鼠标右键单击工作表中的 Word 文件对象。

Step 13　在弹出的快捷菜单中展开“文档对象”子菜单。

Step 14　单击“编辑”命令。

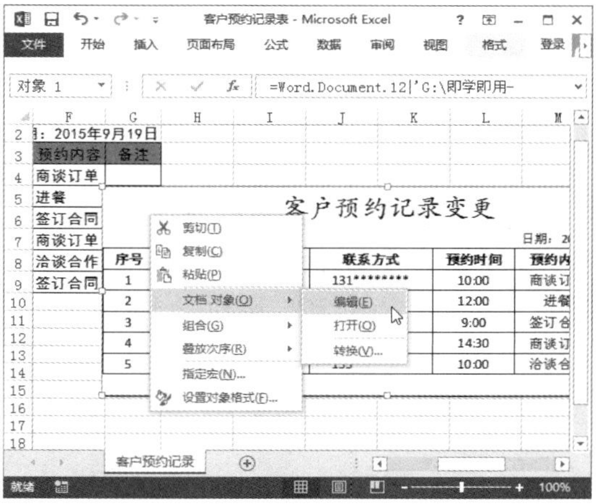

Step 15 此时将启动 Word 2013，并打开该文档，在其中可以对文档进行编辑操作。

Step 16 编辑完成后保存并关闭 Word 文件，工作表中将同步更新。

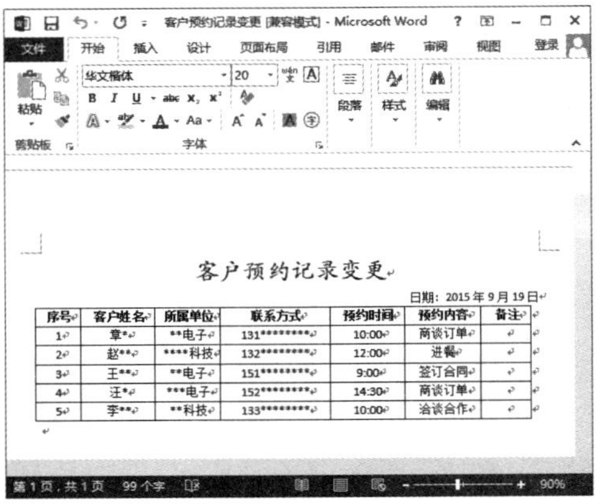

Step 17 使用鼠标右键单击工作表中的 Word 文件对象。

Step 18 在弹出的快捷菜单中展开“文档对象”子菜单。

Step 19 单击“转换”命令。

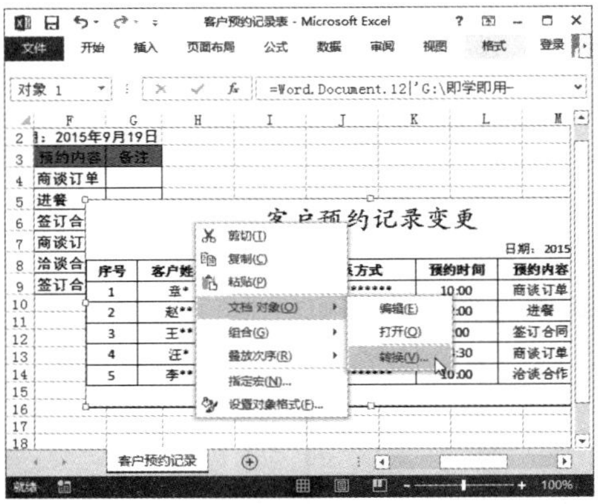

Step 20 弹出“转换”对话框，勾选“显示为图标”复选框。

Step 21 单击“更改图标”按钮。

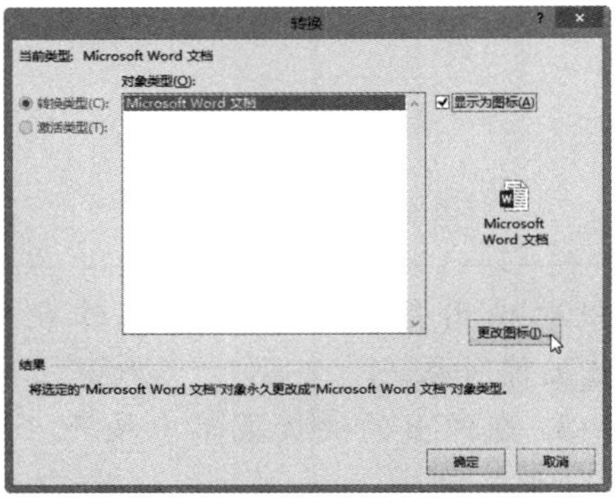

Step 22 弹出“更改图标”对话框，在“图标”列表框中选择需要的图标。

Step 23 单击“确定”按钮。

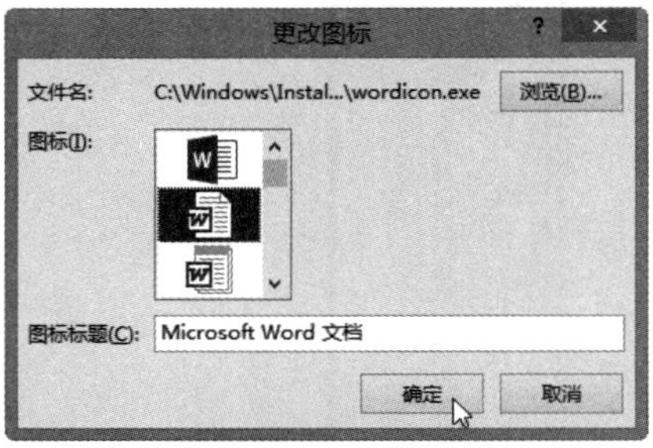

Step 24 返回"转换"对话框，单击"确定"按钮。

Step 25 返回工作表，可以看到在工作表中插入的 Word 对象显示为了图标。

提示：通过鼠标拖动，可以调整图标大小和位置；双击该图标，即可启动 Word 2013 打开该文档。

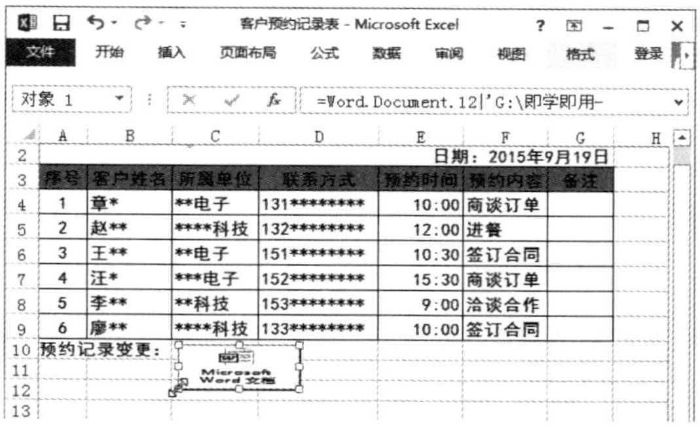

知识加油站——组合图片的方法

在 Excel 中插入多张图片后，可以将插入的多张图片组合在一起，以便同时移动、复制这些图片。组合图片的方法主要有以下几种。

- 选中要进行组合的多张图片，在"图片工具/格式"选项卡的"排列"组中单击"组合"下拉按钮，在打开的下拉菜单中单击"组合"命令即可。
- 选中要进行组合的多张图片，右键单击，在打开的快捷菜单中单击"组合"命令，在展开的子菜单中单击"组合"命令即可。

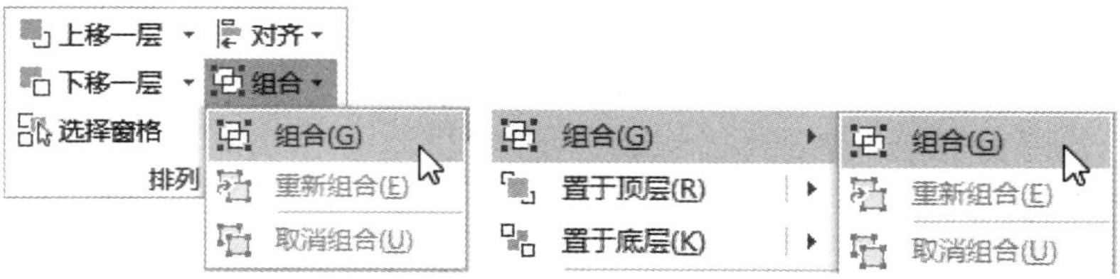

组合图片之后，在执行移动、复制等操作时，将同时移动或复制被组合在一起的多张图片。如果要取消组合，只需选中被组合的图片，在"图片工具/格式"选项卡或右键菜单中执行"取消组合"命令即可。

提示：组合图片的方法同样适用于自选图形、文本框和艺术字等。

第 07 章 制作财务报表

在财务与会计工作中常常需要编制一些基本报表，作为分析财务状况的重要指标。利用 Excel 编制常用的报表模版，可以在日常工作中节约不少重复劳动的时间。本章将制作常见的财会报表、财务科日报表、现金存款日报表和应收账款逾期日报表。

【本章案例】

- 制作财务科日报表
- 制作现金余额日报表
- 制作应收账款逾期日报表

7.1　制作财务科日报表

财务科日报表用于反映财务部门当天现金、银行存款和应收应付票据等主要会计科目的发生和结余情况，通过它可以比较直观地反映企业一天的生产经营状况。下面将介绍财务科日报表的具体制作方法。

涉及知识点：

★设置文本方向　　★设置表格边框　　★共享工作簿

最终效果：

	A	B	C	D	E	F	G
1	财务科日报表						
2	编号：						年　月　日
3	现金出纳		银行存款			票据支付	
4	前日余额		前日余额	定期存款		应收票据	
5	现金收入			活期存款			
6	现金支出			甲种存款			本日收进　元
7	本日余额						本日结存　元
8	主要收入			小计		应付票据	
9			存入	活期存款			
10				票据入账			本日开出　元
11				甲种存款			累计余额　元
12	主要支出					借款	
13				小计			
14			提款	活期提款			本日借款　元
15				票据支付			本日借还　元
16	预定进账			支票开出			借入净额　元
17						记账情况	
18				小计			
19			本日余额	活期存款			
20	预定支出			定期存款			
21				甲种存款		银行、税务关系	
22							
23				小计			

7.1.1　创建基本框架

制作财务科日报表的第一步是输入基本信息，并适当设置表格格式，创建出基本框架。具体操作方法如下。

Step 01　新建一个名为“财务科日报表”的工作簿。

Step 02　重命名“Sheet1”工作表为“财务科日报表”。

Step 03　在工作表中输入标题、“编号”、“年月日”、“现金出纳”、“银行存款”、“票据支付”等内容，如图所示。

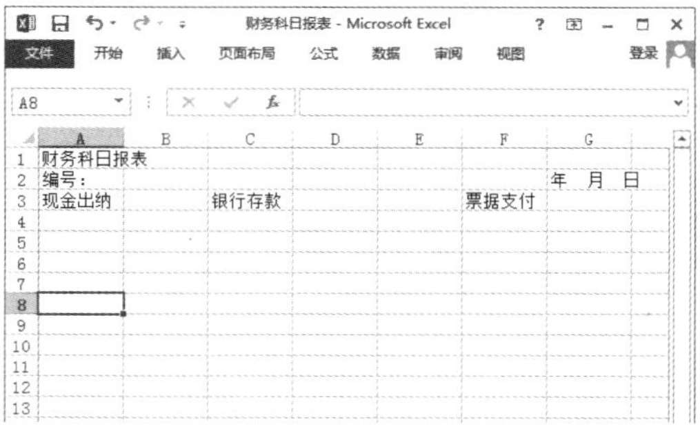

Step 04 依次合并 A1:G1，A2:B2，F2:G2，A3:B3，C3:E3，F3:G3 单元格区域。

Step 05 设置字体、字号、文字颜色、文本对齐方式等。

Step 06 适当调整行高和列宽。

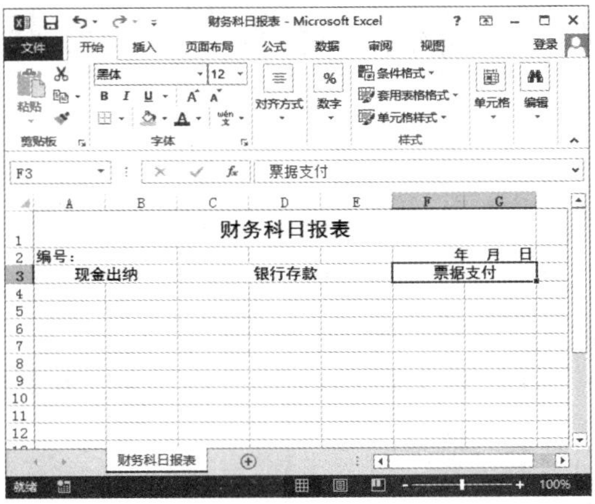

Step 07 选中 A3:G23 单元格区域。

Step 08 在“开始”选项卡的“字体”组中单击“边框”下拉按钮。

Step 09 在打开的下拉菜单中单击“所有框线”命令。

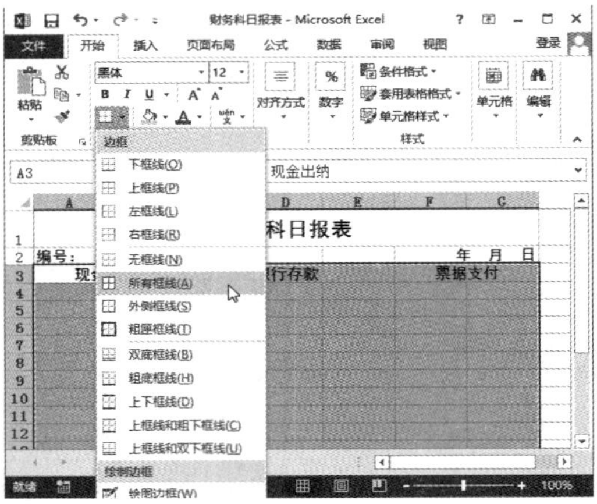

Step 10 继续在工作表中输入内容。

Step 11 合并 C4:C8，F4:F7 单元格区域，效果如图所示。

Step 12　继续在工作表中输入内容。

Step 13　合并 A8:B8，A9:B11，C9:C13，F8:F11 单元格区域，效果如图所示。

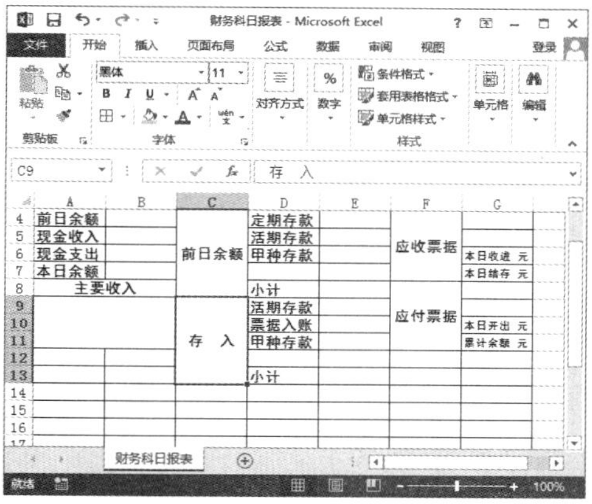

Step 14　继续在工作表中输入内容。

Step 15　合并 A12:B12，A13:B15，A16:B16，A17:B19，A20:B20，A21:B23，C14:C18，C19:C23，F12:F16，F17:G17，F18:G20，F21:G21，F22:G23 单元格区域，效果如图所示。

7.1.2　自定义文本方向和表格边框

在 Excel 中，为了满足表格制作的需要，可以自定义单元格中文本的方向，以及表格边框。具体操作方法如下。

Step 01　同时选中 C4:C23 和 F4:F16 单元格区域。

Step 02　在“开始”选项卡的“对齐方式”组中单击右下角功能扩展按钮。

Step 03 弹出“设置单元格格式”对话框，在“对齐”选项卡的“方向”栏中设置文本方向为纵向。

Step 04 单击“确定”按钮。

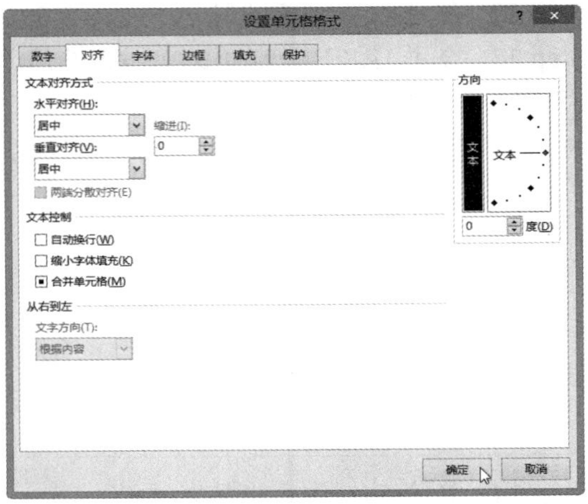

Step 05 返回工作表，可以看到自定义文本方向后的效果。

Step 06 根据需要调整行高和列宽。

Step 07 设置文本对齐方式，效果如图所示。

Step 08 选中 G4:G7 单元格区域。

Step 09 单击“开始”选项卡中“字体”组右下角的功能扩展按钮。

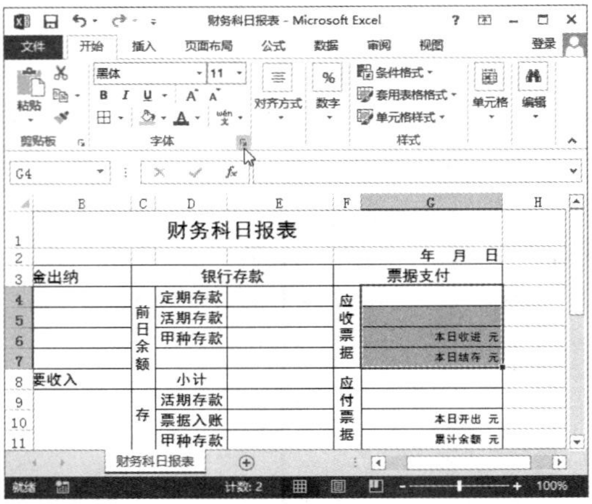

Step 10　弹出“设置单元格格式”对话框，在“边框”选项卡中设置表格内部框线为“无”。

Step 11　设置完成后单击“确定”按钮。

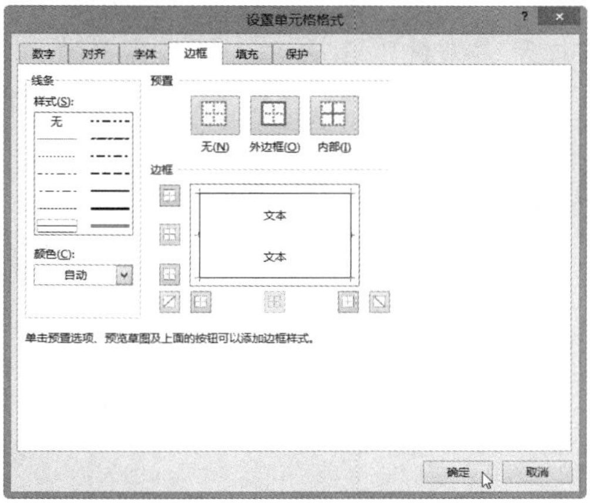

Step 12　返回工作表即可看到设置后的效果。

Step 13　用同样的方法设置 G8:G11，G12:G16 单元格区域即可。

7.1.3　共享工作簿

为了方便局域网中的其他用户对工作簿文档进行编辑或查看，可以将工作簿属性设置为共享。具体操作方法如下。

Step 01　切换到“审阅”选项卡。

Step 02　单击“更改”组中的“共享工作簿”按钮。

> 知识加油站
> 【取消共享工作簿的方法】

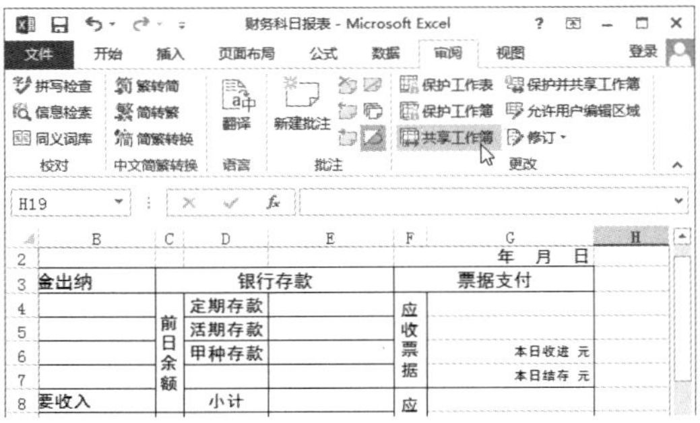

Step 03 弹出“共享工作簿”对话框并默认打开“编辑”选项卡，勾选其中的“允许多用户同时编辑，同时允许工作簿合并”复选框。

Step 04 单击“确定”按钮。

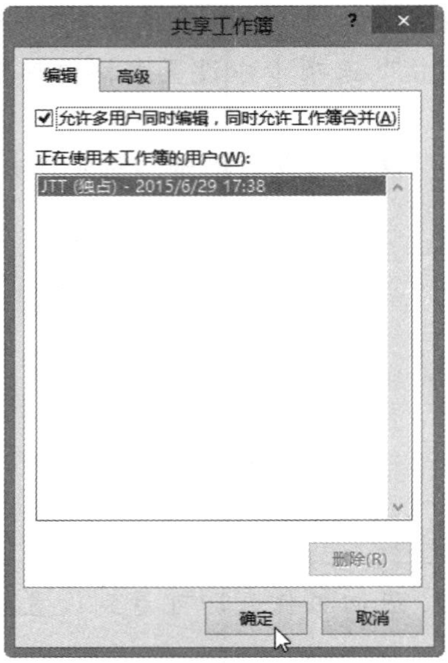

Step 05 弹出提示对话框，单击“确定”按钮，确认并保存共享设置即可。

Step 06 共享工作簿后，可以看见标题栏文件名后出现了“共享”两字，表示该电子表格已被设置成了共享电子表格。

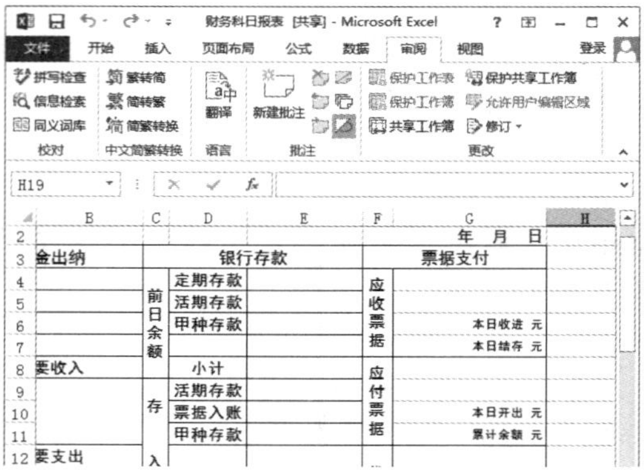

Step 07　共享工作簿后，将其放到局域网的共享文件夹中，局域网中的其他用户即可在各自的电脑上编辑该工作簿。以 Windows 8 操作系统为例，其中所有公用文件夹默认为共享文件夹，因此只要将设置了共享属性的工作簿放入其中即可。

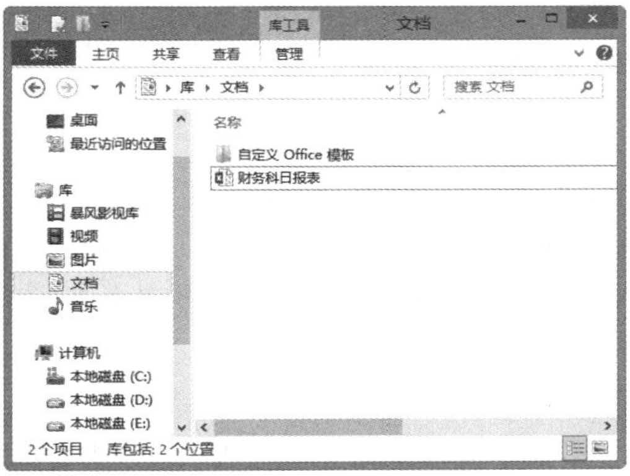

提示：设置共享工作簿的用户为主用户，能同时编辑共享工作簿的用户为辅用户。共享工作簿对辅用户的操作有限制，如不能进行合并单元格、条件格式、插入图表、插入图片、数据验证、插入对象、超链接、分类汇总以及插入数据透视表、保护工作簿（表）和使用宏等操作。

知识加油站——取消共享工作簿的方法

在 Excel 中，设置了共享的工作簿也可以取消共享设置。方法如下。

Step 01　打开共享后的工作簿。

Step 02　切换到“审阅”选项卡，单击“更改”组中的“共享工作簿”按钮。

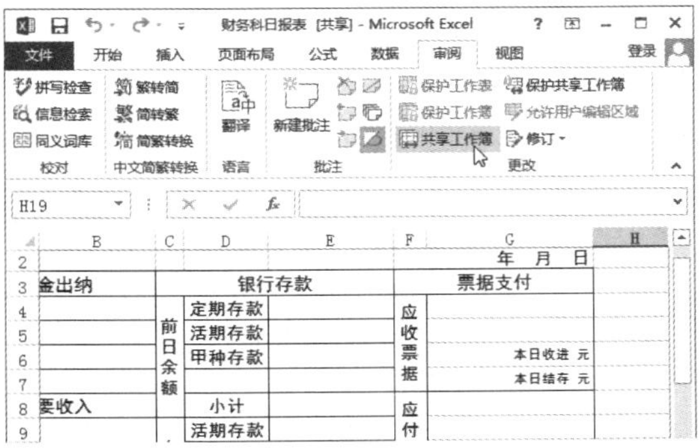

Step 03　弹出“共享工作簿”对话框并默认打开“编辑”选项卡，取消勾选其中的“允许多用户同时编辑，同时允许工作簿合并”复选框。

Step 04　单击“确定”按钮。

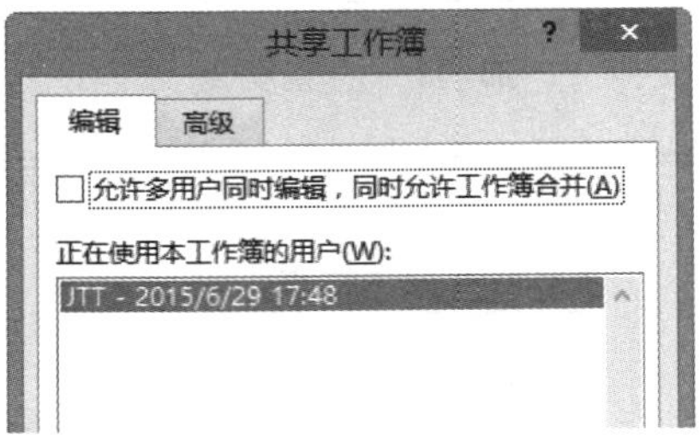

Step 05 弹出“Microsoft Excel”提示对话框，单击“是”按钮。

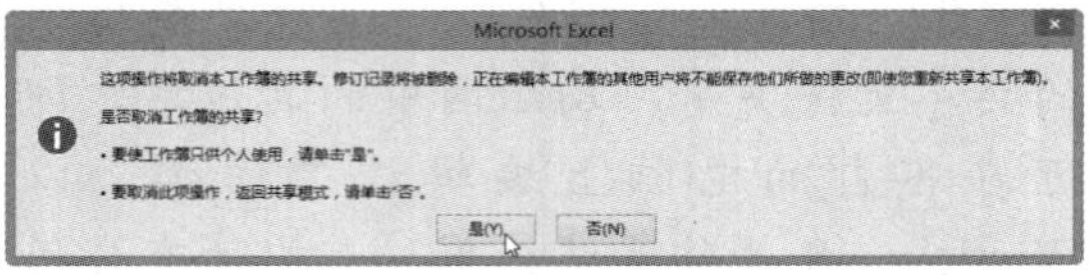

Step 06 此时即取消了工作簿的共享属性，同时标题栏的文件名后的“共享”二字也消失了。

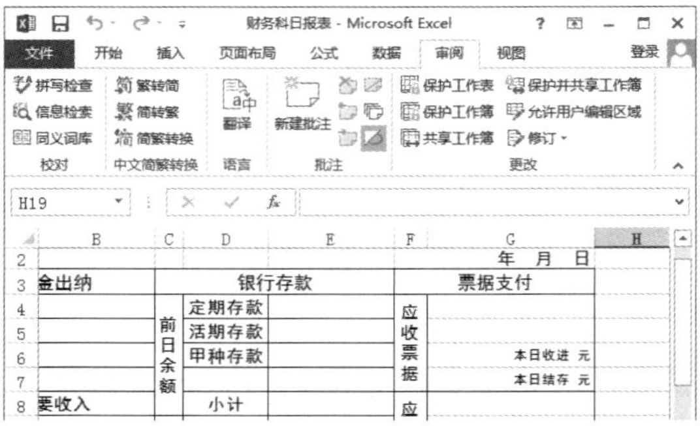

7.2 制作现金余额日报表

通过现金余额日报表可以直观地反映企业活动性资金和定期性资金每日存入银行的情况。下面将介绍现金余额日报表的具体制作方法。

涉及知识点：

★设置表格斜线　★突出显示修订　★接受/拒绝修订

最终效果：

	A	B	C	D	E	F
1	现金余额日报表					
2	帐户名称:	库存现金				单位：元
3	时间	前日余额	本日存入	本日汇出	汇出单位	现金余额
4	8:30 AM	12,000	5,000			17,000
5	9:20 AM		8,000			25,000
6	11:00 AM			10,000	XX公司	15,000
7	1:50 PM		3,000			18,000
8	2:30 PM		11,000			29,000
9	5:00 PM			12,000	XX电子公司	17,000
10	合计		27,000	22,000		39,000
11	部门:	财务部				2015年11月15日

7.2.1 创建基本框架

制作现金余额日报表的第一步是输入基本信息，并适当设置表格格式，创建出基本框架。具体操作方法如下。

Step 01　新建一个名为“现金余额日报表”的工作簿。

Step 02　重命名“Sheet1”工作表为“现金余额日报表”。

Step 03　在工作表中输入标题、“账户名称”、“单位”、“时间”、“前日余额”、“本日存入”、“本日汇出”、“汇出单位”等表格内容，如图所示。

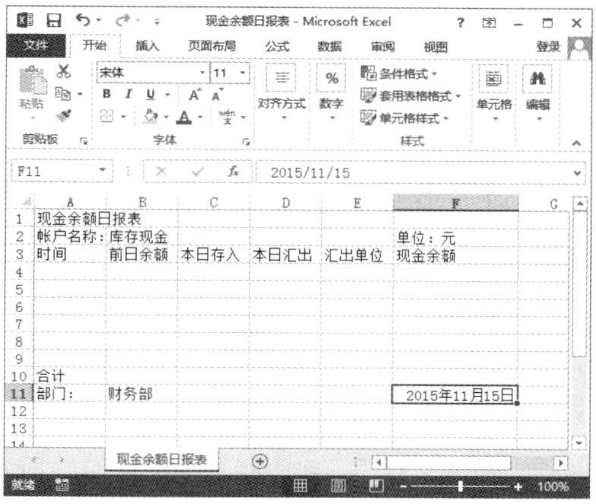

Step 04　依次合并 A1:F1，A10:B10，E11:F11 单元格区域。设置字体、字号和文本对齐等。

Step 05　适当调整行高和列宽。

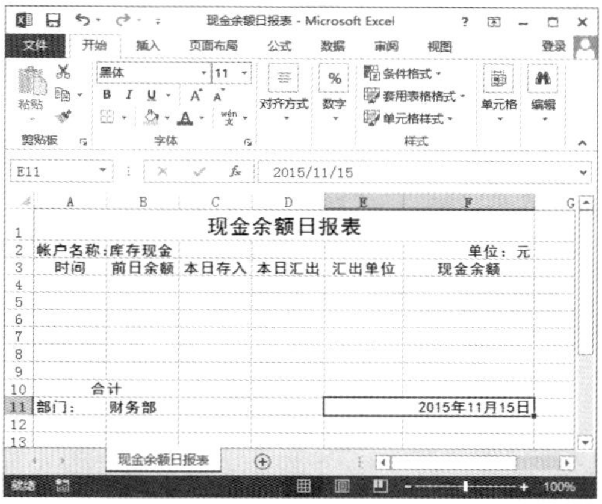

Step 06　选中 A3:F10 单元格区域。

Step 07　在“开始”选项卡的“字体”组中单击“边框”下拉按钮。

Step 08　在打开的下拉菜单中单击“所有框线”命令，设置表格边框。

Step 09 在工作表中输入数据。
Step 10 合并B5:B9单元格区域。
Step 11 选中B5单元格。
Step 12 单击“开始”选项卡中“字体”组右下角的功能扩展按钮。

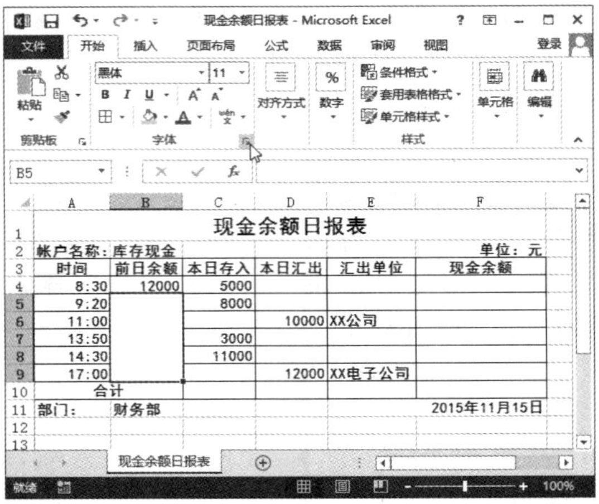

Step 13 弹出“设置单元格格式”对话框，切换到“边框”选项卡。
Step 14 设置添加斜线。
Step 15 单击“确定”按钮。

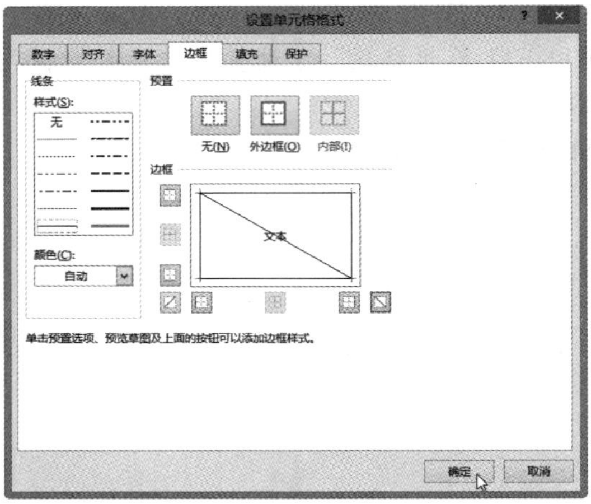

Step 16 返回工作表，可以看到在表格中设置斜线后的效果。
Step 17 用同样的方法在E10单元格中设置斜线。

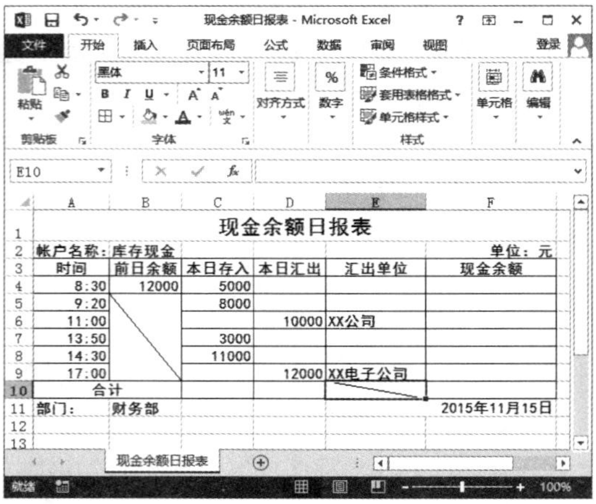

Step 18　选中 A4:A9 单元格区域。

Step 19　单击“开始”选项卡中“字体”组右下角的功能扩展按钮，打开“设置单元格格式”对话框，切换到“数字”选项卡。

Step 20　在“分类”文本框中选择“时间”选项。

Step 21　在对应的“类型”列表框中选择“1:30 PM”选项。

Step 22　单击“确定”按钮。

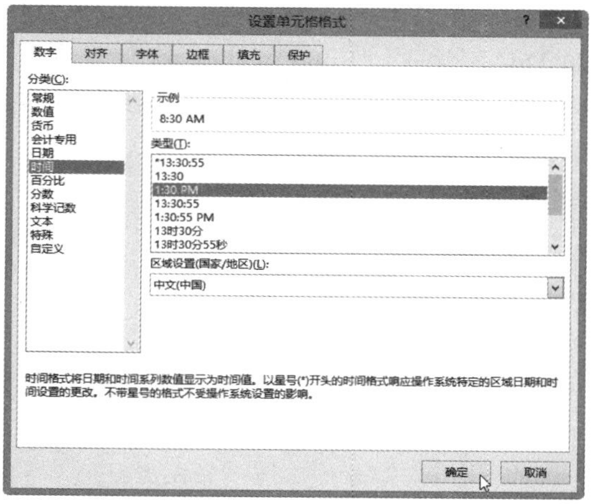

Step 23　同时选中 C4:D10，F4:F10 单元格区域以及 B4 单元格。

Step 24　在“开始”选项卡的“样式”组中单击“单元格样式”下拉按钮。

Step 25　在打开的下拉菜单中选择“千位分隔[0]”选项，设置单元格数字格式。

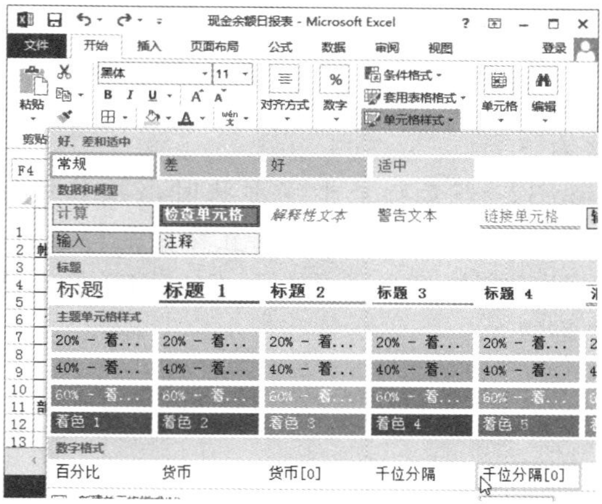

Step 26　在 C10 单元格中输入公式“=SUM(C4:C9)”，按下“Enter”键确认。

Step 27　在 D10 单元格中输入公式“=SUM(D4:D9)”，按下“Enter”键确认。

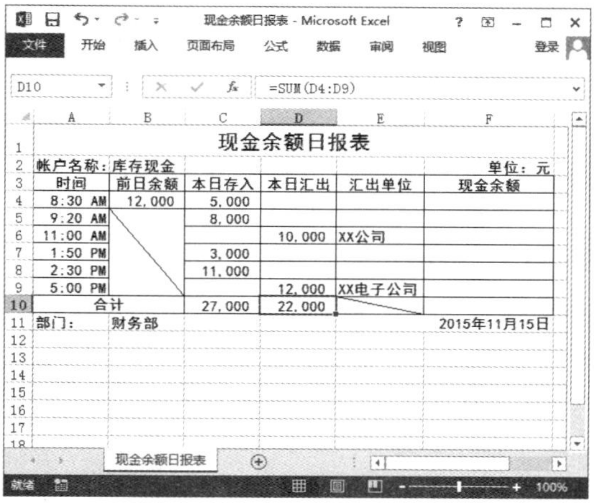

Step 28 在 F4 单元格中输入公式“=B4+C4-D4”，按下“Enter”键确认。

Step 29 在 F10 单元格中输入公式“=B4+C10-D10”，按下“Enter”键确认。

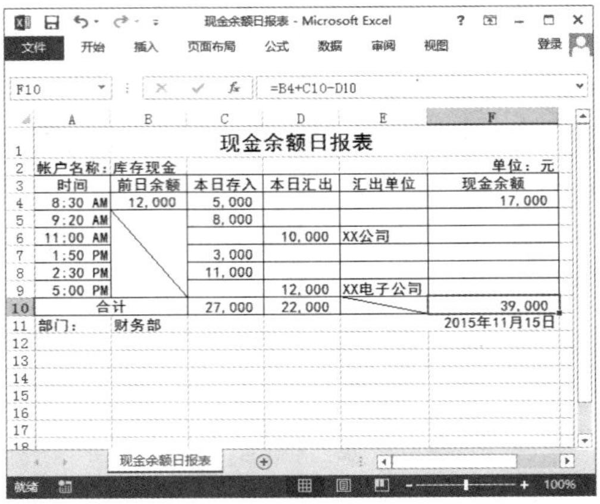

Step 30 在 F5 单元格中输入公式“=F4+C5-D5”，按下“Enter”键确认。

Step 31 选中 F5 单元格，将光标指向单元格右下角。

Step 32 当光标呈十字形状时，按住鼠标左键不放，拖动到适当位置释放鼠标左键，利用填充柄将公式复制到 F6 至 F9 单元格中即可。

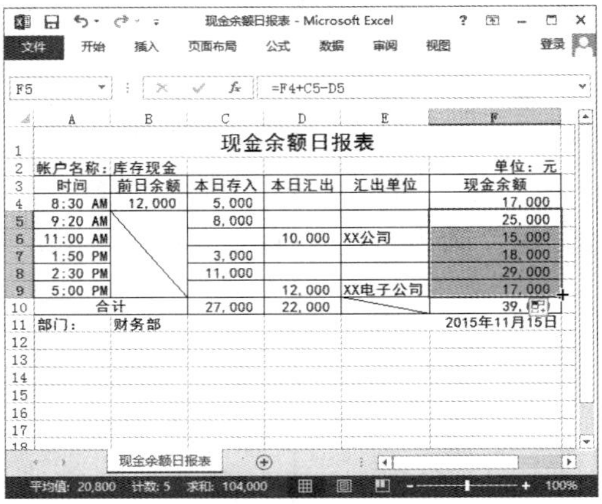

7.2.2 突出显示共享工作簿修订

将工作簿共享之后，同一工作簿可以被多用户修订，若设置了突出显示修订命令则能够显示其他用户对共享工作簿的修订过程。具体操作方法如下。

Step 01 切换到“审阅”选项卡。

Step 02 单击“更改”组中的“共享工作簿”按钮。

Step 03　弹出“共享工作簿”对话框并默认打开“编辑”选项卡，勾选其中的“允许多用户同时编辑，同时允许工作簿合并”复选框。

Step 04　单击“确定”按钮。

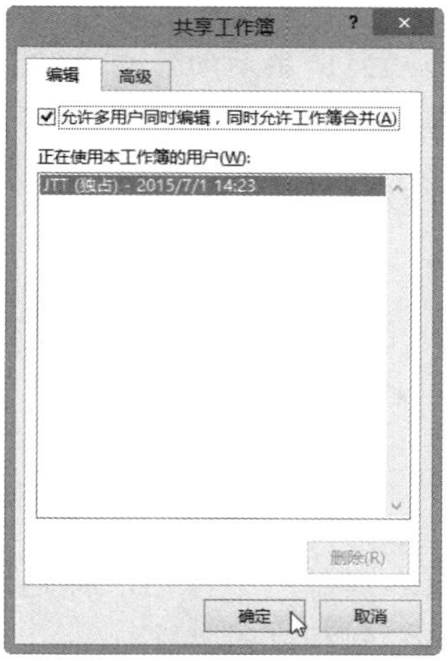

Step 05　弹出提示对话框，单击“确定”按钮，确认并保存共享设置即可。

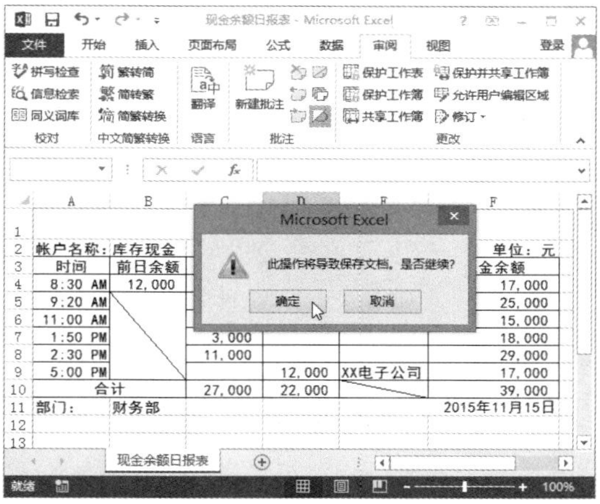

Step 06　共享工作簿后，可以看见标题栏文件名后出现了“共享”两字，表示该表格已被设置成了共享电子表格。

Step 07　将 C4 单元格中的数据修改为 8000。

Step 08　在“审阅”选项卡的“更改”组中单击“修订”下拉按钮。

Step 09　在打开的下拉菜单中单击“突出显示修订”命令。

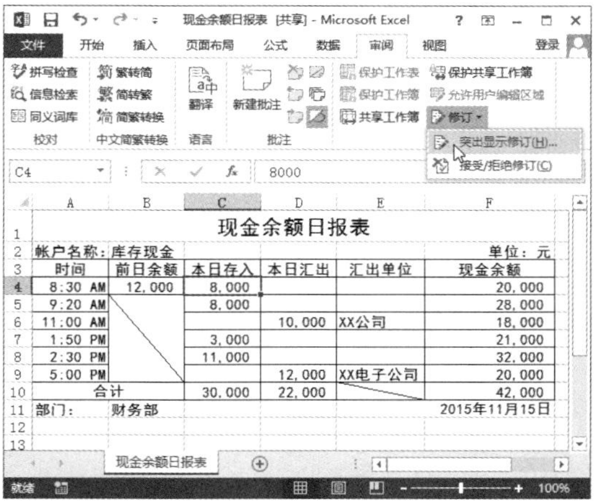

Step 10　弹出“突出显示修订”对话框，取消勾选“突出显示的修订选项”栏的所有复选框。

Step 11　单击“确定”按钮。

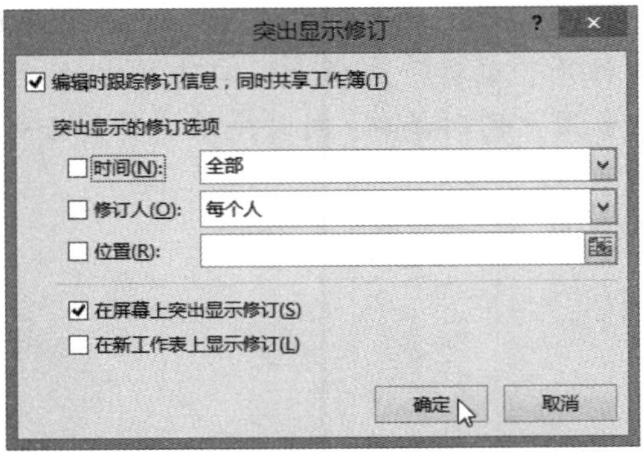

Step 12　返回工作表，即可看到C4单元格的左上角添加了一个标记，将光标指向该标记可以看到相应的批注。

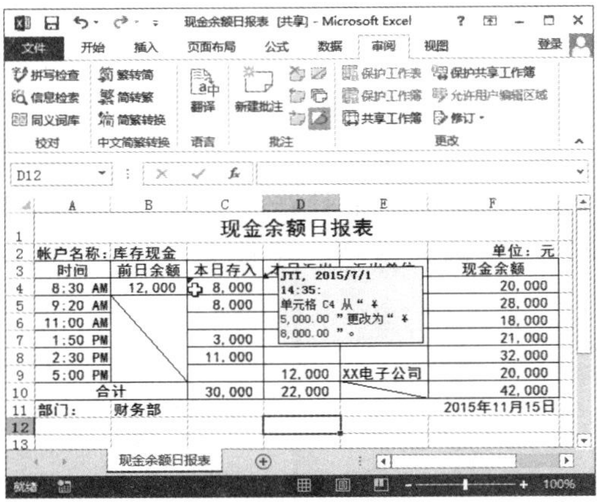

7.2.3　接受/拒绝共享工作簿修订

在修订共享工作簿的内容时各用户之间可能会产生修订冲突，利用接受/拒绝修订命令可以由主用户来确定是否接受辅用户修订的内容。具体操作方法如下。

Step 01　打开设置了突出显示修订的工作簿。

Step 02　在“更改”组中单击“修订”下拉按钮。

Step 03　在打开的下拉菜单中单击“接受/拒绝修订”命令。

Step 04 弹出提示对话框，单击“确定”按钮，保存共享设置。

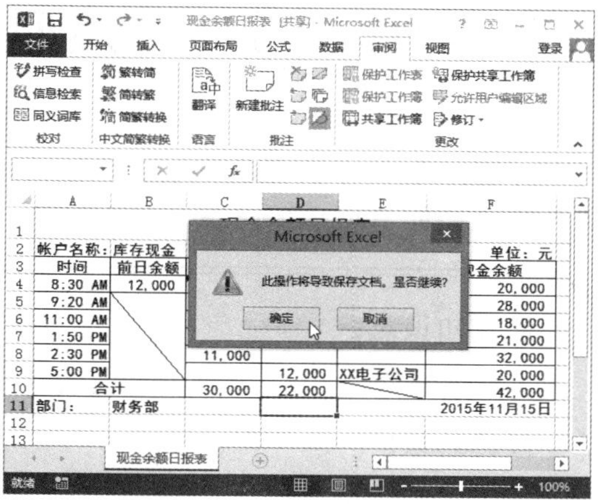

Step 05 弹出“接受或拒绝修订”对话框，取消勾选“时间”、“修订人”和“位置”复选框。

Step 06 单击“确定”按钮。

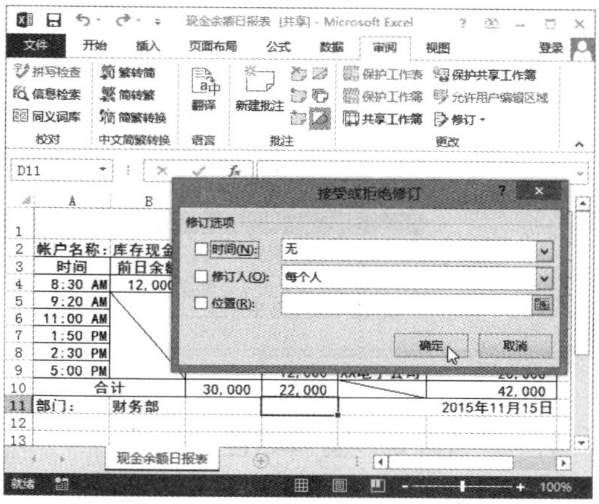

Step 07 弹出“接受或拒绝修订”对话框，根据需要选择是否接受修订，如不接受则单击“拒绝”按钮即可。

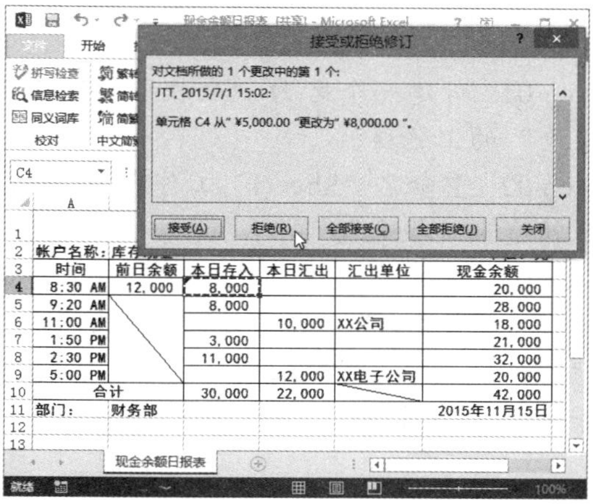

提示：工作表中有多处更改时，选择是否接受修订后，Excel 将自动跳转到下一个更改项，要求用户继续进行选择。

7.3 制作应收账款逾期日报表

应收账款逾期日报表以应收账款的到期日为基础可以迅速计算出逾期天数，同时，利用 Excel 强大的数据分析处理功能可以对数据进行相应的筛选和分析。下面将介绍应收账款逾期日报表的具体制作方法。

涉及知识点：

★高级筛选　　★打印页面设置　　★打印工作表区域

最终效果：

	A	B	C	D	E	F	G
1	应收账款逾期日报表						
2	客户名称	客户类别	办事处	应收账款	商务代表	欠款到期日	逾期天数
3	XX通信股份有限公司北京分公司	运营商平台	运营商办	765518.93	王某一	2015/4/22	75
4	XXX通讯有限责任公司	运营商平台	运营商办	25026	曾某	2015/4/12	85
26	黔江XX经贸有限责任公司	一级零售店	渝办	225	李某某	2015/3/13	115
27	黔江XX通讯商行	一级零售店	渝办	17434	李某某	2015/3/14	114
28	XXX电子科贸有限公司	一级零售店	渝办	11750	苏某	2015/3/25	103
29	XXX数码通讯有限责任公司	一级零售店	渝办	120678	苏某	2015/3/26	102
30	xx通信器材销售有限公司	一级零售店	渝办	6502	苏某	2015/3/27	101
31							
32	办事处	逾期天数	逾期天数				
33	渝办	>=60	<=100				
34							
35	客户名称	客户类别	办事处	应收账款	商务代表	欠款到期日	逾期天数
36	重庆xx信息产业有限公司	区域性卖场	渝办	118192.85	汪某	2015/4/12	80
37	XXX电子科贸有限公司	一级零售店	渝办	11750	苏某	2015/3/25	98
38	XXX数码通讯有限责任公司	一级零售店	渝办	120678	苏某	2015/3/26	97
39	xx通信器材销售有限公司	一级零售店	渝办	6502	苏某	2015/3/27	96

7.3.1 创建基本框架

制作应收账款逾期日报表的第一步是输入基本信息，并适当设置表格格式，创建出基本框架。具体操作方法如下。

Step 01 新建一个名为“应收账款逾期日报表”的工作簿。

Step 02 重命名“Sheet1”工作表为“应收账款逾期日报表”。

Step 03 在工作表中输入标题、“客户名称”、“客户类别”、“办事处”、“应收账款”、“商务代表”、“欠款到期日”、“逾期天数”等内容，如图所示。

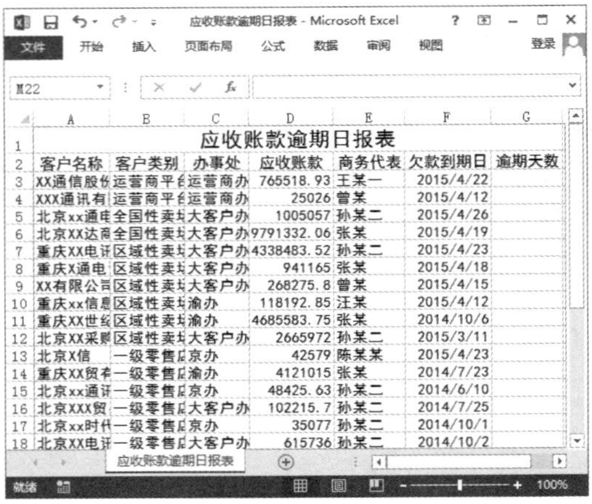

	A	B	C	D	E	F	G
1	应收账款逾期日报表						
2	客户名称	客户类别	办事处	应收账款	商务代表	欠款到期日	逾期天数
3	XX通信股份	运营商平台	运营商办	765518.93	王某一	2015/4/22	
4	XXX通讯有	运营商平台	运营商办	25026	曾某	2015/4/12	
5	北京xx通信	全国性卖场	大客户办	1005057	孙某二	2015/4/26	
6	北京XX达商	全国性卖场	大客户办	9791332.06	张某	2015/4/19	
7	重庆XX电讯	区域性卖场	大客户办	4338483.52	孙某二	2015/4/23	
8	重庆X通电	区域性卖场	大客户办	941165	张某	2015/4/18	
9	XX有限公司	区域性卖场	大客户办	268275.8	曾某	2015/4/15	
10	重庆xx信息	区域性卖场	渝办	118192.85	汪某	2015/4/12	
11	重庆XX世纪	区域性卖场	渝办	4685583.75	张某	2014/10/6	
12	北京XX采购	区域性卖场	大客户办	2665972	孙某二	2015/3/11	
13	北京X信	一级零售店	京办	42579	陈某某	2015/4/23	
14	重庆XX贸希	一级零售店	渝办	4121015	张某	2014/7/23	
15	北京xx通讯	一级零售店	京办	48425.63	孙某二	2014/6/10	
16	北京XXX贸	一级零售店	大客户办	102215.7	孙某二	2014/7/25	
17	北京xx时代	一级零售店	京办	35077	孙某二	2014/10/1	
18	北京XX电讯	一级零售店	大客户办	615736	孙某二	2014/10/2	

Step 04 选中 A2:G30 单元格区域。

Step 05 在“开始”选项卡的“样式”组中单击“套用表格样式”下拉按钮。

Step 06 在打开的下拉菜单中根据需要选择一种表格样式。

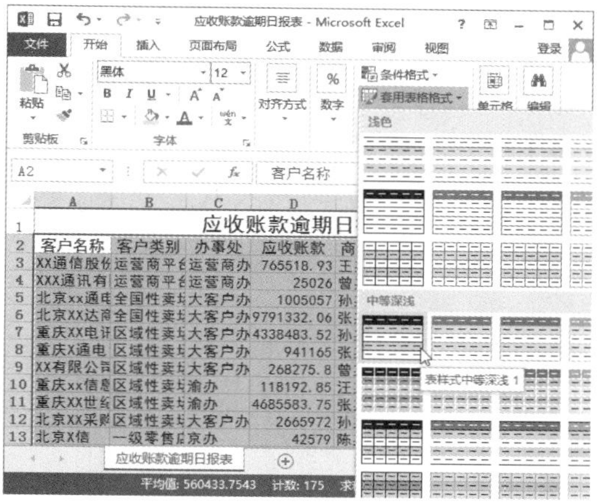

Step 07 弹出“套用表格式”对话框，此时将自动选取表数据来源，默认勾选“表包含标题”复选框。

Step 08 保持默认设置，单击“确定”按钮即可。

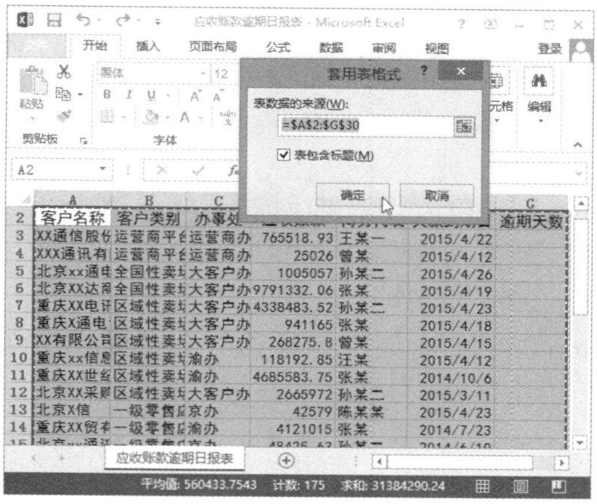

Step 09 适当调整行高和列宽。

Step 10 在 G3 单元格中输入公式“=TODAY()-F3”，按下“Enter”键确认。

Step 11 选中 G3 单元格，将光标指向单元格右下角。

Step 12 当光标呈十字形状时，按住鼠标左键不放，拖动到适当位置释放鼠标左键，利用填充柄将公式复制到 G4 至 G30 单元格中。

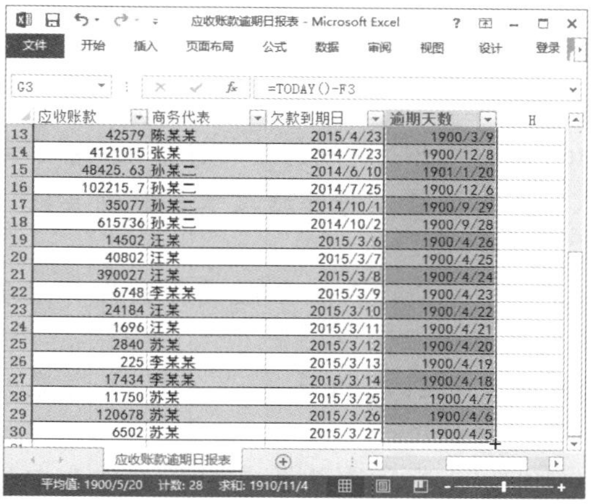

Step 13 选中 G3:G30 单元格区域。

Step 14 在“开始”选项卡的“数字”组中单击“数字格式”下拉按钮。

Step 15 在打开的下拉菜单中单击“常规”命令，以正确显示逾期天数。

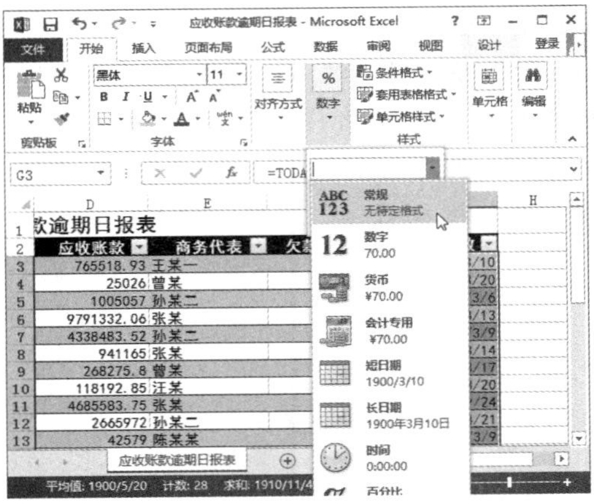

7.3.2 高级筛选

在筛选的条件比较复杂的情况下，可以使用高级筛选来快速显示出符合条件的数据。具体操作方法如下。

Step 01 在工作表中创建高级筛选条件区域，如图所示。

Step 02 切换到“数据”选项卡。

Step 03 在“排序和筛选”组中单击“高级”按钮。

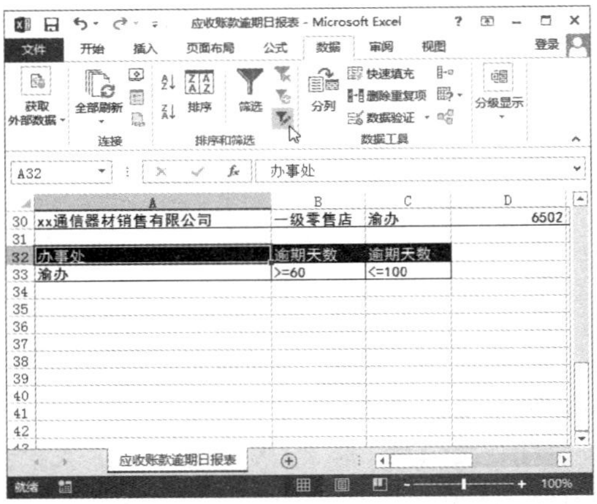

Step 04 弹出“高级筛选”对话框，在“方式”栏中选择“将筛选结果复制到其他位置”单选项。

Step 05 将工作表数据区域设置为“列表区域”。

Step 06 将创建的筛选条件区域设置为“条件区域”。

Step 07 设置筛选结果复制到工作表中的起始位置。

Step 08 单击“确定”按钮。

Step 09　返回工作表，可以看到所设位置显示出了筛选结果。

Step 10　再根据需要适当设置表格格式等即可。

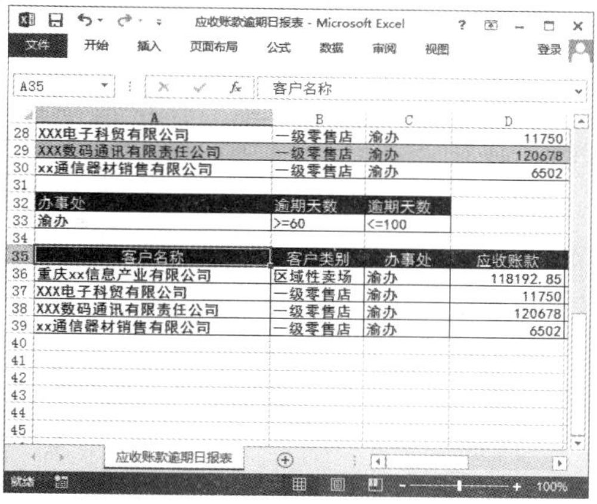

7.3.3　打印页面设置

在日常工作中，制作完成表格之后常常需要将其打印出来。在打印之前，需要进行一系列的打印设置。具体操作方法如下。

Step 01　在工作表中切换到“页面布局”选项卡。

Step 02　单击“页面设置”组中的“纸张大小”下拉按钮。

Step 03　在打开的下拉列表中选择需要的纸张大小。

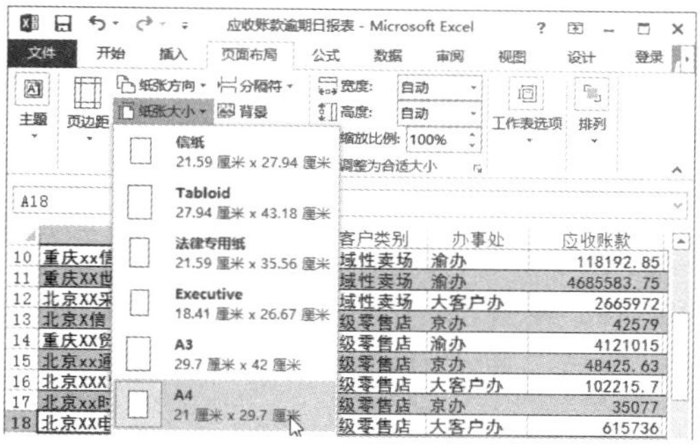

Step 04　在“页面布局”选项卡的“页面设置”组中，单击“纸张方向”下拉按钮。

Step 05　在弹出的下拉列表中选择需要的纸张方向，本例选择“横向”。

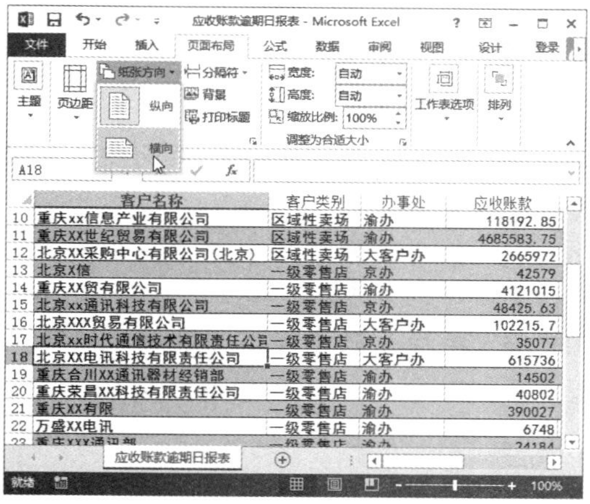

知识加油站

【设置打印页面居中方式的方法】

Step 06　在“页面布局”选项卡中单击“页面设置”组右下角的功能扩展按钮。

Step 07　弹出“页面设置”对话框，切换到“页边距“选项卡。

Step 08　在各个数值框中输入相应的页边距数值。

Step 09　完成后单击“确定”按钮即可。

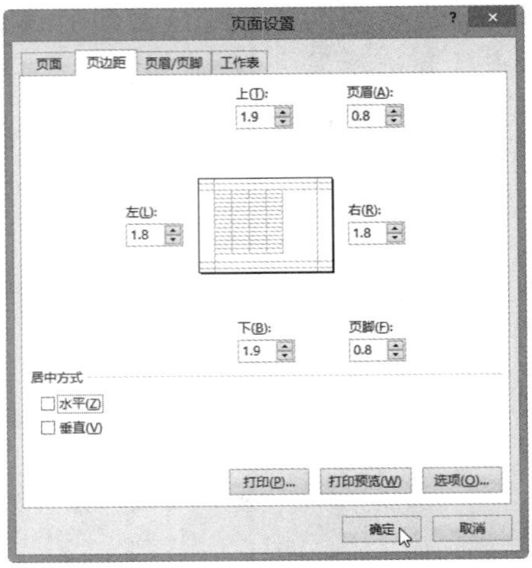

7.3.4　打印工作表区域

在工作中，有时只需要打印工作表中的部分区域，通过 Excel 的打印设置可以轻松实现这一目的。具体操作方法如下。

Step 01　在工作表中选中需要打印的表格区域。

Step 02　在“页面布局”选项卡的“页面设置”组中单击“打印区域”下拉按钮。

Step 03　在打开的下拉菜单中单击“设置打印区域”命令。

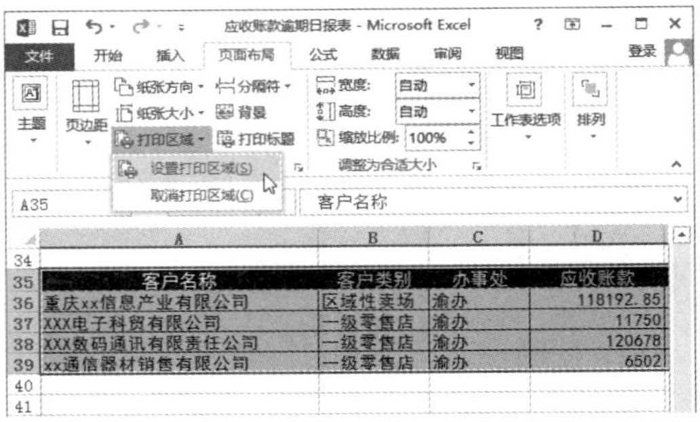

Step 04　切换到“文件”选项卡。

Step 05　单击“打印”命令。

Step 06　在对应的“打印”界面中可以看到打印预览效果。

Step 07　在“设置”栏中单击“打印活动工作表”下拉按钮。

Step 08　在打开的下拉菜单中单击“打印选定区域”命令，仅打印选定区域。

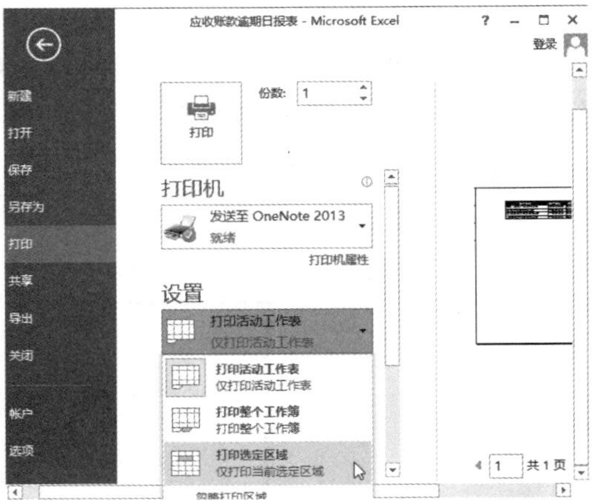

Step 09　在“份数”文本框中输入要打印的份数。

Step 10　单击“打印”按钮即可。

知识加油站

【打印多张工作表的方法】

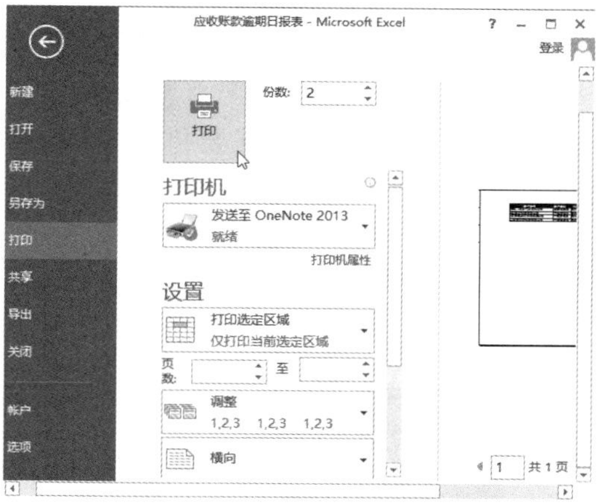

知识加油站——设置打印页面居中方式的方法

在实际工作中有时需要打印的数据不多，直接打印数据内容可能会集中在纸张的顶端，看起来很不美观。此时我们可以在“页面设置”对话框的“居中方式”栏中，通过勾选“水平”和“垂直”复选框进行相应的设置。

- 勾选“水平”复选框：使工作表的数据在左右边距之间水平居中打印。
- 勾选“垂直”复选框：使工作表的数据在上下页边距之间垂直居中打印。
- 勾选“水平”和“垂直”复选框：使工作表的数据居中打印。

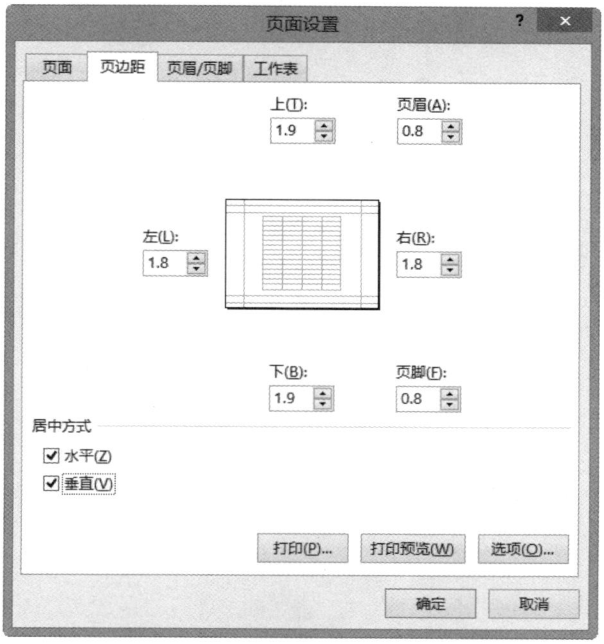

知识加油站——打印多张工作表的方法

在实际工作中有时需要打印多张不同的工作表，此时，只要同时选中需要打印的多张工作表然后再执行打印操作即可。

如果要打印一个工作簿中的所有工作表，方法为：打开需要打印的工作簿，在“文件”选项卡中单击“打印”命令，然后在打开的窗格中单击“设置”栏下方的下拉按钮，在打开的下拉列表中选择“打印整个工作簿”选项即可。

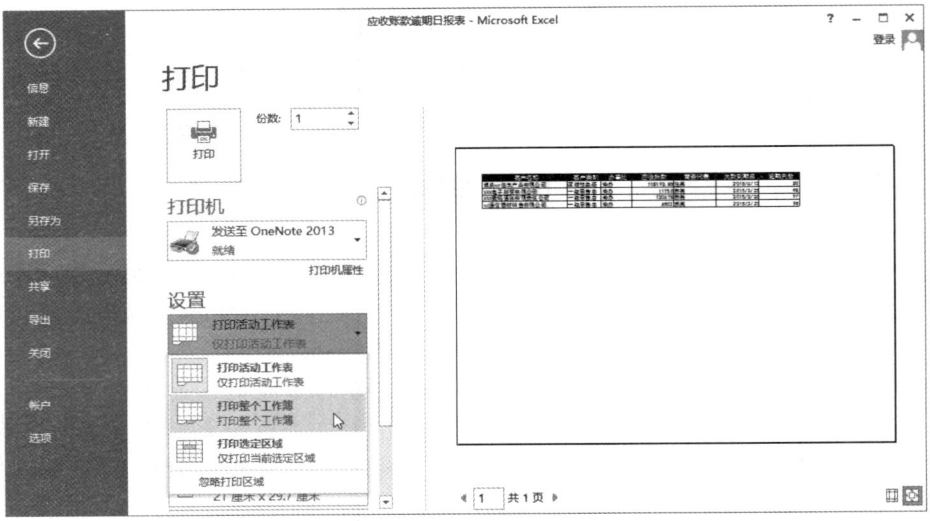

第08章 账务管理

企业要按照国家相关规定建立账簿，记录经营活动的情况，这就离不开账务管理工作。尽管，现在很多企业都使用专业的财务软件进行财会工作，以提高财会工作的效率，但Excel格式的账务管理表格仍然有存在的必要。利用Excel强大的数据分析处理功能，财务人员可以轻松完成比较和分析财务数据的工作。

【本章案例】

- 制作会计科目表
- 制作现金日记账
- 制作明细账

8.1 制作会计科目表

会计科目表用于详细记录会计科目类别、编号和名称。通常情况下，会计科目按照“资产类”、“负债类”、“成本类”、“所有者权益类”、“损益类”五大类进行分类。下面将介绍会计科目表的具体制作方法。

涉及知识点：

★输入表格内容　　★设置表格格式　　★冻结工作表

最终效果：

	A	B	C	D
1	会计科目表			
2	类别	顺序	代码	会计科目名称
3		001	1001	库存现金
4		002	1002	银行存款
5		003	1012	其他货币资金
6		004	1021	结算备付金
7		005	1031	存出保证金
68	负债类	066	2231	应付利息
69		067	2232	应付股利
70		068	2241	其他应付款
71		069	2251	应付保单红利
72		070	2261	应付分保账款
73		071	2311	代理买卖证券款
74		072	2312	代理承销证券款

8.1.1 输入表格内容

制作会计科目表的第一步是输入表格内容。具体操作方法如下。

Step 01 新建一个名为“会计科目表”的工作簿。

Step 02 重命名“Sheet1”工作表为“会计科目表”。

Step 03 在工作表中输入标题、“类别”、“顺序”、“代码”、“会计科目名称”等内容，如图所示。

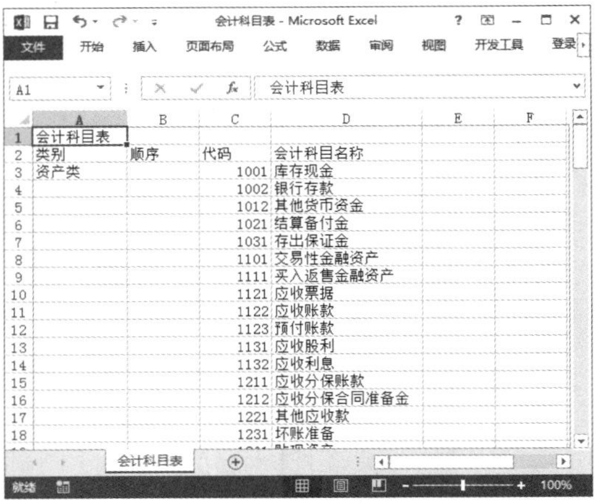

	A	B	C	D
1	会计科目表			
2	类别	顺序	代码	会计科目名称
3	资产类		1001	库存现金
4			1002	银行存款
5			1012	其他货币资金
6			1021	结算备付金
7			1031	存出保证金
8			1101	交易性金融资产
9			1111	买入返售金融资产
10			1121	应收票据
11			1122	应收账款
12			1123	预付账款
13			1131	应收股利
14			1132	应收利息
15			1211	应收分保账款
16			1212	应收分保合同准备金
17			1221	其他应收款
18			1231	坏账准备

Step 04　在 B3 单元格中输入“'001”，按下“Enter”键确认输入。

Step 05　选中 B3 单元格，将出现错误提示，将光标移动到该按钮处，按钮变为形状，此时单击该按钮。

Step 06　在打开的下拉菜单中单击“忽略错误”命令，该错误提示将不再出现。

Step 07　选中 B3 单元格，将光标指向单元格右下角。

Step 08　当光标呈十字形状时，按住鼠标左键向下拖动，到适当位置释放鼠标左键，利用填充柄功能，将序列填充到“顺序”列。

8.1.2　设置表格格式

在输入表格内容之后，就需要对表格的格式进行设置了。具体操作方法如下。

Step 01　选中 A1:D1 单元格区域。

Step 02　在“开始”选项卡的“对齐方式”组中单击“合并后居中”按钮，合并单元格。

Step 03　按照上述方法，依次合并A3:A53，A54:A88，A89:A91，A92:A98，A99:A124单元格区域。

Step 04　适当调整行高和列宽。

Step 05　设置合并区域中的文本对齐方式为水平居中和垂直居中。

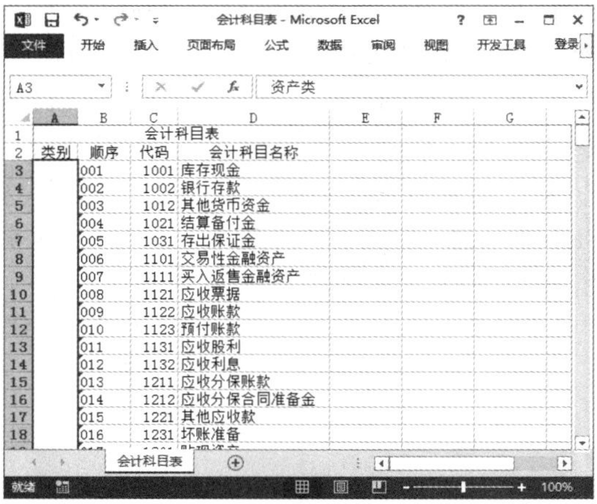

Step 06　选中A3:A124单元格区域。

Step 07　单击“开始”选项卡中“对齐方式”组右下角的功能扩展按钮。

Step 08　弹出“设置单元格格式”对话框，在“对齐”选项卡的“方向”栏中设置文本方向为纵向。

Step 09　单击“确定”按钮。

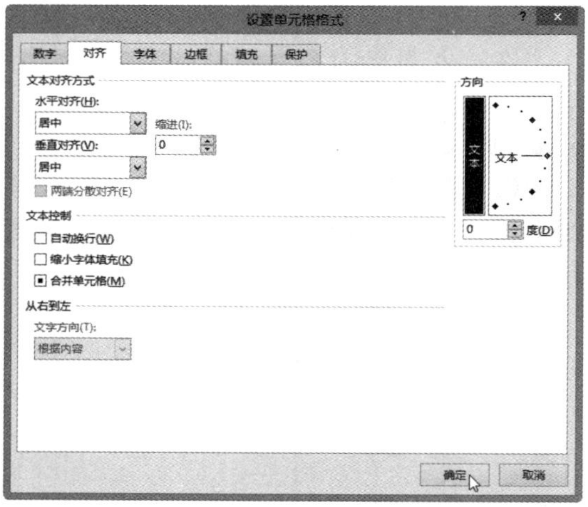

Step 10　选中 A2:D124 单元格区域。

Step 11　打开“设置单元格格式”对话框。

Step 12　切换到“边框”选项卡，设置线条颜色、线条样式，为表格添加内外不同的边框。

Step 13　设置完成后单击“确定”按钮。

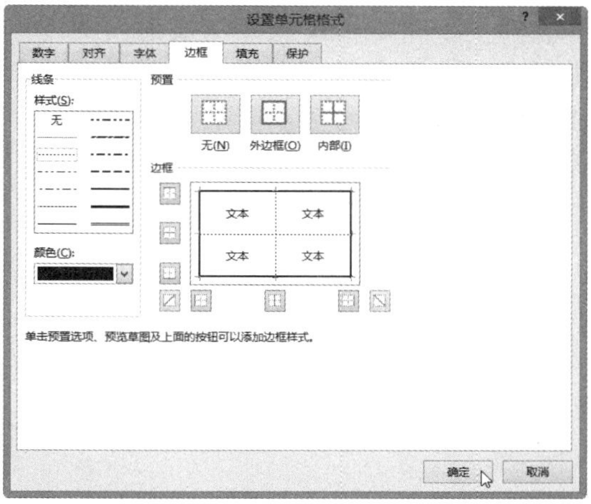

Step 14　返回工作表，可以看到为表格添加内外不同的边框后的效果。

Step 15　在“开始”选项卡的“字体”组中，根据需要为工作表设置字体、字号、文字颜色、单元格背景色等。

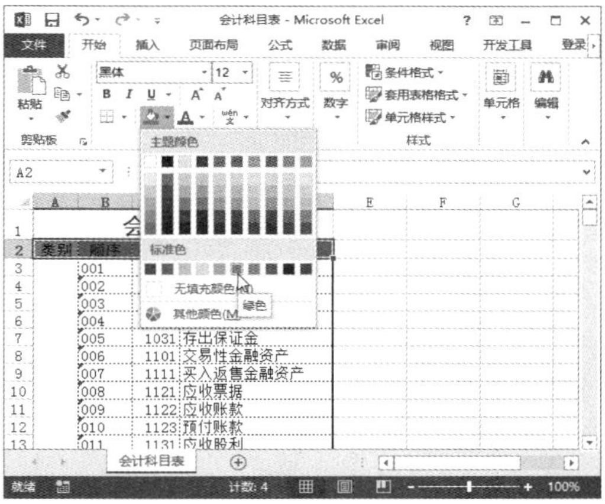

8.1.3　冻结工作表

当工作表中拥有大量数据内容时，为了便于查看，可以冻结工作表。具体操作方法如下。

Step 01　选中 C8 单元格。

Step 02　切换到“视图”选项卡。

Step 03　在“窗口”组中单击“冻结窗格”下拉按钮。

Step 04　在打开的下拉菜单中单击“冻结拆分窗格”命令。

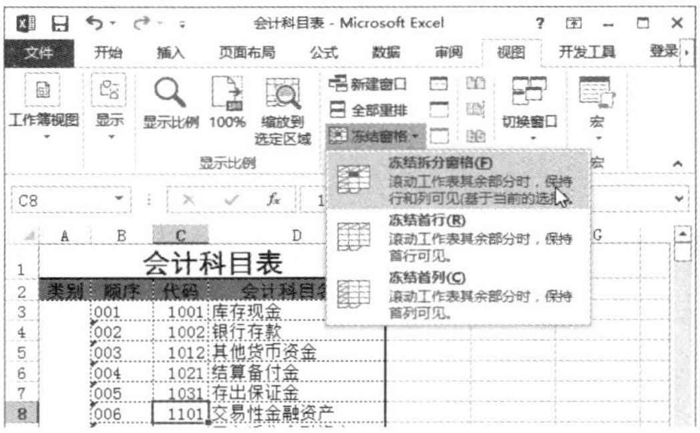

Step 05 返回工作表，可以看到，滚动工作表时，工作表以 C8 单元格为基准，保持行和列可见。便于在工作表过长时查找所需的数据信息。

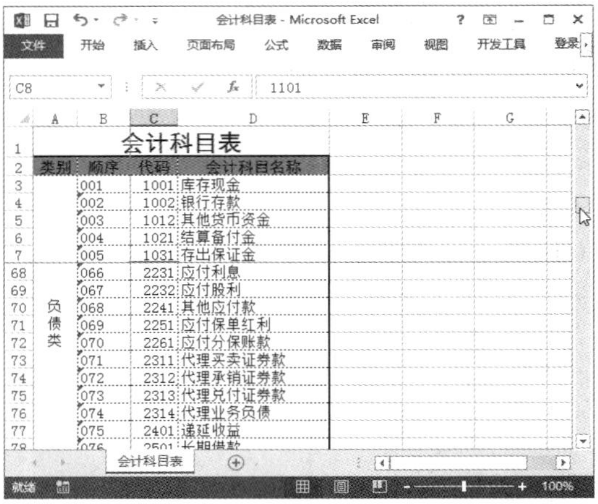

8.2 制作现金日记账

现金日记账将按照时间顺序，将企业的现金收入与支出记录下来，反映了现金的增减变化和结果。其中最重要的部分就是“借”、“贷”“余”三栏。下面将介绍现金日记账的具体制作方法。

涉及知识点：

★移动与复制工作表　★筛选数据　★使用公式与函数

最终效果：

	A	B	C	D	E	F	G	H
1	**公司现金日记账							
2	2015年		凭证	摘要	借方金额	贷方金额	借/贷	余额
3	月	日						
4		1		初期金额			借	¥ 63,500.00
5		2	现收1	提现	¥ 1,500.00	¥ -	借	¥ 65,000.00
6		4	现付1	秦某借差旅费	¥ -	¥ 400.00	借	¥ 64,600.00
7		4	现付2	支付采购费	¥ -	¥ 350.00	借	¥ 64,250.00
8		7	现付3	秦某借差旅费	¥ -	¥ 400.00	借	¥ 63,850.00
9		8	现付4	支付采购费	¥ -	¥ 100.00	借	¥ 63,750.00
10		10	现付5	支付材料采购费用	¥ -	¥ 60.00	借	¥ 63,690.00
11		12	现付6	孙某某借差旅费	¥ -	¥ 500.00	借	¥ 63,190.00
12		12	现收2	出售**产品15套	¥ 2,500.00	¥ -	借	¥ 65,690.00
13		13	现付7	现金存入	¥ -	¥ 1,500.00	借	¥ 64,190.00
14		14	现付8	补付现金	¥ -	¥ 50.00	借	¥ 64,140.00
15		15	现付9	支付采购费	¥ -	¥ 700.00	借	¥ 63,440.00
16		16	现收3	提现	¥20,000.00	¥ -	借	¥ 83,440.00
17		16	现付10	发工资	¥ -	¥ 19,000.00	借	¥ 64,440.00
18		18	现收4	退回现金	¥ 20.00	¥ -	借	¥ 64,460.00
19		20	现收5	积压材料收入	¥ 1,850.00	¥ -	借	¥ 66,310.00

8.2.1　移动与复制工作表

在本例中，为了制作当月现金日记账，需要利用当月会计凭证表格。下面先将当月会计凭证表格复制到现金日记账工作簿中。具体操作方法如下。

Step 01　本例提供了一个“11 月会计凭证”原始文件，打开该工作簿，可以看到其中输入了当月每日的会计凭证种类、现金收入与支出记录等数据。

Step 02　新建一个名为“现金日记账”的工作簿。

Step 03　重命名“Sheet1”工作表为“11 月现金日记账”。

Step 04　在工作表中输入标题、“日期”、“凭证”、“摘要”、“借方金额”、“贷方金额”、“借/贷”、“余额”等内容，如图所示。

Step 05　再根据需要，适当设置表格边框、文本字体、下划线等，如图所示。

Step 06　同时打开“11 月会计凭证”和“现金日记账”原始文件。

Step 07　右键单击“11 月会计凭证”工作表标签。

Step 08　在弹出的快捷菜单中单击“移动或复制”命令。

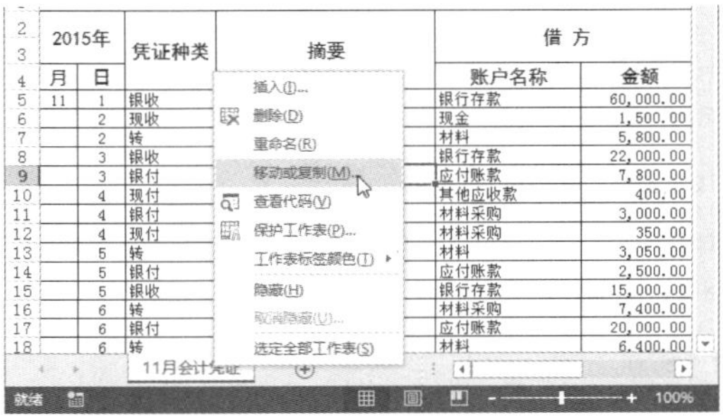

Step 09 弹出“移动或复制工作表”对话框，设置目标工作簿为“现金日记账.xlsx”，目标位置为“11 月现金日记账”之前。

Step 10 勾选“建立副本”复选框。

Step 11 单击“确定”按钮。

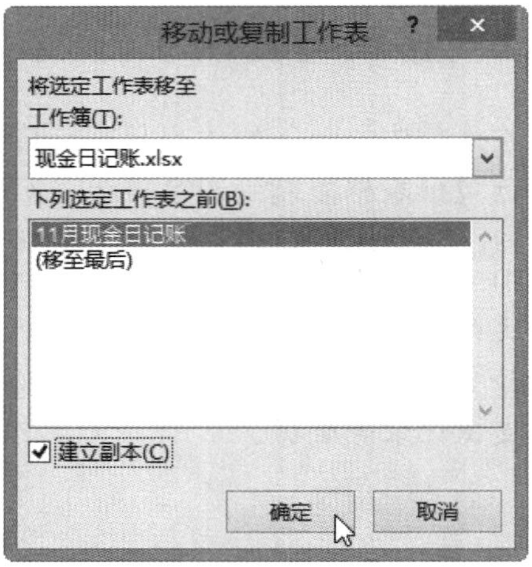

Step 12 切换到“现金日记账”工作簿，可以看到“11 月会计凭证”工作表被复制到该工作簿中，位于“11 月现金日记账”工作表之前。

8.2.2 筛选现金收入与支出记录

在本例中，要制作现金日记账，就需要在“11 月会计凭证”工作表中插入辅助列，然后利用 Excel 的筛选功能筛选出现金收入与支出记录。具体操作方法如下。

Step 01 在“现金日记账”工作簿的“11 月现金日记账”工作表中选中 A 列。

Step 02 使用鼠标右键单击。

Step 03 在弹出的快捷菜单中单击“插入”命令，插入空白行。

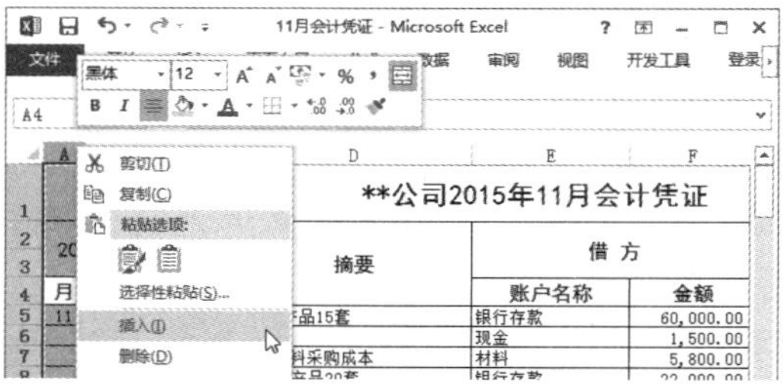

Step 04　在 A5 单元格中输入公式“=D5&COUNTIF($D$5:D5,D5)”，按下“Enter”键确认。

Step 05　利用填充柄功能将公式复制到 A6 至 A74 单元格中。

Step 06　选中 D 列。

Step 07　切换到“数据”选项卡。

Step 08　单击“排序和筛选”组中的“筛选”按钮。

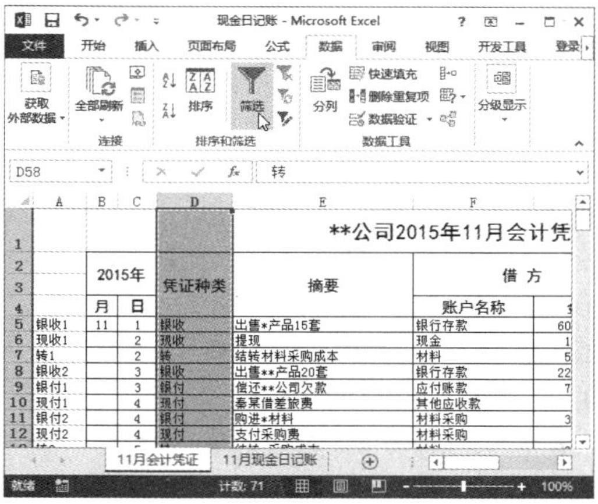

Step 09　单击出现的▾按钮。

Step 10　打开筛选下拉菜单，在“文本筛选”文本框中输入“现”，系统将自动进行搜索，显示并勾选搜索结果。

Step 11　单击“确定”按钮。

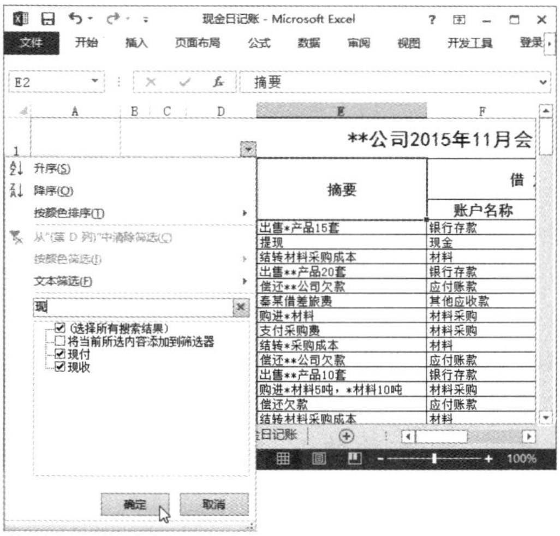

Step 12　返回工作表，可以看到工作表中出现了筛选结果。

Step 13　选中 A6:A66 单元格区域，按下“Ctrl+C”组合键复制数据。

8.2.3　利用公式和函数快速创建表格

在上述操作的基础上，就可以利用公式和函数等，快速实现现金日记账的创建了。具体操作方法如下。

Step 01　切换到“11 月现金日记账”工作表，选中 C5 单元格。

Step 02　单击“开始”选项卡“剪贴板”组中的“粘贴”下拉按钮。

Step 03　在打开的下拉菜单中单击“粘贴值”按钮。

Step 04　在第 4 行中输入期初余额。

Step 05　选中 E4:F26，H4:H26 单元格区域。

Step 06　在“开始”选项卡的“数字”组中单击“会计数字格式”下拉按钮。

Step 07　在打开的下拉菜单中单击“¥ 中文（中国）”命令。

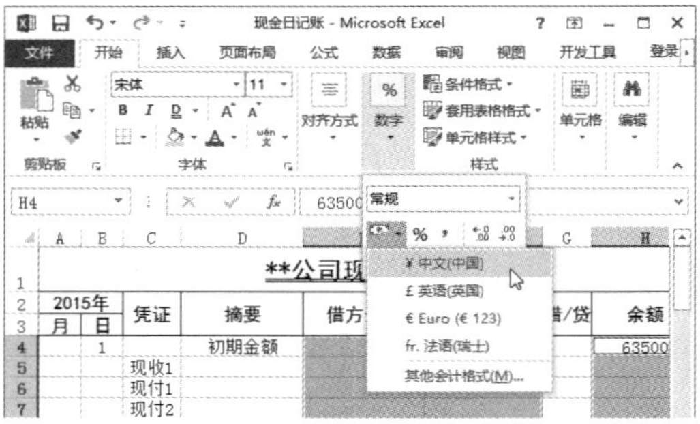

Step 08 在 D5 单元格中输入公式“=VLOOKUP(C5,'11 月会计凭证'!$A$5:$I$74,5,FALSE)”，按下“Enter”键确认输入。

Step 09 利用填充柄功能将公式复制到 D6 至 D25 单元格中。

Step 10 在 B5 单元格中输入公式“=VLOOKUP(C5,'11 月会计凭证'!$A$5:$I$74,3,FALSE)”，按下“Enter”键确认输入。

Step 11 利用填充柄功能将公式复制到 B6 至 B25 单元格中。

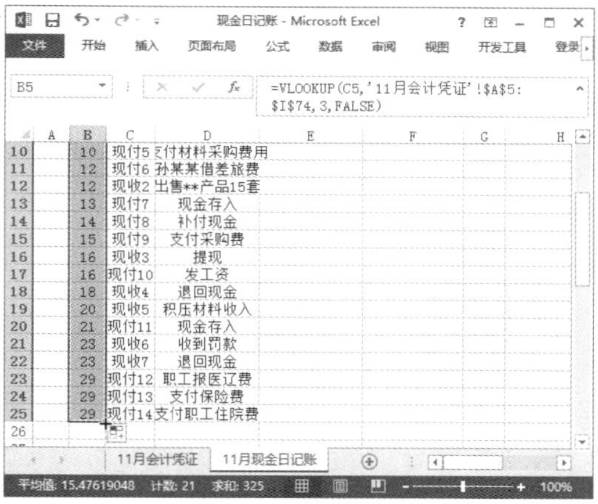

Step 12 在 E5 单元格中输入公式“=IF(LEFT(C5,2)="现收",VLOOKUP(C5,'11 月会计凭证'!$A$5:$I$74,7,FALSE),0)”，按下“Enter”键确认输入。

Step 13 利用填充柄功能将公式复制到 E6 至 E25 单元格中。

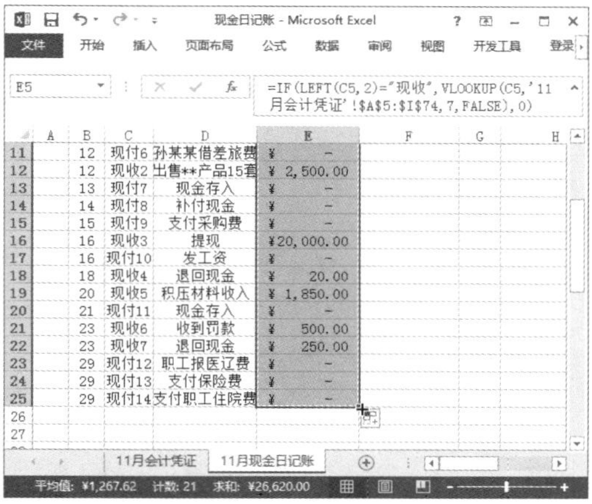

Step 14　在 F5 单元格中输入公式“=IF(LEFT(C5,2)="现付",VLOOKUP(C5,'11 月会计凭证'!$A$5:$I$74,9,FALSE),0)”，按下“Enter”键确认输入。

Step 15　利用填充柄功能将公式复制到 F6 至 F25 单元格中。

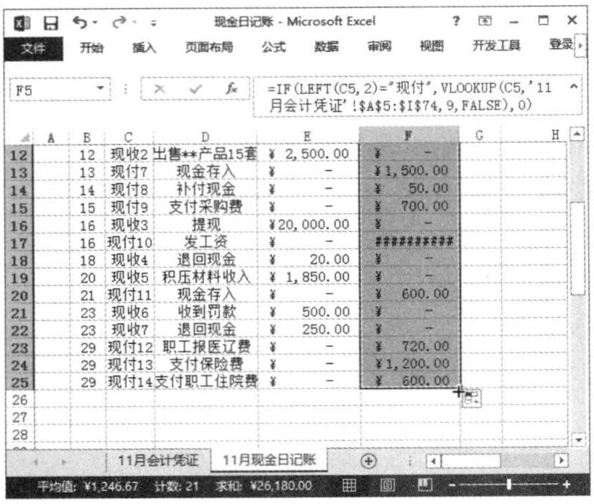

Step 16　现金属于资产类账户，余额在借方，因此在 G4 单元格中输入“借”。

Step 17　利用填充柄功能将其复制到 G55 至 G25 单元格中。

Step 18　在 H5 单元格中输入公式“=H4+E5-F5”，按下“Enter”键确认输入。

Step 19　利用填充柄功能将公式复制到 H6 至 H25 单元格中。

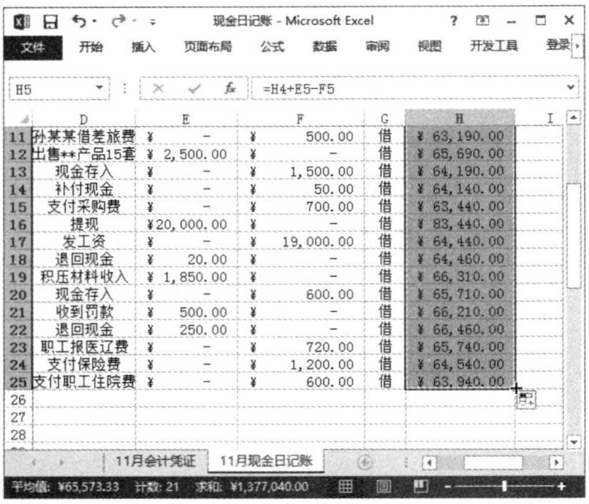

Step 20　在 E26 单元格中输入公式“=SUM(E5:E25)”，按下“Enter”键确认输入。

Step 21　利用填充柄功能将公式复制到 F26 单元格中。

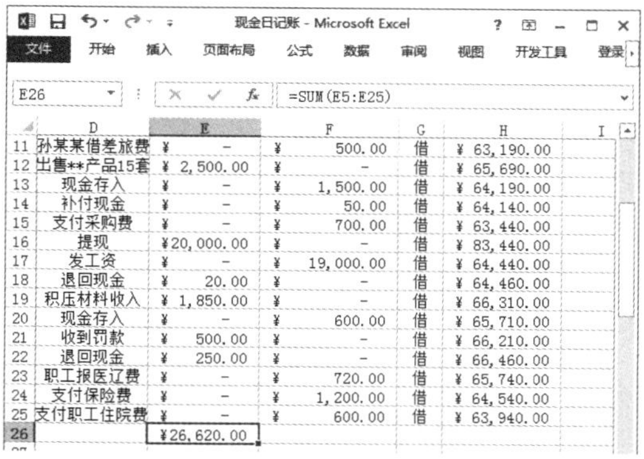

Step 22　在 H26 单元格中输入公式“=H4+E26-F26”，按下“Enter”键得到计算结果。

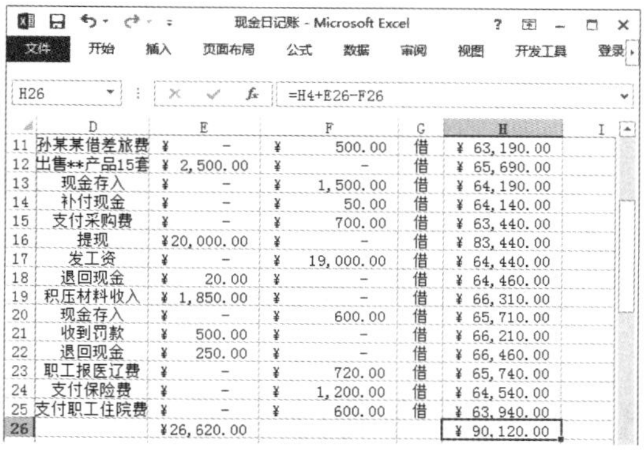

Step 23　根据需要，为工作表适当设置表格边框、单元格填充背景色等，设置完成后的效果如图所示。

知识加油站
【设置工作表标签颜色的方法】

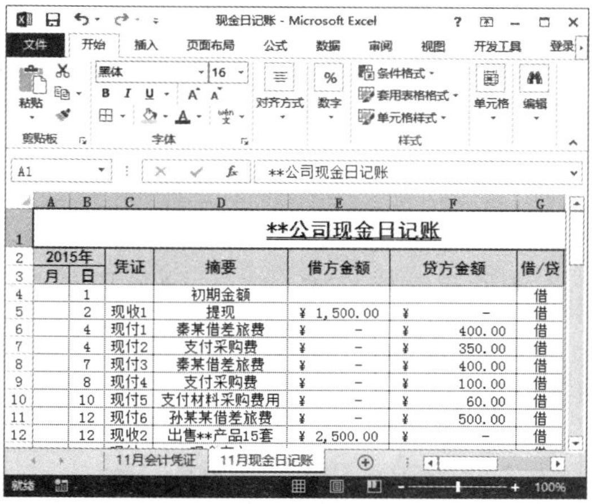

知识加油站——设置工作表标签颜色的方法

当一个工作簿中存在很多工作表时，为了方便用户查询，可以通过更改工作表标签颜色的方式来标记常用或重点工作表，使用户能够快速查找到需要的工作表。方法如下。

➲　在 Excel 窗口中使用鼠标右键单击需要更改颜色的工作表标签，在弹出的快捷菜单中单击“工作表标签颜色”命令，然后在展开的颜色面板中选择需要的颜色即可。

- 如果没有合适的颜色，可以单击“其他颜色”命令，在弹出的“颜色”对话框中选择需要的颜色，选择好后单击“确定”按钮即可。

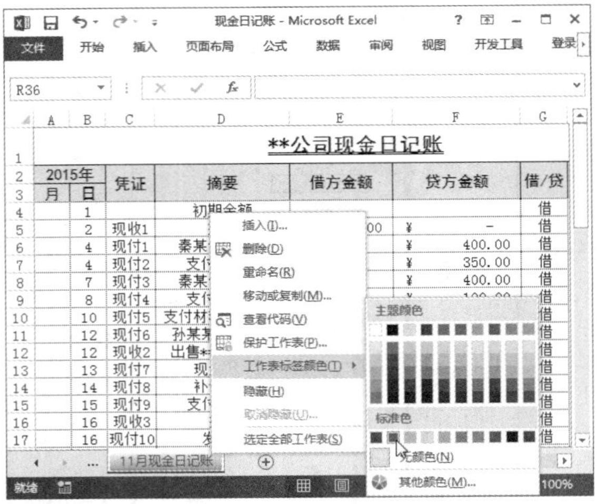

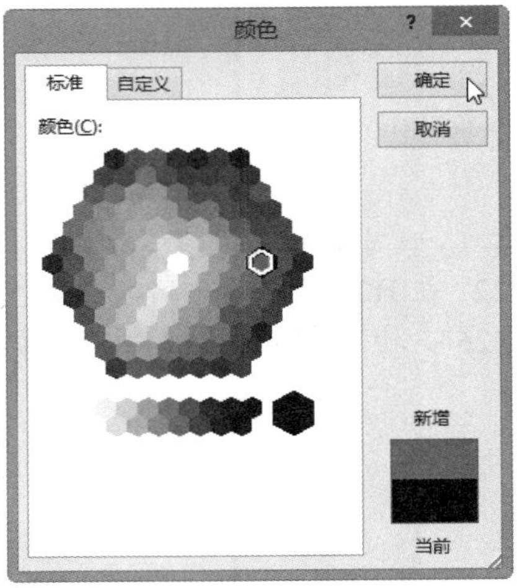

8.3 制作明细账

明细账主要用于分类登记经济业务，以便提供相关的明细核算材料。它通常按照总账科目的明细科目进行设置，例如数量金额式明细账。下面将介绍明细账的具体制作方法。

涉及知识点：

★设置表格格式　　★使用公式和函数　　★设置不显示零值

最终效果：

原料　明细账

原料名称：原料A　　规格：12mm　　单位：个

2015年 月	日	凭证号数	摘要	页数	收入 单价	收入 数量	收入 金额	支出 单价	支出 数量	支出 金额	余额 单价	余额 数量	余额 金额
上月余额											1.33	600	800.00
11	1	2114	入库		1.30	500	650.00				1.32	1100	1450.00
	2	2135	入库		1.50	200	300.00				1.35	1300	1750.00
	3	2148	入库		1.40	400	560.00				1.36	1700	2310.00
	4	2203	生产发料					1.30	400	520.00	1.38	1300	1790.00
合计						1100	1510.00		400	520.00		700	990.00

8.3.1 创建基本框架

制作明细账的第一步是输入表格内容，并根据需要设置表格边框等格式。创建出基本的表格框架。具体操作方法如下。

Step 01 新建一个名为“明细账”的工作簿。

Step 02 重命名“Sheet1”工作表为“明细账”。

Step 03 在工作表中输入标题、“原料名称:”、“规格:”、“单位:”“年月日”、“凭证号数”、“页数”、“单价”、“数量”、“金额”等基本内容，如图所示。

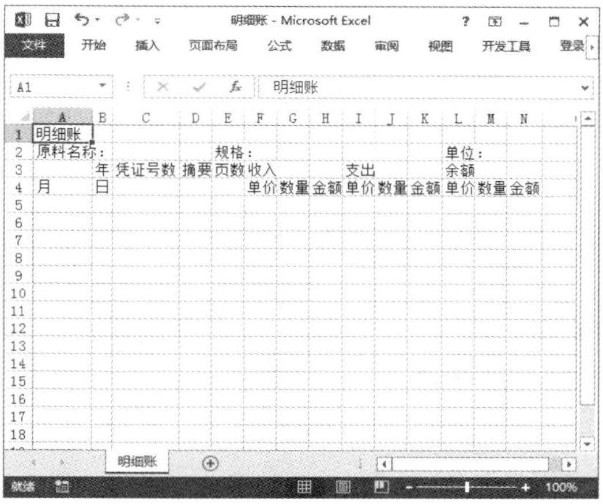

Step 04 依次合并 A1:N1，A2:D2，E2:K2，L2:N2，C3:C4，D3:D4，E3:E4，F3:H3，I3:K3，L3:N3 单元格区域。

Step 05 设置字体、字号、文字颜色、文本对齐方式等。

Step 06 适当调整行高和列宽，效果如图。

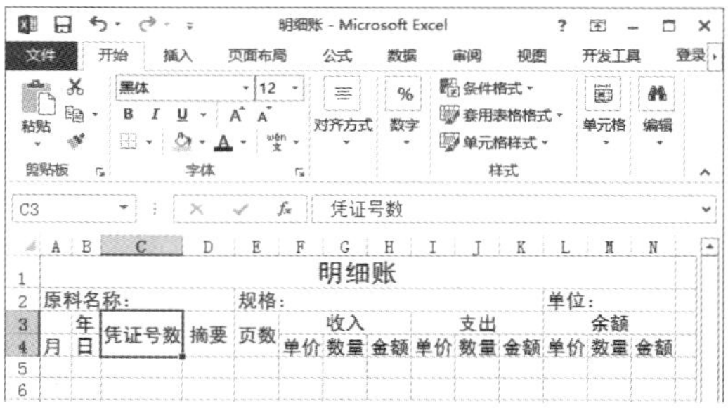

Step 07 选中 A3:N13 单元格区域，右键单击。

Step 08 在弹出的快捷菜单中单击“设置单元格格式”命令。

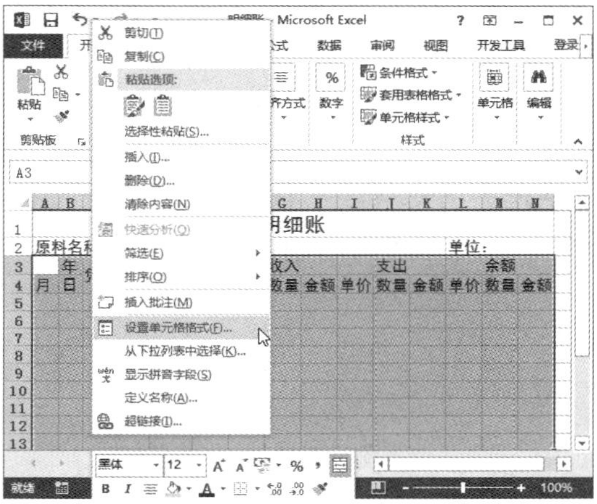

Step 09　弹出“设置单元格格式”对话框，切换到“边框”选项卡。

Step 10　根据需要为表格设置边框。

Step 11　设置完成后单击“确定”按钮。

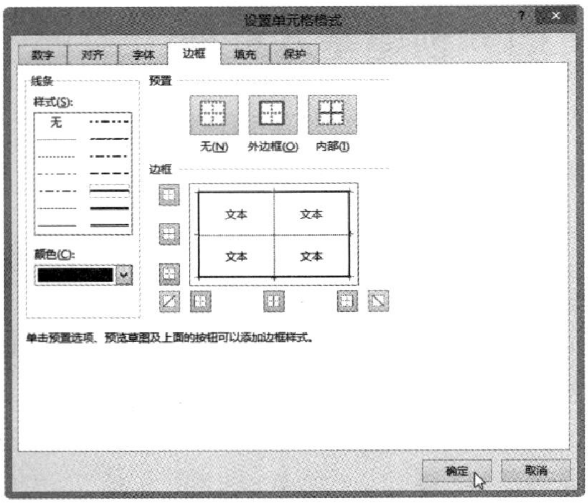

Step 12　返回工作表，可以看到设置表格边框后的效果。

Step 13　依次合并 A5:E5，A13:E13 单元格区域。

Step 14　输入“上月余额”和“合计”。

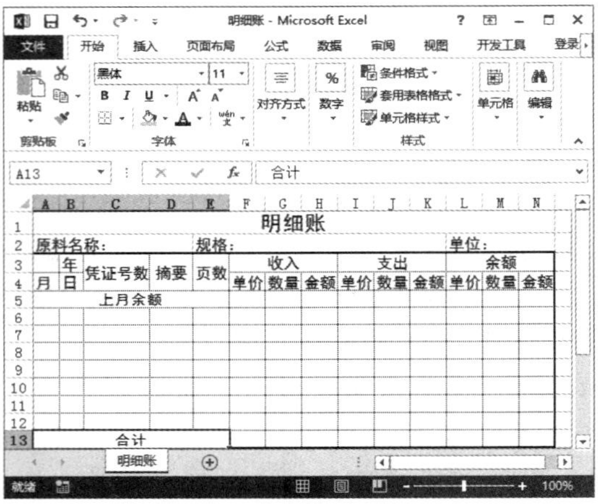

Step 15　将光标定位到 A1 单元格中，在“明细表”前输入“　　原料　　”（注意输入空格）。

Step 16　选中输入的文字内容。

Step 17　在“开始”选项卡的“字体”组中单击“下划线”下拉按钮。

Step 18　在打开的下拉菜单中选择“下划线”命令。

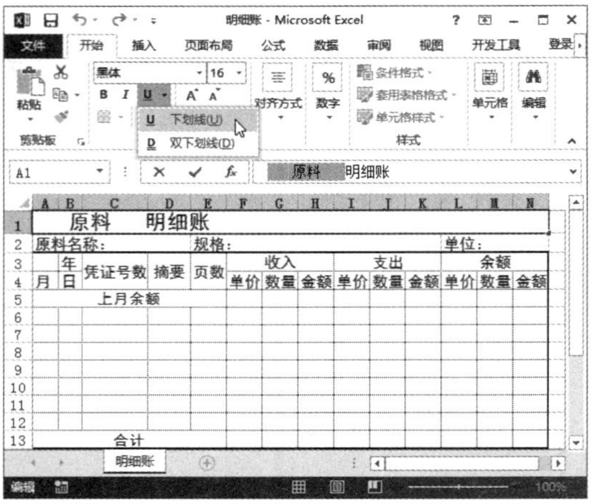

Step 19　选中需要设置的单元格或单元格区域。

Step 20　在“开始”选项卡的“字体”组中单击“填充颜色”下拉按钮。

Step 21　在打开的下拉菜单中为表格设置背景色，完成后的效果如图所示。

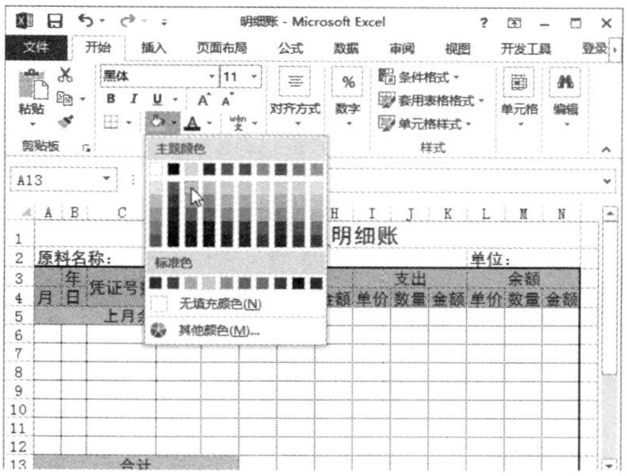

8.3.2　使用公式和函数

在创建了基本的表格框架之后，就可以利用公式和函数等快速制作明细账表格了。具体操作方法如下。

Step 01　在 H6 单元格中输入公式“=F6*G6”。

Step 02　在 K6 单元格中输入公式“=I6*J6”。

Step 03　利用填充并将公式复制到相应的单元格区域中，效果如图所示。

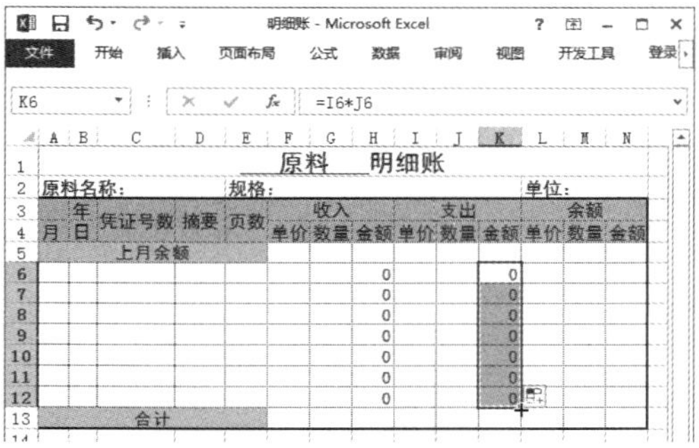

Step 04　在 M6 单元格中输入公式“=M5+G6-J6”。

Step 05　在 N6 单元格中输入公式“=N5+H6-K6”。

Step 06　利用填充并将公式复制到相应的单元格区域中，效果如图所示。

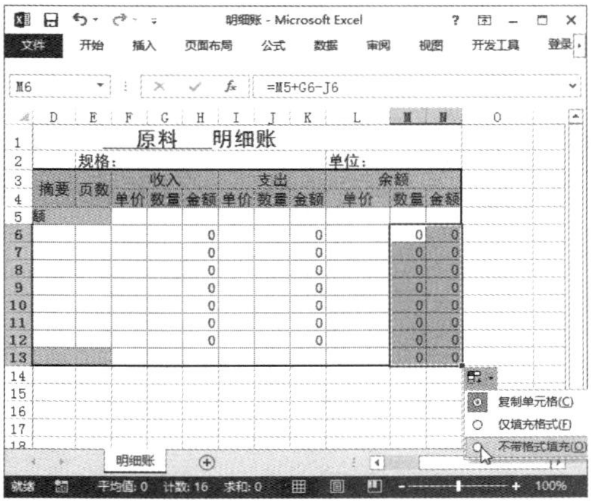

Step 07　在 L5 单元格中输入公式“=N5/M5”。

Step 08　利用填充并将公式复制到相应的单元格区域中，效果如图所示，由于未输入相应数据，单元格提示公式错误。

知识加油站

【错误提示的含义与解决办法】

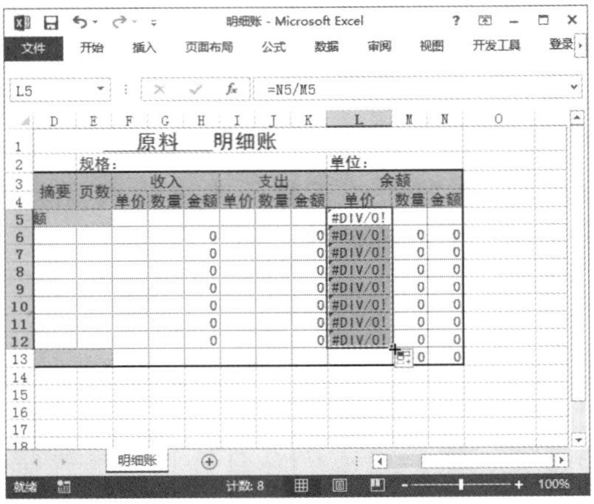

Step 09　在 G13 单元格中输入公式“=SUM(G5:G12)”。

Step 10　在 H13 单元格中输入公式“=SUM(H5:H12)”。

Step 11　在 J13 单元格中输入公式“=SUM(J5:J12)”。

Step 12　在 K13 单元格中输入公式“=SUM(K5:K12)”。

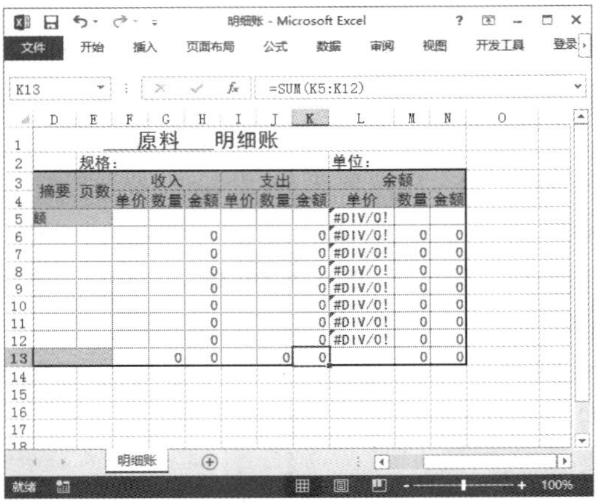

Step 13　在工作表中输入数据，得到计算结果。

提示：单元格中数据未显示完全时，将提示“######”，此时需要适当调整行高和列宽。

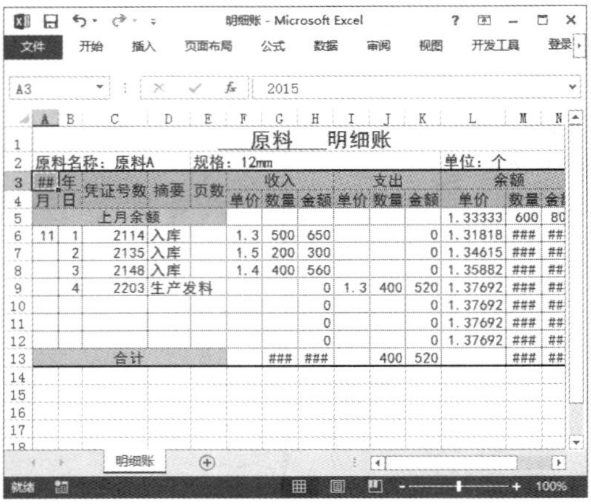

Step 14 同时选中 F5:F13，H5:I13，K5:L13，N5:N13 单元格区域。

Step 15 在“开始”选项卡的“数字”组中两次单击“增加小数位数”按钮，快速设置单元格数字格式。

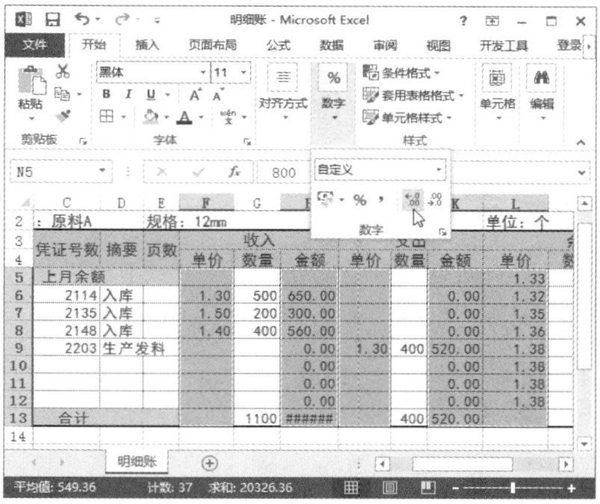

8.3.3 设置不显示零值

在本例中，为了使表格更清楚明白，在完成上述操作后，还需要清除表格中重复计算的多余数据，并且设置不显示为零的计算结果。具体操作方法如下。

Step 01 选中 L10:N12 单元格区域。

Step 02 使用鼠标右键单击。

Step 03 在弹出的快捷菜单中单击“清除内容”命令，清除重复计算的多余数据。

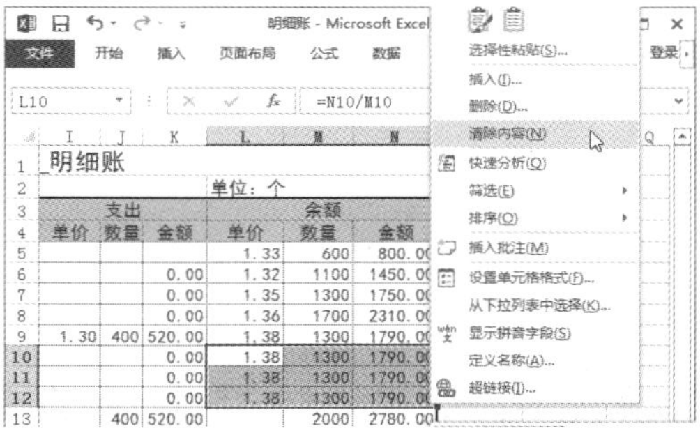

Step 04 返回工作表，切换到“文件”选项卡。

Step 05 单击“选项”命令。

Step 06 弹出“Excel 选项”对话框，在“高级”选项卡的“此工作表的显示选项”栏中选择“明细账”工作表。

Step 07 取消勾选“在具有零值的单元格中显示零”复选框。

Step 08 单击“确定”按钮。

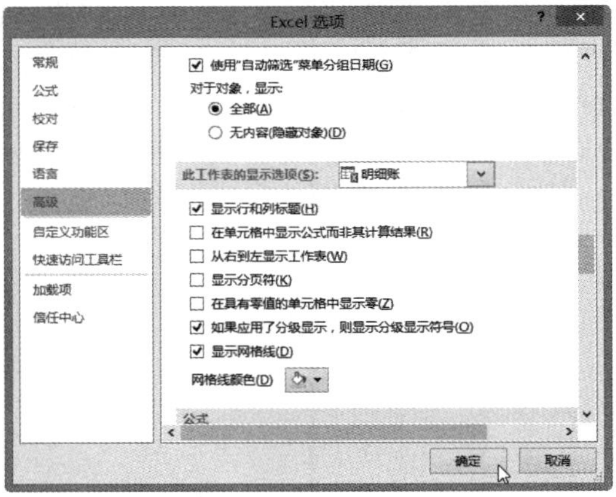

Step 09 返回工作表，即可看到设置不显示零值后的效果。

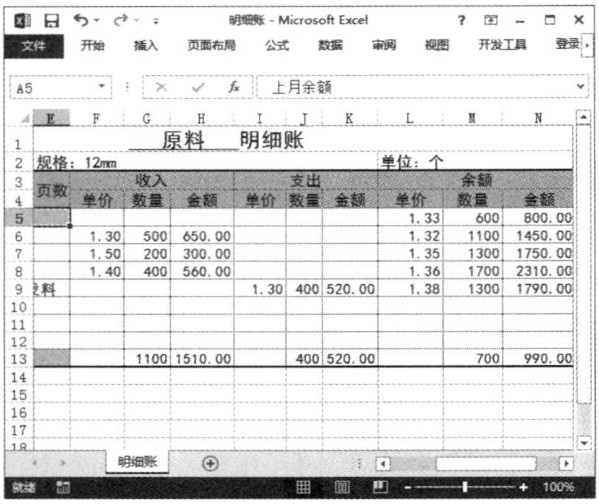

知识加油站——错误提示的含义与解决办法

如果工作表中的公式不能计算出正确的结果，系统会自动显示出一个错误值，如“####”、“#VALUE!”等。下面列出一些常见的错误字符的含义和解决方法，方便大家解决公式和函数使用中遇到的问题。

1. ####错误

错误原因：日期运算结果为负值、日期序列超过系统允许的范围或在显示数据时，单元格的宽度不够。

解决办法：出现以上错误，可尝试以下的操作。

- 更正日期运算函数式，使其结果为正值。
- 使用输入的日期序列在系统的允许范围之内（1～2958465）。
- 调整单元格到合适的宽度。

2. NULL!错误

错误原因：函数表达式中使用了不正确的区域运算符、不正确的单元格引用或指定两个并不相交的区域的交点等。

解决办法：如果使用了不正确的区域运算符，则需要将其进行更正，才能正确返回函数值，具体方法如下。

- 若要引用连续的单元格区域，可使用冒号分隔对区域中第一个单元格的引用和对最后一个单元格的引用。如 SUM(A1:E1)引用的区域为从单元格 A1 到单元格 E1。
- 若要引用不相交的两个区域，可使用联合运算符，即逗号“,”。如对两个区域求和，可确保用逗号分隔这两个区域，函数表达式为：SUM(A1:A5,D1:D5)。

提示：如果是因为指定了两个不相交的区域的交点，则更改引用使其相交即可。

3. #VALUE！错误

错误原因：出现#VALUE！错误的主要原因如下。

- 为需要单个值（而不是区域）的运算符或函数提供了区域引用。
- 当函数式需要数字或逻辑值时，输入了文本。
- 输入和编辑的是数组函数式，但却用回车键进行确认等。

解决办法：更正相关的函数类型，如果输入的是数组函数式，则在输入完成后，使用“Ctrl+Shift+Enter”组合键进行确认。

例如：在某个单元格中输入函数式：＝A1+A2，而 A1 或 A2 中有一个单元格内容是文本，确认后函数将会返回上述错误。

4. #DIV/0！错误

错误原因：当数字除以零（0）时，会出现此错误。如，用户在某个单元格中输函数式：＝A1/B1，如果 B1 单元格为“0”或为空时，确认后函数式将返回上述错误。

解决办法：修改引用的空白单元格或在作为除数的单元格中输入不为零的值即可。

5. #REF！错误

错误原因：当单元格引用无效时，会出现此错误，如函数引用的单元格（区域）被删除、链接的数据不可用等。

解决办法：出现上述错误时，可尝试以下操作。

- 修改函数式中无效的引用单元格。
- 调整链接的数据，使其处于可用的状态。

6. #NAME?错误

错误原因：当 Excel 无法识别公式中的文本时，将出现此错误，例如使用了错误的自定义名称或名称已删除，函数名称拼写错误，引用文本时没有加引号（""），用了中文状态下的引号（“”）等；或者使用“分析工具库”等加载宏部分的函数，而没有加载相应的宏。

解决办法：首先针对具体的公式，逐一检查错误的对象，然后加以更正。如重新指定正确的名称、输入正确的函数名称、修改引号，以及加载相应的宏等，具体操作如下。

（1）使用了不存在的名称。

解决方法：用户可以通过以下操作查看所使用的名称是否存在。

切换到“公式”选项卡，在“定义的名称”组中单击“名称管理器”按钮，查看名称是否列出，若名称在对话框中未列出，可以单击“新建”按钮添加名称。

提示：如果函数名称拼写错误，也将不能返回正确的函数值，因此在输入时应仔细。

（2）在公式中引用文本时没有使用（英文）双引号。

解决方法：虽然用户的本意是将输入的内容作为文本使用，但 Excel 会将其解释为名称。此时只需将公式中的文本用英文状态下的双引号括起来即可。

（3）区域引用中漏掉了冒号“:”。

解决方法：请用户确保公式中的所有区域引用都使用了冒号“:”。

（4）引用的另一张工作表未使用单引号引起。

解决方法：如果公式中引用了其他工作表或者其他工作簿中的值或单元格，且这些工作簿或工作表的名字中包含非字母字符或空格，那么必须用单引号“'”将名称引起。如：='预报表 1 月'!A1。

（5）使用了加载宏的函数，而没有加载相应的宏。

解决方法：加载相应的宏即可。切换到“文件”选项卡，单击“选项”命令，打开“Excel 选项”对话框，切换到“加载项”选项卡，在右侧窗口的“管理”下拉列表中选择“Excel 加载项”选项，然后单击“转到”按钮，在打开的“加载宏”对话框中勾选需要加载的宏，单击“确定”按钮，返回“Excel 选项”对话框，单击“确定”按钮即可。

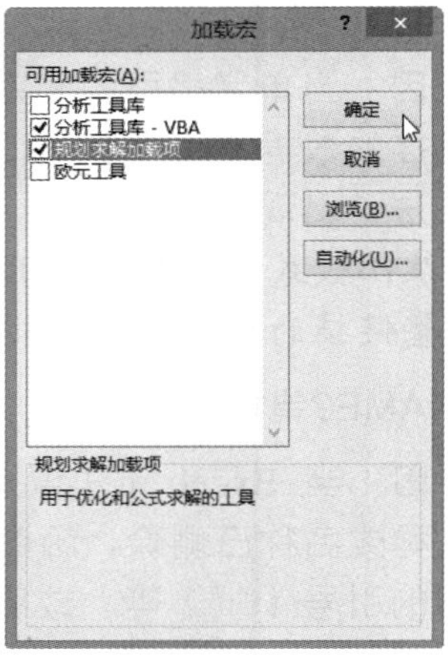

7. #N/A 错误

错误原因：错误值“#N/A”表示“无法得到有效值”，即当数值对函数或公式不可用时，出现此错误。

解决办法：可以根据需要，选中显示错误的单元格，执行“公式”选项卡“公式审核”组中的“错误检查“命令，检查下列可能的原因并进行解决。

（1）缺少数据，在其位置输入了#N/A 或 NA()。

解决方法：遇到这种情况，用新的数据代替“#N/A”即可。

（2）为 MATCH、HLOOKUP、LOOKUP 或 VLOOKUP 等工作表函数的 lookup_value 参数赋予了不正确的值。

解决方法：确保 lookup_value 参数值的类型正确即可。

（3）在未排序的工作表中使用 VLOOKUP、HLOOKUP 或 MATCH 工作表函数来查找值。

解决方法：默认情况下，在工作表中查找信息的函数必须按升序排序。但 VLOOKUP 函数和 HLOOKUP 函数包含一个 range_lookup 参数，该参数允许函数在未进行排序的表中查找完全匹配的值。若用户需要查找完全匹配值，可以将 range_lookup 参数设置为“FALSE”。

此外，MATCH 函数包含一个 match_type 参数，该参数用于指定列表查找匹配结果时必须遵循的排序次序。若函数找不到匹配结果，可尝试更改 match_type 参数；若要查找完全匹配的结果，需将 match_type 参数设置为 0。

（4）数组公式中使用的参数的行数（列数）与包含数组公式的区域的行数（列数）不一致。

解决方法：若用户已在多个单元格中输入了数组公式，则必须确保公式引用的区域具有相同的行数和列数，或者将数组公式输入到更少的单元格中。

例如，在高为 10 行的区域(A1:A10)中输入数组公式，但公式引用的区域(C1:C8)高为 8 行，则区域 C9:C10 中将显示“#N/A”。要更正此错误，可以在较小的区域中输入公式如“A1:A8”，或者将公式引用的区域更改为相同的行数，如“C1:C10”。

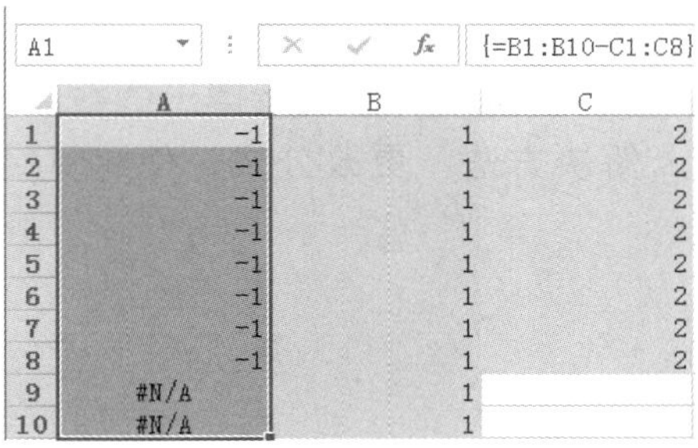

（5）内置或自定义工作表函数中省略了一个或多个必需的参数。

解决方法：将函数中的所有参数完整输入即可。

（6）使用的自定义工作表函数不可用。

解决方法：请确保包含自定义工作表函数的工作簿已经打开，而且函数工作正常。

（7）运行的宏程序输入的函数返回#N/A。

解决方法：请确保函数中的参数输入正确且位于正确的位置。

8. #NUM！错误

错误原因：公式或函数中使用了无效的数值，会出现此错误。

解决办法：根据实际情况尝试下面的解决方案。

（1）在需要数字参数的函数中使用了无法接受的参数。

解决方法：请确保函数中使用的参数是数字，而不是文本、货币以及时间等其他格式。例如，即使要输入的值是￥1000，也应在公式中输入 1000。

（2）使用了进行迭代的工作表函数，且函数无法得到结果。

解决方法：为工作表函数使用不同的起始值，或者更改 Excel 迭代公式的次数即可。

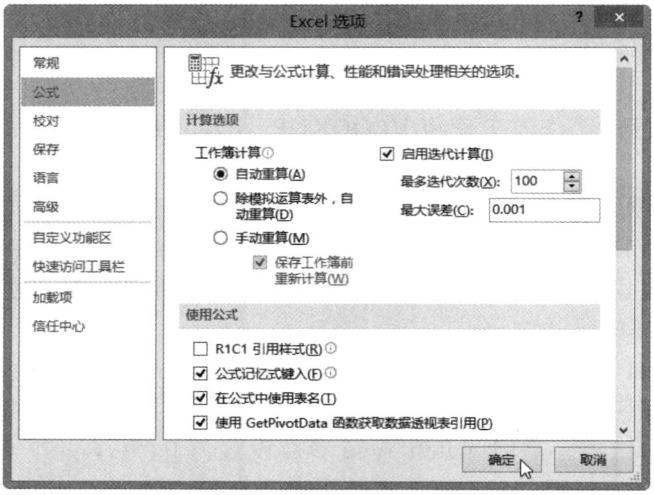

更改 Excel 迭代公式的次数的方法为：切换到“文件”选项卡，单击“选项”命令，打开“Excel 选项”对话框，切换到“公式”选项卡，在右侧窗口中勾选“启用迭代计算”复选框，然后分别设置“最多迭代次数”和“最大误差”，设置完成后单击“确定”按钮即可。

（3）输入的公式所得出的数字太大或太小，无法在 Excel 中表示。

解决方法：更改公式，使运算结果介于“-1*10307”到“1*10307”之间。

第 09 章 企业资产管理

企业资产管理主要包括投资决策管理、筹资管理和固定资产管理三个方面，是企业经营、管理活动中十分重要的一部分。本章将利用 Excel 的规划求解功能、函数和公式功能等，制作企业资产管理工作中的常用 Excel 表格，项目投资可行性分析表、长期贷款单变量模拟运算表和固定资产折旧计算表。

【本章案例】

- 制作项目投资可行性分析表
- 制作长期贷款单变量模拟运算表
- 制作固定资产折旧计算表

9.1 制作项目投资可行性分析表

通常情况下，项目投资可行性分析表是根据净现值和内部收益率指标来判断投资项目的可行性。在进行项目投资前，通过对项目进行可行性分析，可以判定项目的投资价值，帮助进行投资决策。下面将介绍项目投资可行性分析表的具体制作方法。

涉及知识点：

★输入文本内容　　★设置表格格式

★使用公式和函数　　★设置页眉和页脚

最终效果：

	A	B	C	D
1	项目投资可行性分析			
2			单位：	元
3	投资分店			
4	投资分店资金	150,000.00	年利率	4.28%
5	日期	现金流	可行性分析	
6	2014/10/1	-150,000.00	净现值	内部收益率
7	2014/11/1	20,000.00	22,019.68	73%
8	2014/12/1	35,000.00		
9	2015/1/1	38,000.00	评价	评价
10	2015/2/1	40,000.00	值得投资	值得投资
11	2015/3/1	41,000.00		
12	追加投资新设备可行性分析			
13		时间	增加收入	修正内部收益率
14	追加投资金额	2015/4/1	-15,000.00	/
15	15,000.00	2015/5/1	970.00	-94%
16	贷款年利率	2015/6/1	1,530.00	-58%
17	10.80%	2015/7/1	1,800.00	-31%
18	再投资收益率	2015/8/1	1,900.00	-16%
19	16.00%	2015/9/1	2,100.00	-6%
20		2015/10/1	2,400.00	0%
21	盈利周期(个月)	2015/11/1	2,500.00	4%
22	8	2015/12/1	2,800.00	7%

9.1.1 创建基本框架

制作项目投资可行性分析表的第一步是输入表格内容，并根据需要合并单元格，设置字体、字号、文字颜色、表格边框、单元格填充色等格式，创建出基本的表格框架。具体操作方法如下。

Step 01　新建一个名为“项目投资可行性分析表”的工作簿。

Step 02　重命名“Sheet1”工作表为“项目投资可行性分析表”。

Step 03　根据实际情况，在工作表中输入标题、“投资分店”、“投资分店资金”、“年利率”、“日期”、“现金流”、“追加投资金额”、“贷款年利率”、“再投资收益率”、“增加收入”等基本内容，如图所示。

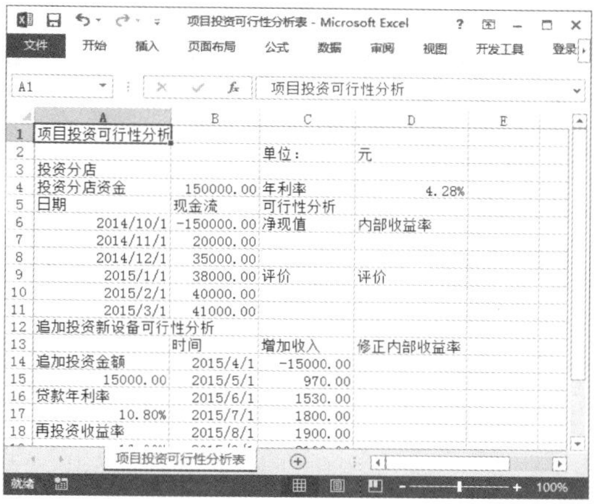

Step 04　依次合并 A1:D1，A3:D3，C5:D5，C7:C8，D7:D8，C10:C11，D10:D11，A12:D12 单元格区域。

Step 05　设置字体、字号、文本对齐方式等。

Step 06　适当调整行高和列宽，效果如图。

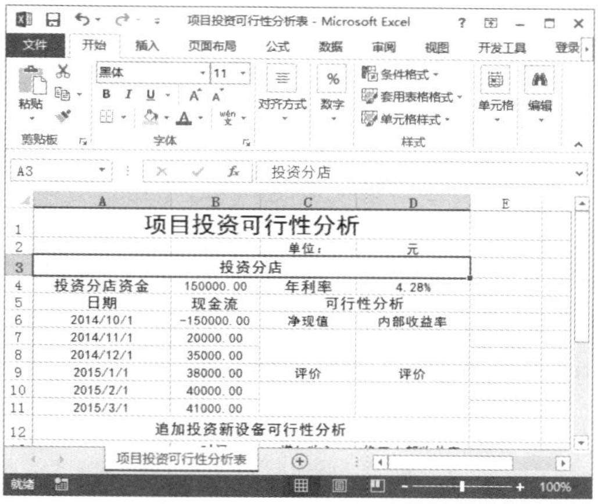

Step 07　选中需要设置的单元格或单元格区域。

Step 08　在“开始”选项卡的“字体”组中单击“填充颜色”下拉按钮。

Step 09　在打开的下拉菜单中为表格设置背景色，效果如图所示。

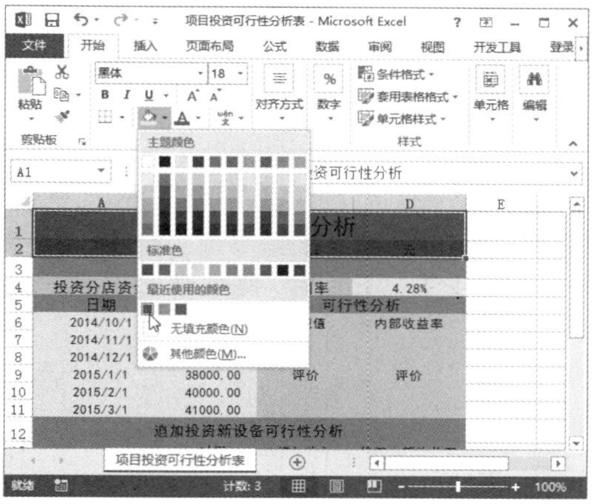

Step 10　选中 B6 和 C14 单元格。

Step 11　在“开始”选项卡的“字体”组中单击“字体颜色”下拉按钮。

Step 12　在打开的下拉菜单中设置所选单元格中的文字颜色为红色。

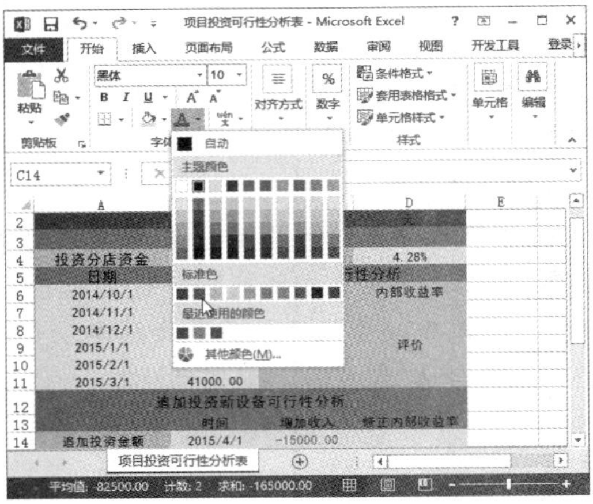

9.1.2　使用公式和函数

在制作好表格的基本框架之后，就可以利用公式和函数等计算项目投资可行性的相关数据了。具体操作方法如下。

Step 01　在 C7 单元格中输入公式“=XNPV(D4,B6:B11,A6:A11)”。

Step 02　按下“Enter”键确认。

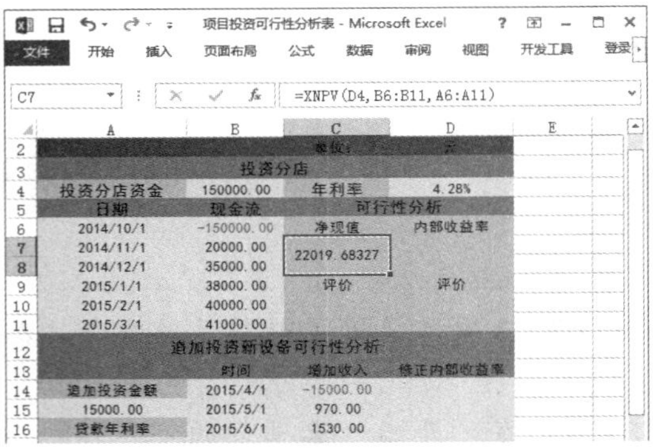

Step 03　在 D7 单元格中输入公式“=XIRR(B6:B11,A6:A11)”。

Step 04　按下“Enter”键确认。

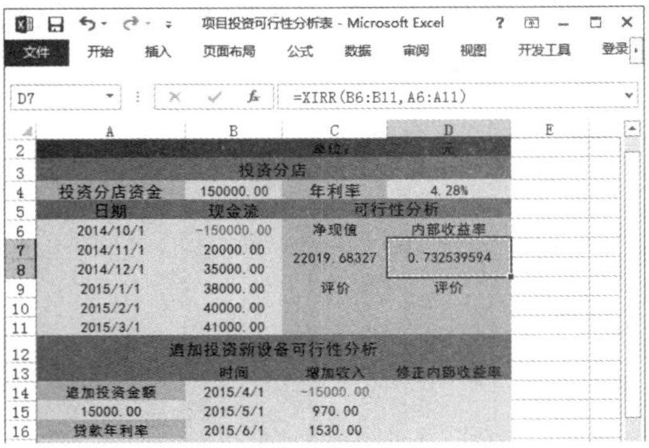

Step 05　在 C10 单元格中输入公式“=IF(C7>0,"值得投资","不值得投资")”。

Step 06　按下“Enter”键确认。

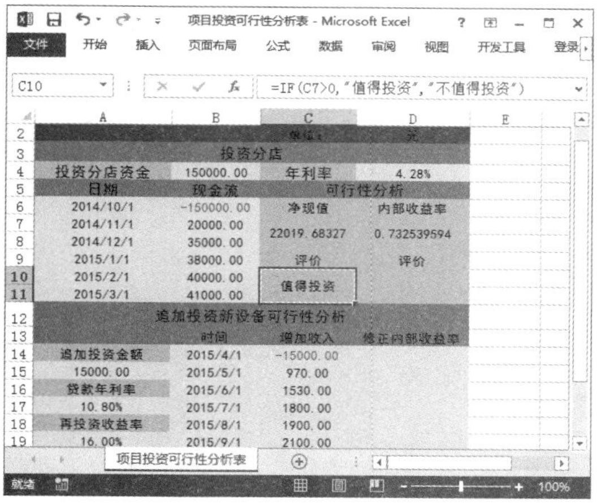

Step 07　在 D10 单元格中输入公式“=IF(D7>D4,"值得投资","不值得投资")”。

Step 08　按下“Enter”键确认。

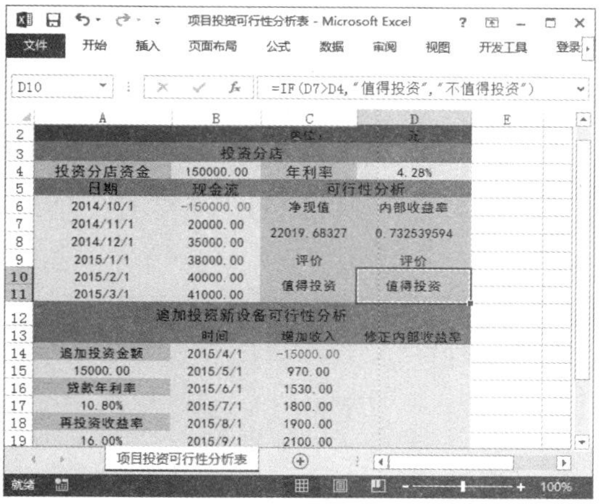

Step 09　在 D14 单元格中输入“/”。

Step 10　在 D15 单元格中输入公式“=MIRR($C$14:C15,$A$17,$A$19)”。

Step 11　利用填充柄将公式复制到 D16 至 D22 单元格中。

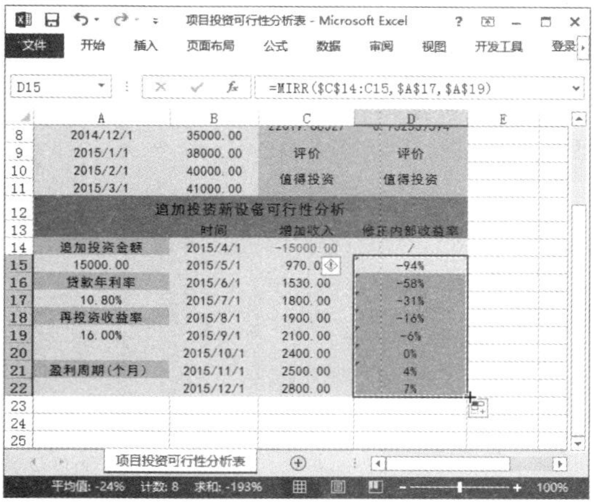

Step 12　在 A22 单元格中输入公式“=MONTH (B21-B14)”。

Step 13　按下“Enter”键确认。

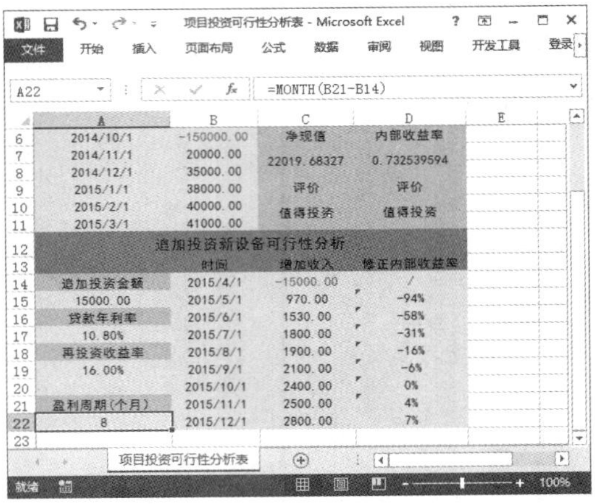

Step 14　同时选中 B4 和 A15 单元格，B6:B11，C7:C8，C14:C22 单元格区域。

Step 15　在“开始”选项卡的“数字”组中单击“千位分隔样式”按钮，设置数字格式。

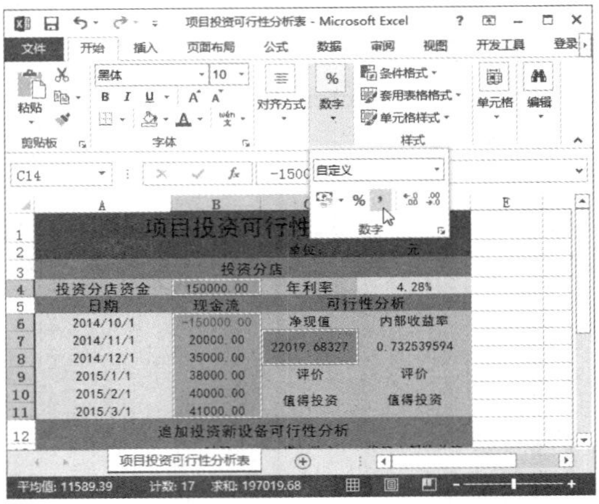

Step 16　选中 D7 单元格。

Step 17　在“开始”选项卡的“数字”组中单击“百分比样式”按钮%，设置数字格式即可。

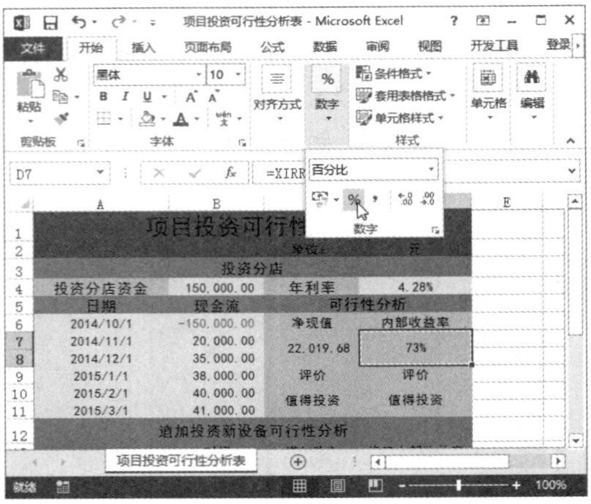

9.1.3　设置页眉和页脚

在 Excel 电子表格中，页眉的作用在于显示每一页顶部的信息，而页脚则用来显示每一页底部的信息。在本例中，将为项目投资可行性分析表设置自定义页眉和页脚，具体操作方法如下。

Step 01　在工作表中，切换到“页面布局”选项卡。

Step 02　单击“页面设置”组右下角的功能扩展按钮。

> **知识加油站**
> 【为奇偶页设置不同的页眉和页脚】

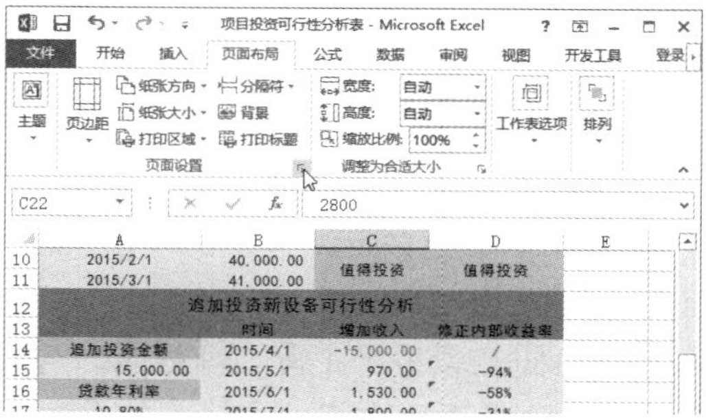

Step 03　弹出“页面设置”对话框，切换到“页眉/页脚”选项卡。

Step 04　单击“自定义页眉”按钮。

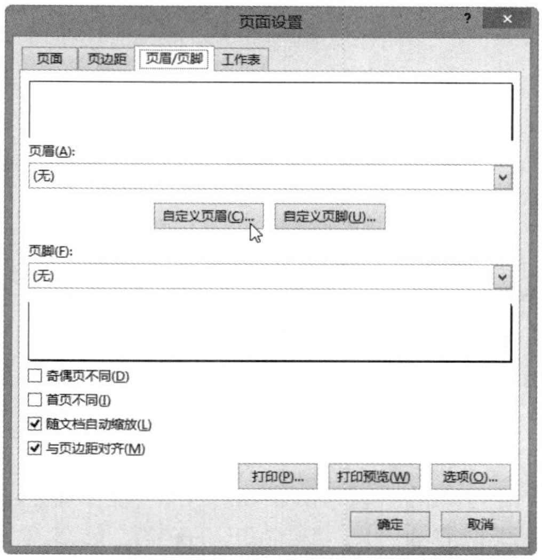

Step 05　此时弹出“页眉”对话框，可以根据需要设置页眉内容。

Step 06　完成后单击“确定”按钮。

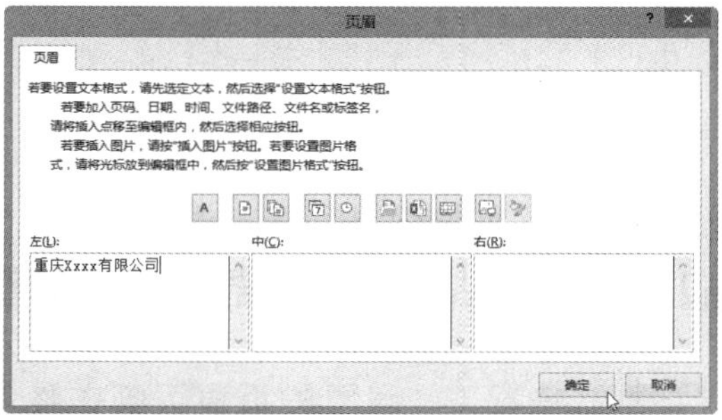

Step 07　返回“页面设置”对话框，单击“自定义页脚”按钮。

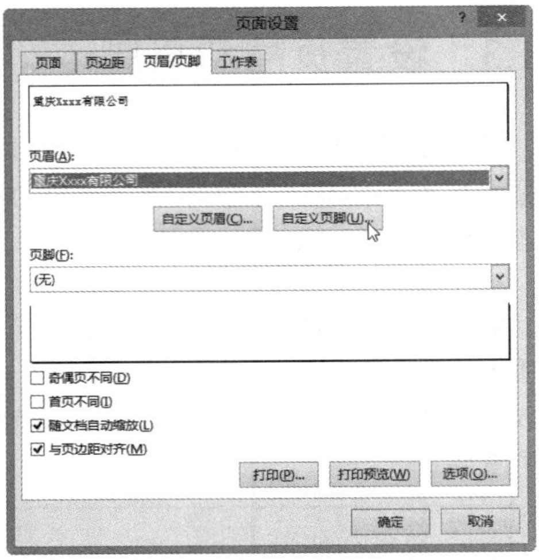

Step 08　此时弹出“页脚”对话框，可以根据需要设置页脚内容。

Step 09　完成后单击“确定”按钮。

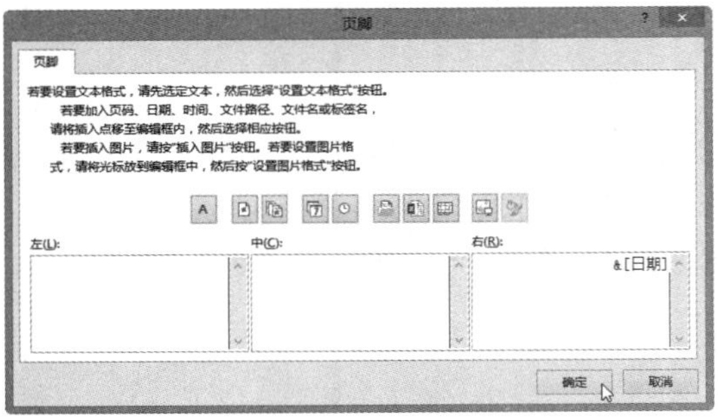

Step 10　返回“页面设置”对话框，单击“确定”按钮保存设置即可。

Step 11　返回工作表，为了查看设置的页眉和页脚，可以单击状态栏中的“页面布局”按钮▣，切换到页面布局视图模式。

提示：单击“普通”按钮▦，即可返回普通视图模式。

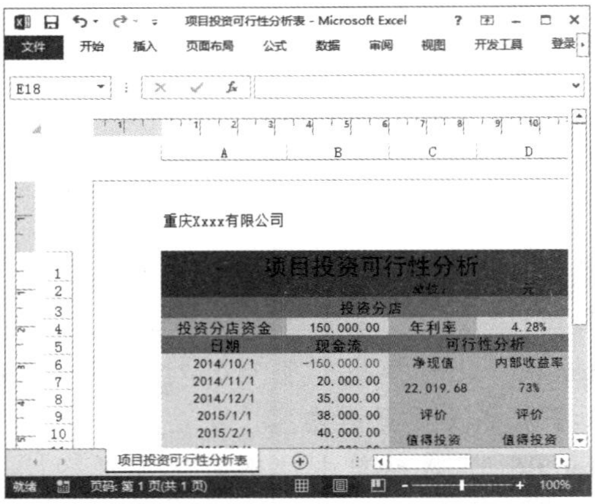

知识加油站——为奇偶页设置不同的页眉和页脚

默认情况下，设置的页眉页脚在整个文档中都是一致的。要设置奇偶页不同的页眉效果。方法如下。

Step 01　打开要设置的工作簿，打开“页面设置”对话框。

Step 02　切换到“页眉/页脚”选项卡，勾选“奇偶页不同”复选框。

Step 03　单击“自定义页眉”按钮。

Step 04　弹出“页眉”对话框，在“奇数页页眉”选项卡为奇数页设置页眉。

Step 05　切换到“偶数页页眉”选项卡，设置偶数页页眉。

Step 06　单击“确定”按钮。

Step 07　返回“页面设置”对话框，单击“自定义页脚”按钮。

Step 08　弹出“页脚”对话框，在“奇数页页脚”选项卡为奇数页设置页脚。

Step 09　切换到“偶数页页脚”选项卡，设置偶数页页脚。

Step 10　单击“确定”按钮。

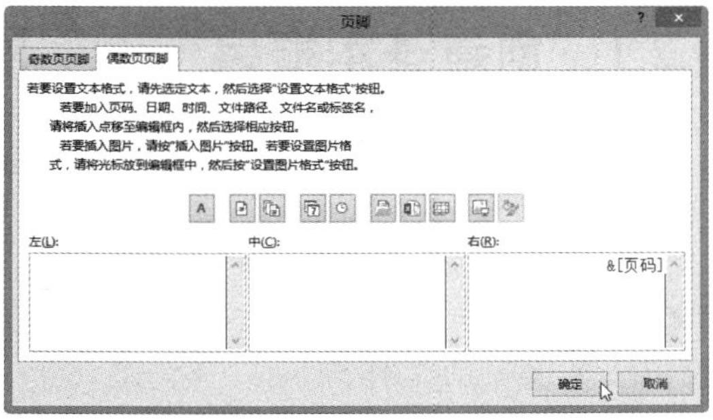

Step 11　返回“页面设置”对话框，单击“确定”按钮即可。

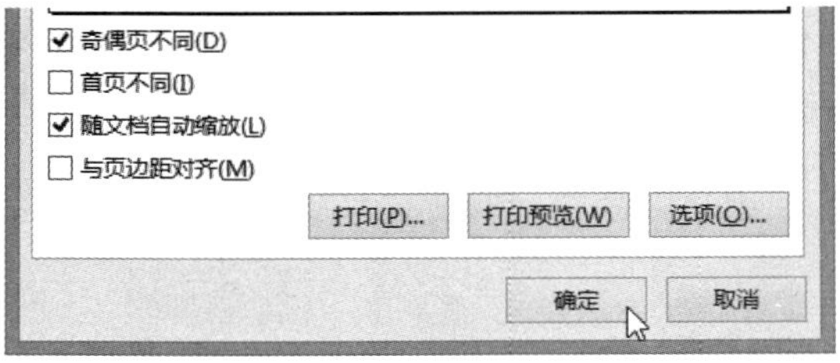

9.2 制作长期贷款单变量模拟运算表

长期贷款单变量模拟运算是在已知贷款金额、贷款期限等因素的情况下，根据企业能够接受的还款额度和当前利率，来计算最佳贷款方案。下面将介绍长期贷款单变量模拟运算表的具体制作方法。

涉及知识点：

★使用公式和函数　　★单变量模拟运算　　★设置条件格式

最终效果：

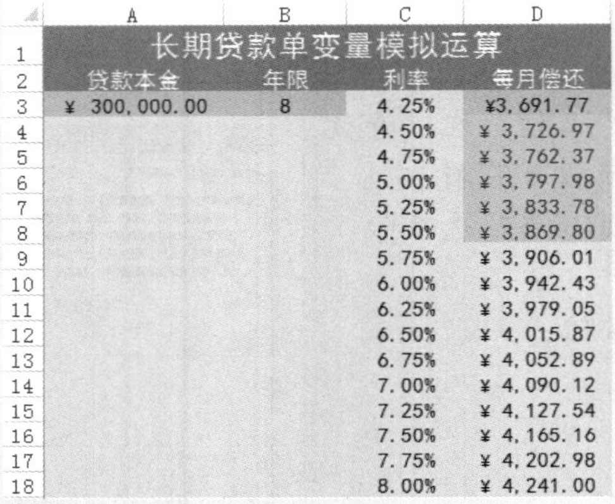

	A	B	C	D
1	长期贷款单变量模拟运算			
2	贷款本金	年限	利率	每月偿还
3	¥ 300,000.00	8	4.25%	¥3,691.77
4			4.50%	¥ 3,726.97
5			4.75%	¥ 3,762.37
6			5.00%	¥ 3,797.98
7			5.25%	¥ 3,833.78
8			5.50%	¥ 3,869.80
9			5.75%	¥ 3,906.01
10			6.00%	¥ 3,942.43
11			6.25%	¥ 3,979.05
12			6.50%	¥ 4,015.87
13			6.75%	¥ 4,052.89
14			7.00%	¥ 4,090.12
15			7.25%	¥ 4,127.54
16			7.50%	¥ 4,165.16
17			7.75%	¥ 4,202.98
18			8.00%	¥ 4,241.00

9.2.1 创建基本框架

制作长期贷款单变量模拟运算表的第一步是创建出基本的表格框架。具体操作方法如下。

Step 01 新建一个名为“长期贷款单变量模拟运算表”的工作簿。

Step 02 重命名“Sheet1”工作表为“长期贷款单变量模拟运算表”。

Step 03 根据实际情况，在工作表中输入标题、“贷款本金”、“年限”、“利率”、“每月偿还”等基本内容，如图所示。

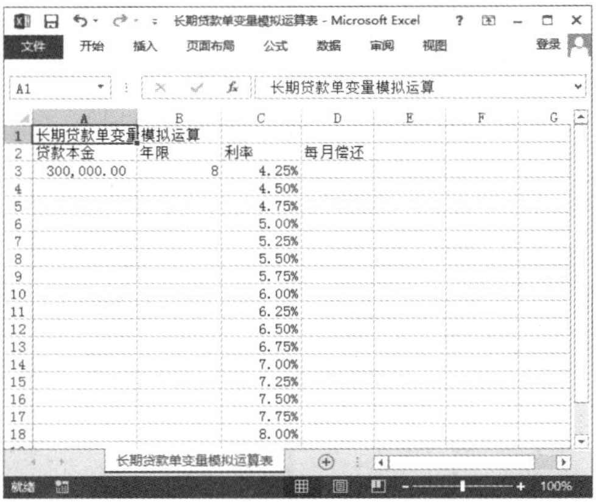

	A	B	C	D
1	长期贷款单变量模拟运算			
2	贷款本金	年限	利率	每月偿还
3	300,000.00	8	4.25%	
4			4.50%	
5			4.75%	
6			5.00%	
7			5.25%	
8			5.50%	
9			5.75%	
10			6.00%	
11			6.25%	
12			6.50%	
13			6.75%	
14			7.00%	
15			7.25%	
16			7.50%	
17			7.75%	
18			8.00%	

Step 04　根据需要设置文本格式、表格样式等。

Step 05　适当调整行高和列宽，如图所示。

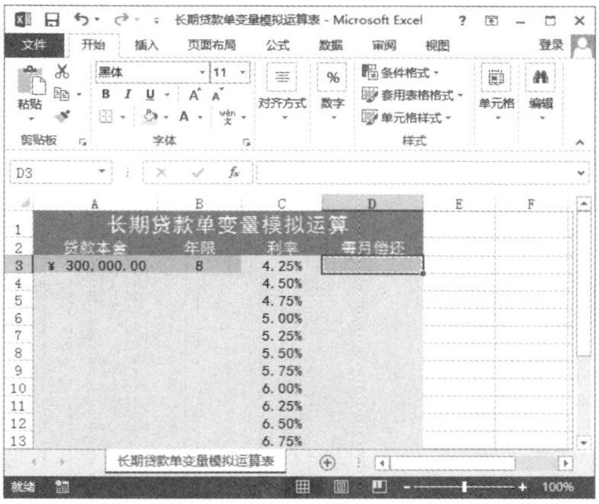

Step 06　在 D3 单元格中输入公式“=PMT(C3/12,B3*12,-A3,0,0)”。

Step 07　按下“Enter”键确认。

知识加油站

【PMT 函数的使用方法】

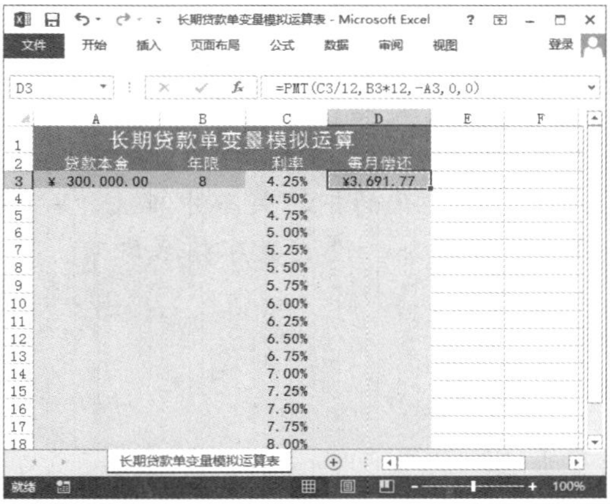

9.2.2　单变量模拟运算

利用 Excel 的单变量模拟运算功能，可以轻松计算出最佳贷款方案。具体操作方法如下。

Step 01　选中 C3:D18 单元格区域。

Step 02　切换到“数据”选项卡，在“数据工具”组中单击“模拟分析”下拉按钮 。

Step 03　在打开的下拉菜单中单击“模拟运算表”命令。

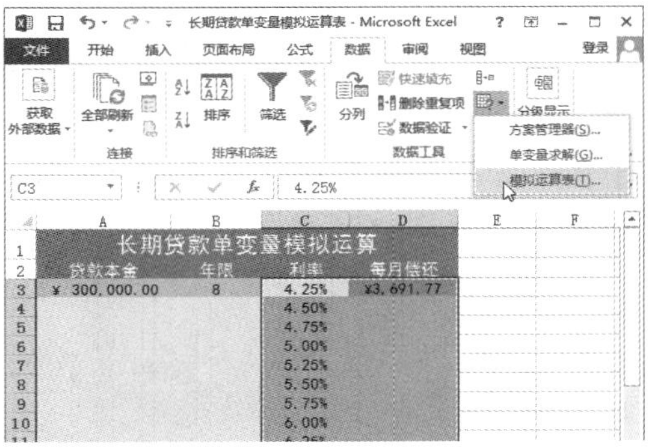

Step 04 弹出“模拟运算表”对话框，在“输入引用列的单元格”文本框中输入“$C$3”。

Step 05 单击“确定”按钮。

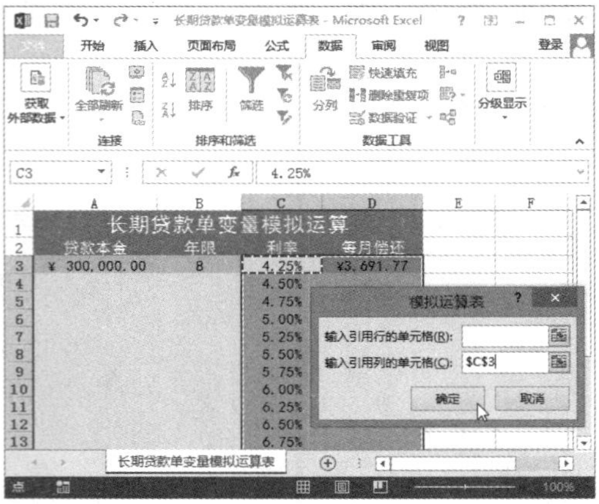

Step 06 返回工作表，即可得到计算结果。

Step 07 选中 D4:D18 单元格区域。

Step 08 在“开始”选项卡的“数字”组中单击“会计数字格式”下拉按钮。

Step 09 在打开的下拉菜单中单击“¥中文（中国）”命令，设置数字格式即可。

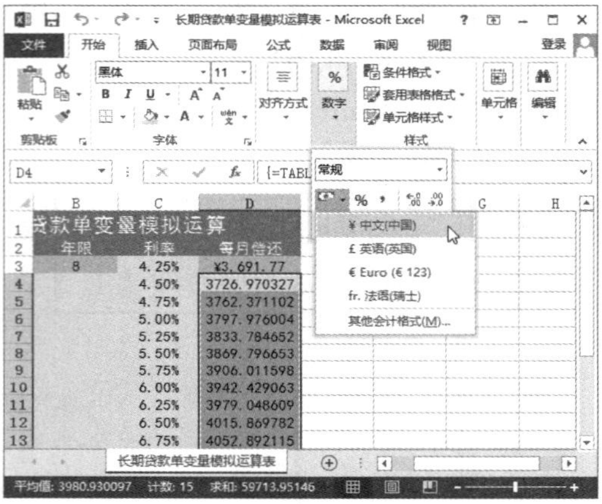

9.2.3 设置条件格式

通过设置条件格式，可以在表格中突出显示符合所设条件的数据。具体操作方法如下。

Step 01 选中 C3:D18 单元格区域。

Step 02 在“开始”选项卡的“样式”组中单击“条件格式”下拉按钮。

Step 03 在打开的下拉菜单中执行“突出显示单元格规则→介于”命令。

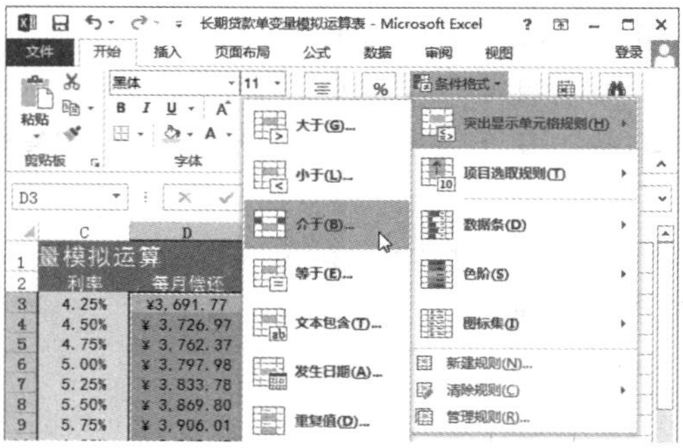

Step 04　弹出“介于”对话框，假设企业可以接受的月还款额在 3700 元到 3900 元之间，在文本框中输入相应数值。

Step 05　在“设置为”下拉列表中选择“浅红填充色深红色文本”选项。

Step 06　单击“确定”按钮。

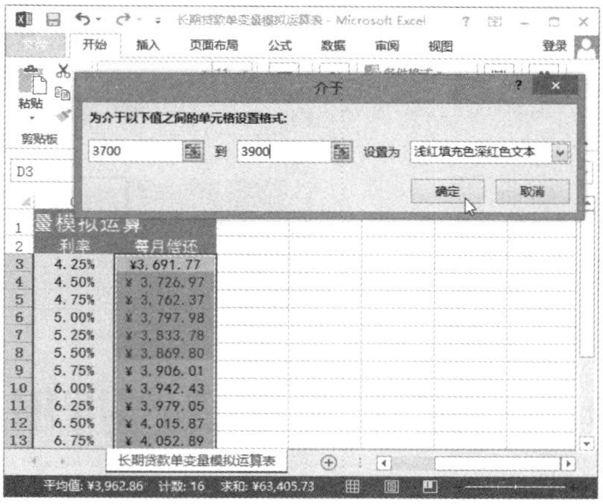

Step 07　返回工作表，可以看到符合条件的单元格按照设置被突出显示出来，得到结果，在贷款本金为 300000 元，还款年限为 8 年，每月还款额在 3700 元到 3900 元之间的情况下，可以选择 4.50%、4.75%、5.00%、5.25%、5.50%利率的贷款。

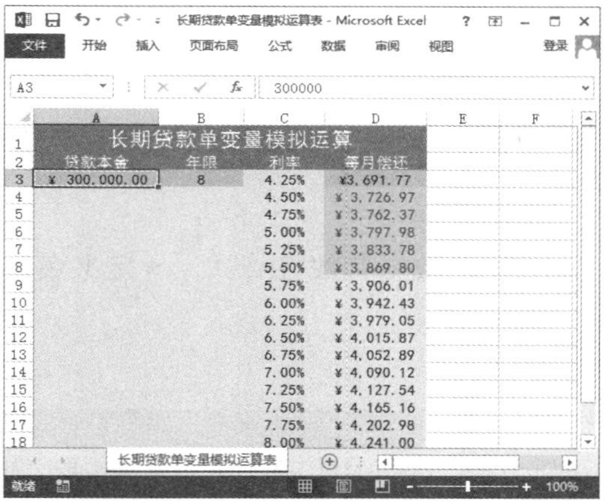

知识加油站——PMT 函数的使用方法

如果需要基于固定利率及等额分期付款方式，计算贷款的每期付款额，如房贷月供，可通过 PMT 函数实现。

该函数语法为：PMT(rate, nper, pv, [fv], [type])。其中用“[]”标示的参数为可省略参数。各参数的含义介绍如下。

- 参数 rate 代表贷款利率。
- 参数 nper 代表该项贷款的付款总数。
- 参数 pv 代表现值，或一系列未来付款的当前值的累积和，也称本金。
- 参数 fv 代表未来值，或在最后一次付款后希望得到的现金余额，如果省略 fv，则假设其值为 0（零），也就是一笔贷款的未来值为 0。
- 参数 type 为数字 0（零）或 1，用以指示各期的付款时间是在期初还是在期末。

例如要在下面的表格中计算在指定条件下的贷款月支付额，方法为：在 B1 单元格中输入贷款利率，在 B2 单元格中输入付款的月份数，在 B4 单元格中输入贷款额，在单元格中输入公式：=PMT(B1/12, B2, B3)，然后按下 “Enter” 键确认即可。

B4 =PMT(B1/12,B2,B3)

	A	B	C
1	数据	8%	年利率
2		10	支付的月份数
3		¥ 100,000.00	贷款额
4	计算结果	¥-10,370.32	月支付额

9.3 制作固定资产折旧计算表

针对不同类型的固定资产，进行折旧计算的方法也有所不同。利用 Excel 创建一个动态的固定资产折旧计算表，可以根据不同的折旧方法动态地计算固定资产折旧数据，避免一些不必要的重复劳动，从而大大提高工作效率。下面将介绍固定资产折旧计算表的具体制作方法。

涉及知识点：

★设置数据有效性　★定义名称　★使用公式和函数

最终效果：

	A	B	C	D	E	F	G
1	固定资产折旧计算表						
2	当前日期	2015/7/15	启用时间	2010/3/20	累计使用月数		63
3	资产编号	15023	资产来源	购入	资产折旧方法		固定余额递减法
4	资产名称	传真机	可用年限	8	资产原值		800.00
5	资产类别	办公设备	使用部门	办公室	净残值率		1%
6	规格型号	FAX888	资产状态	正常使用	净残值		8.00
7	固定资产折旧计算						
8	年份	年折旧额	年折旧率	月折旧额	月折旧率	累计折旧额	折余价值
9	0					-	800.00
10	1	262.80	32.85%	21.90	2.74%	262.80	537.20
11	2	235.29	29.41%	19.61	2.45%	498.09	301.91
12	3	132.24	16.53%	11.02	1.38%	630.33	169.67
13	4	74.32	9.29%	6.19	0.77%	704.64	95.36
14	5	41.77	5.22%	3.48	0.44%	746.41	53.59
15	6	23.47	2.93%	1.96	0.25%	769.88	30.12
16	7	13.19	1.65%	1.10	0.14%	783.07	16.93
17	8	7.41	0.93%	0.62	0.08%	790.49	9.51

9.3.1 创建固定资产清单

制作固定资产折旧计算表的第一步是创建一张固定资产清单表格。具体操作方法如下。

Step 01　新建一个名为“固定资产折旧计算表”的工作簿。

Step 02　重命名“Sheet1”工作表为“固定资产清单”。

Step 03　在工作表中输入标题、“资产编号”、“资产名称”、“资产类别”、“规格型号”、“生产厂商”、“资产来源”、“启用时间”、“可用年限”、“资产状态”、“使用部门”、“资产原值”、“净残值率”、“资产残值”、“累计使用月数”、“本年折旧月数”等内容。

Step 04　适当设置文本格式、表格样式等，如图所示。

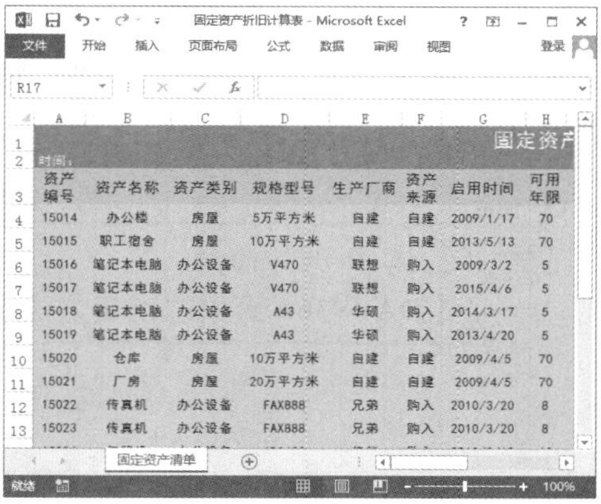

Step 05　在 B2 单元格中输入公式“=TODAY()”。

Step 06　按下“Enter”键确认。

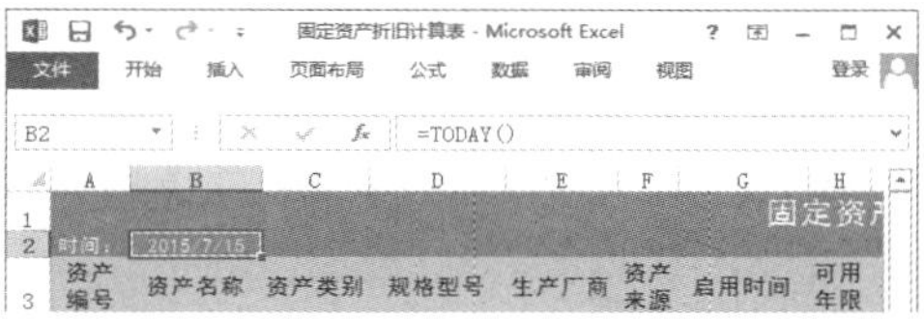

Step 07　选中 C9 单元格。

Step 08　切换到“视图”选项卡，在“窗口”组中单击“冻结窗格”下拉按钮。

Step 09　在打开的下拉菜单中单击“冻结拆分窗格”命令。

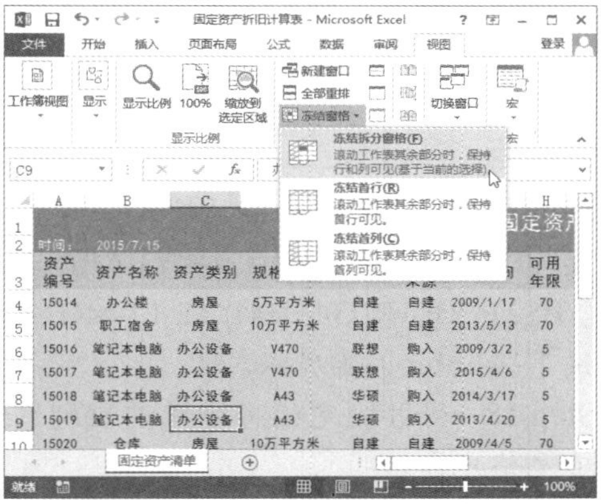

Step 10　返回工作表，滚动工作表时，以所选单元格为基准，工作表部分行与列始终可见。

Step 11　在 I4 单元格中输入公式“=IF(AND(YEAR($B$2)=YEAR(G4),MONTH($B$2)=MONTH(G4)),"本月新增",IF((DAYS360 (G4,$B$2))/365<=H4,"正常使用","报废"))”，按下“Enter”键确认。

Step 12　利用填充柄将公式复制到 I5 到 I24 单元格中。

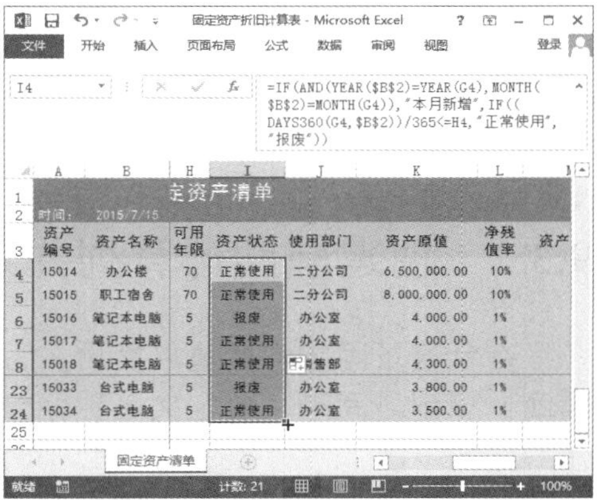

Step 13　在 M4 单元格中输入公式“=K4*L4”，按下“Enter”键确认。

Step 14　利用填充柄将公式复制到 M5 到 M24 单元格中。

知识加油站

【DAYS360 函数的使用方法】

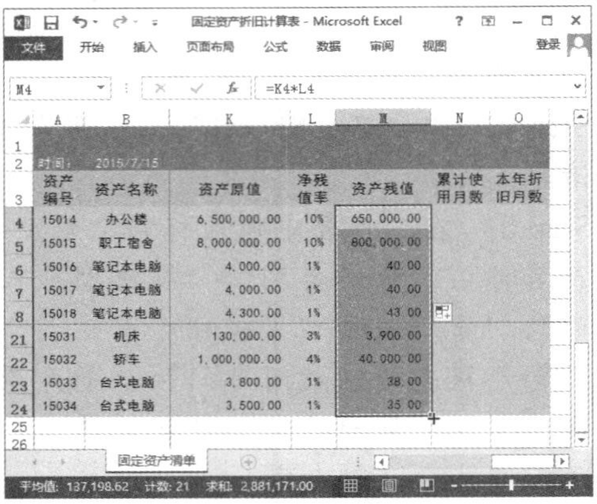

Step 15　在 N4 单元格中输入公式“=IF (A4="","",IF(I4="本月新增",0,(YEAR ($B$2) -YEAR(G4))*12+MONTH($B$2)-MONTH(G4)-1))”，按下“Enter”键确认。

Step 16　利用填充柄将公式复制到 N5 到 N24 单元格中。

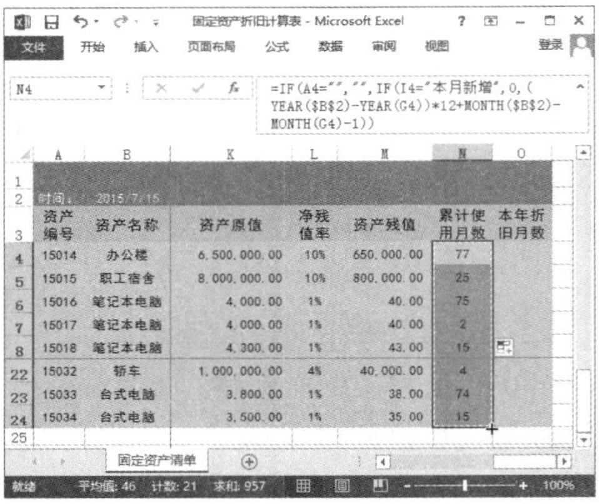

Step 17　在 O4 单元格，输入公式“=IF(I4="报废",0,IF(AND(YEAR(G4)<YEAR($B$2), YEAR($B$2)<YEAR(G4+H4)),12,12-MONTH(G4)))”，按下“Enter”键确认。

Step 18　利用填充柄将公式复制到 O5 到 O24 单元格中。

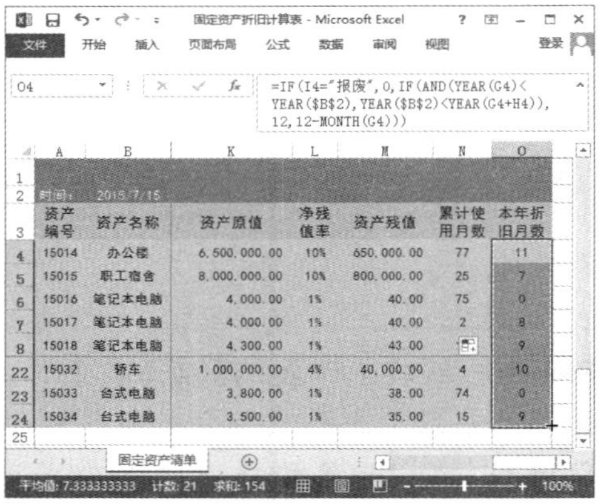

9.3.2　创建辅助计算列并定义名称

在创建了固定资产清单之后，为了制作固定资产折旧计算表，还需要在其中添加辅助计算列。同时需要定义名称，以便之后使用公式和函数时能够简化输入。具体操作方法如下。

Step 01 在“固定资产清单”工作表中选中 K 列。

Step 02 使用鼠标右键单击。

Step 03 在弹出的快捷菜单中单击“插入”命令。

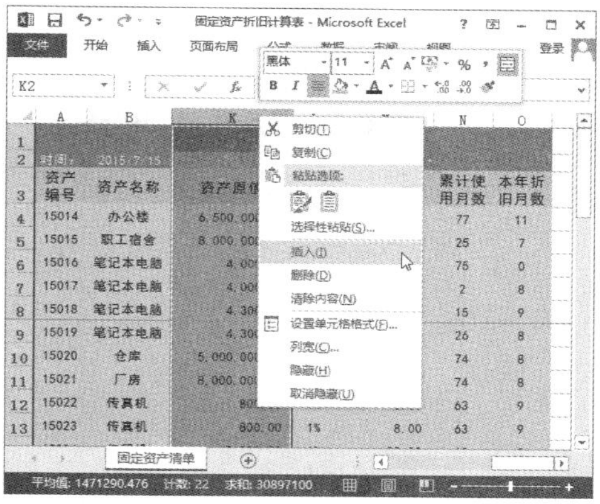

Step 04 可以看到在“资产原值”列前插入了空白列。

Step 05 在 K3 单元格中输入“折旧方法”。

Step 06 选中 K4:K24 单元格区域。

Step 07 切换到“数据”选项卡，在“数据工具”组中单击“数据验证”按钮。

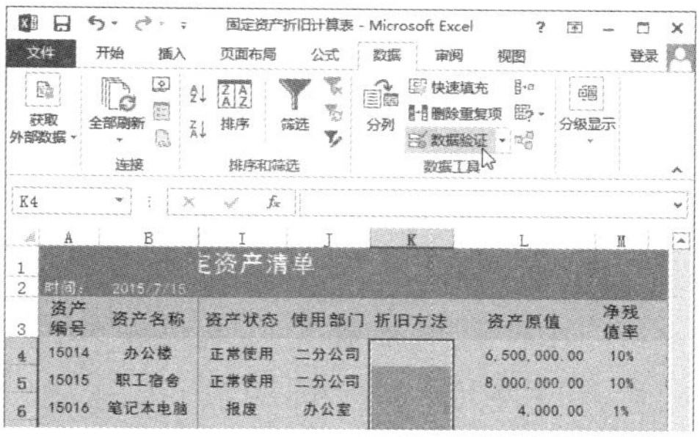

Step 08 弹出“数据验证”对话框，在“设置”选项卡的“允许”下拉列表中选择“序列”选项。

Step 09 在“来源”文本框中输入“直线法,年限总和法,双倍余额递减法,固定余额递减法”(以英文状态下的逗号隔开)。

Step 10 单击“确定”按钮。

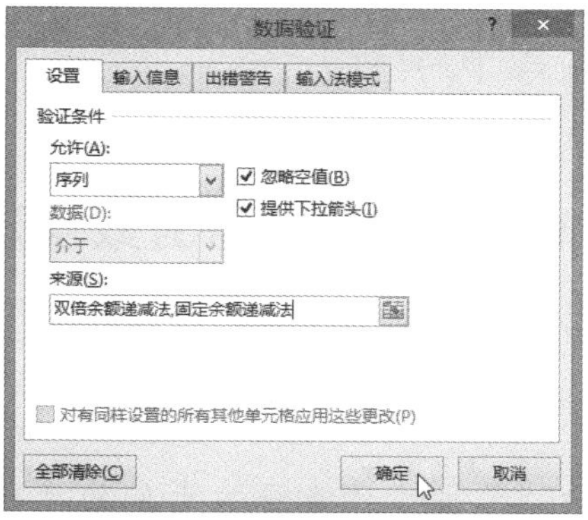

Step 11 返回工作表，选中设置了数据有效性的单元格。

Step 12 单击该单元格右侧出现的下拉按钮▼。

Step 13 在打开的下拉列表中选择需要输入的折旧方法即可。

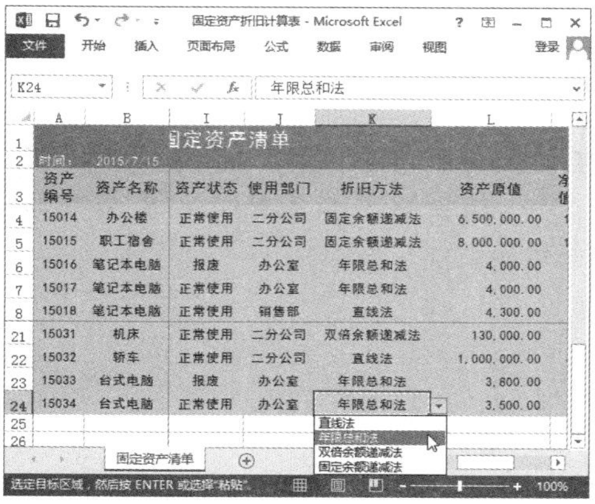

Step 14 选中 A4:A24 单元格区域。
Step 15 切换到“公式”选项卡。
Step 16 在“定义的名称”组中单击“定义名称”按钮。

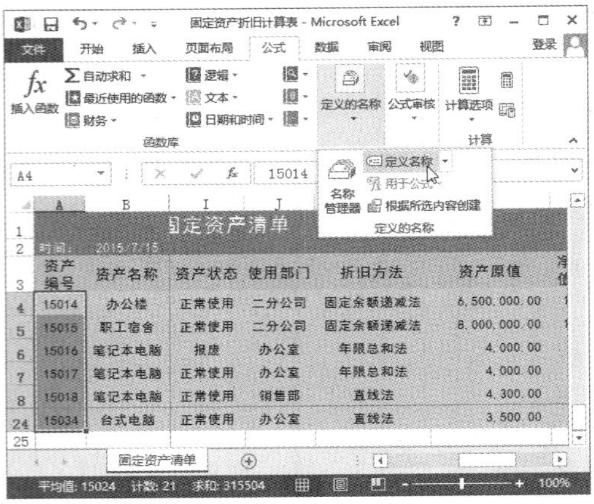

Step 17 弹出“新建名称”对话框，在“名称”文本框中输入“资产编号”。
Step 18 在“范围”下拉列表中选择“工作簿”选项。
Step 19 在“引用位置”文本框中输入“=固定资产清单!$A$4:$A$24”。
Step 20 单击“确定”按钮即可。

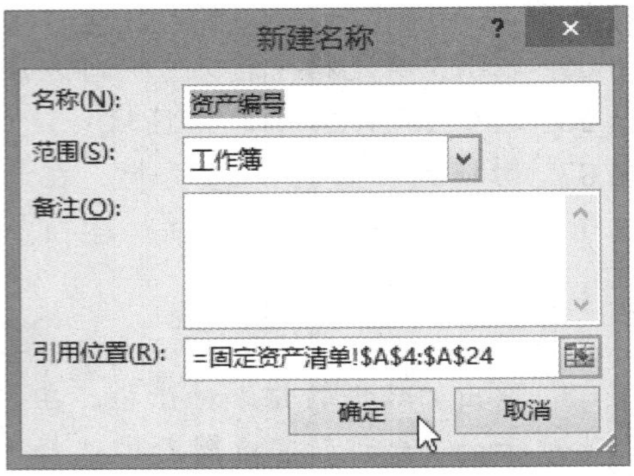

9.3.3 使用公式和函数创建折旧计算表

在完成上述操作后，就可以利用公式和函数制作出动态的固定资产折旧计算表。具体操作方法如下。

Step 01 单击工作表标签右侧的“新工作表”按钮⊕，新建一张空白工作表。
Step 02 重命名新工作表为“固定资产折旧计算表”。
Step 03 在工作表中输入基本表格内容。
Step 04 适当设置文本格式、表格样式等，如图所示。

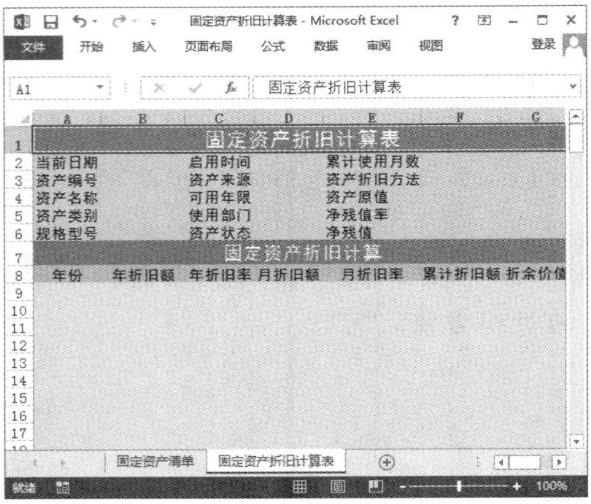

Step 05　在B2单元格中输入公式“=TODAY()”。

Step 06　按下“Enter”键确认。

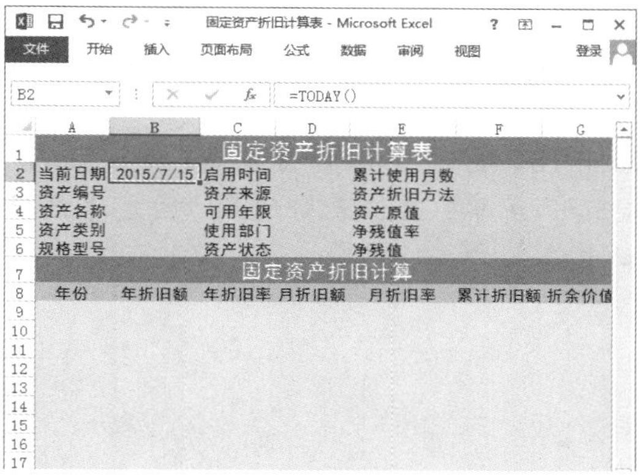

Step 07　选中 B3 单元格。

Step 08　切换到“数据”选项卡，在“数据工具”组中单击“数据验证”按钮。

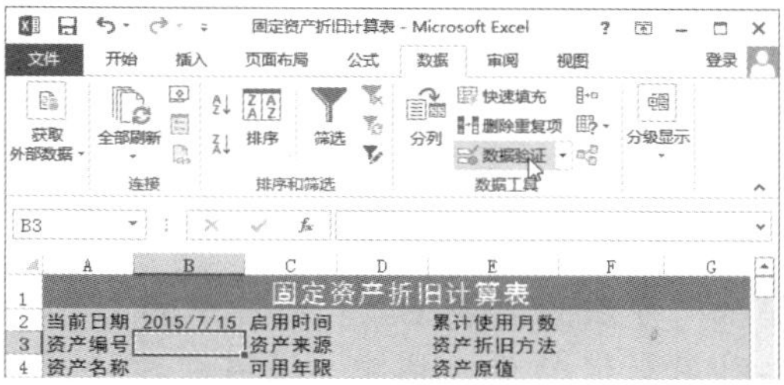

Step 09　弹出“数据验证”对话框，在“设置”选项卡的“允许”下拉列表中选择“序列”选项。

Step 10　在“来源”文本框中输入“=资产编号”。

Step 11　单击“确定”按钮。

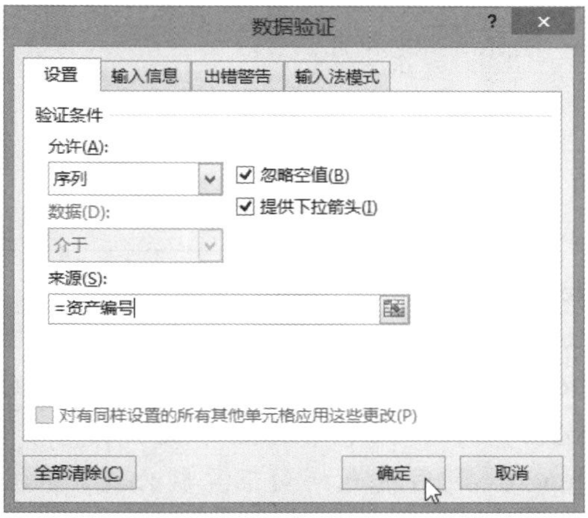

Step 12　返回工作表，选中 B3 单元格。

Step 13　单击该单元格右侧出现的下拉按钮▼。

Step 14　在打开的下拉列表中选择需要输入的资产编号即可。

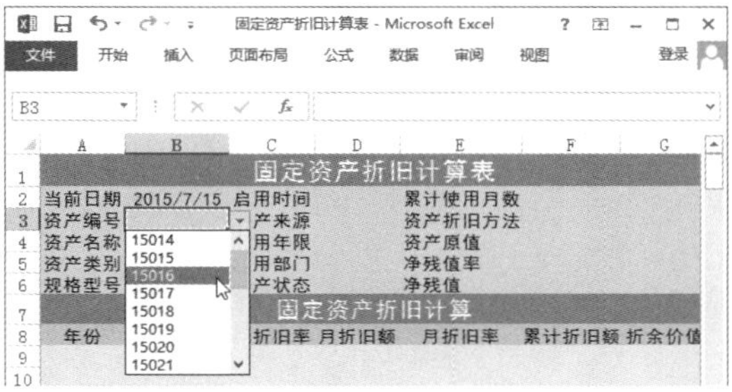

Step 15　在 B4 单元格中输入公式“=VLOOKUP($B$3,固定资产清单!$A:$P,2,FALSE)”。

Step 16　按下“Enter”键确认，将数据从“固定资产清单”工作表引用到“固定资产折旧计算表”中。

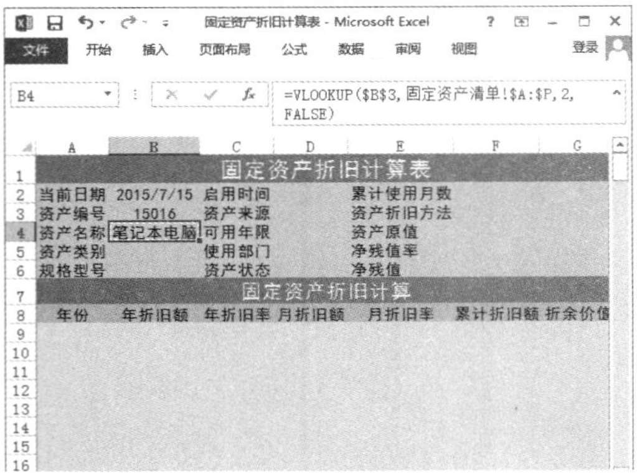

Step 17　利用 VLOOKUP 函数，将其他数据引用到“固定资产折旧计算表”中，完成后的效果如图所示。

提示：方法为复制 B4 单元格中的公式到需要引用数据的单元格中，根据需要修改第 3 项参数“2”（代表返回匹配值的列号），按下“Enter”键即可。

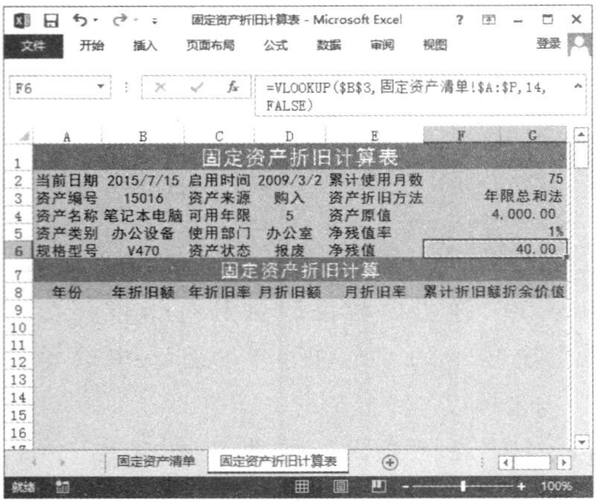

Step 18　在 A9 单元格中输入“0”。

Step 19　在 A10 单元格中输入公式“=IF((ROW()-ROW($A$9))<=$D$4,ROW()-ROW($A$9),"")”，按下“Enter”键确认。

Step 20　利用填充柄向下复制公式，根据固定资产可用年限和启用时间自动生成折旧计算的年份序列。

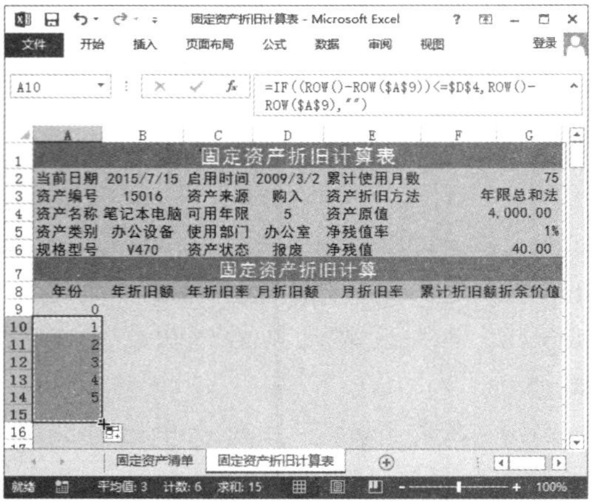

Step 21　在 B10 单元格中输入公式“=IF(A10="","",IF($F$3="固定余额递减法",DB($F$4,$F$6,$D$4,A10,12-MONTH($D$2)),IF($F$3="双倍余额递减法",DDB($F$4,$F$6,$D$4,A10),IF($F$3="年限总和法",SYD($F$4,$F$6,$D$4,A10),SLN($F$4,$F$6,$D$4)))))”，按下“Enter”键确认。

Step 22　利用填充柄向下复制公式，根据当前资产的资产折旧方法计算出年折旧额。

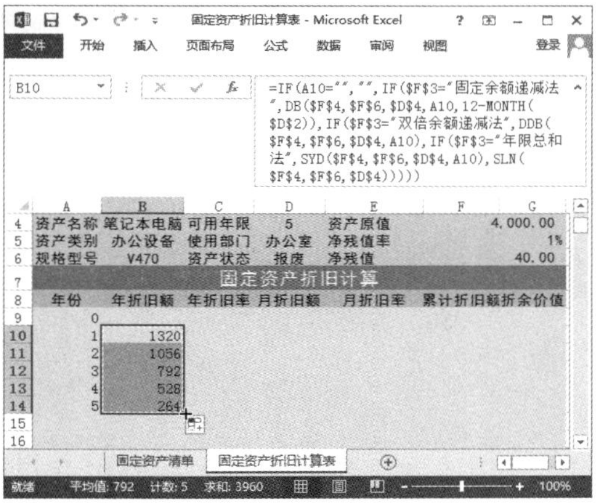

Step 23　在 C10 单元格中输入公式“=IF(A10="","",B10/$F$4)”，按下“Enter”键确认。

Step 24　利用填充柄向下复制公式，得到年折旧率。

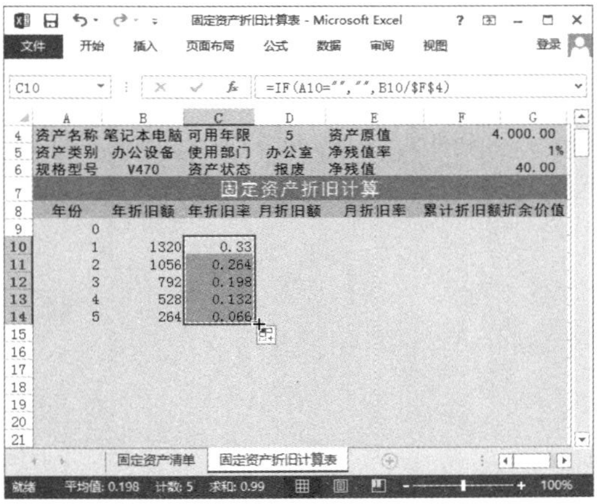

Step 25　在 D10 单元格中输入公式“=IF(A10="","",ROUND(B10/12,2))”，按下“Enter”键确认。

Step 26　利用填充柄向下复制公式，得到月折旧额。

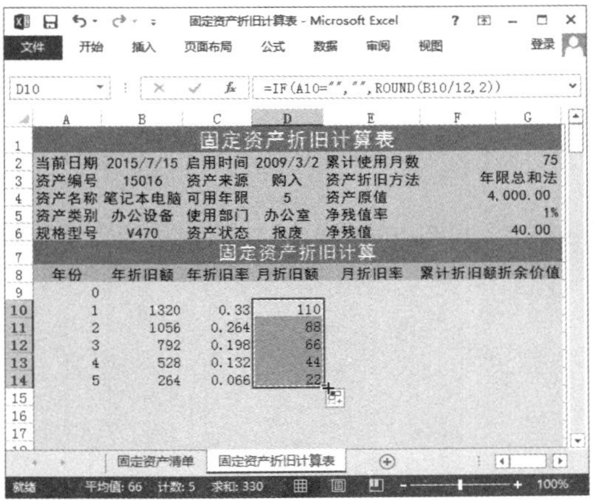

Step 27　在 E10 单元格中输入公式 “=IF(A10="","",ROUND(C10/12,5))”，按下 “Enter” 键确认。

Step 28　利用填充柄向下复制公式，得到月折旧率。

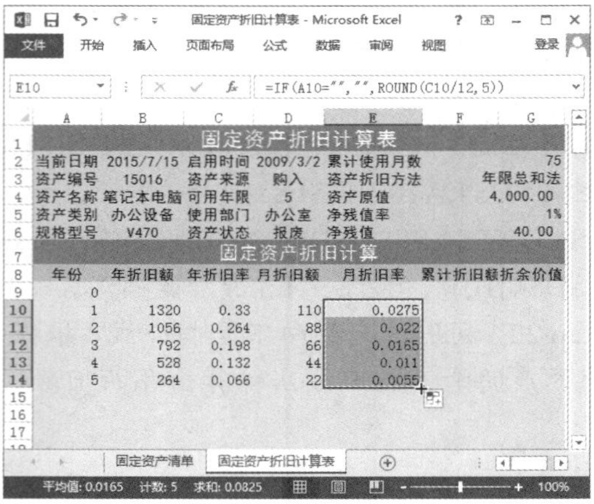

Step 29　在 F9 单元格中输入 “0”。

Step 30　在 F10 单元格中输入公式 “=IF(A10="","",B10+F9)”，按下 “Enter” 键确认。

Step 31　利用填充柄向下复制公式，得到累计折旧额。

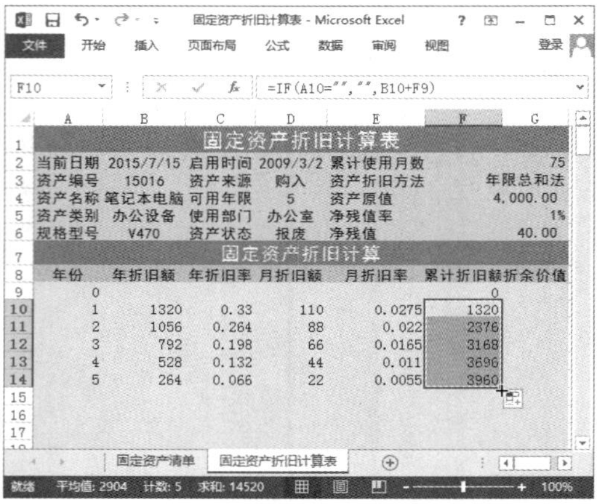

Step 32　在 G9 单元格中输入公式 “=$F$4”，按下 “Enter” 键确认。

Step 33　在 G10 单元格中输入公式 “=IF(A10="","",$G$9-F10)”，按下 “Enter” 键确认。

Step 34　利用填充柄向下复制公式，得到折余价值。

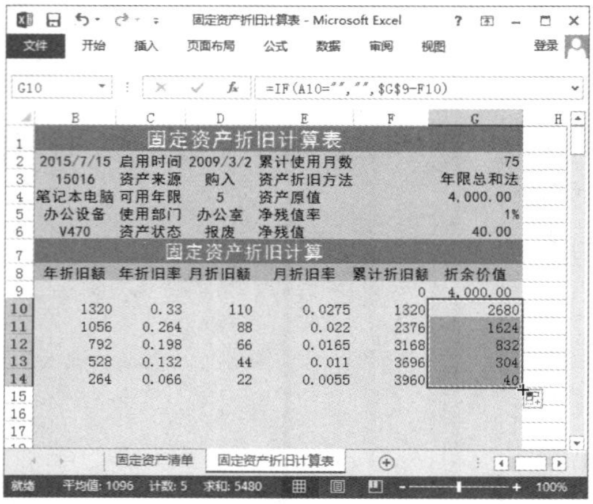

Step 35　设置完成后，利用填充柄将 A10 到 G10 单元格中的公式向下复制至需要的位置。

Step 36　根据需要设置单元格数字格式。

Step 37　选中 B3 单元格，单击单元格右侧出现的下拉按钮▾。

Step 38　选择资产编号输入，工作表将自动引用“固定资产清单”工作表中的数据内容并进行固定资产折旧计算。

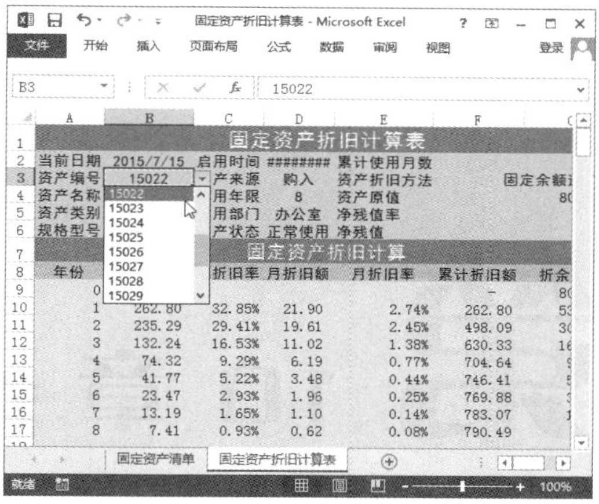

知识加油站——DAYS360 函数的使用方法

使用 DAYS360 函数，可以按照一年 360 天的算法（每个月以 30 天计，一年共计 12 个月），返回两日期间相差的天数。

该函数语法为：DAYS360(start_date,end_date,[method])。其中用“[]”标示的参数为可省略参数。各参数的含义介绍如下。

- 参数 start_date 代表要计算期间天数的起始日期。
- 参数 end_date 代表要计算期间天数的截止日期。

注意：如果 start_date 在 end_date 之后，则 DAYS360 将返回一个负数，应使用 DATE 函数来输入日期，或者将日期作为其他公式或函数的结果输入。

- 参数 method 指定在计算中是采用欧洲方法还是美国方法，是一个逻辑值。

如果已知出生年月，需要计算年龄，可通过 DAYS360 函数实现。以在下面的表格中统计员工的年龄为例，方法为：在表格中输入相关数据，包含员工的生日列，在 D2 单元格中输入公式“=DAYS360(B2,today())/360”，然后按下“Enter”键确认，使用填充柄功能复制公式到该列的其他单元格中，即可统计所有员工的年龄。

	A	B	C	D
1	姓名	进入公司的时间	出生年月	年龄
2	王月新	2004/8/8	1983/6/8	11
3	李明薄	2005/1/4	1975/9/26	11
4	杨错	2003/10/12	1981/4/6	12
5	元夜	2009/5/5	1969/12/25	6
6	刘梅	2007/5/16	1979/1/8	8
7				

第 10 章 常见财会分析图表

在财务与会计工作中不仅需要财会人员编制报表，更需要他们对报表中的各种数据进行分析，并利用图表展现出来。通过数据加工和数据分析，可以对企业的经营状况做出总结，并为未来的企业决策提供重要依据。

【本章案例】

- 制作资产总量及构成分析图表
- 制作资产变化状况分析图表

10.1　制作资产总量及构成分析图表

资产总量及构成分析图表可以系统地反映企业拥有的固定资产、流动资产等其他资产的数额和各类资产在总资产中所占的份额，是分析企业资源结构的重要依据。下面将介绍资产总量及构成分析图表的具体制作方法。

涉及知识点：

★单元格引用　★创建图表　★编辑图表　★美化图表

最终效果：

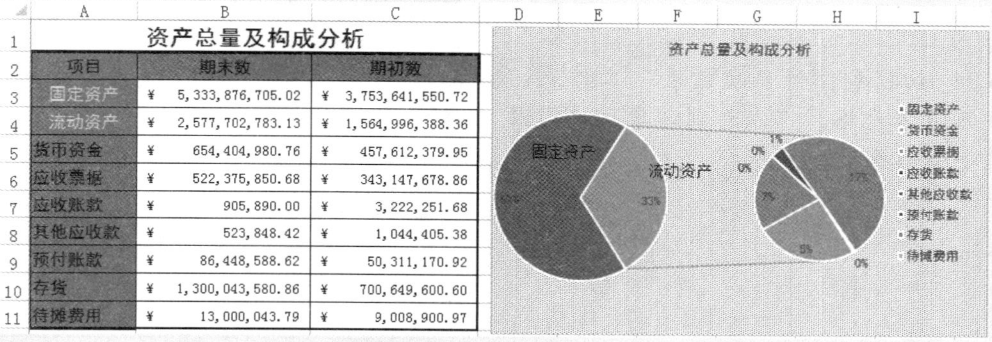

资产总量及构成分析

项目	期末数	期初数
固定资产	¥ 5,333,876,705.02	¥ 3,753,641,550.72
流动资产	¥ 2,577,702,783.13	¥ 1,564,996,388.36
货币资金	¥ 654,404,980.76	¥ 457,612,379.95
应收票据	¥ 522,375,850.68	¥ 343,147,678.86
应收账款	¥ 905,890.00	¥ 3,222,251.68
其他应收款	¥ 523,848.42	¥ 1,044,405.38
预付账款	¥ 86,448,588.62	¥ 50,311,170.92
存货	¥ 1,300,043,580.86	¥ 700,649,600.60
待摊费用	¥ 13,000,043.79	¥ 9,008,900.97

10.1.1　创建图表数据源

在制作资产总量及构成分析图表之前，首先要创建用于制作图表的数据源表格。具体操作方法如下。

Step 01　打开“资产总量及构成分析”原始文件，其中包含有“资产负债表”和“资产总量及构成分析”两个工作表。

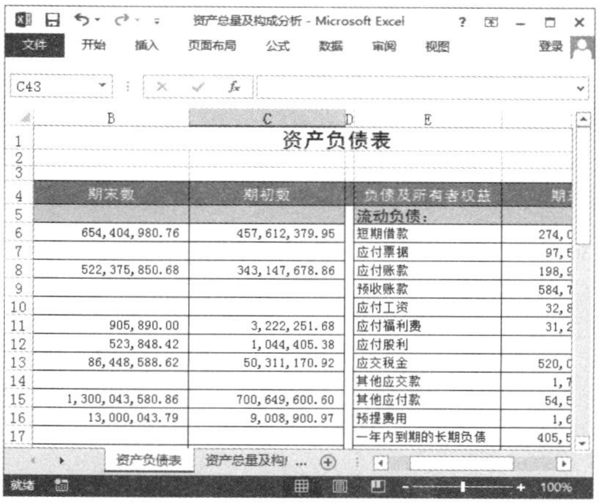

资产负债表

	期末数	期初数	负债及所有者权益	期
5			流动负债：	
6	654,404,980.76	457,612,379.95	短期借款	274,0
7			应付票据	97,5
8	522,375,850.68	343,147,678.86	应付账款	198,9
9			预收账款	584,7
10			应付工资	32,8
11	905,890.00	3,222,251.68	应付福利费	31,2
12	523,848.42	1,044,405.38	应付股利	
13	86,448,588.62	50,311,170.92	应交税金	520,0
14			其他应交款	1,7
15	1,300,043,580.86	700,649,600.60	其他应付款	54,5
16	13,000,043.79	9,008,900.97	预提费用	1,6
17			一年内到期的长期负债	405,5

Step 02　切换到“资产总量及构成分析”工作表，其中已经输入标题、“项目”、“期末数”、“期初数”等表格内容。

Step 03　在 B3 单元格中输入“=”符号。

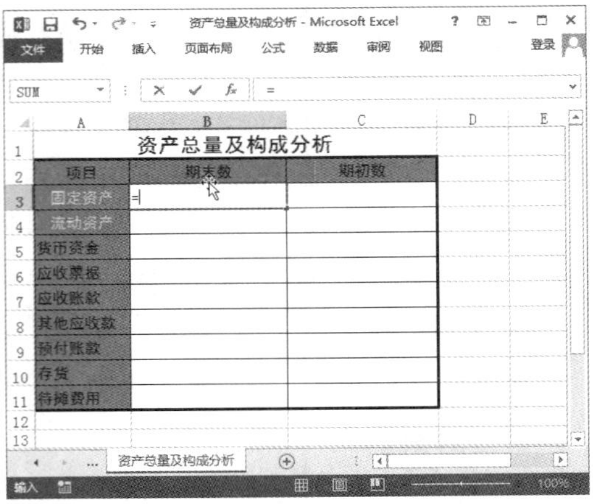

Step 04　切换到“资产负债表”工作表，选中 B33 单元格，可以看到该单元格周围出现一个虚线框。

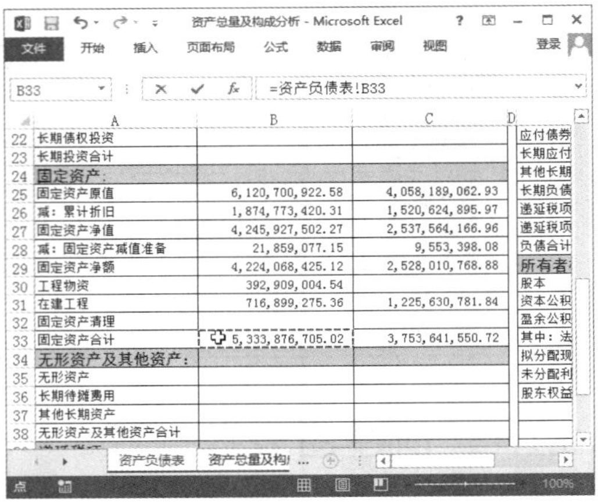

Step 05　按下“Enter”键，返回“资产总量及构成分析”工作表，可以看到“资产负债表”的 B33 单元格中的数据被引用到了“资产总量及构成分析”的 B3 单元格中。

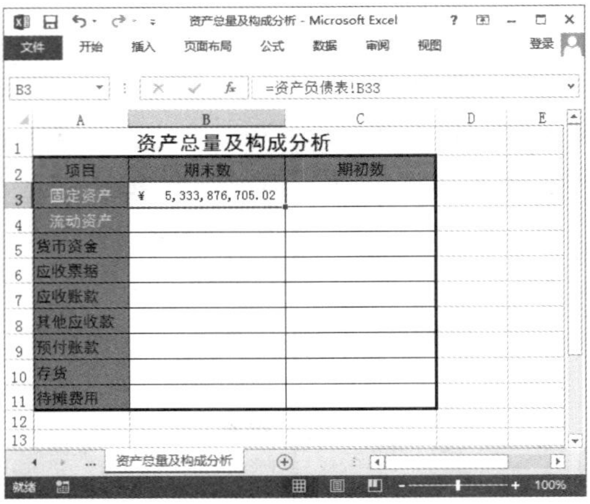

Step 06　用同样的方法将“资产负债表”中的相应数据引用到“资产总量及构成分析”工作表中，效果如图所示。

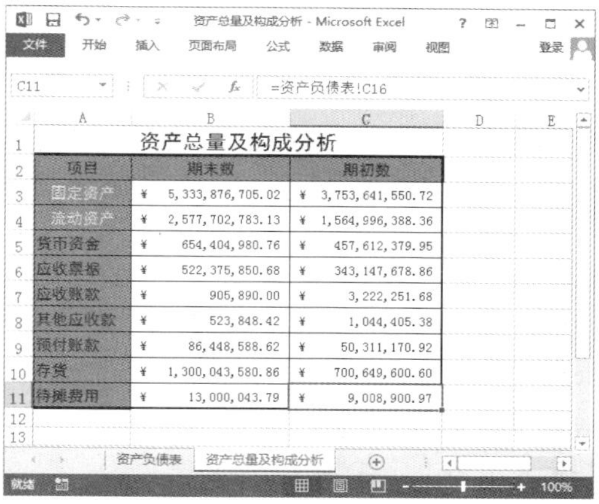

资产总量及构成分析		
项目	期末数	期初数
固定资产	¥ 5,333,876,705.02	¥ 3,753,641,550.72
流动资产	¥ 2,577,702,783.13	¥ 1,564,996,388.36
货币资金	¥ 654,404,980.76	¥ 457,612,379.95
应收票据	¥ 522,375,850.68	¥ 343,147,678.86
应收账款	¥ 905,890.00	¥ 3,222,251.68
其他应收款	¥ 523,848.42	¥ 1,044,405.38
预付账款	¥ 86,448,588.62	¥ 50,311,170.92
存货	¥ 1,300,043,580.86	¥ 700,649,600.60
待摊费用	¥ 13,000,043.79	¥ 9,008,900.97

10.1.2　创建图表

在制作好用于创建图表的表格之后，就可以创建图表了。具体操作方法如下。

Step 01　同时选中 A3:B3 和 A5:B11 单元格区域。

Step 02　切换到“插入”选项卡，单击“图表”组中的“插入饼图或圆环图”下拉按钮。

Step 03　在打开的下拉菜单中单击“复合饼图”按钮。

知识加油站
【创建图表的多种方法】

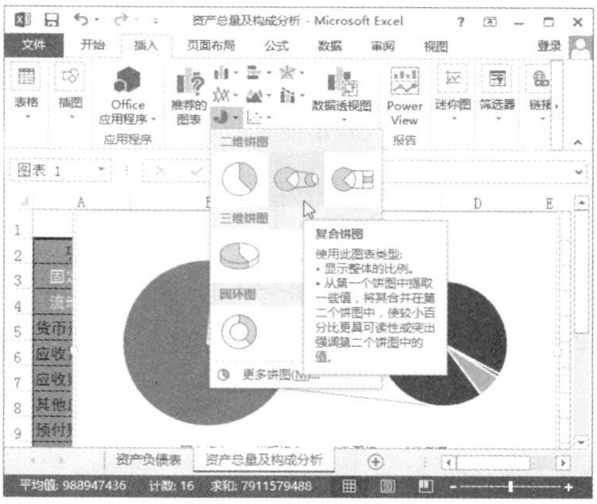

Step 04　可以看到工作表中插入了一个复合饼图，该饼图根据选定的数据区域创建，系统自动将后几个数值放置到第二个饼图，即第二绘图区中。

知识加油站
【图表的组成】

10.1.3 编辑图表

默认情况下，创建的图表并不完善，在实际工作中通常还要对其进行编辑。例如调整图表大小和位置、添加并设置图表标签、添加图表标题、修改系列名称等。具体操作方法如下。

Step 01 选中图表中的饼图。
Step 02 使用鼠标右键单击。
Step 03 在弹出的快捷菜单中单击“设置数据系列格式”命令。

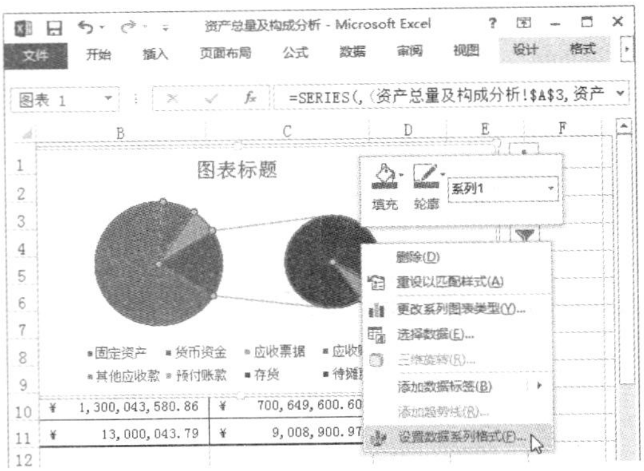

Step 04 打开“设置数据系列格式”窗格。
Step 05 在“系列选项”选项卡的“系列选项”栏中设置“第二绘图区中的值”为“7”。
Step 06 设置完成后单击“关闭”按钮✕关闭窗格。

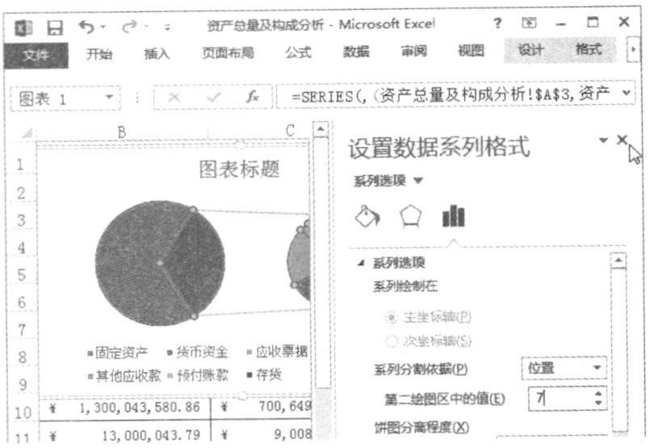

Step 07 返回工作表，可以看到饼图根据设置进行了相应调整。
Step 08 切换到“图表工具/设计”选项卡，在“图标布局”组中单击“添加图表元素”下拉按钮。
Step 09 在打开的下拉菜单中展开“数据标签”子菜单。
Step 10 在展开的子菜单中单击“其他数据标签选项”命令。

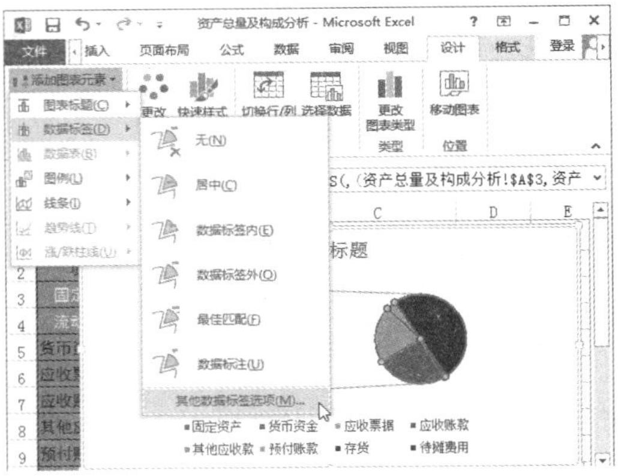

Step 11 打开“设置数据标签格式”窗格。

Step 12 在“标签选项”选项卡的“标签包括”栏中只勾选“百分比”复选框。

Step 13 在“标签位置”栏中选择“最佳匹配”单选项。

Step 14 设置完成后单击“关闭”按钮✕关闭窗格。

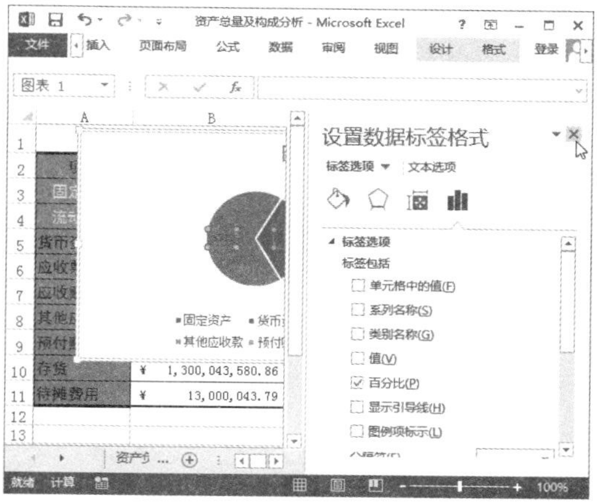

Step 15 返回工作表，可以看到图表中显示出了百分比数据标签。

Step 16 选中图表，在“图表工具/设计”选项卡的“图标布局”组中单击“快速布局”下拉按钮。

Step 17 在打开的下拉菜单中单击“布局6”选项，快速套用图标布局。

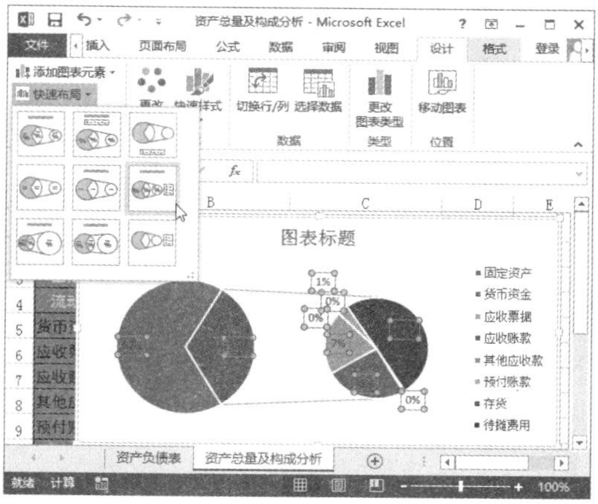

Step 18 选中图表，切换到在“图表工具/格式”选项卡。

Step 19 在“插入形状”组的形状列表框中单击“横排文本框”按钮。

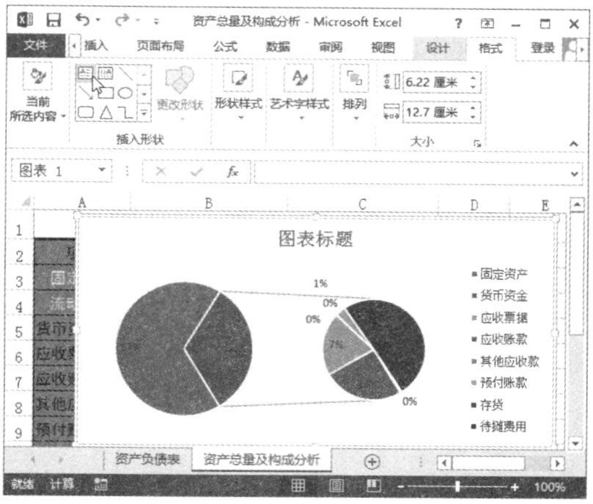

Step 20 此时光标变为↓形状，按住鼠标左键拖动，然后释放鼠标左键，即可绘制文本框。

Step 21 将光标定位到文本框中，输入“固定资产”。

Step 22 拖放文本框到图表中适合的位置。

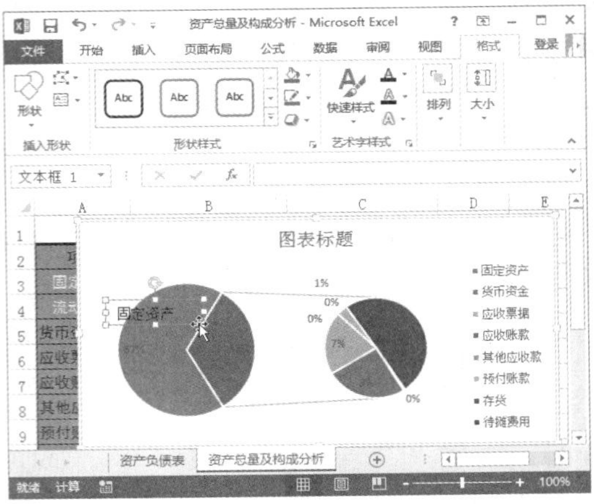

Step 23 用同样的方法绘制一个“流动资产”文本框。

Step 24 拖放到图表中适合的位置。

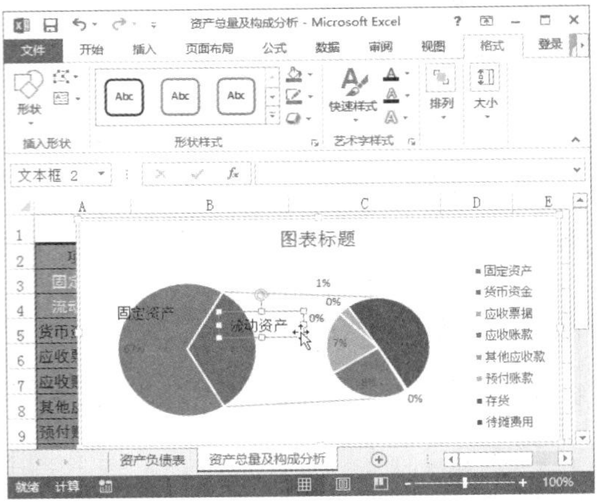

Step 25 选中图表，切换到“图表工具/设计”选项卡，在“图标布局”组中单击“添加图表元素”下拉按钮。

Step 26 在打开的下拉菜单中展开“图表标题”子菜单。

Step 27 在展开的子菜单中单击“居中覆盖”命令，调整图表标题布局。

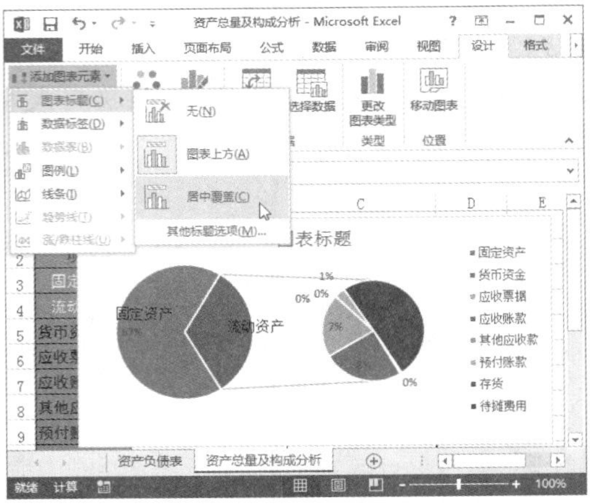

Step 28　将光标定位到“图表标题”文本框中，根据需要输入图表标题即可。

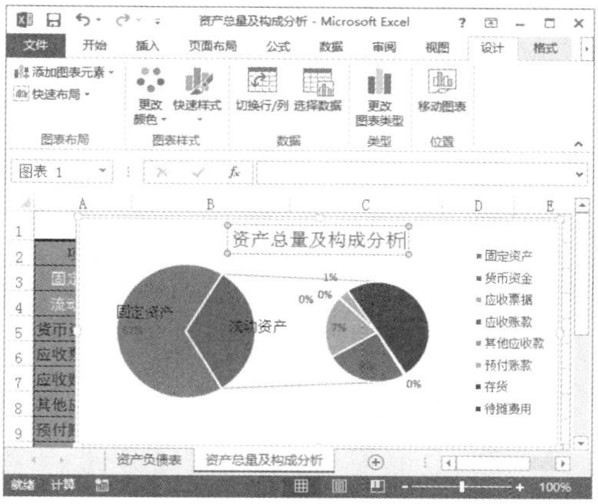

Step 29　选中整个图表，将光标指向控制点，当鼠标指针变为双向箭头形状时，按住鼠标左键拖动即可调整图表大小。

Step 30　选中整个图表，将光标指向图表的空白区域，当鼠标指针变为✥形状时，按住鼠标左键拖动图表到目标位置，释放鼠标左键即可。

提示：单独选中某个图表区域，如绘图区，通过鼠标拖动，即可调整该区域的大小和在图表中的位置。

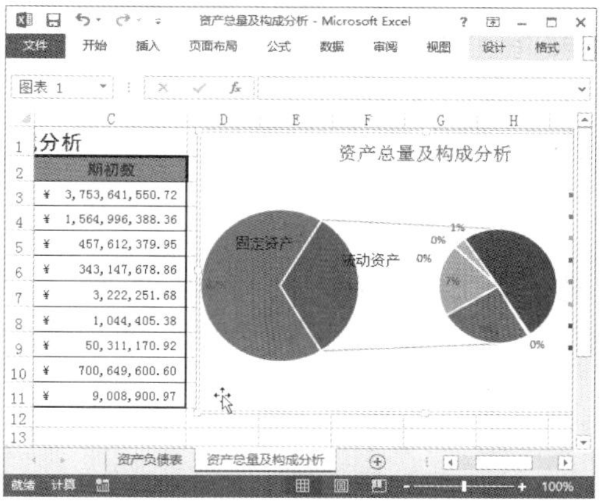

10.1.4　美化图表

创建和编辑好图表后，用户可以根据自己的喜好对图表布局和样式进行设置，美化图表。具体操作方法如下。

Step 01　选中图表，切换到“图表工具/设计”选项卡。

Step 02　在“图表样式”组中单击“更改颜色”下拉按钮。

Step 03　在打开的下拉菜单中选择一种配色方案，即可快速更改图表配色。

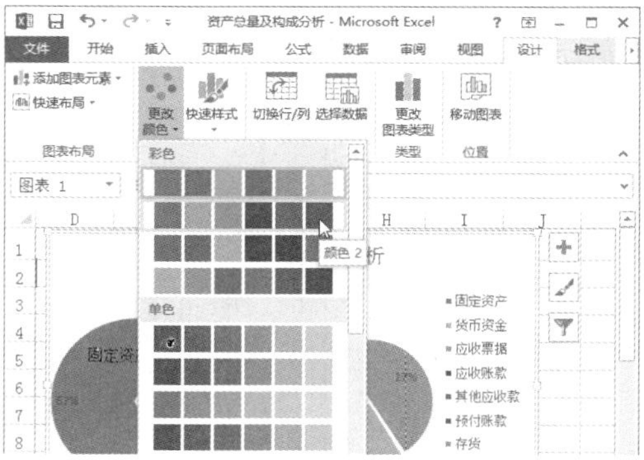

Step 04　选中整个图表，使用鼠标右键单击。

Step 05　在弹出的快捷菜单中单击“字体”命令。

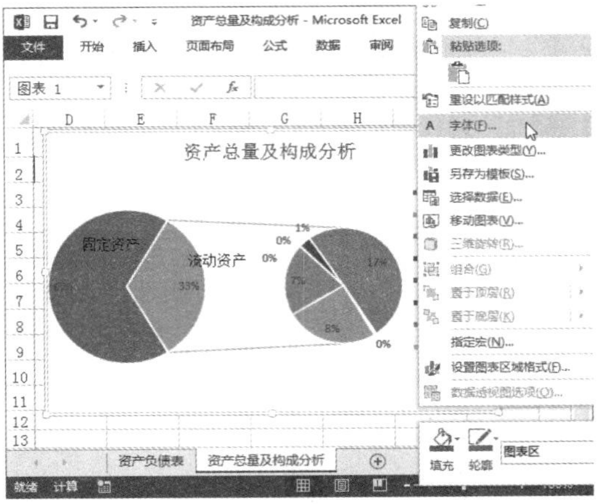

Step 06　弹出“字体”对话框，在其中可以对图表中文字的字体、字号和字体颜色等进行设置。

Step 07　完成后单击“确定”按钮。

注意：在图表中插入的文本框与图表并非一个整体，其中的字体需要单独设置。

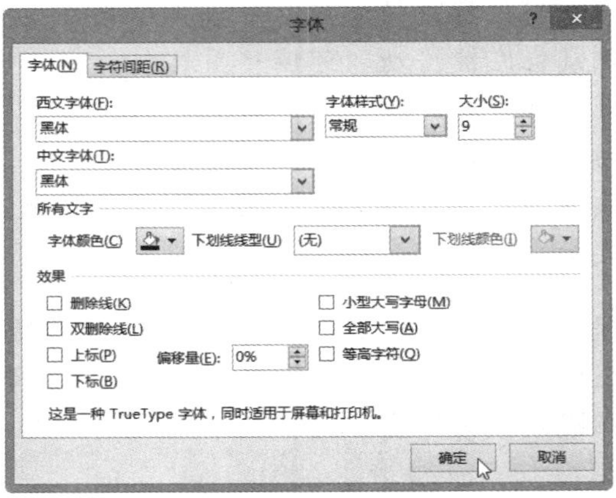

Step 08　返回工作表，即可看到设置图表字体后的效果。

Step 09　选中整个图表，使用鼠标右键单击。

Step 10　在弹出的快捷菜单中单击“设置图表区域格式”命令。

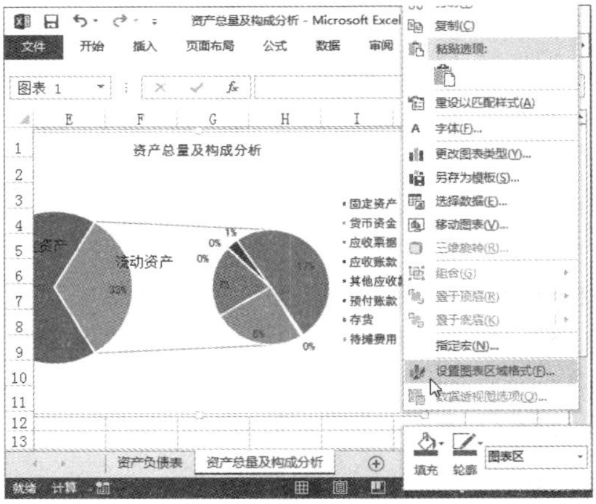

Step 11 打开“设置图表区格式”窗格。

Step 12 在“图表选项/填充线条”选项卡的“填充”栏中可以根据需要设置图表背景，例如选择“图案填充”单选项，并选择图案样式等。

Step 13 完成后单击“关闭”按钮✕关闭窗格即可。

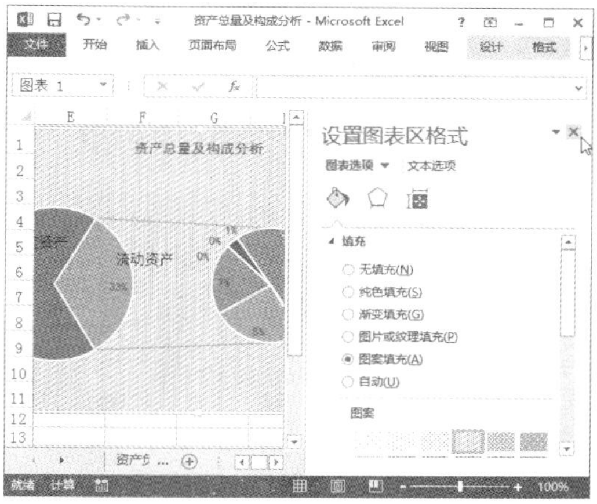

知识加油站——创建图表的多种方法

在制作或打开一个需要创建图表的表格后，就可以开始创建图表了。在 Excel 中，创建图表的方法主要有以下 3 种。

- 利用“图表”组中的命令按钮创建：打开工作簿，选中用来创建图表的数据区域，切换到“插入”选项卡，在“图表”组中选择要插入的图表类型，如单击“饼图”下拉按钮，在弹出的下拉菜单中，选择饼图样式即可。
- 利用“插入图表”对话框创建：选中用来创建图表的数据区域，切换到“插入”选项卡，单击“图表”组右下角的功能扩展按钮，打开“插入图表”对话框，在其中选择需要的图表类型和样式，然后单击“确定”按钮即可。
- 利用快捷键创建：在 Excel 中，默认的图表类型为簇状柱形图。选中用来创建图表的数据区域，然后按下“Alt+F1”组合键，即可快速嵌入图表。

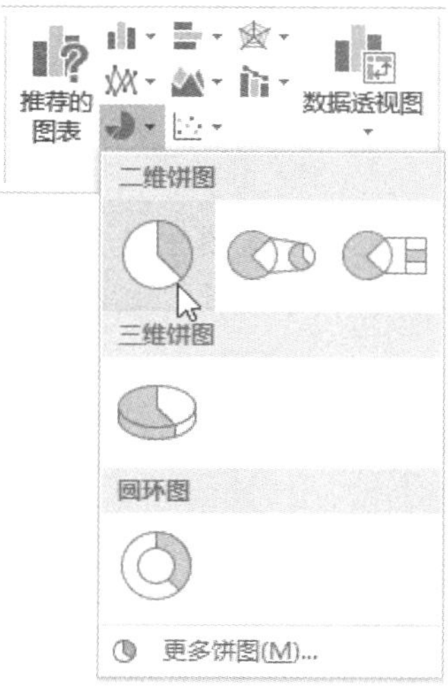

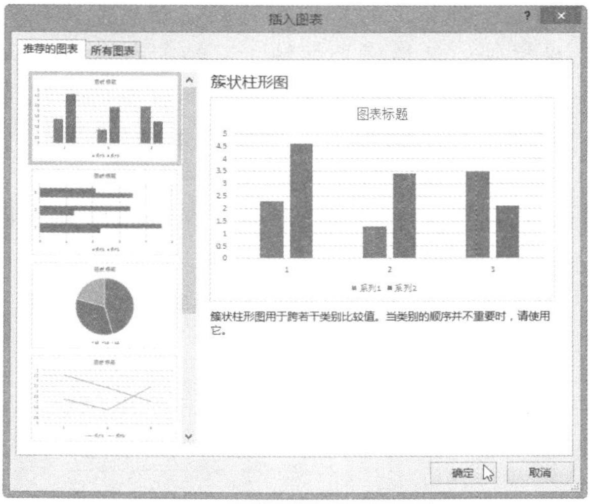

知识加油站——图表的组成

Excel 图表是由各图表元素构成的，以簇状柱形图为例，常见的图表构成如下。

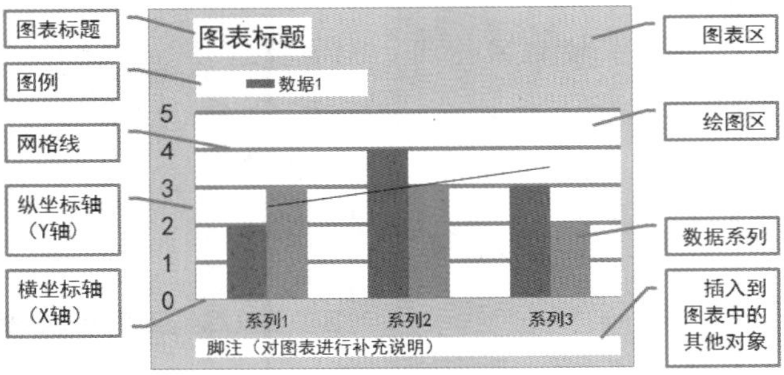

Excel 图表元素远不止上面展示的这些，因为不同类型的图表，其构成元素有一定的差别，一个图表中不可能出现所有的图表元素。下面我们将常见的图表元素归纳整理一下，并补充说明。

- 图表区：即整个图表所在的区域。
- 绘图区：包含数据系列图形的区域。
- 图表标题：顾名思义，在 Excel 中默认使用系列名称作为图表标题，建议根据需要修改。
- 图例：标明图表中的图形代表的数据系列。
- 数据系列：根据源数据绘制的图形，用以生动形象地反映数据，是图表的关键部分。
- 数据标签：用于显示数据系列的源数据的值，为避免图表变得杂乱，可以选择在数据标签和 Y 轴刻度标签中择一而用。
- 网格线：有水平网格线和垂直网格线两种，分别与纵坐标轴（Y 轴）、横坐标轴（X 轴）上的刻度线对应，是用于比较数值大小的参考线。
- 坐标轴：包括横坐标轴（X 轴）和纵坐标轴（Y 轴），坐标轴上有刻度线、刻度标签等，某些复杂的图表如会用到次坐标轴，一个图标最多可以有 4 个坐标轴，即主 X 轴、Y 轴和次 X 轴、Y 轴。
- 坐标轴标题：用于标明 X 轴或 Y 轴的名称，一般在散点图中使用。
- 插入到图表中的其他对象：例如在图表中插入的自选图形、文本框等，用于进一步阐释图表。
- 数据表：在 X 轴下绘制的数据表格，有占用大量图表空间的缺点，一般不建议使用。

提示： 在使用三维类型的图表时，还可能出现背景墙、侧面墙、底座等图表元素，由于三维图表一般不在商务场合使用，我们在这里略过不再细述。

此外，Excel 还为用户提供了一些数据分析中很实用的图表元素，在“图表工具/布局”选项卡的“分析”组中，我们可以轻松设置这些图表元素。

- 趋势线：用于时间序列的图表，是根据源数据按照回归分析法绘制的一条预测线，有线性、指数等多种类型，不熟悉统计知识的朋友建议不要轻易使用。
- 折线：在面积图或折线图中，显示从数据点到 X 轴的垂直线，是用于比较数值大小的参考线，日常工作中较少使用。
- 涨/跌柱线：在有两个以上系列的折线图中，在第一个系列和最后一个系列之间绘制的柱形或线条，即涨柱或跌柱，常见于股票图表。
- 误差线：用于显示误差范围，提供标准误差误差线、百分比误差线、标准偏差误差线等选项，常见于质量管理方面的图表。

10.2 制作资产变化状况分析图表

资产变化状况分析图表可以反映企业在一段时间内的资产变化状况。同时，通过计算各项资产的增长率，资产的增加和减少比率也可以体现在该图表中。

涉及知识点：

★使用公式与函数　　★创建与编辑图表　　★套用图表样式

最终效果：

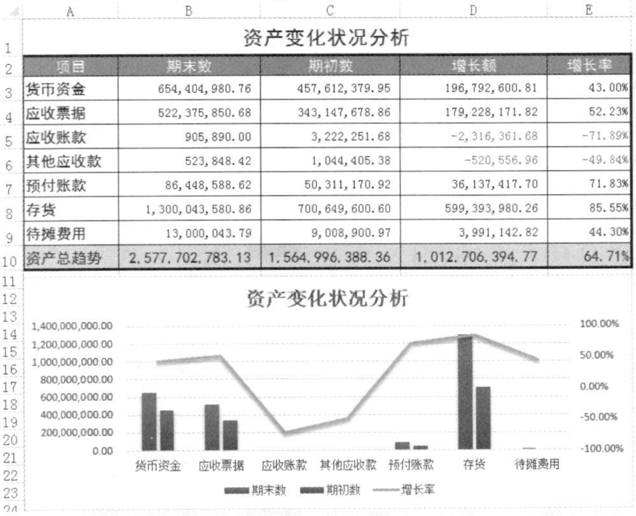

资产变化状况分析

项目	期末数	期初数	增长额	增长率
货币资金	654,404,980.76	457,612,379.95	196,792,600.81	43.00%
应收票据	522,375,850.68	343,147,678.86	179,228,171.82	52.23%
应收账款	905,890.00	3,222,251.68	-2,316,361.68	-71.89%
其他应收款	523,848.42	1,044,405.38	-520,556.96	-49.84%
预付账款	86,448,588.62	50,311,170.92	36,137,417.70	71.83%
存货	1,300,043,580.86	700,649,600.60	599,393,980.26	85.55%
待摊费用	13,000,043.79	9,008,900.97	3,991,142.82	44.30%
资产总趋势	2.577.702.783.13	1.564.996.388.36	1.012.706.394.77	64.71%

10.2.1 创建图表数据源

在制作资产变化状况分析图表之前，首先要创建用于制作图表的数据源表格。具体操作方法如下。

Step 01 打开“资产总量及构成分析”原始文件，其中包含有“资产负债表”和“资产变化状况分析”两个工作表。

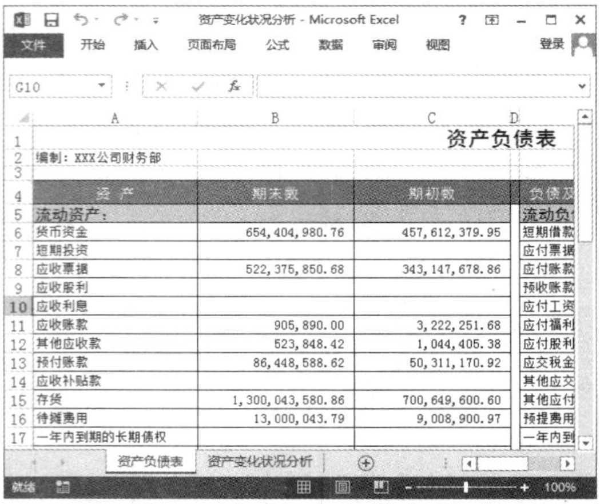

Step 02 切换到“资产变化状况分析”工作表，其中已经输入标题、“项目”、“期末数”、“期初数”、“增长额”、“增长率”等表格内容。

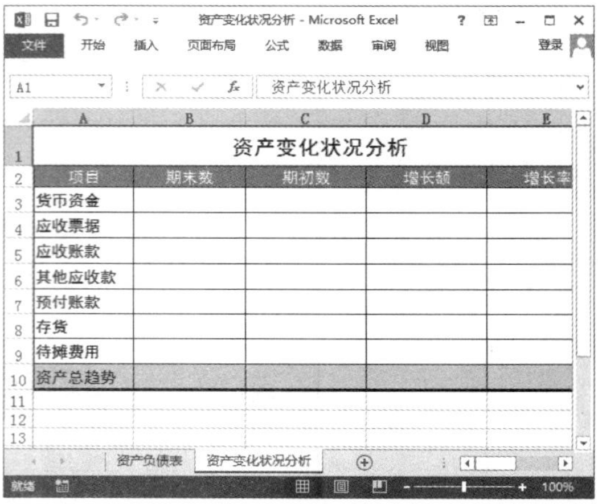

Step 03 在 B3 单元格中输入公式“=VLOOKUP($A3,资产负债表!$A$6:$C$19,2,FALSE)”，按下“Enter”键确认。

Step 04 利用填充柄将公式复制到 B4 至 B9 单元格中。

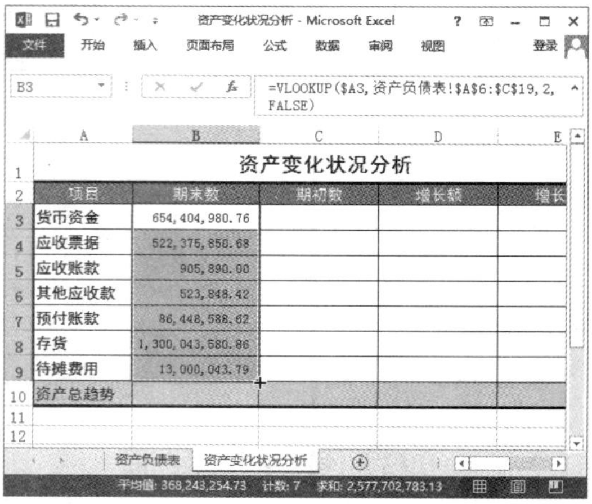

Step 05 在 C3 单元格中输入公式"=VLOOKUP($A3,资产负债表!$A$6:$C$19,3,FALSE)"，按下"Enter"键确认。

Step 06 利用填充柄将公式复制到 C4 至 C9 单元格中。

Step 07 在 D3 单元格中输入公式"=B3-C3"，按下"Enter"键确认。

Step 08 利用填充柄将公式复制到 D4 至 D9 单元格中，计算增长额。

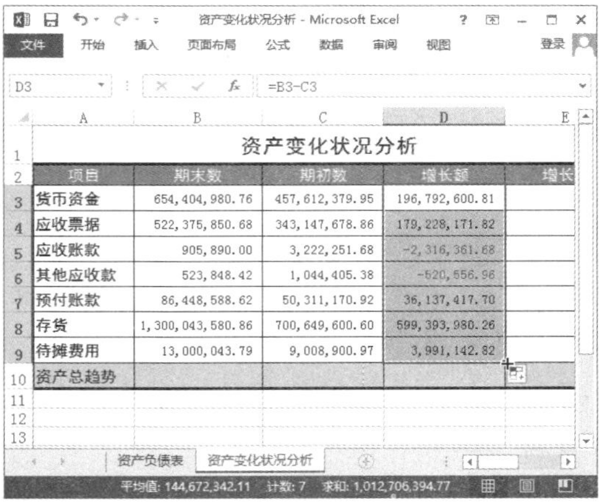

Step 09 在 E3 单元格中输入公式"=D3/C3"，按下"Enter"键确认。

Step 10 利用填充柄将公式复制到 E4 至 E10 单元格中，计算增长率。

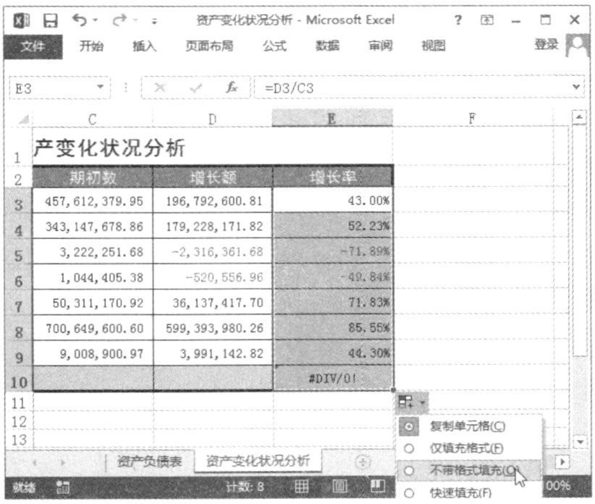

Step 11　在 B10 单元格中输入公式"=SUM(B3:B9)"，按下"Enter"键确认。

Step 12　利用填充柄将公式复制到 C10 和 D10 单元格中。

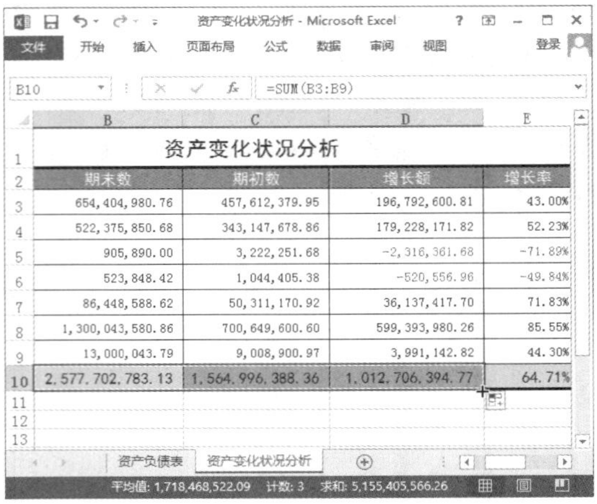

10.2.2　创建与编辑表格

在制作好用于创建图表的表格之后，就可以创建并编辑图表了。具体操作方法如下。

Step 01　选中 A2:C9 单元格区域。

Step 02　切换到"插入"选项卡，在"图表"组中单击"插入柱形图"下拉按钮。

Step 03　在打开的下拉菜单中单击"簇状柱形图"按钮。

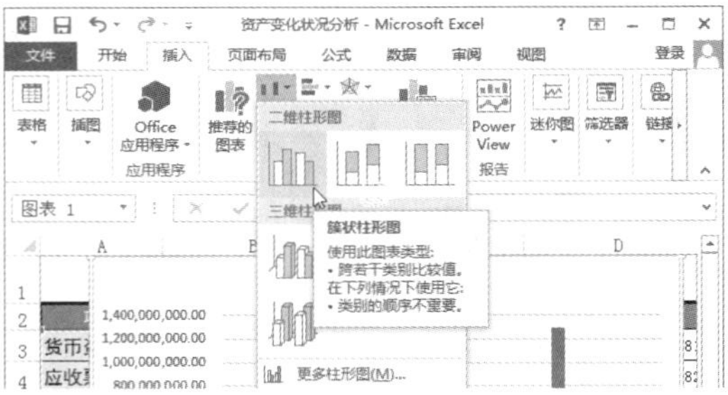

Step 04　可以看到工作表中插入了一个簇状柱形图，该柱形图根据选定的数据区域创建。

Step 05　选中整个图表，将光标指向控制点，当鼠标指针变为双向箭头形状时，按住鼠标左键拖动即可调整图表大小。

Step 06　选中整个图表，将光标指向图表的空白区域，当鼠标指针变为✥形状时，按住鼠标左键拖动图表到目标位置，释放鼠标左键即可。

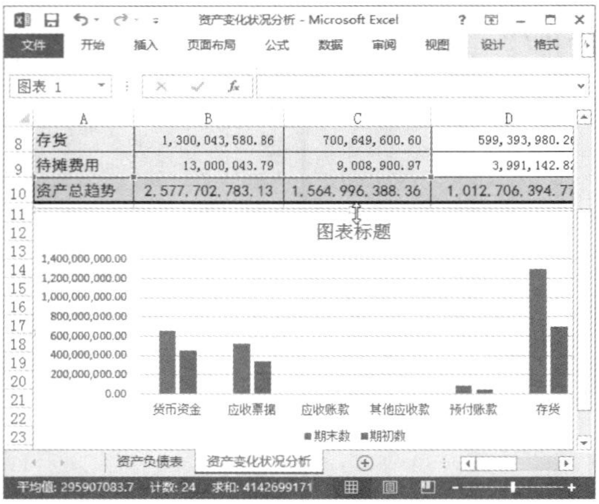

Step 07　选中图表，切换到“图表工具/设计”选项卡。

Step 08　在“数据”组中单击“选择数据”按钮。

Step 09　弹出“选择数据源”对话框，在“图例项(系列)”栏中单击“添加”按钮。

Step 10　弹出“编辑数据系列”对话框。将光标定位到“系列名称”文本框中。

Step 11　选中 E2 单元格，可以看到该单元格及其数据被引用。

Step 12　用同样的方法，在“系列值”文本框中引用 E3:E9 单元格区域数据。

Step 13　设置完成后单击“确定”按钮。

Step 14　返回“选择数据源”对话框，可以看到“图例项(系列)”列表框中添加了“增长率”项，单击“确定”按钮。

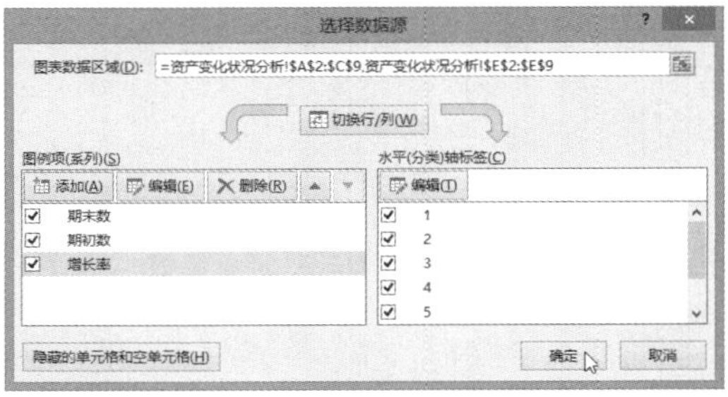

Step 15 返回工作表，切换到“图表工具/格式”选项卡。
Step 16 在“当前所选内容”组中选择“系列‘增长率’”。
Step 17 单击“设置所选内容格式”按钮。

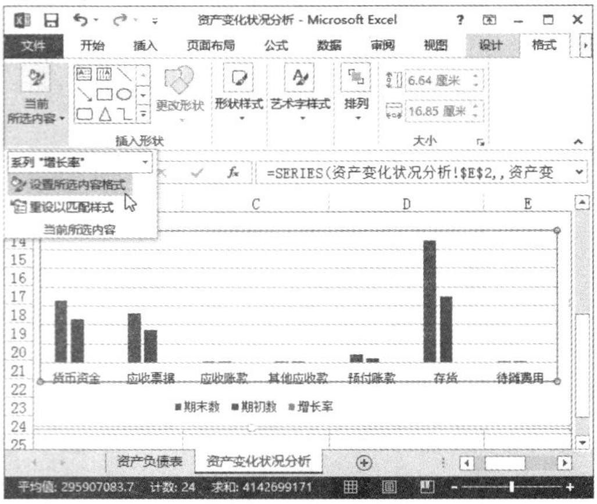

Step 18 打开“设置数据系列格式”窗格。
Step 19 在“系列绘制在”栏中选择“次坐标轴”单选项。
Step 20 单击“关闭”按钮✕。

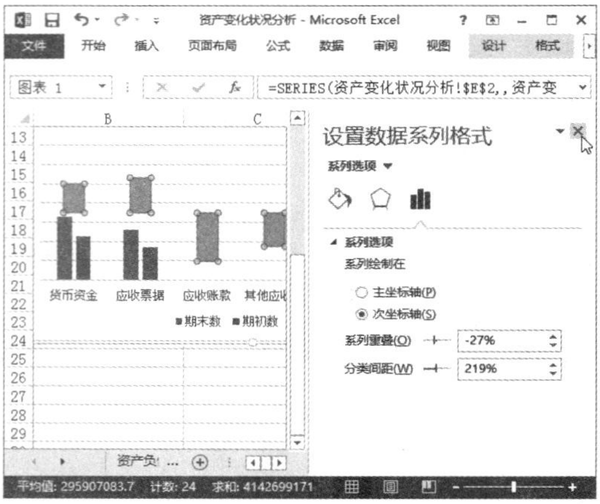

Step 21 返回工作表可以看到设置后的效果。
Step 22 选中该系列，使用鼠标右键单击。
Step 23 在弹出的快捷菜单中单击“更改系列图表类型”命令。

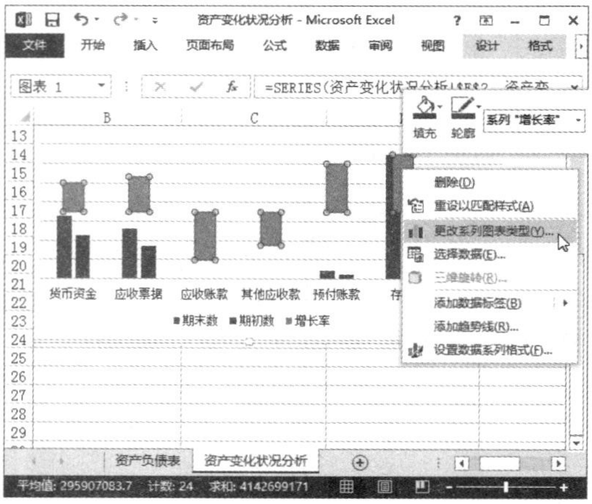

Step 24　弹出“更改图表类型”对话框，将自动切换到“组合”选项卡。

Step 25　选中“折线图”选项。设置“增长率”系列的图表类型为“折线图”。

Step 26　单击“确定”按钮。

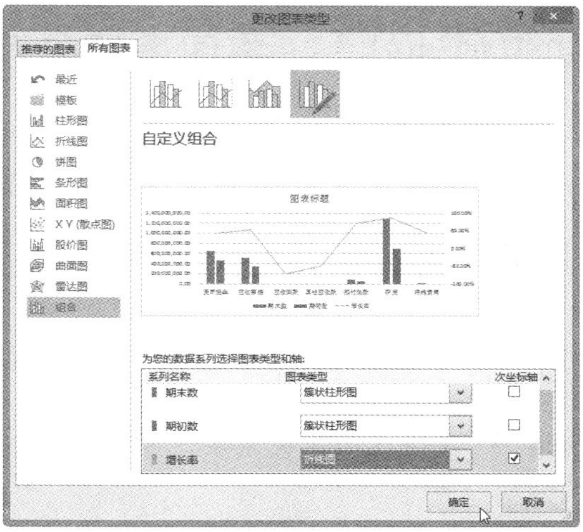

Step 27　返回工作表，可以看到“增长率”数据系列以折线图形式显示。

Step 28　选中整个图表，切换到“图表工具/设计”选项卡。

Step 29　在“图表样式”单击“快速样式”下拉按钮。

Step 30　在打开的下拉菜单中，根据需要选择一种图表样式。

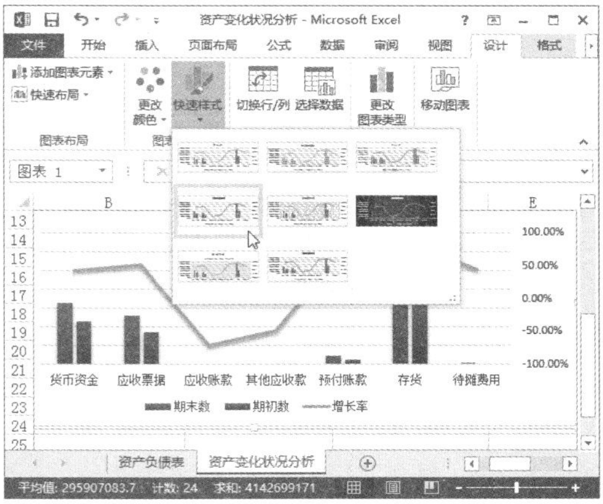

Step 31　将光标定位到“图表标题”文本框中，根据需要输入图表标题即可。

知识加油站

【将图表保存为模版的方法】

知识加油站——将图表保存为模版的方法

在创建图表或更改图表类型时，如果系统提供的图表模版不能满足需要，用户可以根据需要制作好一张图表，并将其保存为自己的图表模版。方法如下。

Step 01 在工作簿中创建并设置好模版图表。

Step 02 选中整个图表，使用鼠标右键单击。

Step 03 在弹出的快捷菜单中单击“另存为模版”命令。

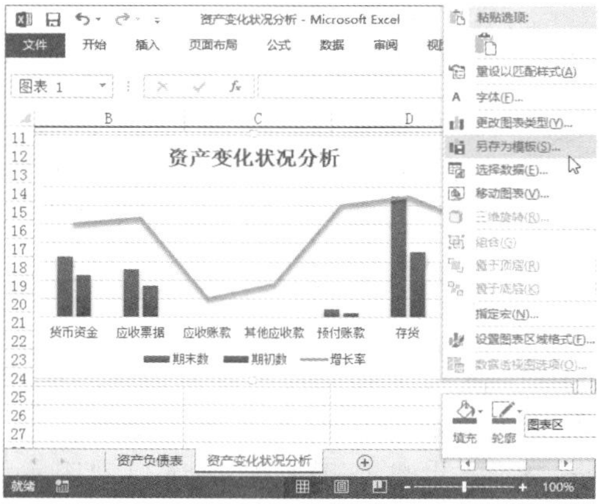

Step 04 弹出“保存图表模版”对话框，在“文件名”文本框中输入图表模版名称，其他保持默认设置。

Step 05 单击“保存”按钮即可。

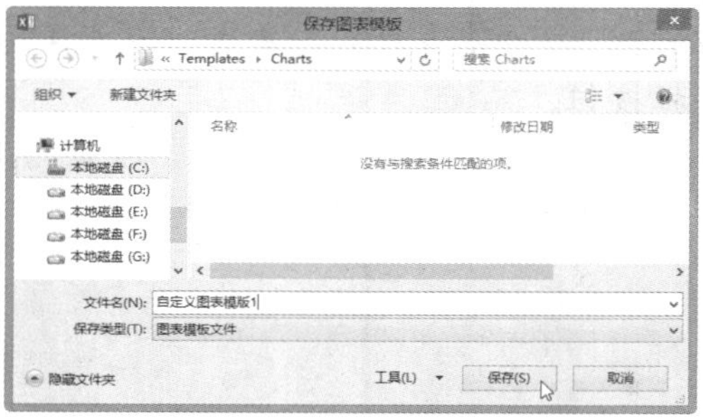

Step 06 保存图表模版后，在创建图表时，打开“插入图表”对话框。

Step 07 切换到“所有图表”选项卡，在“模板”组中，即可选择自定义的图表模版。

Step 08 单击“确定”按钮，即可按自定义图表模版创建图表。

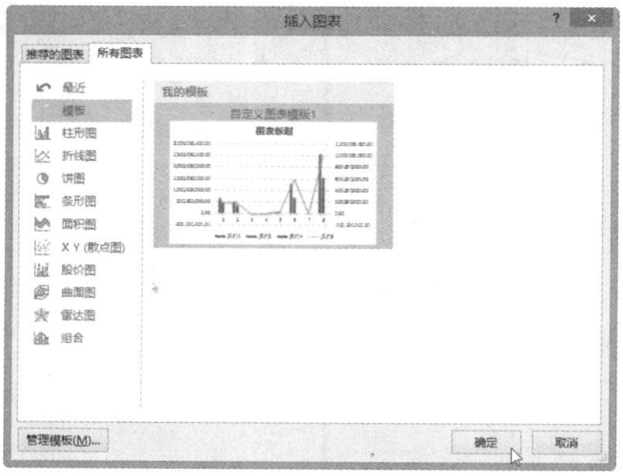

提示：在“插入图表”对话框中单击“管理模版”按钮，可以打开自定义图表模版所在文件夹，对其进行复制、删除、重命名等操作。